本叢書出版獲西南民族大學中國語言文學博士一級學科建設經費資助

西 南 民 族 大 學 中 國 語 言 文 學 學 術 文 叢

A New Survey to the
Languages on the
Silk Roads

王啓濤 / 著　　　　絲綢之路語言新探

社會科學文獻出版社
SOCIAL SCIENCES ACADEMIC PRESS (CHINA)

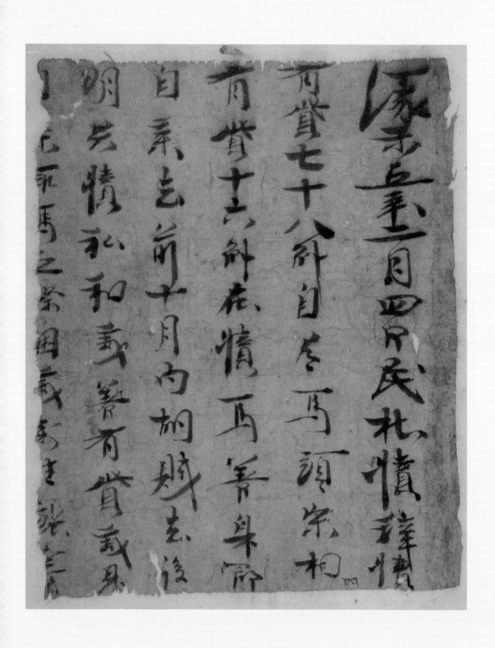

79TAM382：6-2《北涼緣禾五年（436）民杜犢辭》

79TAM383：1《北凉承平十六年（458）武宣王泪渠蒙逊夫人彭氏随葬衣物疏》

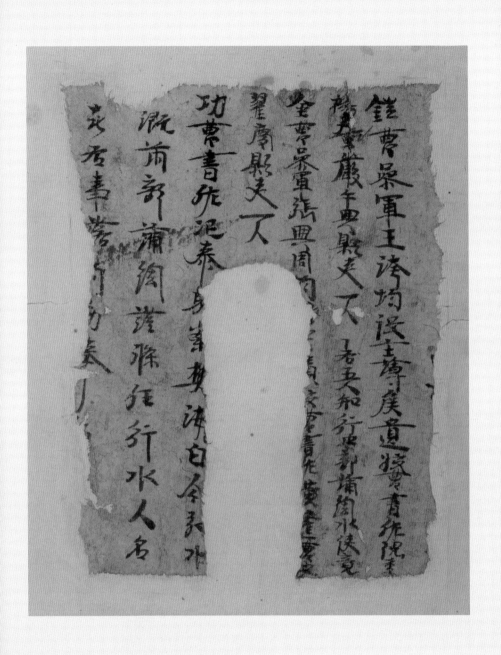

79TAM382：5-1《北凉高昌郡功曹白請溉兩部葡萄派任行水官牒》

延和八年己卯歲九月容監義剗敬移五道

大神倩信仕張師兒仏弟子□儕十善持仏五戒

今於田延城内奄便令□□□□東頭頁

海西楜勝人張攺周隨青李定度藝天朱

万已九千文急者千里如律令

龍貝一枚面衣具

絹鳴針一枚腳隻具　　銀眼龍一枚取抱具　黄金千斤

白銀万兩　綾羅錦綃各万疋　金錢千貫　　銀錢万

文　駝牛馱馬各万疋　羊千口　奴婢十具

86TAM386：19《高昌延和十八年（619）張師兒隨葬衣物疏》

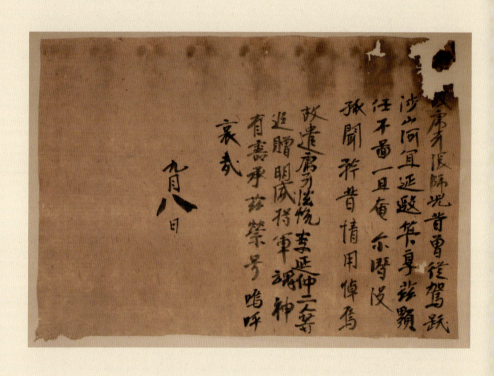

86TAM386：18《高昌延和十八年（619）追贈張師兒明威將軍令》

69TAM140：184《高昌張元相買葡萄園券》

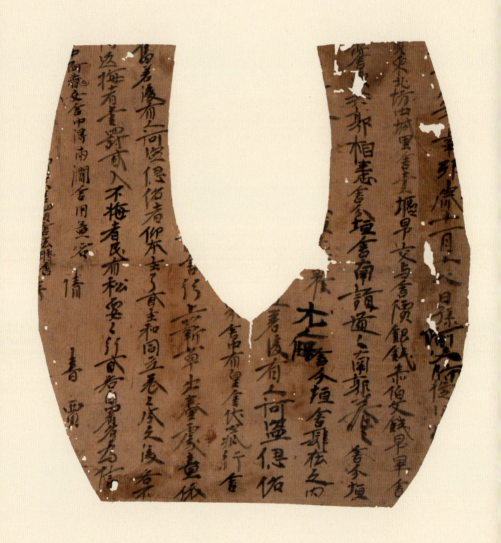

64TAM10：37《高昌延壽八年（631）孫阿父師買舍券》

86TAM386：23《高昌延壽十四年（637）張師兒妻王氏隨葬衣物疏》

青稞伍頎准蹹陸頎給官牛陸頭貳拾日黠粉

朕秘阿前伴蹹粉領得以不者仰辦並依數

領得秘阿有妻誤眯

貞觀十七年四月五日付翟莫鼻領

（10）66TAM360∵1《唐貞觀十七年（643）牒爲翟莫鼻領官牛蹹料事》

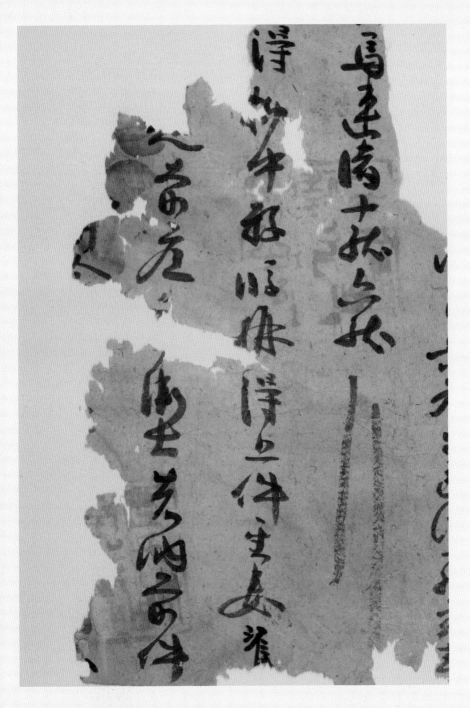

66TAM360：《武周西州都督府牒為馬連緒十馱、六馱事》

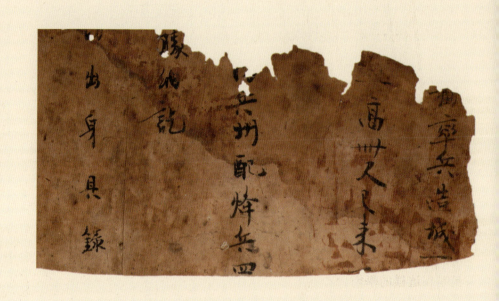

66TAM360：3—5《武周兵健、戍官、行使等功狀殘文書一》

字斟句酌，集腋成裘

——《絲綢之路語言新探》序

啓濤的新著《絲綢之路語言新探》付梓了，這是他多年來從事絲綢之路文獻語言文字研究結出的又一碩果。

一百餘年來，在以吐魯番爲代表的西域地區，出土了成千上萬卷文獻，這些文獻上起晉代，歷十六國唐宋，下至元明清甚至民國（其中晉唐文獻爲大宗）。載體以寫本爲主，涉及二十餘種語言文字，内容涵蓋一千餘年來西域的政治、經濟、軍事、法律、民族、民俗、宗教、文學、藝術、科技、語言、文字等，是研究絲綢之路歷史脈動極爲珍稀的史料。如今，吐魯番學已經與敦煌學比翼齊飛，成爲一門國際顯學。啓濤的《絲綢之路語言新探》，正是在這樣的學術大背景下寫成的。

通讀該書，我認爲具有以下五個方面的特色。

一是識讀準確，録文規範。語言文字研究，語料是第一要素，語料是否可靠，直接影響到結論是否正確。就出土寫本文獻的整理、研究與傳承而言，首先要排除語言文字的識讀障礙，吐魯番出土文獻更不例外。由於寫本文獻的書寫者千人千面，從而使寫本文字形體綻放出鮮明的個人特色、時代特色、地域特色、體裁特色，形成大量的俗字，加之吐魯番出土文獻中不少文書是應用性文書，充滿大量的術語、套語、口語和俗語，從而給吐魯番出土文獻的識讀帶來巨大的困難，如果識讀錯誤，就會導致郢書燕説而離題萬里。啓濤是學語言文字學出身的，他在四川師範大學本科學習和攻讀碩士學位期間，師從老一輩語言學家和文獻學家郭誠永教授治語言學史，他的研究切入點甚爲獨到，是從《文心雕龍》這部具有中國古代學術文化百科全書性質的典籍入手，撰成了碩士學位論文《論文心雕龍的訓詁思想》，後來擴展成爲《魏晋南北朝語言學史論考》一書，成爲語言學界較早的一部斷代語言學史。1999~2002 年，他考入四川大學，從我攻讀漢語言文字學博士學位，專攻中古及近代法制文書語言文字（尤其以敦煌契約文獻爲考察對象），完成了博士學位論文《中古及近代法制文書語言研究——以敦煌文書爲中心》，嗣後，又撰寫了續篇《敦煌西域法制文書語言研究》，該書出版後獲得了第八屆高等學校科學研究（人文社科）二等獎。2002~2006 年，啓濤赴浙江大學，從張涌泉教授進行博士後研究，專攻吐魯番出土文獻，他的博士後出站報告是《吐魯番出土文書疑難詞語考釋》，項楚先生評價這份報告：“精義勝見，層出不窮，不但解決了吐魯番出土文書識讀中的最多難點，也匡正了學界流行的一些錯誤，具有很高的學術含金量。”此後，啓濤又撰寫了《吐魯番出土文獻詞典》，主持了國家社科基金重大項目《吐魯番文獻合集》以及四川省重大出版項目《吐魯番學大辭典》。由于秉承了蜀浙兩地厚重而悠久的語言文字學和文獻學傳統，啓濤對絲綢之路文獻字斟句酌，特別是對俗字的識讀非常謹嚴，比如書中從文字學、民族學、民俗學的角度考證 “夈” “夵” “畚” “㝰” 等俗字即 “零” 的俗寫，在意義上通 “靈” 或 “令”，用在人名中，字面意思是 “好”，是與賤稱相對的一種美稱，言之有據，可爲定論。在本書中，啓濤運用現代化手段，使俗字的錄文儘量 “高保真”，原汁原味地保留吐魯番出土文獻寫本文字的所有原始信息，這樣做，不僅能給文字學家們研究文字史提供方便，同時，也爲一些尚未斷代、定名、綴合與校勘的吐魯番出土文獻殘卷和殘片提供相關證據。在撰寫本書時，爲了便於讀者逐一核對語料原卷，啓濤一一注明了所引用的吐魯番出土文獻的圖版刊佈出處頁碼，這也爲學術界徵引出土文獻語料提供了一種學術規範參照範式。

二是縱向貫通，視野開闊。啓濤治吐魯番學，非常注重溯源探流，他主張將吐魯番文獻分成兩段進行研究，那就是以唐平高昌爲界，此前的文書，主要是晋十六國以及高昌國時期的文書，與秦漢簡牘更爲接近；此後的文書，尤其是唐西州時期的文書，與敦煌文獻更爲接近。正因如此，遂將秦漢簡牘、晋唐吐魯番文獻、唐五代敦煌文獻徹底貫通，這樣就能源流粲然，知其然與所以然。所以，在本書中，無論是對吐魯番出土文獻的校勘整理，还是字詞的考證注釋，甚而對晋唐時期絲綢之路語言狀況和語言政策的宏觀論述，啓濤都能上溯秦漢簡牘（比如睡虎地秦墓竹簡、里耶秦簡、張家山漢簡、敦煌漢簡），下探敦煌文獻，在一千年時間跨度的文獻裏自由馳騁。比如吐魯番出土了數百件契約和書信文書，這兩類文獻極具語言文字史價值，啓濤對這兩類文書裏的術語、套語、俗語、俗字以及行款格式的形成、完善和發展軌迹進行了深度探索和研究，其研究視野和研究語料，完全覆蓋了整個秦漢簡牘、吐魯番文獻和敦煌文獻。可以説，這一研究路數不僅對于漢語史、漢字史研究，而且對於整個中國文化史研究都具有一定的啓發意義。

三是廣徵博引，無徵不信。啓濤治吐魯番學，以考古學爲根據，以歷史學爲根基，以語言文字學爲根底，以文獻學爲根本，這一方面是因爲吐魯番出土文獻大多來自墓葬，是考古學的成果；吐魯番文獻中有許多是應用性文書，是歷史學的史料；吐魯番文獻以漢語文和民族語文寫成，是語言學的語料。另一方面是因爲古代吐魯番乃至整個西域地區是絲綢之路的要衝，關涉全世界的主要文明，從臨近地域講，古代吐魯番與以敦煌爲代表的河西地區和以洛陽爲中心的北魏帝國關係又很密切，所以，治吐魯番文獻必須要有很廣闊的知識面和多學科的研究法。啓濤力求從語言學角度把問題講準，從歷史學角度把問題講透，從考古學角度把問題講明。無論是微觀的考釋，還是中觀的論述，以及宏觀的概括，啓濤力圖從點、線、面三個維度全面研究絲綢之路文獻。啓濤對以吐魯番爲代表的絲綢之路西域段語言文字的研究，廣泛涉獵以上地域的傳世文獻和出土文獻以及域外文獻，他的徵引對象，包含傳世文獻和出土文獻中的經、史、子、集，還包含絲綢之路的文物遺存和民風民俗，真正做到了廣徵博引，無徵不信。尤其值得肯定的是：本書的不少考釋，還廣泛引用粟特語、突厥語等民族語言文字資料加以佐證。比如，本書第一章"晋唐時期絲綢之路的語言狀況與語言政策", 論及古代絲綢之路是一條語言習得之路、語言傳譯之路、語言平等之路、語言互利之路, 其中就涉及漢文、梵文、佉盧文、希伯來文、焉耆 - 龜茲文（舊稱吐火羅文）、于闐文、古代突厥文、粟特文、回鶻文、摩尼文、敘利亞文、婆羅米文、西夏文、契丹文、察合臺文、古藏文、回鶻式蒙古文、八思巴文、滿文等古文字在絲綢之路的使用情況; 第二章 "絲綢之路詞彙研究—實詞篇", 考證吐魯番出土文獻中 "澄（潷）" 即 "蕫", 亦即 "糞", 常常用於人名中, 屬于賤稱, 同時論及這一現象在回鶻語、粟特語、突厥語、希臘語中屢見不鮮; 又考證 "悷護" 即 "佔有, 識認、宣稱自己對某物具有所有權或使用權", 這往往與中古時期法律上對所有權的爭奪或追奪有關。啓濤在該詞的考釋中, 還引用了伯希和於 1907 年在鹽水溝出土的古龜茲文木簡進行比較, 該件木簡經過列維（Sylvain Levi）識讀, 其中一簡爲: "在鹽關, 汝自適用此符, 現自……來, 偕行者共十人, 馬共五匹, 牛一頭, 放行勿詰, 汝亦不得有所留存。"[1]又引用敦煌吐蕃文獻 P.T1088/1《買牛契》（漢譯）: "[關於] 這頭牛, 不管引起大小訴訟, [任何] 起訴方不論 [等級] 高低, 或有人聲稱是牛的 [真正] 主人, 導致 [買方] 未能買得此牛, 格丹承擔一切後果。"[2]這樣的考證, 使吐魯番文獻語言文字研究非常具有立體感和穿透力。又如書中考證吐魯番出土文獻中大量出現的 "奴", 不僅有 "仏（佛）奴""神奴", 更有 "鼠奴""苟（狗）奴", 後一種 "奴" 與 "子""兒" 互相替代, 實際上是一種後綴, 用在人名和普通名詞末尾, 啓濤論證了 "奴" 的詞綴化實際上來源於中古時期漢語和粟特語等語言的賤稱和昵稱。在突厥, "奴" 是 "臣""苦力" 的同義語。《隋書》卷八四《突厥傳》的記載隋開皇四年（584）, 沙鉢略可汗曾 "謂其屬曰: '何名爲臣?' 報曰: '隋國稱臣, 猶此稱奴耳。'" 以上的 "奴" 均爲 "臣

---

① 釋讀文字參考劉安志、陳國燦《唐代安西都護府對龜茲的治理》,《歷史研究》2006 年第 1 期。

② 譯文引自（日）武内紹人著, 楊銘、楊公衛譯, 趙曉意校《敦煌西域出土的古藏文契約文書》, 新疆人民出版社, 2006, 第 30 頁。

僕""奴僕"義，常常用於自稱以體現謙卑。在歐亞大陸，有很多古代文明均有此語言現象，除了漢語外，梵語、希伯來語、中古波斯語、古敘利亞語、巴克特里亞語、巴比倫語、帕提亞語、粟特語、突厥回鶻語等語言也常常在人名中使用這個詞[①]。這個詞在粟特語中是"ßntk"，意思是"奴"，往往用在人名的末尾，附着在某一個神祇的後面，意思是"這個神的奴僕"，音譯成漢語時，常常寫成"畔陁""槃陀"及相關形式，這在吐魯番文獻中有大量的記載，如人名"康婆何畔陁"，見於 73TAM514：2/1-2/4《高昌内藏奏得稱價錢帳（一）》，在此例中，"康"是粟特姓，"婆何"是粟特文 Bagavandak 的音譯，指密特拉神，即粟特曆日中的第十六日神（Mithra），"畔陁"即"僕人"；又有"婆奴"，見於 73TAM506：4/32-2 之六《唐天寶十四載（755）柳中縣具屬館私供馬料帳歷上郡長行坊牒》，"婆奴"是個粟漢合璧詞，其中"婆"即"婆何"，粟特語音譯詞，義爲"神"，"奴"是漢語詞，即粟特語"畔陁"的意譯；在粟特語中，表"奴"的"畔陁"也用於小稱、昵稱，并産生了一個派生形式——"畔德"，位於人名末尾，"畔德"來自粟特語"ßntk+ 昵稱 kk"，意思依然是"奴"，比如"竹畔德"，見於 64TAM35：51（a）《唐神龍三年（707）高昌縣崇化鄉點籍樣（一）》。與此同時，在漢語中，"奴"以及"阿奴"也用作自稱，這本來是一種謙稱，東晉南朝以來，正是因爲中古時期在絲綢之路上漢語、粟特語等語言中"奴"放在人名的末尾表示"臣僕"，逐漸引申爲賤稱和昵稱，用在人名末尾，後來遂後綴化，使"奴"成爲一個徹底的名詞後綴，類似於"兒""子"。如西域文獻中既有人名"黑奴"，見於 Д x.02947V《前秦建元十四年（378）七月八日趙遷妻買田券》，又有"黑兒"，見于 69TKM33：1/2（a）《高昌衆保等傳供糧食帳（一）》，又有"黑子"，見於 59TAM301：14/2-2《唐□□保夏田契》。"奴"還用於器物名詞之後，比如"靴奴""袴奴"等。這與"兒""子"等引

---

① 參看王丁《胡名槃陀考》，載向群、萬毅編《姜伯勤教授八秩華誕頌壽史學論文集》，廣東人民出版社，2019，第 179~206 頁。

申軌迹和意義接近，特別是"兒"，在中古也往往表示卑賤，後來發展成爲自稱、賤稱和昵稱，再後來變成一個名詞後綴。以上情況説明，中古時期漢語的詞彙與語法變化，不能不考慮到語言接觸（language contact）與語言影響（language influence）的因素。

四是出乎其外，入乎其内。啓濤的專攻乃語言文字，但他既扎根於語言文字之學，又能够跳出語言文字的圈子，緊密結合文化背景，勤於比較互證，善於發現規律。這體現在以下三個方面。首先，將語言文字與歷史文化互證。本書第四章"吐魯番出土文獻標識符號研究"不僅對於吐魯番出土文獻的畫指符號、核對符號、提示符號、填充符號、删除符號、倒乙符號、重文符號進行了全面研究，還探尋了背後的深層原因。比如畫指符號，契約各方有時候是全部畫指，有時候衹是一方畫指。誰畫指、誰不畫指，是很有講究的，如果是簽約强勢一方（契約文本最終持有者），往往不畫指，畫指者往往是處於弱勢的一方。其次，啓濤將語言文字與文書體裁互證。早在 2002 年，啓濤就倡導從體裁角度研究語言，他在博士學位論文《中古及近代法制文書語言研究——以敦煌文書爲中心》中指出："屬於同一體裁的文獻，往往具有相同的語言特徵，形成一個語言聚合（Language Polymerization），而傳世的文獻基本上都是屬於不同的體裁範圍的。所以，通過體裁語言的研究，可以彌補專書語言和斷代語言研究的不足，克服對語言現象認識的單一、片面的弊端。"在本書中，啓濤以絲綢之路出土文獻（尤其是法制文獻）爲中心，考證了"下""訟""告""言""者""賕""牒""理""論""申""白""仰""買""諾""保""舉""賃""貸""租""訴""承""奉"等 22 個反訓詞。另外他还通过對數萬件吐魯番出土文獻殘卷和殘片精心歸納，考證出吐魯番出土行政文書、法制文書、書信文書中"但"作爲句首語氣詞，表謙敬的一種新興用法。啓濤目前正在主持的《吐魯番文獻合集》，也是從體裁的角度，將吐魯番出土文獻分爲 20 類，然後逐類進行定名、校勘、綴合、斷代、識録、注釋、研究。最後，將語言文字學與古籍整理互證。啓濤善於總結吐魯番出土文獻語言文字的規律，然後用於古籍整理，諸如對吐魯番出土文獻進行定名、斷代、綴合。本書第五章"語言文字學與吐魯番文獻整理"第一節"從漢語史角度對吐魯番出土契券進行定名和斷代"，就是這一方面的嘗試，書中從語言文字學角度，提出四種古籍整理方法：一是根據文書的普通詞語進行斷代，二是根據文書的術語、套語和句式進行定名和斷代，三是根據文書的人名和地名進行定名和斷代，四是根據文書的書法風格進行定名和斷代。比如作爲"兒女"講的"息"更多用於高昌國時代的文書，"何（河、訶）盜（道）""依舊通"祇出現在高昌國延壽時期的文書中，"須錢""延引"是典型的初唐借貸契術語，這些規律，都可以用於吐魯番出土文獻殘片的斷代、定名與綴合。啓濤同時在本書中指出目前學界在吐魯番文獻識録中的四個問題：不核原卷而誤録、不明俗體而誤録、不明術語而誤録、不明方言俗語而誤注、不明寫本習慣而誤録。在本書第五章第二節"吐魯番出土文獻與史書校注"中，啓濤根據吐魯番出土文獻，指出《新唐書》卷四十《地理四》"交河（原注：中下。自縣北八十里有龍泉館，又北入谷百三十里，經柳谷，渡金沙嶺，百六十里經石會漢戍，至北庭都護府城）"中"石會"應爲"石舍"之誤；《隋書》卷八四《北狄·突厥》"女子踏鞠，飲馬酪取醉"之"踏鞠"乃"踩球使其滾動前進"，《南齊書》卷五七《魏虜》"飲食廚名'阿真廚'""真"即"以……爲職業的人"，這些校勘和考釋，均能對目前的古籍整理起到借鑒作用。

五是辨章學術，考鏡源流。本書最後一章《從乾嘉之學到義寧之學》，首次對著名歷史學家、吐魯番學家唐長孺先生在語言文字學領域的貢獻進行全面總結。唐長孺先生是吐魯番學的一代宗師，他主編的圖録本《吐魯番出土文書》，迄今依然代表了吐魯番文獻乃至所有出土文獻整理與研究的水準，他在歷史學領域的成就已有定評，但在語言學上的貢獻却鮮有論及。該文對唐先生有關語言文字學的論著進行全面考察，從七個方面論述其傑出貢獻：一是將語言史和政治史相互觀照；二是將詞的本義、引申義和術語義綜合考察；三是將俗字與寫本符號作爲重要的研究對象；四是將名物訓詁視爲文獻整理的重要一環；五是將通假作爲探究字義的重要手段；六是將方音考察與古音音演變研究相結合；七是將語言文字作爲史料斷代的證據。該章再次證明：語言文字學是一切文獻整理與研究的基本功，老一輩學者在這一方面給我們樹立了光輝的榜樣，值得我們後來人繼其踵武，發揚光大，這纔是研治中華優秀傳統文化之正道。

如今，啓濤正值學術研究的黃金時期，我樂意爲他的新著作序，并祝愿啓濤竿頭日上，在語言文字學和吐魯番學研究領域不斷取得新的成就。

董志翹

辛丑秋月于北京

凡　例

一　《絲綢之路語言新探》所言"吐魯番文獻"，是一個較爲廣泛的概念，這裏所言"吐魯番"，不祇涵蓋吐魯番盆地，還包括西域其他地區比如和田、庫車等。這裏所言"文獻"，是指各類古遺址中所獲古代文字記録，這些古遺址主要有佛教洞窟遺址、故城遺址、古墓葬等，其文字記録主要包括以下六類：（1）紙質文書，主要是以紙爲載體進行抄寫或刻印的文字資料；（2）磚誌，主要是以石質、木質和泥坯質爲載體，專爲記録死者身世及其有關情况的文字資料；（3）石刻、石碑，主要是功德碑、紀功碑、記事碑、紀念碑等碑刻文字資料；（4）題記，主要是紙質文書題記和泥坯質等壁畫題記；（5）帛書（麻書），主要是書寫在紡織品上的文字資料；（6）其他。

二　《絲綢之路語言新探》所收文獻按體裁分類編排，參考了傳統的四部分類法以及《文心雕龍》等文獻的文體分類法。

三　爲了準確表明文書的出土時間、地點及具體墓葬、收藏信息等，《絲綢之路語言新探》采用學界對文書的統一編號。如"2004TMM102：45a"指 2004 年吐魯番木納爾古墓區出土，"102"是墓號，"45"是同墓所出全部文物（含文書）的順序編號，"a"指第 45 組文書中發掘後拆出的第 a 件文書或正面文書。"97TSYM"指 1997 年吐魯番鄯善縣洋海古墓區出土。"2004TBM"指 2004 年吐魯番巴達木古墓出土。"2006TSYIM"指 2006 年吐魯番鄯善縣洋海古墓區一號墓地出土。"2006TZJI"指 2006 年吐魯番地區文物局徵集的吐魯番及其他地區出土文獻。"2001SYMX"指 2001 年鄯善縣徵集洋海下村出土文書。"09ZJ0026（1a）"中，"09"指 2009 年，"ZJ"是漢語"徵集"的中文拼音首字母，

"0026"是徵集單位賦予該件文書的順序號,"(1a)"表示此件文書含有多個殘片,此爲該文書的第一個殘片正面。"LAⅡv1-沙木820"中,"L"表示樓蘭地區;"A"爲一級編號,表示樓蘭古城;"Ⅱ"是大羅馬數字,爲二級編號,表示樓蘭古城城中或其他遺址組點;"v"是小羅馬數字,爲三級編號,表示遺址組點簡紙文書出土的具體位置;"1"是阿拉伯數字,爲四級編號,表示具體位置出土的文書編號;"沙木"中的"沙"指沙畹所著《斯坦因在東土耳其斯坦沙漠中發現的漢文文書》(牛津1913年版),"木"指木簡;"820"是木簡編號。又比如"OR 8212 551 AstⅢ3 07-08","OR 8212"是英國國家圖書館所編流水號,表明此件文書是斯坦因第三次中亞考古所獲文獻,而"OR 8212"後的阿拉伯數字和英文字母,表明此件文書的出土地或收集時的相關原始記錄,如"Ast"是Astana的省略,即吐魯番阿斯塔那。"73TAM509"表明該件文書出土於1973年,地點是阿斯塔那,墓葬編號是509號。"75TKM91"表明此件文書於1975年出土於哈那和卓91號墓。"Дx"表明此件文書是俄羅斯科學院東方研究所聖彼得堡分所所藏敦煌吐魯番文獻。"Ф"是俄藏敦煌吐魯番文獻弗魯格編號。"上圖"指《上海圖書館藏敦煌吐魯番文獻》編號。"上博"指《上海博物館藏敦煌吐魯番文獻》編號。"伯"表明此件文書是法國國家圖書館所藏敦煌文獻,乃伯希和(P. Pelliot)所掠。"斯"表明此件文書是英國倫敦不列顛博物館(現移至英國國家圖書館)所藏敦煌文獻,乃斯坦因(M.A. Stein)所掠。"北敦"指中國國家圖書館所藏敦煌文獻統編號。"北"指中國國家圖書館藏敦煌文獻原編號。"津藝"指《天津市藝術博物館藏敦煌文獻》編號。"敦研"指敦煌研究院藏敦煌文獻編號。"俄敦"指俄羅斯科學院東方研究所聖彼得堡分所所藏敦煌文獻。"浙敦"指《浙藏敦煌文獻》編號。"中村"指《臺東區立書道博物館所藏中村不折舊藏禹域墨書集成》編號。"羽"指《敦煌秘笈》影印日本杏雨書屋藏敦煌文獻羽田亨編號。

　　四　如上所述,《絲綢之路語言新探》的語料收錄範圍所涉及的吐魯番出土文獻包括吐魯番出土文書、磚誌等,同時也包括一些在新疆和田、庫車等地出土的文書，語料參照對象主要根據文書原件或原件圖版，在前賢時彦識録的基礎上，又進行了重新核對、校勘、注釋。我們所參考的吐魯番文獻圖版資料，主要有：

1. 唐長孺主編圖録本《吐魯番出土文書》（全四册），文物出版社，1992~1996。

2. 上海古籍出版社、上海博物館編《上海博物館藏敦煌吐魯番文獻》，上海古籍出版社，1993。

3. 陳國燦、劉永增編《日本寧樂美術館藏吐魯番文書》，文物出版社，1997。

4. 陳國燦：《斯坦因所獲吐魯番文書研究》，武漢大學出版社，1997。

5. 柳洪亮：《新出吐魯番出土文書及其研究》，新疆人民出版社，1997。

6. 上海古籍出版社、上海圖書館編《上海圖書館藏敦煌吐魯番文獻》，上海古籍出版社，1999。

7. 侯燦、楊代欣：《樓蘭漢文簡紙文書集成》，天地出版社，1999。

8. 楊文和主編《中國歷史博物館藏法書大觀》第十一卷《晋唐寫經·晋唐文書》，東京柳原書店、上海教育出版社，1999。

9. 〔日〕香川默識編《西域考古圖譜》（據日本國華社1915年版影印），學苑出版社，1999。

10. 饒宗頤編《敦煌吐魯番本文選》，中華書局，2000。

11. Éric Trombert, Ikeda On et Zhang Guang-da, *Les Manuscrits Chinois de Koutcha, Fonds Pelliot de la Bibliothèque Nationale de France,* Paris 2000 Institut des Hautes Études Chinoises du Collége de France.

12. 俄羅斯科學院東方研究所聖彼得堡分所、俄羅斯科學出版社東方文學部、上海古籍出版社：《俄藏敦煌文獻》（全十七册），上海古籍出版社，1992~2001。

13. 侯燦、吳美琳：《吐魯番出土磚誌集注》，巴蜀書社，2003。

14. 沙知、吳芳思：《斯坦因第三次中亞考古所獲漢文文獻

（非佛經部分）》，上海辭書出版社，2005。

15.〔日〕磯部彰編《臺東區立書道博物館所藏中村不折舊藏禹域墨書集成》，株式會社二玄社，2005。

16. 旅順博物館、日本龍谷大學合編《旅順博物館藏新疆出土漢文佛經選粹》，法藏館，2006。

17.〔日〕池田温：《中國古代籍帳研究》，中華書局，2007。

18. 郭富純、王振芬：《旅順博物館藏西域文書研究》，萬卷出版公司，2007。

19. 新疆維吾爾自治區吐魯番學研究院、武漢大學中國三至九世紀研究所編《吐魯番柏孜克里克石窟出土漢文佛教典籍》，文物出版社，2007。

20. 榮新江、李肖、孟憲實主編《新獲吐魯番出土文獻》，中華書局，2008。

21. 詹福瑞主編《第一批國家珍貴古籍名錄圖錄》，國家圖書館出版社，2008。

22. 李德範主編《王重民向達所攝敦煌西域文獻照片合集》，北京圖書館出版社，2008。

23. 黃文弼：《吐魯番考古記》，中國科學院印行，1954；綫裝書局，2009。

24.〔日〕小田義久：《大谷文書集成》（全四冊），龍谷大學佛教文化研究所編《龍谷大學善本叢書》，法藏館，1983~2010。

25. 赫俊紅主編《中國文化遺産研究院藏西域文獻遺珍》，中華書局，2011。

26. 中國文化遺産研究院、新疆維吾爾自治區博物館編（劉紹剛、侯世新主編）《新疆博物館新獲文書研究》，中華書局，2013。

27. 王振芬、孟憲實、榮新江主編《旅順博物館藏新疆出土漢文獻》，中華書局，2020。

28. 榮新江、史睿主編《吐魯番出土文獻散錄》，中華書局，2021。

當然，《絲綢之路語言新探》在收錄吐魯番文獻時并不是衹參考以上文獻，凡海內外公開出版的相關論著和刊物，衹要有吐魯番文獻的圖版和識録成果，都在我們恭讀和參考的範圍之內，甚至包括一些重要的網站，如國際敦煌項目網站（IDP）等。

五　爲了儘量準確科學，特別是爲了便於讀者核對原文，《絲綢之路語言新探》在引用語料時，注明了刊發吐魯番文獻圖版的著作卷册和頁碼，如“3-245”表明此語料圖版出現在唐長孺主編圖録本《吐魯番出土文書》文物出版社 1996 年版第叁册第 245 頁；“沙、吳 1-235”表明此語料圖版出現在沙知、吳芳思《斯坦因第三次中亞考古所獲漢文文獻（非佛經部分）》上海辭書出版社 2005 年版第 1 册第 235 頁；“柳 397”表明此語料圖版出現在柳洪亮《新出吐魯番出土文書及其研究》新疆人民出版社 1997 年版第 397 頁；“《籍帳》第 214 頁”表明是池田温《中國古代籍帳研究》中華書局 2007 年版第 214 頁；“陳 454~455”表明是陳國燦《斯坦因所獲吐魯番文書研究》武漢大學出版社 1997 年版第 454~455 頁；“侯、吳 313”表明是侯燦、吳美琳《吐魯番出土磚誌集注》巴蜀書社 2003 年版第 313 頁；“侯、楊 148”表明是侯燦、楊代欣《樓蘭漢文簡紙文書集成》天地出版社 1999 年版第 148 頁；“《大谷》三圖版八”表明該圖版見於小田義久責任編集《大谷文書集成》第三卷圖版八，龍谷大學佛教文化研究所編《龍谷大學善本叢書》法藏館版；“41”表明此件文書圖版見於陳國燦、劉永增編《日本寧樂美術館藏吐魯番文書》文物出版社 1997 年版第 41 頁；“陳、劉 485”表明是陳國燦、劉安志主編《吐魯番出土文書總目（日本收藏卷）》武漢大學出版社 2005 年版第 485 頁。“榮、李、孟 61”表示此件文書圖版見於榮新江、李肖、孟憲實主編《新獲吐魯番出土文獻》中華書局 2008 年版第 61 頁；“劉、侯”表示此件文書圖版見於中國文化遺產研究院、新疆維吾爾自治區博物館編（劉紹剛、侯世新主編）《新疆博物館新獲文書研究》中華書局 2013 年版；“郭、王”表示此件文書圖版見於郭富純、王振芬《旅順博物館藏西域文書研究》萬卷出版公司 2007 年版。如果是從國際敦煌項目（IDP）等網站下載的圖版，《絲綢之路語言新探》也會説明。

六　《絲綢之路語言新探》使用現代通行的標點符號，引録吐魯番文獻以及敦煌文獻及其他出土文獻時，錯字、假借字儘量括注正字或本字，衍字用 { } 形符號，文書原卷本身有校改符號的，據以直接改正，原卷重文符號用"々"轉寫，畫指符號用"E"表示，倒乙符號用"√"表示，填充或終文符號（表示正文至此結束，不能添加任何文字，特填上此符號，常常用于契約等文書中）用"｜""｜｜""｜｜｜"表示，提示符號用"一"表示，刪除符號用"彳""冫""丫""卜"等表示，缺字或殘損不可辨者用"□"號表示，缺幾字用幾個空格，上部殘缺字用"▢"號，下部殘缺用"▢"號，中部殘缺用"▢"號。殘泐但可辨者用"〔 〕"，原卷本身寫有某字又塗抹掉者，用"○"標明。錄文中，不能確定爲某字者，在該字後面加上括注"?"以示存疑。如有誤字則改於該字之後，標上"（ ）"號。

　　七　吐魯番出土文獻與敦煌文獻一樣有一些俗字、武周新字，其中還有一些是隨意增加一筆或隨意減少一筆的寫本寫法，《絲綢之路語言新探》儘量照原樣錄出，以保留原字相關信息，但對於武周新字，往往轉寫爲通行漢字。

　　八　在釋詞時，我們堅持以不同體裁的吐魯番文獻互證，以吐魯番文獻與敦煌文獻互證，以吐魯番文獻與臨近時段和臨近地域的出土文獻、傳世文獻互證。在撰寫體例上，我們借鑒老一輩學者蔣禮鴻先生撰寫《敦煌變文字義通釋》的做法，首先提出詮釋結論，然後是吐魯番文獻的旁證，然後是敦煌文獻，然後是其他出土文獻和傳世文獻的旁證語料。恭引前賢時彥的成果時，均一一注明出處，以示敬意并示不敢掠美。爲了行文簡潔，提及各位的尊姓大名時，一般均省略"先生"稱謂，但對學界師友的敬畏感激之情，洋溢於拙著的字裏行間。

目　録

第一章　晉唐時期絲綢之路的語言
狀況與語言政策

　　古代絲綢之路是一條語言多彩之路。活躍在這條絲路上的各民族，在政治、經濟、軍事、文化的密切交往中相互學習和掌握對方的語言文字，不少人是雙語人或多語人；晉唐中央王朝和高昌等絲路綠洲國家的各級政府和民間還有爲數不少的翻譯隊伍，這支隊伍以粟特人居多；唐王朝還爲來自異邦異族的各界人士提供法律訴訟的語言服務，確保法律面前人人平等，而從事訴訟翻譯的人士還要承擔相應的法律責任。晉唐王朝在西域奉行各民族語言文字的平等互利，在對於基層行政組織和行政職務的命名上，官方往往采用本地民族的語言形式，通過音譯得以完成，而對於中高層行政組織和行政職務的命名，則來自漢語和漢文化，特別是儒家文化。一言以蔽之：古代絲綢之路是一條語言習得之路、語言翻譯之路、語言平等之路、語言互利之路。

　　據不完全統計，在不同的歷史時段，古代絲綢之路西域段曾經使用過 20 多種語言文字，其中語言主要有漢語、犍陀羅語、梵語、焉耆 - 龜兹語、于闐塞語、粟特語、古代突厥語、回鶻語、希伯來語、波斯語、敘利亞語、古藏語、西夏語、阿拉伯語、察合臺語、蒙古語、滿語等，文字主要有漢文、梵文、佉盧文、希伯來文、焉耆 - 龜兹文（舊稱吐火羅文）、于闐文、古代突厥文、粟特文、回鶻文、摩尼文、敘利亞文、婆羅米文、西夏文、契丹文、察合臺文、古藏文、回鶻式蒙古文、八思巴文、滿文等古文字。[①]

---

①　張鐵山：《新疆歷史錢幣上語言文字的交融與合璧》，《吐魯番學研究》2015 年第 1 期，第 65~75 頁。

那麼，晋唐中央政府以及高昌國等西域綠洲國家在古代絲綢之路曾經推行了怎樣的語言政策呢？隨着近一百年來吐魯番、和田、庫車等地出土文獻重現天日，我們對這一問題有了更加清晰的認識。

我們發現：古代絲綢之路原來是一條語言習得之路、語言翻譯之路、語言平等之路、語言互利之路。今詳而論之。

一 語言習得之路

語言學界把母語習得之後學習其他語言的行爲稱爲"語言習得"（language acquisition），把能説兩種或多種語言的人叫作雙語人或（bilingualism）多語人（multilingualism）[1]，在古代絲綢之路，無論是漢民族還是各兄弟民族，在長期的密切交往過程中，往往都在自己的母語之外掌握了一種或多種其他民族的語言，成爲雙語人或多語人。古代吐魯番是典型的多語地區。《周書》卷五〇《異域傳下》載高昌："服飾，丈夫從胡法，婦人略同華夏。兵器有弓、箭、刀、楯、甲、稍。文字亦同華夏，兼用胡書。有《毛詩》、《論語》、《孝經》，置學官弟子，以相教授。雖習讀之，而皆爲胡語。賦税則計田輸銀錢，無者輸麻布。其刑法、風俗、婚姻、喪葬，與華夏小異而大同。"[2] 高昌國是漢人建立的西域綠洲國家，官方語言和文字肯定是漢語和漢字，但是依然使用其它民族的語言（胡語）和文字（胡書）。又檢 OR.8210/ 斯 6251 Ast.ii.1.016-019《北涼玄始九年（420）隨葬衣物疏》（沙、吳 2-320）："左青龍右白虎前□□□□物數，胡僧［受］（？）□□□" 可見北涼時期的"胡僧"就已經充當"書物數"的職責，也就是

---

[1] 徐大明、陶紅印、謝天蔚：《當代社會語言學》，中國社會科學出版社，1997，第162~163 頁。

[2] （唐）令狐德棻等撰《周書》，中華書局，2009，第 915 頁。黄文弼認爲此處的"胡語"即突厥語，參看黄文弼《西域史地考古論集》，商務印書館，2015，第 197~198 頁。韓森認爲可能是龜兹語或粟特語，參看〔美〕芮樂偉·韓森《絲綢之路新史》，張湛譯，北京聯合出版公司，2015，第 107 頁。

用漢字起草“隨葬衣物疏”了[①]。

正如語言學家所言：“衹有五種語言在傳佈文化上有過壓倒勢力，它們是古典漢語、梵語、阿拉伯語、希臘語和拉丁語。”[②]在古代絲綢之路上，各兄弟民族學習和掌握漢語蔚然成風，一些與唐西州軍民處於敵對狀態的外族軍隊也能説漢語，寧樂二〇（3）、七（2）號《唐西州都督府牒爲巡羅覘探賊蹤事一》（81）：“都督府。鎮副楊逸。右從蓰［蓉］□□西至挎谷，逐要督察巡邏。東磧鎮戍并□□□諸路，先配人馬覘探，仰谷口高山着人［去］□□。此等探巡，并當賊路，賊在達匪、懸泉□□，探者據高，谷下人馬百方牢固，兩頭計□，□［覺］賊徒。賊内有漢語之人，彌須警策，□□督察，見騎賊即點緋幡，見步賊即□□幡。馬於谷底餧，着人看守，与高山望□□□，記號的見。賊從東來，向東點幡。從□□，□西點，從北來，向北點。壹人點壹下，兩人［來］□兩下，若拾人已上、百人已下，急多點。谷［底］□□人見山頭幡，的知賊來，即走馬逐便［告］□，□都知界内兵馬，烽火通明，處月劫［掠］□□□恒日交横，覘探勿招深累。▁▁▁▁叁拾里内烽，依前縣府官巡邏，朝。”這是西州都督府對蒲昌府進行全面佈防的指令。“賊内有漢語之人”，意味着敵人中有懂漢語之人。

“桂林葡萄新吐蔓，武城刺蜜未可餐。軍中置酒夜撾鼓，錦筵紅燭月未午。花門將軍善胡歌，葉河蕃王能漢語。”（岑參《與獨孤漸道别長句兼呈嚴八侍御》詩）[③]這首富有史學價值的詩歌道出

① 僧善書，俞樾《茶香室叢鈔》卷十七“五書僧”：“明楊慎《升庵集》云：唐有詩僧九人，今有《九僧集》，後有五僧善書，劉涇嘗作書話，以懷素比玉，䛒光比珠，高閑比金，貫休比玻瓈，亞棲比水晶。”（中華書局，2006，第792頁）

② 〔美〕愛德華·薩丕爾：《語言論——言語研究導論》，陸卓元譯，陸志韋校訂，商務印書館，1985，第174頁。

③ 柴劍虹認爲“桂林”即“洿林”之誤（見氏著《桂林武城考》，《武漢師範學院學報》1981年第2期）。關于“花門”，在《新唐書》卷四〇《地理志四》中載居延海“又北三百里有花門山堡，又東北千里至回鶻牙帳”，其地本唐置，天寶時爲回紇所據。在杜甫詩《留花門》中指回紇，此指西州各少數民族；“葉河”見《新唐書》卷四〇《地理志四》：“又渡葉葉河七十里有葉河守捉。”葉河守捉屬北庭節度使領轄，在今烏蘇市境内。又參陳鐵民、侯忠義校注《岑參集校注》，世紀出版集團、上海古籍出版社，2004，第211~212頁。

了當時西域兄弟民族學習和使用漢語的盛況。活躍於絲綢之路的各兄弟民族，有一些雖然在高昌和唐西州相對獨立地聚族而居^①，使用着他們原有的風俗習慣和語言文字，但是，他們又不得不面對漢語在政治、經濟、軍事、文化、教育等領域的強勢地位，這些遷入者自然而然學習和使用漢語及漢字，成爲地道的雙語人或多語人，這就是今天的吐魯番爲什麼既有那麼豐富的漢文文獻出土，又有那麼多的胡語文獻與世人見面。特別是那些經商的粟特人、從事勞作的突厥人，更是語言和文字方面的多面手^②，檢姚汝能《安禄山事蹟》記載安禄山："長而奸賊殘忍，多智計，善揣人情，解九番語，爲諸番互市牙郎。"各兄弟民族中有不少人精通漢語，他們對漢語的語言認同（linguistic identity）背後更多是文化的認同。

在廣袤的西域，考古學家們從墓葬中出土了不少雙語文物，1975 年，新疆博物館考古隊在哈拉和卓九十號墓出土了十八枚桃人木牌，正面書寫漢文"代人"，其中十七枚屬於十六國高昌郡時期，一枚屬於麴氏高昌時期，其中有不少反面寫有粟特文字母拼寫的漢語或突厥語，譯爲漢文也是"人""代人""人、僕人或妻子"之義^③，這座墓没有出土墓誌，但是有《高昌阿苟母隨葬衣物疏》。"苟"即"狗"，可能與祆教有關。"阿苟"或許是這批有關客使、帳目的文書的主人，他作爲高昌的入籍粟特人，由於有語言和經商的粟特本能，在高昌客館中接待遠來的客使，最後把廢

---

① 如"胡城"即胡人所居之城，可能指遷到西州的突厥人所住的地方。64TAM35：38（a）《武周某館驛給乘長行馬驢及粟草帳》（3-531）："使人骨利幹乘往胡城〔迴〕，壹日料，粟捌勝同達；草肆束。"關於"胡城"，參考劉安志《唐代西州的突厥人》，《魏晋南北朝隋唐史資料》第十七輯，武漢大學出版社，2000，第117頁。

② 東京書道博物館藏吐魯番文書 002《唐開元二十九年（741）六月真容寺於於諶城買牛契》（圖版又見仁井田陞《唐宋法律文書の研究》，東方文化學院東京研究所 1937 年，圖版 3 下；金祖同《流沙遺珍》，秀水金氏 1940 年影印本，圖 2；〔日〕池田温、山本達郎：*Tunhuang and Turfan Documents concerning Social and Economic History*, Ⅲ. Contracts（B），東洋文庫，1986，第 27 頁）："'牛主安忽娑年卅'，下有民族文字簽名。"安忽娑是典型的粟特人。

③ 見庫爾班·外力《吐魯番出土公元五世紀的古突厥語木牌》，《文物》1981 年第 1 期，第 63~64 頁。

棄的有關客使的文書製作喪葬的材料，埋入其母親的墓中。[①]巴達木胡人墓地出土的文書以漢文爲大宗，説明這裏的官方語言是漢語，各兄弟民族的漢文化修養較深，但也有兩件粟特文書，其中一件鈐有唐朝“金滿都督府之印”的粟特語文書，它第一次揭示了唐朝政府存在着其他語種的公文。

由於高昌與突厥和鐵勒關係密切，從公元 554 年開始，突厥逐漸控制高昌，高昌通過突厥與西方各國聯絡，高昌國内，衣著髮式都有突厥化的傾向。雖然官方語言是漢語，但是突厥語在這裏肯定也是大行其道的。同時，高昌還與何國、焉耆、伊吾、鐵勒等有來往。[②]我們可以從 69TKM33：1/2（a）《高昌衆保等傳供糧食帳（一）》（1-238）、60TAM 307：5/4《高昌竺佛圖等傳供食帳（三）》（1-414）、60TAM329：23/1,23/2《高昌虎牙元治等傳供食帳（一）》（1-461）、73TAM517：04/5《高昌元禮等傳供糧食帳》（1-266）、75TKM90：20（b）《高昌主簿張縮等傳供帳》（1-123）中紛繁複雜的異族人名漢譯中，看出當時高昌國有關突厥、鐵勒、焉耆的漢譯譯名系統。[③]

---

① 榮新江:《中古中國與外來文明》，三聯書店，2001，第 186~187 頁。又參看孟凡人《吐魯番出土的木俑和泥俑》，收入趙華編《吐魯番古墓葬出土藝術品》，新疆美術攝影出版社、霍蘭德出版有限公司，1994，引文見第 54~60 頁。1984 年，吐魯番地區文管所又在阿斯塔那古墓群發現兩枚文字較多的桃人，參看柳洪亮《吐魯番阿斯塔那古墓群新發現的桃人“木牌”》，《考古與文物》1986 年第 1 期，第 39~40 頁。余欣指出:“由此可見，各種‘代人’俑（或象徵性的木牌）不僅在内地和敦煌的漢人中流行，而且這種信仰和喪葬習俗有可能已滲透到遠在西域的高昌粟特人聚落中。”氏著《唐宋時代敦煌的鎮宅術》，《敦煌吐魯番研究》第九卷，中華書局，2006，引文見第 359 頁。“代人”（包括“鉛人”“錫人”“松人”“柏人”“桃人”等）功能有二：一是代死人承擔罰責作役（以免連累死者眷屬），二是抵擋死者所犯之咎殃（也有代生者，即死者家屬解災之用，請比較敦煌祁家灣出土西晋十六國時期 M206：3《□宮華鎮墓文》:“今送汝鉛人一雙，斗瓶、五穀，用贖生人靈魂。須鉛人，膺□五穀，死生乃當。”録文參考戴春陽、張瓏編著《敦煌祁家灣西晋十六國墓葬發掘報告》，文物出版社，1994，第 108~109 頁）。又參考余欣《神道人心——唐宋之際敦煌民生宗教社會史研究》，中華書局，2006，第 219~222 頁；項楚《寒山詩注》，中華書局，2000，第 211 頁。

② 榮新江:《中古中國與外來文明》，生活·讀書·新知三聯書店，2001，第 190~191 頁。

③ 姜伯勤:《高昌麴朝與東西突厥——吐魯番所出客館文書研究》，《敦煌吐魯番文獻研究論集》第 5 輯，北京大學出版社，1990。

　　由于商業貿易、文化交流和戰爭因素，一些漢人也學會了其他民族的語言。[①]《舊唐書》卷一八三《武承嗣傳》："延秀久在蕃中，解突厥語。"《新唐書》卷八〇《太宗諸子·常山王承乾》亦

---

① 這一方面的例子很早就有了，請比較顏之推《顏氏家訓·教子》："齊朝有一士大夫，嘗謂吾曰：'我有一兒，年已十七，頗曉書疏，教其鮮卑語及彈琵琶，稍欲通解，以此伏事公卿，無不寵愛，亦要事也。'"王利器集解："劉盼遂曰：'高齊出鮮卑種，性喜琵琶，故當時朝野之干時者，多仿其言語習尚，以投天隙。《北齊書》中所紀者，孫搴以能通鮮卑語，宣傳號令；祖孝徵以解鮮卑語，得免罪，復參相府；劉世清能通四夷語，爲當時第一，後主命之作突厥語翻《涅槃經》，以遺突厥可汗；和士開以能彈胡琵琶，因此得世祖親狎。如此等類，屢見非一。又本書《省事》篇亦云：近世有兩人，朗悟士也，天文、畫繪、棊博、鮮卑語、胡書、煎胡桃油、煉錫爲銀，如此之類，略得梗概云云。又庾信《哀江南賦》云：新野有生祠之廟，河南有胡書之碣。知鮮卑語、胡書，爲爾時技藝之一矣。案案：《續高僧傳》十九《釋法藏傳》：天和四年……周武帝躬趨殿下，口號鮮卑，問訊衆僧，幾無人對者；藏在末行，挺出衆立，作鮮卑語答，殿庭僚衆，咸喜斯酬。敕語百官：'道人身小心大，獨超群友，報朕此言，可非健人耶？'此亦當時朝野好尚之一證。"王利器《顏氏家訓集解》（增補本），中華書局，1993，第21頁。漢人對其他民族的稱呼，除了大家熟知的"胡"外，還有"蕃"，廣泛見于吐魯番文獻中。72TAM225：25《武周豆盧軍牒爲吐谷渾歸朝事一（一）》（3-412）："□□拔揭□□落蕃人瓜州百姓〔賀〕□□　　□□六歲，一疋父五□□〔草〕九歲，疋赤草，七歲，一疋白□□　　胡祿一□　鞍三（下殘）□□〔究〕拾□□刀壹口，蕃書壹□□　　。"73TAM509：8/7《唐開元二十一年（733）石染典買驤契》（4-280）："開元廿一年二月廿日，石染典交用大練壹拾柒疋，於西州市買從西歸人楊荆瑚青草五歲，近人頰膊有蕃印并私印，遠人膊損。"OR.8212/552Ast. Ⅲ.3.037《唐西州長行坊馬配放簿》（沙、吳1-96）："一疋赤父七歲，玉面連唇白兩眼痕，近人頰古'之'□□　　。蕃印次膚。"《太平廣記》卷二百五十六《崔慎田》條（出《北夢瑣言》）："近日中書，盡是蕃人，蓋以畢、白、曹、羅爲蕃姓也。"唐劉肅《大唐新語》卷一三《諧謔》："則天朝，諸蕃客上封事，多獲官賞，有爲右臺御史者。則天嘗問張元一曰：'近日在外，有何可笑事？'元一對曰：'朱前宜着綠，录仁傑着朱。閭知微騎馬，馬吉甫騎驢。將名作姓李千里，將姓作名吳揚吾。左臺胡御史，右臺御史胡。'胡御史，元禮也；御史胡，蕃人爲御史者。尋授別敕。"考唐慧立、彥悰《大慈恩寺三藏法師傳》卷二："又蒙降結娣季之緣，敦獎友于之念，并遣書西域二十四蕃。煦飾殷勤，令遞餞送。"又言突厥："雖蕃俗之曲，亦甚娛耳目，樂心意也。"關於"蕃印"，參考《唐會要》卷七二"諸蕃馬印"條。朱雷言："在唐代，就廣義而言，'東至高麗，南至真臘，西至波斯，吐蕃及堅昆都督，北至突厥、契丹、靺鞨，并爲入蕃。'（《白氏六帖》事類集卷16，和戎條引雜令）《唐會要》卷七二'諸蕃馬印'條中，'諸蕃'包括40餘部，整個唐王朝西北、東北，遠至今撒馬爾罕地區的康國，都包含在內。"見氏著《敦煌所出〈唐沙州某市時價簿口馬行時沽〉考》，收入《朱雷敦煌吐魯番文書論叢》，上海古籍出版社，2012，第230~246頁，引文見第242頁。李樹輝指出史籍中的"西蕃"除了指吐蕃外，還可以指稱突厥語族群和印歐語族群。見氏著《西州"貞元七年没于西蕃"中的"西蕃"是指吐蕃嗎》，《新疆師範大學學報》2008年第3期。關於"蕃印"，參考乜小紅《唐五代畜牧經濟研究》，中華書局，2006，第67頁。《通典》卷一九九《邊防十五》"突厥條下"："突騎施烏質勒者，西突厥（轉下頁注）

言李承乾 "好突厥言及所服"。又請比較《全唐詩》卷三八二載張籍《隴頭行》："隴頭路斷人不行，胡騎夜入涼州城。漢兵處處格鬥死，一朝盡没隴西地。驅我邊人胡中去，散放牛羊食禾黍。去年中國養子孫，今年氈裘學胡語。誰能更使李輕車，收取涼州入漢家。"此處之 "胡語"，指吐蕃語。

漢人通曉兄弟民族語言的例子在吐魯番出土文獻中也有記載：65TAM341：30/1（a）《唐小德辯辭爲被蕃捉去逃回事》（4-62）①："審：但小德今月二日牽車城東塴地，其日齋時，賊從東北面齊出，遂捉小德［并］牛。至迨在葦東［食］（？）人定後即發向＿＿＿＿草澤宿至［三］日明，即發入突播山，＿＿＿＿□泉谷宿。至四日迨在小嶺谷宿，＿＿＿＿自解手走上山，經三日上山，＿＿＿＿投得［維］磨戍烽，其賊見在小［嶺］□＿＿小德少解［蕃］語，聽賊語，明□擬發向馳嶺逐草。其抄小德等來□可［有］二百騎，行至小嶺谷内，即逢。"

二　語言翻譯之路

古代絲綢之路也是一條語言翻譯之路。無論是官府還是民間，都有翻譯方面的專門人才——"譯語人"活躍於其間。②檢《全唐文》卷二八七張九齡《敕罽賓國王書》："敕罽賓國王：得四鎮節

（接上頁注①）之別種也。初隸在斛瑟羅下，號莫賀達干。後以斛瑟羅用刑嚴酷，擁衆背之，尤能撫恤其部落，由是爲遠近諸胡所歸附。其下置部督二十員，各統兵七千人。常屯聚碎葉西北界，後漸攻陷碎葉，徙其牙帳居之。東北與突厥爲鄰，西南與諸胡國相接，東南至西、庭州。斛瑟羅以部衆削弱，自武太后時入朝，不敢還蕃，其地并爲烏質勒所并。"又請比較李燾《續資治通鑑長編》卷一百三十二《仁宗·慶曆元年》："西北邊皆有蕃兵。蕃兵者，塞下内屬諸部團結以爲蕃籬之兵也。羌戎種落不相統一，保塞者謂之屬户，餘謂之生户。陝西則秦鳳、涇原、環慶、鄜延，河東則石隰、麟府。其大首領爲都軍主，百帳已上爲軍主。"

① 本件紀年已缺，另面爲唐開元五年牒。

② 參考向達《唐代長安與西域文明》，河北教育出版社，2001，第8頁；趙貞《唐代對外交往中的譯官》，《南都學刊》2005年第6期；韓香《唐代譯語人》，《史學月刊》2003年第1期。又請比較圓仁《入唐求法巡禮行記》卷四 "會昌五年七月九日"："緣楚州譯語有書付送漣水鄉人，所囑令安存。"

度使王斛斯所翻卿表，具知好意。"①《唐會要》卷一〇〇《結骨國》:"其轉爲黠戛斯者，蓋夷音有緩急，即傳譯語不同。其或稱是戛戛斯者，語急而然耳。訪於譯史，云:'黠戛是黃頭赤面義。'蓋回鶻呼之如此。今使者稱自有其名，未知孰是。"②由此可以看出在安西四鎮節度使以及安西都護府都有傳譯語和譯使。綜觀絲綢之路上的"譯語人"，主要是胡人，特別是粟特人。粟特人有着語言方面的天賦和土壤，《唐會要》卷六一"彈劾條記":"永徽元年（650）十月二十四日，中書令褚遂良抑買中書譯語人史訶擔宅，監察御史韋仁約劾之。"此處之譯語人史訶擔是出身史國的粟特人，其墓已經在固原發現③。64TAM29:17（a），95（a）《唐垂拱元年（685）康義羅施等請過所案卷（一）》（3-346）:"〔垂〕拱元年四月日，譯翟郍你潘連亨白。"這裏的"翟郍你潘"也是粟特人，他爲西域商人擔任翻譯④。72TAM188：87（a）《唐譯語人何德力代書突騎施首領多亥達干收馬價抄》（4-41）:"右酬首領多亥達干馬叁疋直。十二月十一日付突騎施首領多亥達干領。譯語人何德力 E。"（"E"爲畫指符號，分別畫於"德力"二字左右兩邊）此件文書反映了唐西州與東突厥交兵的時代背景。譯語人何得力也是粟特人，他代突騎施首領多亥達干簽收馬價。何得力雖是粟特人，但是漢語翻譯，穿梭于西州的貿易中。

唐西州時期，高昌縣譯語人主要從事唐西州與西突厥之間的翻譯工作。他們在擔任翻譯的同時，還爲商人充當證人和保人的角色。保債得債，證明這些譯語人具有相當的經濟實力和民間公信力。西州譯語人爲官府工作，應該有正式編制。73TAM210:136/10-3《唐史王公□牒爲杜崇禮等綾價錢事》（3-38）:"〔高〕〔昌〕□□人杜崇禮〔等〕上件物及□□□到，謹〔牒〕。四月一日史王公□。紫紬綾等價〔及〕□□□□譯語人等□□□□"73TAM210:

① （清）董誥等編《全唐文》，中華書局，2001，第 2910 頁。
② 引文據（宋）王溥撰、牛繼清校證《唐會要校證》，三秦出版社，2012，第 1528~1529 頁。
③ 參看羅豐《固原南郊隋唐墓地》，文物出版社，1996，第 55~77、206~211 頁。
④ 參看拙作《"目""翟"二姓與粟特關係新證》，《民族研究》2017 年第 1 期。

136/10-2《唐西州高昌縣譯語人康某辯辭爲領軍資練事》（3-39）："［高］昌縣譯語人［康］□□□軍資練拾玒□□□領□□□辯：被問付［上］□□□□但□□□"

　　由于唐王朝的空前開放和包容政策，唐朝軍隊和政府、民間都由多民族組成，比如唐軍中突厥人就不少，73TAM221：64《唐前庭府員外果毅沙鉢□文書》（3-314）："前［庭］府。員外果毅沙鉢□□□□" 73TAM501：109/8-4《唐張義海等征鎮及諸色人等名籍（四）》（3-388）："□□□［果］毅沙鉢那，仗身。□□□守德，鄧憧定，竹闍利。"這裏的"沙鉢"是典型的突厥人，所以軍中翻譯事務和翻譯人員必不可少。OR.8212/521Ast.III.4.093《唐尚書省爲懷岌等西討給果毅傔人事牒》（沙、吳1-56）："□□□久經□□□□□□□［岌］今奉救在大軍前［先］□□□［所］領蕃漢兵等，各須强人統領。隨入賊要藉傔人□□□若發京多折衝果毅及譯語等恐煩傳驛，惣不□□□事交廢闕。其人等既多在已西伊庭西等州兵□□□［合］逐懷岌先去。今將前件人等，便行于理極省□□□［至］於軍機，復濟急要，特望殿下恩慈，隨□□□懷岌將行，各遣權檢校果事分配統領并傔入賊□□□恩脱允懷岌所請，其人等應合得行賜傔等一□□□并請准波斯軍別救撿按果毅并傔譯□□□［於］所在處便給發遣。其應合得官者，事了□□□岌自領入朝准□□□救赴選但以軍機事。□□□［敢］緘默□□□尚書省商量處分者。曹司商量，懷岌既□□□討擊，事資果毅傔人，據其陳請，誠亦□□□［又］其人等既多在已西，實省傳驛發遣。□□□［有］一二計，亦勞費不多。望依所請，實爲允□□□曾任五品官者，請從發處給傔一人。餘傔及六品七□□□軍中准例給傔。其行賜請別頭准金□□□行例處分。□□□商量狀如前，准牒。（後缺）"既然是"蕃漢兵"，當然就需要譯語了。

　　早在高昌國時代，在官府機構中，就專門設有"通事"一職，可能就承擔了"譯語"這種語言溝通和交流職責[①]，"通事"本

---

①　檢俞樾《茶香室叢鈔》卷六"通事"："《癸辛雜識》云：譯者之稱見《禮記》，東方曰寄，南方曰象，西方曰狄鞮，北方曰譯。今北方謂之通事，南蕃海舶謂之唐帕，西方蠻徭謂之蒲叉（去聲），皆譯之名。按通事之名至今猶然，唐帕、蒲叉則無此名矣。"引文據（清）俞樾《茶香室叢鈔》，中華書局，2006，第159頁。

即通傳文書，北魏時已經設置，在吐魯番出土文書中，既可指舍人，又可指令史，二職并主通傳文書。在高昌國時期，"通事令史"及"侍郎"屬於高昌王秘書機構成員，負責接受來自行政部門的文書，通傳章奏，宣傳敕令，此外還有"通事教郎"，即通事校郎，又有"通事舍人"即掌呈奏案，傳宣敕令和擔任導引。69TKM33：1/7（a），1/3，1/6（a）《高昌衆保等傳供糧食帳（三）》（1-240）："次通事□□□□［斗］八升，供養師一百□□康典□經竟食。次廿二日，將天奴傳，□五□，□［四］九五斗付石子，供提懃婆演使［烏］□［郍］十人道糧。"68TAM99：6（a）《高昌侍郎焦朗等傳尼顯法等計田承役文書》（1-441）："通事張益傳：索寺主德嵩師交何王渠常田一畝半。"67TAM84：21（b）《條列入官臧錢文數殘奏》（2-3）："□［案］條列入官臧錢文數，列別如右，記識奏諾。［奉］□。門下校［郎］陰□；門下□□高□；通事□□［索］□；通事□□□□，通事□□□□。"72TAM170：109/4（b），109/15（b）、109/10（b）《高昌僧僧明等僧尼得施財物疏（三）》（1-164）："□□□丈五尺取史通事□□□匹七十丈。"66TAM48：25（a），31（a）《高昌延昌二十七年（587）四月兵部條列買馬用錢頭數奏行文書》（1-338）："謹案條列買馬用錢頭數，列［別］如右。記識奏諾奉行。門下校郎□瓊，通事令史□患，侍郎史養生。延昌廿七年丁未歲四月廿九日兵部奏，□［軍］將軍高昌令尹麴伯雅，□［衛］將軍縮曹郎中紹徽，□□□□□□［部］事麴歡，嚴仏嵒，翟奇乃。鄭僧道。"60TAM339：50/3（a）《高昌某部殘奏》（1-399）："通事令史司空。侍□。史。"72TAM155：37（a）《高昌某年傳始昌等縣車牛子名及給價文書》（1-428）："通事令史辛孟護貳人傳。"72TAM155：29《高昌諸臣條列得破被氈氈、破褐囊、絕便索、絕胡麻索頭數奏一》（1-429）："門下事威遠將軍臣麴；門下校郎臣司空；［行］門下事墼中將軍臣高；通事令使臣辛。通事令史臣史。"64TAM24：35/1《高昌延昌酉歲屯田條列得橫截等城葡萄園頃畝數奏行文書》（2-168）："□□□□截俗四半，交河俗二半六十步□□□安樂俗八畝，洿林俗四畝，始昌俗一半，高寧僧二半，都合桃壹頃究拾叁畝半。［謹］案：條列得桃頃畝，列別如右，記識奏諸奉□。［門］下校郎麴［瓊］，通事令史麴□。"64TAM24：35/2《高昌延昌酉歲屯田條列得橫截等城葡萄園頃畝數奏行文書》（2-169）："通事令史史□□，□□□□和隆□，陰□。＿＿＿＿酉歲九月十五日＿＿＿＿，□□□□軍［膚］［迭］□吐諾他跋跋鍮屯發高昌令尹麴伯［雅］。"72TAM194：2《唐開元七年（719）張行倫墓誌》（侯、吳634）："其增，高昌偽朝授明威將軍，祖，偽朝授通事教郎。"黃文弼《大凉張季宗及夫人宋氏墓表》（侯、吳7）："河西王通事舍人，敦煌張季宗之墓表。"我們注意到一個重要的事實：擔任"通事"的往往都是高門大姓，有麴姓，張姓，這或許説明他們的翻譯能力（也就是雙語或多語能力）是非常强的，高門大姓出任此職，也可以旁證此職在絲綢之路的重要性。

關於"通事"，《通典》卷二一《職官三》載有"通事舍人"，其職掌是"掌儐贊受事"[1]，《八瓊室金石補正·中嶽嵩山靈廟碑》碑陰題名有河南郡通事一人。又《魏書》卷一一三《官氏志》太和十七年《職品令》亦載"通事"，爲州郡的佐史，傳達文書[2]。周一良指出："《宋書·百官志》稱漢尚書郎'主作文書，起立事草'，事即文書也。《續漢百官志》言侍郎'主作文書起草'，所指相同。宋志又言，魏文帝黃初初置通事郎黃門郎。'黃門郎已署事過，通事乃奉以入，爲帝省讀書可'。由此知官名通事郎以及後來之通事舍人之事，皆指文書而言。"[3]在唐代亦有"通事舍人"，可以與高昌國時代相比較。《新唐書》卷四七《百官二》："通事舍人十六人，從六品上。掌朝見引納、殿庭通奏。凡近臣入侍、文武

---

① （唐）杜佑：《通典》，王文錦、王永興、劉俊文、徐庭雲、謝方點校，中華書局，1996，第565頁。
② 參見徐連達主編《中國歷代官制詞典》，安徽教育出版社，1999，第190、882頁。
③ 氏著《周一良集》第貳卷《魏晉南北朝史札記》，遼寧教育出版社，1998，第722頁。又請比較斯610《啓顔錄》："國初有人姓裴，宿衛考滿，兵部試判，爲錯一字落第。此人即向僕射温彦博處披訴。彦博當時共杜如晦坐，不理其訴。此人即云：'少小已來，自許明辯，至於通傳言語，堪作通事舍人。并解作文章，兼能嘲戲。'彦博始回意共語。"又，關於"通事教（校）郎"，侯燦言："筆者研究麴氏高昌王朝官制，不見其稱謂。根據一些學者的研究，在麴氏高昌中央進行運轉的主要有兩套機構：一套爲高昌王直接控制的出納審查機構，另一套爲高昌令尹直接領導的行（轉下頁注）

就列，則導其進退，而贊其拜起、出入之節。蠻夷納貢，皆受而進之。軍出，則受命勞遣；既行，則每月有問將士之家，視其疾苦；凱還，則郊迓（原注：有令史十人，典謁十人，亭長十八人，掌固二十四人。武德四年，廢謁者臺，改通事謁者曰通事舍人）。”這裏的“蠻夷納貢，皆受而進之”值得措意，很明顯“通事”也承擔接待其他國家或民族使者，包括接受他們的文書，“通事”還可以引申指負責翻譯事務的官員。圓仁《入唐求法巡禮行記》卷四“會昌六年九月廿二日”：“解日本國語，便爲通事。”

與“通事”一職類似的是，在唐王朝治理西域時，專門設置了“表疏參軍”，這也與語言翻譯有關。鄯善出土《唐開元五年（717）後西州獻之牒稿爲被懸點入軍事》[1]：“燥，獻之去開五年十一月奉定遠道行軍大惣管、可汗［燥］：西州追獻之擬表疏參軍，其［月］廿三日，州司判：燥下縣發遣。至十二月到定遠軍，即蒙可汗試，［可］判補鹽泊都督府表［疏］［參］［軍］，并錄此奏訖。”鹽泊都督府是唐高宗顯慶三年（658）平定阿史那賀魯叛亂後，在西突厥胡禄屋部設置的羈縻都督府（《唐會要》卷七三“安西都護府”），唐朝羈縻府、州之都督、刺史、司馬，一般都由該民族的首領所擔任，而參將或表疏參軍既然負責表疏之事，應該通曉胡漢等民族語言。《舊唐書》卷四三《職官二》：“凡四夷

（接上頁注③）政執行機構。前者又分文武兩個機關：文的是門下機關，長官有門下校郎，下屬有通事舍人、通事令史、侍郎等官；武的是中兵機關，長官有中兵校郎，下屬有中兵參軍、中郎等官。在高昌令尹直接領導下的行政執行機構，則爲各部長史、司馬等官。張行倫的兩方墓誌均係追述其祖的任官，有可能將兩套機構的官員混淆：通事校郎，或將門下校郎、中兵校郎與通事舍人、通事令史相混稱，教、校相通；門下司馬，或將門下機關官員與行政執行機構官員相混稱。”見氏著《吐魯番出土磚誌集注》，巴蜀書社，2003，第 635 頁。關于“通事舍人”，參考同書第 7 頁。陳仲安曾經考察“通事令史”的來源并指出：《晋書》卷二四《職官志》：‘魏黄初初，中書既置監、令，又置通事郎，次黄門郎。黄門郎已署，事過通事乃署名。已署，奏以入，爲帝省讀，書可。及晋，改曰中書侍郎。’通事令史蓋即助通事郎理事之令史。其職居宫中，與門下諸職關係密切。”又：“然此官雖本屬中書，至高昌時則并歸門下。其任務在與通傳章奏，和宣傳敕令。高昌王朝由門下校郎和通事令史傳令的例子在文書中多次出現。”氏著《麴氏高昌時期門下諸部考源》，收入唐長孺主編《敦煌吐魯番文書初探》，武漢大學出版社，1983，第 11 頁。

① 楊文和主編《中國歷史博物館藏法書大觀》第十一卷《晋唐寫經·晋唐文書》，東京柳原書店、上海教育出版社，1999，圖版第 176~177 頁。

來朝，臨軒則受其表疏，升于西階而奏。""表疏"很可能包括民族語言和文字的溝通與翻譯，又考《元和郡縣圖志》卷四十隴右道下庭州條載來濟被貶庭州刺史期間："請州所管諸蕃，奉敕皆爲置州府，以其大首領爲都督、刺史、司馬，又置參將一人知表疏等事。"

在多語使用和翻譯過程中，各語言間有不少借用現象[①]，特別是其中的借詞，具有很高的史料價値。美國語言學家和人類學家愛德華・薩丕爾指出："一種語言對另一種語言最簡單的影響就是詞的借貸。祇要有文化借貸，就可能把有關的詞也借過來。""仔細研究這樣的借詞，可以爲文化史作有意味的注疏。留意各個民族的詞彙滲入別的民族的詞彙的程度，就差不多可以估計他們在發展和傳播文化思想方面所起的作用。"[②]我們在吐魯番出土漢文文獻中發現了大量的粟特語借詞，但是，遍考這些借詞，往往多出現於粟特人名中，而且主要體現其宗教信仰（祆教、佛教），以及對財富、榮譽、神佑、吉祥和光明的追求，至於政治、經濟、軍事、法制等的粟特語借詞則很少，這説明粟特人在高昌的政治、經濟和文化地位是有限的（雖然粟特人非常善於經商）。但是突厥語的情形有些不一樣。我們在吐魯番出土漢文文獻中發現了大量的突厥語借詞，關鍵在於這些借詞涉及面廣，其中涉及政治領域的詞語最多，這説明了突厥人曾經對高昌產生了巨大的政治影響，這種影響無論從深度還是廣度上講都是粟特人以及其

---

① 有的甚至出現語法上的借用。從一組敦煌文獻中可以看到，這組文獻使用的語言是受到回鶻語強烈影響的粟特語，這種粟特語不僅有回鶻語借詞，更重要的是其中還包含早期粟特語中不存在的回鶻式句子結構。參看〔美〕芮樂偉・韓森《絲綢之路新史》，張湛譯，北京聯合出版公司，2015，第 248 頁。一般說來，語音和語法是語言中比較穩定的成分，語音和語法發生借用，須是對貸方的語言非常熟悉，布龍菲爾德指出："假使借方人民相當地熟悉貸方語言，或者假使借貸數量相當地多，那麼音響上跟本土音位相距很遠的外語語音也被保留下來，模仿的忠實程度或高或低，突破了本土的語音系統。"〔美〕布龍菲爾德《語言論》，袁家驊、趙世開、甘世福譯，錢晉華校，商務印書館 2002，第 551 頁。

② 愛德華・薩丕爾還指出："語言，象文化一樣，很少是自給自足的，交際的需要使説一種語言的人和説臨近語言的或文化上佔優勢的語言的人發生直接或間接接觸。交際可以是友好的或敵對的，可以在平凡的事務和交易關係的平面上進行，也可以是精神價値——藝術、科學、宗教的借貸或交換。"〔美〕愛德華・薩丕爾：《語言論——言語研究導論》，陸卓元譯，陸志韋校訂，商務印書館，1985，第 173~174 頁。

他胡人所不能比的，即使是後來的唐西州，受突厥的各種影響也是顯著的，我們揣測，當時的吐魯番地區可能也使用突厥語，不祇是來此生活的突厥人以此爲母語，而且連漢人也往往使用突厥語，我們搜索吐魯番出土漢文獻，共得以下諸突厥語借詞：跋彌磑（即"没密施"，突厥可汗尊號），阿搏（阿博，阿波。阿波可汗，亦即大邏便。沙鉢略襲擊阿波可汗部，殺阿波之母，阿波西奔達頭可汗，造成東西突厥的分裂），咄六（咄六、都陸、咄陸、咄禄，西突厥中一個較有實力的部落名稱），咄六拽（咄陸設，也就是乙毗咄陸可汗，貞觀年間活躍於高昌地區的西突厥欲谷設，即乙毗設），依提具拽（欲谷設），處蜜（西突厥諸部之一，與處月爲鄰），處月（今額林哈畢爾噶之南，自空格斯流域，迄於天山之北，也指西突厥强部之一，在今新疆巴里坤湖西北），達干（唐代突厥、回紇等族高官的一種稱謂。源於古突厥語"tarkan"，爲專統兵馬的武職官號，往往是立過戰功的人）[1]，達漢（突厥語中二十八等官號之一 tarqan 的音譯），都蘆悌（馬伯樂還原爲"turdi"，突厥文"tur"有"住止、建立"義，"悌"可能是官爵名，相當於咄、啜之類），苻離拽（步利設。此人與乙毗咄陸可汗即欲谷設與高昌麴文泰的聯合陣線相對立，但是其使節却出現在高昌客館，説明麴文泰與其暗中通使），居冉拽（伽那設，咥利失可汗之另一弟），胡禄達干（胡禄屋部的軍事首領）、都擔（十姓部落名），珂摩至（突厥官號），莫賀（勇健），莫賀咄（突厥首領，殺統葉護而自立，國人不附，弩失畢立肆葉護可汗，莫賀咄主東方五部），磨賀吐、摩咄、摩何、摩訶、磨訶、無賀知（以上諸詞疑與"莫賀"或"莫賀咄"義近），尼利珂寒（泥利可汗），卑失虵婆護（卑史葉護，婆實特勤，泥利可汗之弟，泥利死後，其妻嫁之爲妻，開皇末，與妻向氏入朝，遇

---

[1] 有觀點認爲"tarkan"源自漢語"達官"，有的持否定意見，參見森安孝夫《ウィグ＝ルニマ教史の研究》，大阪大學文學部（《大阪大學文學部紀要》第31、32卷），1991，第195~196頁；吉田豐《ソグド文字でされた漢字音》，《東方學報》第66卷，1994，第377頁。又參見荒川正晴《西突厥汗國的 Tarkan 達官與粟特人》，載榮新江、羅豐主編《粟特人在中國：考古發現與出土文獻的新印證》（上册），科學出版社，2016，第13~23頁。

達頭亂，遂留京師。虵婆護，葉護，在西突厥時代，"葉護" 是次於可汗的軍事長官，往往由可汗之弟擔任，其身份爲 "特勤"，即王子），卑失移浮孤（卑失虵婆護），恕邏珂寒（處羅可汗，西突厥泥利可汗之子），染干（貴族兒子），時多浮（相當於突厥文 sadapyt，又見於《嗢昆河碑》，碑文作時多浮跌，漢譯即 "失畢"，"失畢" 屬右廂。高昌正居突厥之右。本爲其衙帳中站立右側的高官），貪汗（突厥王稱謂），提懃（特勤，突厥語 tegin 的音譯，本是 "王子"，也用作突厥官號），突騎施（原系突厥十姓部落之一），土門（萬人長），吐屯（突厥語中二十八等官號之一 tudun 的音譯，突厥曾經在西域諸國設置一位吐屯來監統，并督其徵賦，這是突厥控制西域各國的方法，有時是派遣突厥人擔任吐屯，有時是任用西域王國的高級官員，如高昌王國是以高昌令尹出任吐屯的），吐屯使（吐屯的使者），鍮屯發（吐屯發，可能是木杆可汗威服塞外諸國時期所實行的制度，入唐以後名爲吐屯），希利發（突厥的軍事領導人官職名），陁豆阿跋（突厥語 tardus apa 的音譯，"tardus" 漢語又譯爲達頭、地頭、大度，而 "apa" 譯爲阿波，爲可汗之銜稱），批（高昌王國對突厥軍官 "設"、"殺"、"察" sad 的音譯，可能是吸取上古漢族政權的軍官稱號 "率""帥" 而得），伊離地（國的）。此外，還有一個交通術語 "烏駱"（古突厥語 Ulay 的譯寫，意思是 "驛馬"），這可能體現了突厥人發達的驛站文化或他們對當時西域交通的掌控能力。[①]

三　語言平等之路

在唐王朝，一些不懂漢語的兄弟民族，在法律上享有同等的權利，在訴訟過程中上配備翻譯人員，翻譯人員往往簽字畫押，承擔法律責任。從吐魯番出土文獻可知，當時對涉及訴訟的少數民族不懂漢語的情況給予特別關注，66TAM61：17（b）《唐西州

---

① 拙著《吐魯番出土文獻語言導論》，科學出版社，2013，第 16~17 頁。

高昌縣上安西都護府牒稿爲録上訊問曹禄山訴李紹謹兩造辯辭事（一）》（3-242）："其李三是漢，有氣力，語［行］（？）身是胡，不解漢語。身了知此間＿＿＿行恩澤於此間。請一箇＿＿＿"66TAM61：23（a）、27/1（a）、27/2（a）《唐麟德二年（665）婢春香辯辭爲張玄逸失盜事》（3-239）："春香等辯：被問所盜張逸［之］物夜□更共何人同盜，其物今見＿＿＿荅。□審：但春香等身是突厥，及今因＿＿＿更老患，當夜并在家宿，實＿＿＿。依實謹辯。麟德二年月日。譯語人翟浮知□□E（引者按：E即畫指符號）。"

譯語人在訴訟過程中要承擔重要的法律責任，這實際上既是維護法律的尊嚴，更是對兄弟民族自身權益的保護。唐王朝有"證譯詐僞罪"，此罪乃是證人出庭作證"不吐情實"，譯人翻譯供詞"故有出入"，導致司法定刑失誤之行爲。此類行爲即今所謂"僞證罪"，於司法審判妨害極大，故唐律立爲專條以懲治之。根據律文，證譯詐僞罪之處罰，譯人罰重，證人罰輕。凡譯人傳譯不實，導致罪有出入者，譯人即得其所出入之罪。《唐律疏議·名例》"稱反坐罪之"："諸稱'反坐'及'罪之'、'坐之'、'與同罪'者，止坐其罪，死者止絞而已。疏議曰：稱反坐者，《鬥訟律》云：'誣告人者，各反坐。'及罪之者，依例云：'自首不實、不盡，以不實、不盡之罪罪之。'坐之者，依例，餘贓應坐，悔過還主，減罪三等坐之。與同罪者，《詐僞律》，譯人詐僞，致罪有出入者，與同罪。止坐其罪者，謂從'反坐'以下，并止坐其罪。不同真犯，故'死者止絞而已'。"[1]《唐律疏議·詐僞》"證不言情及譯人詐僞"："諸證不言情及譯人詐僞，致罪有出入者，證人減二等，譯人與同罪。（原注：謂夷人有罪，譯傳其對者。）疏議曰：'證不言情，謂應議、請、減、七十以上、十五以下及廢疾并據衆證定罪，證人不吐情實，遂令罪有增減；及傳譯番人之語，令其罪有出入者。'證人減二等'，謂減所出入罪二等。'譯人與同罪'，若夷人承徒一年，譯人云'承徒二年'，即譯人得所加一年徒坐；或夷人承流，譯者云'徒二年'，即譯

---

[1] 參考劉俊文《唐律疏議箋解》，中華書局，1996，第504~505頁。

者得所減二年徒之類。故注云‘謂夷人有罪，譯傳其對者’。律稱‘致罪有出入’，即明據證及譯以定刑名，若刑名未定而知證、譯不實者，止當‘不應爲’法，證、譯徒罪以上從重，杖罪以下從輕。”[①]

四　語言互利之路

晋唐時代，官方在民族地區往往推行多語并行制度。1980年在樓蘭古城的晋墓中出土一件絲織品，錦上織有“延年益壽大宜子孫”漢文圖案，在錦邊上用墨水寫有一行佉盧字，有十幾個字母。在樓蘭古城官署遺址邊出土過一批木簡，上有西晋泰始四年（268）紀年，在這批漢文木簡中有一枚寫有一行佉盧字，形制與同時出土的漢文木簡一樣，可能屬於同一册簿。至於著名的于闐馬錢（或稱漢佉二體錢、和田馬錢），是公元 3 世紀前後在古代于闐國鑄造的銅幣[②]，圓形無孔，用源自希臘的打壓法鑄造，有大錢和小錢兩種，將漢字、佉盧字融於一體，正面周圍以漢文篆字標誌幣值，反面周圍一圈是佉盧字，書寫國王的尊號和名字，這些古代文獻生動表明漢族與少數民族源遠流長的文化互動關係。[③] 還有“漢龜二體錢”，也就是龜兹五銖，約從東漢晚期至隋唐之交（3-7 世紀）鑄行於古龜兹國的一種通用貨幣，出土

---

① 參考劉俊文《唐律疏議箋解》，中華書局，1996，第 1768 頁。
② 〔美〕芮樂偉·韓森指出：“獨特的漢佉二體錢，即一面有漢字一面有佉盧文的錢幣，印證了于闐人與其鄰邦有着廣泛的接觸。于闐王結合了貴霜錢幣和漢式錢幣的特點，創造出了屬於自己的混合式錢幣，古錢幣學家還不能把這些錢幣上的王名與中文史籍中提到的國王對應起來，因此給這些錢幣準確定年比較困難，祇能説其鑄造時間大概在公元三世紀前後。”氏著《絲綢之路新史》，第 258 頁。
③ 與很多西域綠洲國家一樣，于闐人非常善於學習語言。有些藏語文書是于闐書吏抄寫的，因爲于闐文的頁碼洩露了抄寫者的身份。敦煌藏經洞保存有漢語 - 于闐語常用語手册中的幾頁，這種輔助學習的書籍不用漢字，而是用婆羅米字母寫出漢語句子的讀音，然後再給出于闐語釋義。同時，還有梵語 - 于闐語雙語手册。最早的丹丹烏里克文書年代爲公元 722 年，是一組木簡，在此組木簡上，有漢語和于闐語，都給出了納稅人姓名、糧食繳納量以及繳稅年份。此組木簡顯示了公元八世紀唐朝政府對社會的管控一直延伸到最基層，即使是繳納最小額的稅穀也要用當地人的語言——于闐語和統治者的語言——漢語做雙語記録。與之類似，所有政府官員都有漢（轉下頁注）

地在今新疆以庫車爲中心的一片綠洲地帶，質地以紅銅爲主，銘文爲漢文和龜玆文合璧。又有"高昌吉利"，銘文隸體①，鑄造於麴氏高昌時期。

唐代在西域的語言政策，還體現在對於基層行政組織和行政職務的命名上，官方往往采用本地民族的語言形式，通過音譯得以完成（這樣做也許能帶來基層民眾的親切感和認同感），而對於中高層行政組織和行政職務的命名，則來自漢語和漢文化，特別是儒家文化。

比如"叱半（處半）"，是一職事名，可能是一個基層官職或公差，主要職責是收稅，相當於中原之坊正、里正。OR.8211/969-72《唐于闐某寺支用簿》（沙、吳 2-329）："付鎮海坊叱半莎□□□充還先糶草豉壹勝價直歲僧法空。"OR.8211/969-72《唐于闐某寺支用簿》（沙、吳 2-327）："出錢伍伯伍拾文，付市城安仁坊叱半蛇蜜，充還家人勿悉滿，又科著稅。"2006TZJ1：113《唐龍朔二、三年（662、663）西州都督府案卷爲安稽哥邏禄部落事》（榮、李、孟 310）："□□□□折處半達官□□□□并譯㨿泥熟□□□□又㨿庭州及安西□□□分事。"在和田附近麻札塔格出土

（接上頁注③）語和于闐語的頭銜，于闐官府雇有把于闐文書譯成漢語的專門人員，一些漢語文書提到當地人用于闐語寫了請願書，這些請願書被譯成了雙語，這樣唐朝官員才能看懂。參看〔美〕芮樂偉·韓森《絲綢之路新史》，張湛譯，北京聯合出版公司，2015，第 270~271 頁。另外，還可以與之對比的是"日月金光錢"，方孔圓形銅錢，正面爲漢文"日月金光"，背面鑄有胡書文字，有人認爲是古藏文，有人認爲是粟特文或回鶻文，還有人認爲是突厥文。又有"漢粟二體錢"，是昭武九姓各國仿照唐朝開元通寶錢幣的形制，采用澆鑄技術，在中亞粟特地區鑄造的一種圓形方孔銅錢款式之一，其正面鑄"開元通寶"漢字，背面爲粟特文。參看張鐵山《新疆歷史錢幣上語言文字的交融與合璧》，《吐魯番學研究》2015 年第 1 期，第 65~75 頁。

① 張鐵山認爲，"高昌吉利"四個漢字實際上是拼讀突厥語，漢字"高昌"對應突厥語 qocu，"吉利"對應突厥語 ilig"王"。高昌吉利錢是中原漢文化與新疆突厥文化相互交流融合的結果。參看張鐵山《新疆歷史錢幣上語言文字的交融與合璧》，《吐魯番學研究》2015 年第 1 期，第 65~75 頁。

某寺支用歷中，常列有某坊或某村"叱半"收稅草的記錄。[1] 伯希和在庫車某地獲得了一件漢文文書（伯 D.A4 號文書），此文書爲一契文尾："□□伽黎□□□（保）人白蘇□□雞年卅一，（保）人明府城處半白瑟篤米黎年五十，（保）人"[2]，此件文書還記有"處半"多人，如"處半白骨雷"、"處半白支陁地肥"、"處半白吉帖失雞"等[3]，"處半"亦相當於中原之坊正、里正[4]。

　　唐在拓厥關附近有坊、村等基層建制，于闐都督府下的鄉里村坊制，村名一般用胡語拼寫，里坊則用漢名，特別是儒家文化如"安仁"（龜茲的坊名與之類似）。坊有懷口坊（伯D.A93）安仁坊、和衆坊（伯 D.A134、大谷 1512），帶有濃郁的漢文化（儒家文化）色彩，但是"村"的命名更多的來自當地民族的語言，村有南薩波村（伯 D.A12）、西薩波村（D.A12）、僧厄黎村（大谷 1514）、伊禄梅村（伯 D.A121），當然也有來自漢語者，如：南界雙渠村（大谷 8044）、東王子村（大谷 8062）、西王子村（伯 D.A95、大谷 8062）等。

　　唐王朝設置羈縻州，實行高度的自治政策，《新唐書》卷四三下《地理志》"羈縻州"："唐興，初未暇於四夷，自太宗平突厥，西北諸蕃及蠻夷稍稍內屬，即其部落列置州縣。其大者爲都督

---

[1]　池田溫指出市城以若干坊構成，鄉野以鄉村分治，俱有"叱半"爲主要徵稅人。"叱半"即于闐語 Spata 之音寫，別種音寫"薛波"（參考氏著《麻札格出土盛唐寺院支用簿小考》，載敦煌研究院編《段文傑敦煌研究五十年紀念文集》，世界圖書出版公司，1996，第 219 頁）。文欣指出"叱半"是低級官員，這個官員是和村（bisā）的建制結合在一起的。氏著《于闐國官號考》，載中國敦煌吐魯番學會等主編《敦煌吐魯番研究》第十一卷，上海古籍出版社，2009，第 121~146 頁（特別是第 143~144 頁）。

[2]　Éric Trombert, Ikeda On et Zhang Guang-da, *Les Manuscrits Chinois de Koutcha, Fonds Pelliot de la Bibliothèque Nationale de France,* Paris 2000，p.49

[3]　Éric Trombert, Ikeda On et Zhang Guang-da, *Les Manuscrits Chinois de Koutcha, Fonds Pelliot de la Bibliothèque Nationale de France,* Paris 2000，p.131

[4]　又可以參考〔美〕勞費爾著《中國伊朗編》（林筠因譯），商務印書館，2001，第 179 頁。榮新江認爲"處半"來自突厥語，在《舊唐書》卷一九四《突厥傳》西突厥沙缽羅可汗所統咄陸五啜下有"鼠尼施處半啜"，在弩失畢五俟斤下，有"哥舒處半俟斤"。見氏著《新出吐魯番文書所見唐龍朔年間乎邏禄部落破散問題》，沈衛榮主編《西域歷史語言研究所集刊》第一輯，科學出版社，2010，第 13~44 頁。引文見第 27~28 頁。又參考劉安志、陳國燦《唐代安西都護府對龜茲的治理》，《歷史研究》2006 年第 1 期。

府，以其首領爲都督、刺史，皆得世襲。雖貢賦版籍，多不上户部，然聲教所及，皆邊州都督、都護所領，著於令式。"唐王朝在龜兹設置都督府後，以其王白素稽爲都督，統其衆。唐王朝充分尊重各兄弟民族的語言文字習慣，唐王朝在西域專門設置有"胡書典"，"胡書"即用漢字以外的胡語文字（比如于闐文語、粟特文）寫成的文書；"胡書典"即草擬（甚至翻譯）胡書的小吏（可以與"譯語人"比較）。2006TZJ1∶036《唐于闐毗沙都督府案卷爲家畜事》（榮、李、孟 359）："百姓□□□□，百姓史□□□□。百姓彌悉□年六□□□，□□□□被問見在百姓，今得破沙蘇越門胡書［狀］稱，□□□□□樹處分，其羊□遣還褐鏇，一仰具狀，其羊□□□□□，爲當還褐鏇私羊，仰答。□悉曾移其□□□□□□即□□□□□眺捉駞已後，捉得駞三□□□□早逐將莱□□□□。□□□□□" OR.6405（M9A）H.1《唐大曆三年（768）三月典成鈗牒》（沙、吴 2-331）："□□□□□臊傑謝百姓并傑謝百姓狀訴雜差科等□被鎮守軍臊稱得傑謝百姓胡書翻稱：上件百□□□□深憂養蒼生頻年被賊損，莫知［其］計近日蒙差使，移到六城，去載所著差科并納［足］□□慈（？）流。今年有小小差科，放至秋熟，依限輸納□□糧并在傑謝，未敢就取。伏望商量者。使判：一切并放者。其人糧狀稱并傑謝未有處□□□□百姓胡書狀訴雜差科准使判臊。所由放其人糧并在傑謝，欲往使人就取糧，未敢［專］擅執案諮取處分訖，各臊所由者。使又判任自般運者。故臊。大曆三年三月廿三日典成鈗臊。六城質邏刺史阿摩支尉遲信。" OR.8210/ 斯 .5864 D.V.6.《唐建中二年（781）二月六城傑謝百姓思略牒》（沙、吴 2-313）："阿磨支師子下胡書典高施捺，胡書典□□□臊思略去年五月内与上件二人驢，准作錢六［千］□□□□思略放丁。經今十箇月，丁不得，驢不還，伏望□□□乞追徵處分。謹臊。抄口抄人。□□□大曆十六年二月日六城傑謝百姓［思］□□。"除了漢文契券外，還有"胡書契"，伯 D.A112 殘契："（前缺）□□□□羅善提密□□□□，□□□□西，遣奴宜同給木納寺僧□□等□□□ □□□□用，索名練兩匹，便立胡書契，限兩月内

▭▭ ▭▭妻邊索得一匹，餘欠一匹。自□□□（後缺）。"[1] 文書上下前後均缺，1 行字小，與 2 行行距寬，很可能是另一契的契尾。從 2 行起推測是一起借奴使用契，觀其大意，似爲胡人某，遣奴宜同給木納寺僧某使用。契限兩個月，借用價格是名練二匹的契文。從 "便立胡書契" 看，此契應該是胡漢兩種文字書寫。[2]

唐王朝在于闐的語言政策被吐蕃人所借鑒。吐蕃人在公元 796 年征服于闐，但吐蕃人基本維持了原來的行政系統，官吏也未大範圍換血，并繼續用于闐語和漢語發佈命令。從這一點可以看出唐朝官僚系統是多麽深刻地影響了于闐人以及之後的吐蕃人。有些官員繼續用單個漢字作爲簽名，起草契約的書吏把漢語條文逐字翻譯成藏語，這些契約雖然從來沒有在藏地使用過，却成了敦煌藏語契約的範本。吐蕃對于闐實行間接統治，當地的吐蕃最高長官會向于闐官員發佈命令，再由後者轉達給相應的下級官員[3]。這中間肯定有吐蕃語與于闐語的轉換。

---

[1] Éric Trombert, Ikeda On et Zhang Guang-da, *Les Manuscrits Chinois de Koutcha, Fonds Pelliot de la Bibliothèque Nationale de France,* Paris 2000，p.198

[2] 參看劉安志《敦煌吐魯番文書與唐代西域史研究》，商務印書館，2011，第 314~315 頁。

[3] 參看〔美〕芮樂偉·韓森《絲綢之路新史》，張湛譯，北京聯合出版公司，2015，第 273 頁。

第二章　絲綢之路詞彙研究

—— 實詞篇

第一節　絲綢之路法制文書中的反訓詞

錢鍾書先生指出："《老子》四〇章：'反爲道之動'，'反'亦情之動也。中外古文皆有一字反訓之例，如擾并訓安，亂并訓治，丐兼訓與，析心學者藉以窺見心思之正反相合。竊謂字之本不兼正、反兩訓者，流俗每用以指稱與初訓適反之情事。"[1] 郭在貽先生曾經撰有《唐詩中的反訓詞》[2]。我們在研究中國古代法制文獻的過程中，特別是在研究敦煌吐魯番法制文書的過程中，也常常發現某一個法制術語既可以用於執法者，又可以用於被執法者，既可以用於官吏，也可以用於原被告或者保證人，對於這種有趣的現象，我們暫時命名爲"法制文書中的反訓詞"。

現在我們拈取 22 個詞"下""訟""告""言""者""賕""牒""理""論""申""白""仰""買""諮""保""舉""賃""貸""租""訴""承""奉"，分別進行分析。

1. 下

"下"本來是指執法者對被執法者、上級對下級、官對民下達指示，《韓非子·存韓》："詔以韓客之所上書，書言韓之未可舉，下臣斯。"吐魯番文書不乏其例。67TAM376：01（a）《唐開耀二年（682）寧戎驛長康才藝牒爲請處分欠番驛丁事》（3-290）：

---

① 錢鍾書：《管錐編》，三聯書店，2007，第 1676 頁。
② 郭在貽：《郭在貽文集》第一卷，中華書局，2002，第 123~131 頁。

"爲上件人等并是闕官白直，符下配充驛丁填數，准計人別三番合上。"75TAM239：9/16、75TAM239：9/17（a）《唐景龍三年（709）十二月至景龍四年（710）正月西州高昌縣處分田畝案卷》（3-564）："□□廿一日行判□□□撿無稽失，丞判，主薄（簿）自判，下寧昌等鄉爲追張□□□追董毳頭爲給口分地事。牒行案爲□高屈富地事□□□□張大敏、嚴□行。右得上件□等辭狀，競理田地□頻追責問不到，無憑推勘。下追。宣。牒件檢如前，謹牒。正月　日佐趙信牒。肆狀依注諮，晏示。廿一日。□宣示，廿一日。董毳頭□案。牒件狀如前，牒至准狀，□□。"

但是"下"又有"下級向上級、民眾向官府、原被告向執法者陳述""呈遞訴狀"義，"下"表示"上呈"，而不是"下達"，是一種反訓。① 與之相關的還有"下欸"，即"下款"，招認。"下款"之"下"，可以與"下牒（下文牒）""下狀""下辭"之"下"進行比較，均是用於下級對上級，後者的意思是"呈遞（訴狀）"、"呈上（訴狀）"、"彙報（訴求）"、"回答（審問）"。"下"之此義專門用於法制文書的最早出處可能是在《三國志》裴注引《世語》裏，考《三國志》卷九《魏書·夏侯尚傳》："事下有司，收玄、緝、鑠、敦、賢等送廷尉。廷尉鍾毓奏：'豐等謀迫脅至尊，擅誅冢宰，大逆無道，請論如法。'"裴注引《世語》："玄至廷尉，不肯下辭。廷尉鍾毓自臨治玄。玄正色責毓曰：'吾當何辭？卿爲令史責人也，卿便爲吾作。'毓以其名士，節高不可屈，而獄當竟，夜爲作辭，令與事相附，流涕以示玄。玄視，頷之而已。毓弟會，年少於玄，玄不與交，是日於毓坐狎玄，玄不受。"② 到了唐代，此用法逐漸增多，唐韓愈《寄

---

① 不知以下語例中的"下"是"上呈"還是"下達"，里耶秦簡9-1950："□□□□令□別書道□□□□別下書□□下書郡守□□□相報，杜陽言書到廷，署主令□□内史行廷事。□□□下報商書到，署主令發。敢言□。"（引文據陳偉主編、魯家亮、何有祖、凡國棟撰著《里耶秦簡牘校釋》（第二卷），武漢大學出版社，2018，第398頁）請比較里耶秦簡9-2284："卅三年四月辛丑朔丙寅，貳春鄉守吾敢言之。令曰：以二尺牘疏書見芻茭石數，各別署積所上。會五月朔日廷。問之，毋當令者。敢言之。"（引文據陳偉主編、魯家亮、何有祖、凡國棟撰著《里耶秦簡牘校釋》（第二卷），武漢大學出版社，2018，第452頁）

② （晋）陳壽撰、（宋）裴松之注《三國志》，中華書局，1987，第299、302頁。

盧仝》詩："昨晚長須來下狀，隔牆惡少惡難似。"[①]73TAM509：
8/21（a）之一《唐開元二十一年（733）西州都督府案卷爲勘給
過所事》（4-291）："傔人菜思利經都督下牒，判付虞候勘當得
實，責保放出。"72TAM209：87《唐貞觀年間西州高昌縣勘問
梁延台、雷隴貴婚娶糾紛案卷（二）》（3-320）："下欵，浪稱是
婦，准［如］□□□妾名，隴豈能□□□不敢妄陳，依實□□□貞
□□□□"72TAM230：61《唐通感等辯辭爲徵納逋懸事》（4-86）：
"通感等元不下欵伏倍，百姓自□［逋］懸，人人皆自輸納，亦不
浪徵百姓，被問依實。"請比較"通言"，《漢書》卷七五《夏侯勝
傳》："朝廷每有大議，上知勝素直，謂曰：'先生通正言，無懲前
事。'"顏師古注："通，謂陳道之也。"又有"通款""通辭款"，
《太平廣記》卷一二二《樂生》（出《逸史》）："遂索筆通款，言
受賊帥贓物之狀。"卷一二四《李彦光》（出《玉堂閑話》）："以
他事構而囚之，僞通辭款，承主帥醉而呈之。"

2. 訟

"訟"既指告發別人或供述錯誤，也指爲人辯冤，甚至歌頌對
方，與"頌"構成同族詞。"訟"具有"告狀"和"歌頌"兩個截
然相反的意義，相當于訓詁學上的反訓。

先説表示"責備"或"告狀"的例子。《論語·公冶長》："吾
未見能見其過而内自訟者也。"包咸注："訟，猶責也。"

再説"訟"表示"歌頌"的例子。《説文·言部》"訟，爭也，
一曰歌訟。"段玉裁注："訟、頌古今字。古作訟，後人假頌皃
字爲之。"[②]又檢《説文·頁部》："頌，皃也。"《繫傳》："此容儀
字。歌頌者，美盛之形容二。故通作'頌'。後人因爾亂之，以此

---

① 此種用法一直存在于近代漢語中，《清平山堂話本·楊温攔路虎傳》："我要去官司下
狀，又没個錢。"

② 張家山漢簡《二年律令·奏讞書》："求弗得，公梁亭校長并坐以頌繫，毋毄諜，弗
窮訊。"整理小組注："《漢書·惠帝紀》注引張晏曰：'頌者，容也，言見寬容，但
處曹吏舍，不入陛牢也。'"張家山二四七號漢墓竹簡整理小組《張家山漢墓竹簡
（二四七號墓）》，文物出版社，2001，第219頁。

爲‘歌頌’字。今世間《詩》本,《周頌》亦或作‘訟’。"①《韓非子·孤憤》:"是以諸侯不因則事不應,故敵國爲之訟。"《後漢書》卷四五《張酺傳》:"左中郎將何敞及言事者多訟酺公忠,帝亦雅重之。"《三國志》卷一六《魏書·杜畿傳》:"上書訟畿之遺績,朝廷感焉。"《新唐書》卷一二二《魏元忠傳》:"酷吏誅,人多訟元忠者,乃詔復舊官。"宋洪邁《容齋隨筆》卷二:"漢武帝殺戾太子,田千秋訟太子冤。"以上諸例,"訟"都是"歌頌"或"鳴冤"義。

考"訟"最核心的意義是"辯駁論說",特別是在公開的場合爲自己或對方的功過逐一辯駁論說,因此,"訟"一直有"逐一、公開、明白"義。《史記》卷九《呂太后本紀》:"太尉尚恐不勝諸呂,未敢訟言誅之。"司馬貞索隱:"韋昭以訟爲公,徐廣又云一作‘公’,蓋‘公’爲得,然公言猶明言也。又解者云訟,誦說也。"於是,論述功勞、辨別冤屈,可曰"訟";論述過誤、揭發檢舉,也曰"訟"。

古代斷案更多的叫作"聽訟",也就是傾聽控辯雙方的訴狀和辯論,然後斷定是非。這一理念實際上發端於韓非子,韓非子主張爲人君者一定要兼聽則明,要傾聽文武百官的不同意見和相互辯論,從而決定取捨和最終決策,這也成爲中國政治哲學和領導藝術中的一份寶貴遺產。《説文·言部》:"訟,爭也。從言,公聲,曰詞訟。"可見,"訟"就是"用語言進行爭論辯駁"。《書·盤庚》:"今汝聒聒,起信險膚,予弗知乃所訟。""訟"也引申爲"喧嘩",漢東方朔《七諫·怨世》:"親讒諛而疏賢聖兮,訟謂閭娵爲醜惡。"王逸注:"讙嘩爲訟。"《淮南子·俶真》:"周室衰而王道廢,儒墨乃始列道而議,分徒而訟。"②"訟"後來專門指在官府控辯雙方進行辯論。《正字通·言部》:"訟,《六書故》:爭曲直于官有司也。"最開始往往是因爲財物等經濟糾紛而引起,《周禮·大司寇》:"以兩造禁民訟。"鄭玄注:"訟,謂以財貨相告者。"《禮記·曲禮》:"分爭辯訟,非禮不決。"孔穎達疏:

---

① 俞敏認爲表"容儀"的"頌"至遲在漢代就不通行了。參看俞敏《俞敏語言學論文集》,商務印書館,1999,第231頁。

② 引文據陳廣忠譯《淮南子》,中華書局,2014,第48頁。

"爭罪亦曰訟也。"《論衡·物勢》:"一堂之上,必有論者;一鄉之中,必有訟者。訟必有曲直,論必有是非,非而曲者爲負,是而直者爲勝。亦或辯口利舌,辭喻橫出爲勝,或訕弱綴跲,踵塞不比者爲負。以舌論訟,猶以劍戟鬥也。利劍長戟,手足健疾者勝;頓刀短矛,手足緩留者負。"[1]爲什麼《集韻·願韻》說"言,訟也",而不說"語,訟也",原來,"言""訟"往往指"主動講説""問""直言",而且往往是對上面的主動陳詞。

3. 告

"告"既指上告下,如"勳告"或"授勳告身",衛士得了勳功,朝廷要下達記勳功的通告;也指告狀,是下對上的行爲。先看上告下的例子,2006TZJI:138《麴氏高昌延和八年(609)十二月二十二日紹德遺書》(榮、李、孟287):"□□□歲在己巳十二月廿二日□□□□ □□□仵白鄰比舊老,告男女大小及□□□ □□□[年]老垂命,兼疹患日集,謹及□□□ □□□□欲令没後上下不静。今以東渠□□□□小婢一人字彌猴,婢□[毛],寶德所[買],道 □□ □□□[三]條与息阿護□□□ 乙巳廿五年今□□□ □□□隆小瞻養[存]□□□ □□□宕渠田[五]畝□□□ □□□□[紹]□□□ □□□紹德自以□□□ □□□□姬婢來□□□ □□□□[姬]男□□□"65TAM346:1之三《唐乾封二年(667)郭毡醜勳告》(3-262):"告護軍郭毡醜奉。被詔書如右,符到奉行。主事處。司勳員外郎行寶,令史張玄,書令史。乹封二年月日 下。"考《四部叢刊·經部》影印江南圖書館藏明嘉靖翻宋本《釋名·釋書契》:"上敕下曰告。告,覺也,使覺悟知己意也。"

再看"告狀"用例。72TAM230:67《武周天授二年(691)唐建進辯辭》(4-72):"□□[辯][被][問]:建進若告主簿營種還公、逃死、户絶田壄,如涉虚誣,付審已後不合更執。"72TAM223:47(a)《唐爲處分支女贓罪牒》(4-124):"丈肆尺伍寸,據[贓]不[滿],□□□訖,放其粟。既是彼此俱罪□□□准例合没官,別

縣交河縣，即徵支女粟參□□□〔送〕州，請〔供〕修甲仗，仍
縣兵曹撿納處分。〔其〕□□□所告支女剩取粟既是實，准《鬥訟
律》。若告二罪□□□重事實□數事等，但一事實除其罪。請從免
者□□□〔准〕狀故縣。"

　　早在秦漢時代，"告"的適用範圍就非常寬泛了，民對民、民
對官、官對民、官對官的起訴都可以是"告"。"告"既可以是
書面形式，也可以是口語形式；既可以是刑獄，也可以是民事
糾紛。"告"的接受可以下至基層的鄉，由鄉嗇夫受理，但是鄉
通常不具有審判權，需上報縣廷進行審理，"告"可越訴，可以
"上變告"[1]。

　　4.言
　　既有"講説""彙報"義，也有"告發"義，既表示"問"，
也表示"答"。
　　"言"有"講説""彙報"義，考《四部叢刊·經部》影印江南
圖書館藏明嘉靖翻宋本《釋名·釋書契》："下言上曰'表'。思之于
内，表施于外也。又曰'上'，示之於上也，又曰'言'，言其意也。"
《荀子·非相》："法先王，順禮義，黨學者，然而不好言，不樂言，
則必非誠士也。"楊倞注："言，講説也。"《韓非子·初見秦》："臣願
悉言所聞，唯大王裁其罪。"《三國志》卷三二《蜀書·先主傳》：
"先主上言漢帝曰：'臣以具臣之才，荷上將之任。'"75TKM91：
36（a）《高寧縣上言》（1-79）："高寧縣言：謹案華豹部隤明
當。"72TAM228：30/1-30/4《唐天寶三載（744）交河郡蒲昌縣
上郡戶曹牒爲録申徵送郡官執衣、白直課錢事（三）》（4-197）：
"事〔須〕分縣舉者，依問所言，得欵：前付處□□□"
　　"言"又有"告發""控告"義，97TSYM1：13-4古寫本《易
雜占》（擬）（榮、李、孟154）："□化爲乾，當有破車折軸，市
買折本，爲人所言入獄。"97TSYM1：13-5背面古寫本《甲子推
雜吉日法》（擬）（榮、李、孟156）："諸財爻持世，法不宜父母，
財爻克父母，當常爲人所訟言，亦爲縣官事難解，皆爲禄秩微薄，

---

　　[1]　參見劉慶《秦漢告、劾制度辨析》，《中國史研究》2016年第4期，第45~60頁。

財持世，秩百石故。”中村不折藏《搜神記·王道馮》：“馮遂即發冢破棺，女郎即起結速（束），隨馮還家。其後夫劉元祥驚怪，深恨異哉。經州下辭，言王馮，州縣無文可斷，遂奏秦始皇。始皇判與王道馮爲妻，得一百十年而命終也。”[①]

於是，“言”“訟”“説”“辯”“論”“辭”“詞”“理”“牒”均在意義上有聯繫。考《集韻·願韻》：“言，訟也。”《後漢書》卷七六《循吏·許荆傳》：“（荆）嘗行春到末陽縣，人有蔣均者，兄弟爭財，互相言訟。”《史記》卷一百七《魏其武安侯列傳》：“夫繫，遂不得告言武安陰事。”《史記》卷一一二《平津侯主父列傳》：“即使人上書，告言主父偃受諸侯金。”“告言”二字在《漢書》卷六四《主父偃傳》中作“告”。又檢《後漢書》卷七六《循吏·仇覽傳》：“而母詣覽告元不孝。”李賢注引謝承書作“其母詣覽言元”。《三國志》卷四十《蜀書·劉琰傳》：“胡具以告言琰，琰坐下獄。”盧弼《集解》：“疑作‘胡具以琰言告’，郝書無‘言琰’二字，姚範曰：‘琰’下疑有脱字。”[②]

“言”本指主動説話，《詩·大雅·公劉》：“于時言言，于時語語。”毛傳：“直言曰言，論難曰語。”也指主動告訴[③]。《韓非子·内儲説上》：“趙令人因申子于韓請兵，將以攻魏，申子欲言之君。”《史記》卷七《項羽本紀》：“此沛公左司馬曹無傷言之，不然，籍何以至此？”“言”還有“議論”義，《論語·學而》：“賜也，始可與言《詩》已矣。”又有“詢問”義，《廣雅·釋詁二》：“言，問也。”《禮記·曾子問》：“召公言於周公。周公曰：‘豈不可。’”鄭玄注：“爲史佚問。”孔穎達疏：“言猶問也。”

5. 者

“者”既可以用於對執法者、上級言語的引用，也可以用於對被執法者、下級言語的引用。

---

① 引文參考竇懷永、張涌泉彙集校注《敦煌小説合集》，浙江文藝出版社，2010，第120頁。

② “言”在中國古代文獻中有“控告、檢舉”義，可參拙著《中古及近代法制文書語言研究——以敦煌文書爲中心》，巴蜀書社，2003，第71頁“上言”條、第266~271頁“言”條。

③ 參考陸宗達、王寧《訓詁與訓詁學》，山西教育出版社，1996，第255~259頁。

　　先看看 "者" 用於上對下，表示要求或責令，用於上級對下級（偶爾也用於平級之間）。64TAM29：107《唐垂拱元年（685）康義羅施等請過所案卷（三）》（3-348）："其人等不是壓良、詃誘、寒盜等色以不？仰答者。謹審：但那你等保知不是壓良等色，若後不依今欵，求受依法罪。" OR.8212/529Ast. Ⅲ 4.092《唐景龍三年（709）尚書省比部符及檢校長行使牒》（沙、吳 1-60）："宜付所司參詳，逐便穩，速處分者。謹件商量狀如前，牒舉者。今以狀下州，宜准狀，符到奉行。" 大谷4910《唐開元二十九年（741）十二月里正牒尾》（《大谷》三，圖版一三）[①]："如後勘覆不同，各請求受何罪，仰□答者。但當鄉所通欠地丁并皆據實，如後有人稱有加減，及勘覆不同，請求受重罪，被問依實謹牒。" 73TAM206：42/5《唐高昌縣勘申應入考人狀》（2-303）："送曹司依例支配，應入考者令早裝束。今年函使縣。未申牒舉請裁者。入考函使准狀下高昌縣，速勘申者，縣已准狀付司戶撿，得報。依撿案內令注如前者，今以狀［申］。□［議］［郎］［行］令方。給事郎行丞元泰。" 72TAM188：81（a）《唐徵馬送州付營檢領狀》（4-28）："狀上州＿＿＿＿［馬］一疋，赤草五歲，劉伏舉一疋，念草六歲，俎渠意達一疋，紫父□□＿＿＿牒稱：得狀稱前件人等，被徵馬速儵送州者。營＿＿＿　＿＿＿［令］隨狀送州，請呈印者。別牒營檢領訖上，仍取領＿＿＿　＿＿＿付坊餧飼訖。今以狀上。"

　　但 "者" 表示引用，也可用於引用下級或控辯雙方、保人證人方的話語。72TAM230：95（a）《唐西州高昌縣牒爲鹽州和信鎮副孫承恩人馬到此給草蹄事》（4-82）："［右］［軍］［子］［將］鹽州和信鎮副、上柱國賞緋魚袋孫承恩柳中縣被州牒：得交河縣牒稱：得司兵關：得天山已西牒 '遞□□件使人馬' 者，'依撿到此，已准狀，牒至，給草蹄' 者。'依撿到此□准式訖。牒上' 者，'牒縣准式' 者。縣已准式訖，牒至准

---

① "《大谷》三，圖版一三" 表明此件文書圖版見於小田義久責任編集《大谷文書集成》第三卷，圖版一三，法藏館，2003。

式，謹牒。"①75TAM239：9/1（a）《唐景龍三年（709）十二月至景龍四年（710）正月西州高昌縣處分田畝案卷》（3-554）："右依撿案內十月三日得柳中縣牒，於此縣給得上件地。其地惡□［帶］沙鹵，不生苗子。請退并□□□□［准］狀［付］□［佃］［人］檢得巩敬□件人口分地去城［遙］遠，運渠堰高仰薄惡有實者。地既不堪佃種，任退。"73TAM509：8/2（a）之四《唐寶應元年（762）六月康失芬行車傷人案卷》（4-333）："保'上件人在外看養史拂郍等男女，仰不東西。如一保已後，忽有東西逃避及飜覆與前狀不同，連保之人情願代罪。仍各請求受重杖廿'者。具撿如前，請處分。牒件撿如前，謹牒。"73TAM509：8/5（a）《唐西州天山縣申西州戶曹狀爲張無塲請往北庭請兄禄事》（4-334）："得里正張仁彥、保頭高義感等狀稱'前件人所將奴畜，并是當家家生奴畜，亦不是詃誘影他等色。如後有人糺告，稱是詃誘等色，義感等連保，各求受重罪'者。具狀録申州戶曹聽裁者，今以狀申。"72TAM226：64《唐開元四年（716）籍後勘問道觀主康知引田畝文書》（4-109）："［上］件觀，開元四年籍，有'孔進渠□□□□［拾］柒畝有實'者，依問觀主康知引。"73TAM509：8/8（a）之二《唐開元二十一年（733）西州都督府案卷爲勘給過所事》（4-282）："都督判付倉撿名過者，得倉曹參軍李克勤等狀'依檢案內去年十月四日得交河縣申遞給前件人程糧，當已依來遞牒倉給糧，仍下柳中縣遞前訖，有實'者。"大谷2831、大谷1013《唐貞觀十七年（643）六月西州奴俊延妻孫氏辯a》（《大谷》一，圖版一○六）："奴俊延妻孫年卅三。孫辯：被問'善憙所欸，破城之日，延陀身在柳中，因何前欸稱在大城'者。"②清劉淇《助字辨略》卷三："唐人疏狀凡引敕旨訖，則以'者'字足之。"③從吐

---

① "遞□□件使人馬"是天山縣以西牒的內容，"依撿到此，已准狀，牒至，給草喏"是交河縣司兵關的內容，"牒縣准式"則是西州牒的內容。交河縣司兵在得到天山縣已西牒文後，關本縣的司倉，然後交河縣再牒上西州。

② 録文參考〔日〕池田温《中國古代籍帳研究》（龔澤銑譯），中華書局，2007，第170頁。

③ 參考張小豔《敦煌書儀語言研究》，商務印書館，2007，第149頁。又參蔣禮鴻《蔣禮鴻集》第一卷，浙江教育出版社，2001，第528頁。

魯番文書可知，引用其他文書也有"者"。

6. 賕

既指行賄，也指受賄。

考《説文·貝部》："賕，以財物枉法相謝也。"段注："枉法者，違法也。法當有罪，而以財求免，是曰賕。受之者亦曰賕。《呂刑》：'五過之疵惟來。'馬本作惟求，云有請賕也。按上文惟貨者，今之不枉法贓也。惟求者，今之枉法贓也。"[1]早在張家山漢簡《二年律令·盜律》中就有這有的法律："受賕以枉法，及行賕者，皆坐其臧爲盜罪重于盜者，以重者論之。"[2]66TAM62：6/5《翟强辭爲受賕事》（1-49）："□□□受兵魯得□□□令狐國、王樸子等五人賕物，放住殘□□□□迪，强即上辭，蒙《教》付曹檢校。款豐□□□Ｏ恤□。强白：子等九人，迪不從征，亡還，各□□□□鞭二百，韓□一人款款用邔塞賕罪。勅强省冀表迪Ｏ

---

[1] 《急就篇》"受賕枉法忿怒仇"顏師古注："以財求事曰賕。言受人財者，枉曲正法，忿怒無良直，反言爲仇讎也。"（漢）史游撰、（唐）顏師古注、（宋）王應麟補注、錢保塘補音《急就篇》，中華書局，1985，第313頁。又請比較《急就篇》："依涵污染貪者辱。"顏注："此戒守宰以下也。依，近也。涵，厠也。言近涵厠者，則被污染。貪賄賂者，必致戮辱。以財物比於糞穢爲害染人也（補曰：《書》曰舊染污俗。《蕭望之傳》：策曰陷於兹穢。《孟子》曰：不仁則辱。荀子曰：先利而後義者辱。《説文》：辱，恥也。李瑩《財貨銘》云：財貨將至，夢寐不尋。或穢或俎，乃玉乃金。穢可親歟？俎可翫歟？敢獻斯銘，以激貪夫。一云：涵，濁也。賈誼云：謂隨夷涵。此言依附涵濁爲污俗漸染。荀悦曰：榮辱者賞罰之精華也。知貪之爲辱，則化爲廉矣。故言四維者，曰廉恥。《貢禹》曰：孝文時貴廉絜，賤貪汙。"出處同上，第317-318頁。又參見張傳官《急就篇校理》，中華書局，2017，第461~462頁。

[2] 引文參考張家山二四七號漢墓竹簡整理小組《張家山漢墓竹簡（二四七號墓）》，文物出版社，2001，第142頁。敦煌文獻不乏執法者貪贓枉法的告誡和案例記載，斯1441+斯5763《勵忠節鈔》："知爲吏者，奉法以臨人；不知爲吏者，枉法以侵人。理官莫如平，臨財莫如廉，廉平之德，吏之寶也。"録文參考郝春文、趙貞編著《英藏敦煌社會歷史文獻識録》第六卷，社會科學文獻出版社，2009，第253頁。斯1441+斯5763《勵忠節鈔》："使囑託不行，貨賂不至。"（録文參考郝春文、趙貞編著《英藏敦煌社會歷史文獻識録》第六卷，第252頁）斯1441+斯5763《勵忠節鈔》："人臣之欲公者，理官事則不營私家，在公門則不言貨利，當公法則不阿親戚，奉公舉賢則不避仇讎。"（録文參考郝春文、趙貞編著《英藏敦煌社會歷史文獻識録》第六卷，第265頁，又據圖版核對一遍）斯1920《百行章》一卷并序（《平行章》弟十九）："在官之法，心平性政。差科定役，每事無私。遣富留貧，按强扶弱。勿受囑請，莫納求情。若受囑請，事乃違心，若納貨賄，便生進退。非直于身危嶮，晝夜情不寧安。若恩威不平，則難斷決。上下官司，弟相顏面。競生相取，是以富者轉富，貧者轉貧。日月雖明，覆盆難照。"（録文參考郝春文等編著《英藏敦煌社會歷史文獻識録》第八卷，社會科學文獻出版社，2011，第229頁，又據圖版核對一遍）

□□□□囗囗囗。强即白以諸書付曹，攝兵行□□□□。"

7. 牒

"牒"是典型的法制文書和行政文書術語（爲避諱，寫作"牋"），既用於上對下，也用於下對上，不可不辨。先看上對下的例子，72TAM226：51《唐西州都督府上支度營田使牒爲具報當州諸鎮戍營田頃畝數事》（4-101）："牋：被牋稱：格令 [斸]。"① 寧樂一〇（1）號《唐開元二年閏二月西州都督府牒蒲昌府爲李思縮欠練事》（37）："□被四鎮節度使牋，令□□□督判牋此等見。"請比較 OR.6405（M9A）H.1《唐大曆三年（768）三月典成銑牒》（沙、吳 2-331）："牋傑謝百姓并傑謝百姓狀訴雜差科等□被鎮守軍牋稱得傑謝百姓胡書翻稱：上件百□□□深憂養蒼生頻年被賊損，莫知［其］計近日蒙差使，移到六城，去載所著差科并納□□□慈（？）流。今年有小小差科，放至秋熟，依限輸納□□糧并在傑謝，未敢就取。伏望商量者。使判：一切并放者。其人糧狀稱并傑謝未有處□□□□百姓胡書狀訴雜差科准使判牋。所由放其人糧并在傑謝，欲往使人就取糧，未敢［專］擅執案諮取處分訖各牋所由者。使又判任自般運者。故牋。大曆三年三月廿三日典成銑牋。六城質邏刺史阿摩支尉遲信。"上對下時，作法制術語講，又指追捕令，名詞動詞共用，執法者接到（上級下發）的牒文（命令其對犯罪嫌疑人行使抓捕，該牒文具有調遣效力）。斯 2614《大目乾連冥間救母變文并圖》一卷："三年已前，有青提夫人，被阿鼻地獄牒上索將，今見在阿鼻地獄受苦。"

"牒"也可以用於下對上，在敦煌吐魯番出土文獻中，有"下牒"，指"呈遞訴狀"。② 73TAM193：11（a）《武周郭智與人書》（4-237）："猶自兩頭急索文歷，無人可造，始下牋車元早來。"73TAM509：8/21（a）之一《唐開元二十一年（733）西州

---

① 又請比較《隋書》卷二五《刑法志》言隋朝法律："自是刑網簡要，疏而不失。於是置律博士弟子員。斷決大獄，皆先牒明法，定其罪名，然後依斷。"
② 請比較"下狀"，呈遞訴狀，伯 2979《唐開元二十四年九月岐州郿縣尉勳牒判集》："初防丁競訴，衣資不充，合得親鄰借助，當爲准法無例，長官不令，又更下狀云：雖無所憑，舊俗如此。"

都督府案卷爲勘給過所事》（4-291）："傔人㮈思利經都督下牒，
判付虞候勘當得實，責保放出。"①73TAM193：11（a）《武周郭
智與人書》（4-237）："使在此，曹司頻索。又訊其文智，爲寶月
下牒，都督已許，今附牒送公爲入司，判牒高昌縣追張山海，不
須追婢。待高昌縣牒到，然後追婢。恐漏情狀，婢聞即生藏避。"
（武周新字已轉換爲通行字）伯2653《燕子賦》（一）："鳳凰云：
'燕子下牒，辭理懇切。雀兒豪横，不可稱説。終須兩家，對面
分雪。但知臧否，然可斷决。'"②"牒"指原告語言，《增修禮部韻
略·帖韻》："牒，訟牒。"《正字通·片部》："古人訟詞曰牒，宋
元豐以後，始改訟詞爲狀。"白居易《和微之詩二十三首·和三月
三日四十韻》："兩衙少辭牒，四境稀書疏。"又檢唐人撰《北史》
卷五五《唐邕列傳》："然既被任遇，意氣漸高，其未經府寺陳訴
起覽辭牒，條數甚多，俱爲憲臺及左丞彈劾，并御注放免。"我們
發現"下牒"首先是陳述所發生的事實經過（引用了許多對方的
原話），然後是有關訴訟請求（這就是"下牒分析"之"分析"，
即逐一陳述）。敦煌文獻中最典型的一篇被稱爲"牒"的訴狀見於
伯3257《後晉開運二年（945）十二月河西歸義軍左馬步押衙王
文通牒及有關文書》，其中有寡婦阿龍的一篇牒狀，非常完整，全
文如此："寡婦阿龍，右阿龍前緣業薄，夫主早喪。有男義成，先
蒙大王世上身着瓜州。所有少多屋舍，先向出買（賣）與人，祇
殘宜秋口分地貳拾畝已來，恐男義成一朝却得上州之日，母及男
要其濟命。[義][成][瓜][州]去時，地水分料分付兄懷義佃
種，更[得]＿＿＿[房]索佛奴兄弟言説，其義成地空閑。更
[弟][佛][奴][房]有南山兄弟一人投來，無得地水居業，當

---

① 請比較《唐令拾遺》卷二十二《田令》"賣買田須經所部官司申牒"："諸賣買田，皆
　須經所部官司申牒，年終彼此除附。若無文牒輒賣買，財没不追，地還本土。"〔日〕
　仁井田陞輯《唐令拾遺》，栗勁等譯，長春出版社，1989，第561頁。又考〔日〕惟
　宗直本《令集解》（國書刊行會1984年，第300頁）："凡賣奴婢，即經本部官司，
　取保證，立券付價（謂奴婢之主，自修詞牒，連保證署）。乃申送官司，官司判立券
　契也）其馬牛，唯賣保證，立私券（謂不經官司，自立私券賣與。其餘貨物，不在
　此限）。"
② 《梁書》卷二〇《陳伯之傳》言其爲江州刺史："得文牒辭訟，惟作大諾而已。"

便義成地分貳拾畝，割與南山爲主。其地南山經得三兩月餘，見沙州辛苦難活，却投南山部族。義成地分，佛奴收掌爲主，針草阿龍不取。阿龍自從將地，衣食極難。艮（懇）求得處，安存貧命，今阿龍男義成身死，更無丞忘處男女恩親。緣得本居地水，與老身濟接性命。伏乞司徒阿郎仁慈祥照，特賜孤寡老身念見苦累。伏聽公憑裁判，處分。牒件狀如前謹牒。開運二年十二月日寡婦阿龍牒。"①

8. 理

"理"本來是指斷案的官吏，也指斷案。《禮記·月令》："命理瞻傷，察創，視折。"鄭玄注："理，治獄官也。""理"又指"審理"，用於執法者一方。《急就篇》"總領煩亂決疑文"注："煩亂則領理，疑議則詳決，此獄官之職也。"② 再考《玉篇·玉部》："理，治玉也。正也，事也，道也，從也，治獄官也。"古代的司法機關也叫作"理"（如"大理寺"），漢司馬遷《報任安書》："明主不曉，以爲僕沮貳師，而爲李陵游説，遂下於理。""理"也指"法紀"。三國蜀諸葛亮《出師表》："若有作奸犯科及爲忠善者，宜付有司論其刑賞，以昭陛下平明之理。"也指審問、審理。《後漢書》卷九〇《烏桓傳》："有勇健能理決鬥訟者，推爲大人。"《太平廣記》卷四二三"華陰湫"條（出《劇談録》）："吏引韋生東廡曹署，理殺魚之狀。"③ "理"也指"懲治"。《後漢書》卷二六《蔡茂傳》："康國寧人，莫大理惡。"75TKM91：11/1,11/2《西涼建初四年（408）秀才對策文》（1-57）："奸興則以法治之，猶有不理，遠真性故也。"仁井田陞著、池田温編集《唐令拾遺補·户令》："録囚徒，理冤枉。"④ 仁井田陞著、池田温編集《唐令拾遺

① 録文參考唐耕耦、陸宏基主編《敦煌社會經濟文獻真迹識録》（二），全國圖書館文獻縮微復製中心，2008，第295頁，又據圖版核對一遍。此牒狀結束後有"付都押衙王文通細與尋問申上者。十七日"（簽字）。

② （漢）史游撰、（唐）顏師古注、（宋）王應麟補注、錢保塘補音《急就篇》，中華書局，1985，第301頁。

③ （宋）李昉等編《太平廣記》，中華書局，2008，第3445頁。全書引用《太平廣記》文字同此版本，不再出注。

④ 〔日〕仁井田陞著、池田温編集《唐令拾遺補·户令》，東京大學出版會，1997，第1035頁。

補·戶令》：“若過考之後，訴理不伏，應雪者，亦如之。”[1]仁井田陞著、池田温編集《唐令拾遺補·戶令》：“妻雖亡没，所有資財及奴婢，妻家并不得追理。”[2]又考《資治通鑑》卷二二四《唐紀四十·唐代宗大曆八年》：“願一言今日之事，惟理瑊罪，不則再見任。”[3]考《廣雅·釋詁三》：“理，治也。”《詩·小雅·信南山》：“我疆我理，南東其畝。”毛傳：“疆，畫經界也。理，分地理也。”馬瑞辰通釋：“《説文》：‘理，治玉也。’治玉謂剖析之，引申爲分理之稱。《樂記》鄭《注》曰：‘理者，分也。’古人曰肌理，曰腠理，曰文理，曰天理，曰地理，曰條理，皆指其可分別者言之。故此《傳》以‘分地理’釋《經》理字。理對疆言，疆謂定其大界，理則細分其地脈也。”[4]所以“理”的“有條有理”義是非常清楚的。

　　但是“理”也指下對上，申訴、爭論或告狀。唐代法典中有“理訴”，即“申訴”，考《唐律疏議·鬥訟》“邀車駕撾鼓訴事不實”：“諸邀車駕及撾登聞鼓若上表，以身事自理訴而不實者，杖八十（原注：即故增減情狀，有所隱避詐妄者，從上書詐不實論）。疏議曰：車駕行幸在路邀駕申訴，及於魏闕之下撾鼓以求上聞，及上表披陳身事：此三等如有不實者，各合杖八十。注云‘即故增減情狀，有所隱避詐妄者，從上書詐不實論’，謂上文以理訴不實得杖八十，若其不實之中有故增減情狀，有所隱避詐妄者，即從‘上書詐不實’論處徒二年。自毀傷者，杖一百。雖得實而自毀傷者，笞五十。即親屬相爲訴者，與自訴同。疏議曰：‘邀車駕’以下，訴人所訴非實輒自毀傷者，皆杖一百。若所訴雖是實而自毀傷者，笞五十。‘即親屬相爲訴者’，親屬謂總麻以上及大功以上婚姻之家。爲訴者，‘與自訴同’，自‘邀車駕’以下，

① 〔日〕仁井田陞著、池田温編集《唐令拾遺補·戶令》，東京大學出版會，1997，第1102頁。
② 〔日〕仁井田陞著、池田温編集《唐令拾遺補·戶令》，東京大學出版會，1997，第1028頁。
③ （宋）司馬光：《資治通鑑》，中華書局，1992，第7222頁。
④ （清）馬瑞辰撰、陳金生點校《毛詩傳箋通釋》，中華書局，1992，第709頁。

虛實得罪,各與自訴罪同。"[1] 又請比較《北史》卷四〇《韓麒麟傳附韓子熙》:"理懌之冤,極言元叉、劉騰誣調。"[2]

又有"論理",即向對方辯論,或向官府申述。73TAM210:136/11《唐勳官某訴辭爲水破渠路事》(3-48):"▢▢▢上口先溉,合修理渠後,始合取水,不修渠取水,數以下口人,水破渠路,小▢▢▢桃內過乘開水,渠破[牆]倒,重溉先盛,桃水滿逸▢▢▢乾不收,當日水▢▢▢撿具知。比共前件人論理不伏,今請追過處▢▢▢ ▢▢▢日百姓[勳]▢▢▢"伯3212背《夫妻相別書》(文樣):"今對兩家六親眷屬,團坐亭騰商量,當便相別分離,自別已後,願妻再嫁,富貴得高,夫主再侵淩論理,一似如魚德(得)水,壬(任)自波游。"[3] 斯3877背《丙子年赤心鄉百姓阿吳賣兒契》:"赤心鄉百姓王再盈妻阿吳,爲緣夫主早亡,男女碎小,無人求濟,供急依食,債負深壙,今將福生兒慶德柒歲,時丙子年正月廿五日,立契出賣与洪潤鄉百姓令狐進通,斷作時價乾濕共叁拾石,當日交相分付訖。一無玄欠。其兒慶德自出賣與後,永世一任令狐進通家□[充]家僕,不許別人論理。其物所買兒斛斗,亦須生利。或有恩勅流行,亦不在論理之限。官有政法,人從私契。恐後無憑,故立此契,用爲後驗。"[4] 斯3877V/3《唐乾寧四年(897)張義全賣宅舍地基契》(抄):"或有恩救赦書行不(下),亦不在論理之限。一定已後,兩不休悔,如有先悔者,罰麥貳拾碩,充入不悔人。恐人無信,兩共對面平章,故勒此契,各各親自押署,用爲後憑。"

又有"別理",即逐一向官府申訴辯解,同義連用。73TAM509:8/1(a)之四《唐寶應元年(762)六月康失芬行

---

① 引文據劉俊文《唐律疏議箋解》,中華書局,1996,第1671~1672頁。
② 《大唐新語》卷四《持法》:"僧惠範恃權勢逼奪生人妻,州縣不能理。其夫詣臺訴冤,中丞薛登、侍御史慕容珣將奏之,臺中懼其不捷,請畏其議,登曰:'憲司理冤滯,何所回避?朝彈暮黜,亦可矣。'"《太平廣記》卷一一九《真子融》(出《還冤記》):"子融臨刑之際,怨訴百端,既不得理,乃曰:'若使此等平直,是無天道。'"
③ 錄文參考沙知錄校《敦煌契約文書輯校》,江蘇古籍出版社,1998,第489頁。又據圖版再核一遍。
④ 錄文參考沙知錄校《敦煌契約文書輯校》,江蘇古籍出版社,1998,第75頁。

車傷人案卷》（4-332）："靳嗔奴扶車人康失芬年卅。問：扶車路行，輾損良善，致令困頓，將何以堪？欵占損傷不虛，今欲科斷，更有何別理，仰答。"又同件文書："如不差身死，情求准法科斷。所答不移前款，亦無人抑塞，更無別理。""別理"一詞，在敦煌文獻中也有，請比較伯2653《燕子賦》："國有常刑，合笞決一百。有何別理，以自明白。仰答。"今考《龍龕·辛部》："辯，符塞反，別也，理也。"緊接着言："辨，同上。罪人相訟詐辨如刀，故從刀也。"可見"別"就是"理"，同義連用。那麼"理"又是什麼意思呢？意思是"申述、申辯"。《莊子·盜跖》："鮑子立乾，申子不自理，廉之害也。"成玄英疏："遭麗姬之難，枉被讒謗。不自申理，自縊而死矣。"《世說新語·文學》"顧悅與簡文同年"條，劉孝標注引《中興書》曰："初爲殷浩揚州別駕，浩卒，上疏理浩。或諫以浩爲太宗所廢，必不依許，悅故爭之，浩果得申，物論稱之。"

又有"詞理"，即原被告相互之間的辯詞或證人證詞。斯5588《求因果》："鬥打兩家因此起，各說強詞理。忽然村戁不平安，便被兩般看。"[1]伯3257《後晉開運二年（945）十二月河西歸義軍左馬步押衙王文通牒及有關文書》："都押衙王文通，右奉判，付文通勘尋陳□□□□□（狀寡婦阿龍）［及］取地侄索佛奴，據狀詞理，細與尋問申上者。"[2]伯3257《後晉開運二年（945）十二月河西歸義軍左馬步押衙王文通牒及有關文書》："右謹奉付文通勘尋陳狀寡婦阿龍及侄索佛奴、懷義詞理，一一分析如前，謹錄狀上。牒件狀如前，謹牒。開運二年十二月日左馬步都押衙王文通牒。"[3]

9. 論

"論"本指上對下，"判決"義，《禮記·王制》："凡制五刑，

---

① 任半塘：《敦煌歌辭總編》，上海古籍出版社，2006，第778頁。今據圖版逐一核對。
② 錄文參考唐耕耦、陸宏基主編《敦煌社會經濟文獻真迹識錄》（二），全國圖書館文獻縮微復製中心，2008，第296頁。今據圖版逐一核對。
③ 錄文參考唐耕耦、陸宏基主編《敦煌社會經濟文獻真迹識錄》（二），全國圖書館文獻縮微復製中心，2008，第297頁。今據圖版逐一核對。

必即天論。"陸德明釋文："論音倫，理也。""論"指"判罪"，《急就篇》"閭里鄉縣趣辟論"注："趣謂催速之也。辟，法也。里鄉及縣遞相催速，使早報問，則依憲法而論決也。"[1]《漢書》卷二六《天文志》："巨鹿都尉謝君男詐爲神人，論死，父免官。"《後漢書》卷二五《魯丕傳》："坐事下獄，司寇論。"檢《漢書》卷九〇《酷吏傳·嚴延年》："然疾惡泰甚，中傷者多，尤巧爲獄文，善史書，所欲誅殺，奏成於手，中主簿親近史不得聞知。奏可論死，奄忽如神。冬月，傳屬縣囚，會論府上，流血數里，河南號曰'屠伯'。"顏注："總集郡府而論殺。"73TAM509：8/11（a）《唐開元二十一年（733）天山縣車坊請印狀》（4-300）："牛既屬坊生，湏合申文狀，堪印即合請印。不合許年不論，州司不舉□□□局作何［處］□□□須推逐將□□□仍依注［報］□□□聞［三］□□□"[2] 此處的"論"即有條有理地判決處理。

"論"又用於下對上，指"控告""訴理"[3]。仁井田陞著、池田溫編集《唐令拾遺補·戶令》："諸嫁女棄妻，皆由所由，若不由所由，皆不成婚，亦不成棄。若所由後知，滿三月不理者，不在告論之限。"[4] 仁井田陞著、池田溫編集《唐令拾遺補·戶令》："凡嫁女棄妻，不由所由，皆不成婚，不成棄。所由後知，滿三月不理，皆不得更論。"[5] 又有"論列"，即向官府逐條申述告狀。Дx.11038（11-4）（11-5）《放妻書》："謹立放妻書一道。竊聞

---

[1] （漢）史游撰、（唐）顏師古注、（宋）王應麟補注、錢保塘補音《急就篇》，中華書局，1985，第305頁。

[2] "論"有"判定"義，漢晉已然，參考江藍生《魏晉南北朝小說詞語匯釋》，語文出版社，1988，第138頁。

[3] 《全三國文》卷三三蔣濟《萬機論》："莊周婦死而歌，夫通性命者，以卑及尊，死生不悼，周不可論也。夫象見死皮，無遠近必泣，周何忍哉。"錢鍾書按："'論'者，譴責也。"（氏著《管錐編》，三聯書店，第1706頁）近是。王鍈《詩詞曲語辭例釋》（第二次增訂本）（中華書局，2005，第202頁）"論（三）、論告"條："論，告，控告，動詞。《永樂大典戲文三種·張協狀元》五：'孩兒你去，有人少我課錢，千萬與娘下狀論。'"

[4] 〔日〕仁井田陞著、池田溫編集《唐令拾遺補·戶令》，東京大學出版會，1997，第1033頁。

[5] 〔日〕仁井田陞著、池田溫編集《唐令拾遺補·戶令》，東京大學出版會，1997，第1033頁。

夫婦義重，如手足似難分，恩受情心，同脣齒如不別。況且夫婦念同牢之樂，恰似鴛鴦雙飛，并勝花顏，共坐兩得之美。二體一心，生同床枕於寢間，死同棺椁於墳下。三載結緣。然則夫婦相莿，今則兩自不和，似將難活，眅目生嫌，作爲後代增嫉。緣業不遂，見此分離，遂會六親，以俱一別。相隔之後，願妻娘子諫（揀）選高官之至，弄影寢前，美（？）呈琴瑟合韻，解怨捨結，再莫相談。千萬永辝，布施歡喜，其兩家并惣意欲分別，惣不耳三年衣糧，自後更不許再來互相攪亂。自今已後，更不許相爲，忽若論烈夫婦者卜（引者按：刪除符號）之義者，便任將憑官斷，則之皂帛。"①（"論烈"即"別理"）又請比較《太平廣記》卷一〇三"宋義倫"（出《報應記》）："唐宋義倫，麟德中爲號王府典籤，暴卒，三日方蘇，云：'被追見王。'王曰：'君曾殺狗、兔、鴿，今被論，君算合盡。'"《太平廣記》卷一七二"孟簡"（出《逸史》）："包君纔到，妻尚未殮，方欲待事畢，至州論。"《太平廣記》卷一二一"崔尉子"（出《原化記》）："其子聞言慟哭，詣府論冤。"《太平廣記》卷四五九"相魏貧民"（出《原化記》）："明日，有人持狀訴論云：'被殺一家大小，埋在園中。官捕獲此人訊問，了然不伏。'"又考《大唐新語·持法》："僧惠範恃權勢逼奪生人妻，州縣不能理。其夫詣臺訴冤，中丞薛登、侍御史慕容珣將奏之，臺中懼其不勝，請寢其議，登曰：'憲司理冤滯，何所回避，朝彈暮出，亦可矣。'"《北夢瑣言》卷二十："石李二女夫教二女詣本府論訴，云令遵冒姓，奪父家財。"《燕翼貽謀録》卷四："太祖皇帝乾德二年正月己巳，詔應論訴人不得驀越陳狀，違者科罪。"

　　我們在前面曾經論及"理"有"斷案"義，用於執法者，但"理"又可以用於原被告或保證人，指"申述"，屬於反訓。還有兩個典型的例子是"訟""治"，既可以用於訴狀，也可以指斷案。檢《周禮·天官·小宰》："七事者，令百官府共其財用，治

---

① 俄羅斯科學院東方研究所聖彼得堡分所、俄羅斯科學出版社東方文學部、上海古籍出版社編《俄藏敦煌文獻》（上海古籍出版社，1992~2001）第十五册，第145~146頁；録文又參考乜小紅《中國中古契券關係研究》，中華書局，2013，第295頁。

其施舍，聽其治訟。"孫詒讓正義："云'聽其治訟'者，治訟是二事。《司市》云：'聽其大治大訟，小治小訟。'此'治'蓋謂以事來咨辯，及有所陳述請求。《旅師》云'凡新甿之治皆聽之'，注云：'治，謂有所求乞也。'《方士》云：'凡都家之士所上治，則主之。'《訝士》云：'凡四方之有治於士者造焉。'注謂'讞疑辨事'，皆其一隅也。凡咨辯陳訴請求必有辭，故治亦曰辭。《小司徒》云：'聽其辭訟。''辭訟'即治訟也。訟謂爭訟之事，《管子·立政篇》云：'疏遠無蔽獄，孤寡無隱治。'彼以獄與治并舉，猶此云治訟也。訟亦有辭，故通言之，訟亦謂之治。《質人》云'凡治質劑者'，《朝士》云'凡士之治有朝日'，注并以聽訟爲釋，是也。"①

10. 申

既指上對下，講述，也指下對上，申述，是下級對上級報告的行爲專稱。關於前一義，請比較《三國志》卷十三《魏書·王朗傳附子肅傳》："至黄初元年之後，新主乃復始掃除太學之灰炭，補舊石碑之缺壞，備博士之員錄，依漢甲乙以考課，申告州郡，有欲學者皆遣詣太學。"

但表示下對上的例子更多。67TAM91：29（a）、30（a）《貞觀十七年（643）八月何射門陁案卷爲來豐患病致死事》（3-4）："既爲改更，物［更］□□□知此。此宜問□□□節義坊正麴伯恭□□十八，恭 E □□□□［恭］辯：被問來豐身［患］□□□爲檢

---

① （清）孫詒讓撰、王文錦、陳玉霞點校《周禮正義》，中華書局，2000，第180頁。對"論"的反訓詞性質認識不够，確實容易産生誤解，王鍈先生曾經指出："（論、論告），控告，動詞。《永樂大典戲文三種·張協狀元》五：'孩兒你去，有人少我課錢，千萬與娘子下狀論。'錢南揚先生注：'論，判罪。《後漢書·魯丕傳》：'坐事下獄司寇論。'按此注未允。這裏的'論'祇是'控告'的意思。觀上文'下狀'二字自明（引者按：'下狀'亦爲反訓詞，此指呈上狀紙）。又同劇二十四：'（净）我去論，（丑）我去論，（生末）大都來能欠幾文。'寫的是店主婆（净）與房客（丑）因房錢相争，别的房客居間調停事，净、丑雙方都争着要去告官。亦可證'論'爲'告'義。《劉知遠諸宫調》：'知遠觀是洪信、洪義，問：'論誰？'義亦爲'告誰'。脈望館抄本《看錢奴》劇題目'張善友論土地閻神'，《元曲選》作'告'。《後庭花》劇三：'爲甚麽將原告人倒監押？哎，你個被論人莫驚詫。'《魯齋郎》劇楔子：'被論人有勢權，原告人無門下。''論''告'互文，'被論'即'被告'，與原告相對。"氏著《詩詞曲語辭例釋》（第二次增訂本），中華書局，2016，第202~203頁。

校，不申文牒，致▢▢▢理而死者，謹審。其〔來〕▢▢▢四月内，因患致此，奉〔前〕▢▢▢趙儁處分。令於坊▢▢▢〔置〕。即於何射門陁▢▢▢人至▢▢▢即報▢▢▢"72TAM230：84/1-84/5《唐儀鳳三年尚書省户部支配諸州庸調及折造雜練色數處分事條啓（三）—（七）》（4-68）："并應配兩〔京〕▢▢▢申到支√度金部▢▢▢▢▢▢申計帳比▢▢▢▢"又同卷："▢▢▢申度支共▢▢▢"OR.8211/557Ast.Ⅲ.4.095《唐神龍元年（705）天山縣爲長行馬致死上西州兵曹狀》（沙、吳 1-115）："右同前。得馬夫令狐弘寶辭，稱被差逐上件馬送使人何思敬往焉耆，回至銀山西卅里，乏困瘦弱致死，謹連銀山鎮公驗如前，請申州者。"OR.8212/565Ast.Ⅲ.3.06《唐西州典張從爲撿校開元十年（722）蒲昌群長行馬事牒》（沙、吳 1-128）："六月三日得蒲昌縣申三疋死，六月十七日更得蒲昌縣申兩疋死。"73TAM20：39,40《唐西州都督府下高昌縣牒》（3-474）："右勘案内得縣申：前件人▢▢▢永徽三〔年〕▢▢▢既有不同□審▢▢▢〔狀〕主勘狀上。"73TAM509：8/5（a）《唐西州天山縣申西州户曹狀爲張無塲請往北庭請兄禄事》（4-334）："具狀録申州户曹聽裁者，今以狀申。"73TAM509：23/1-1（a）《唐開元二十二年（734）西州高昌縣申西州都督府牒爲差人夫修堤堰事》（4-317）："〔高〕昌縣爲申修堤堰人▢▢▢新興谷内堤堰一十六所修塞，料單功六百人。城南草澤堤堰及箭幹渠，料用單功八百五十人。"73TAM224：080/1（a）《唐西州蒲昌縣户曹牒爲催徵逋懸事（二）》（4-389）："判十一千，到，撿，言餘限九月一日申。欠藉口錢廿九貫，今年輸丁庸綵，長史判十二千，到撿訖。言餘限十五日申。諸色行客等，長史判，限八日了√申。"2006TZJ1：022《唐天寶年間（742~756）交河郡某曹府段明牒爲濟弱館修理事》（榮、李、孟 342）："▢▢▢日，府段明牒，長行坊牒稱：濟弱館破壞，須有修理，下所管縣量事差人修補訖，申諮，旺白。一日。""申"爲"上報"義。麗字八十五號《永徽職制律》斷片："諸在外長官及使人於使處有犯者，所部即推，皆須申上聽裁。"《唐律疏議》卷一三《户婚》"不言及妄言旱澇霜蟲"條疏議曰："主司，謂里正以上。里正須言於縣，縣申州，州申省。多者奏聞。"伯3608，3252《垂拱職制户婚廄庫律》殘卷："諸在外長官及使人，於使處有犯者，所部署官等不得即推，皆須申上聽裁。"伯3608，3252《垂拱職制户婚廄庫律》殘卷："諸稱律、令、格、式不便於事者，皆須申尚書省，議定聞奏。若不申議，輒奏改行者，徒二年。"俞樾《茶香室續鈔》卷九"申稟"條："宋李之彦《東谷所見》云：有官君子趨事長官，則有狀、申、劄。申，如申縣、申州、申監司、申朝省之類。"①一般把地方機構呈給中央政務部門（如尚書省）或宰相的狀叫作"申狀"。

11. 白

主要用於下對上，但也用於長輩對晚輩（書信中）。

"白"是下級向上級彙報的一種簽署形式。考《玉篇·白部》："白，告語也。"在官文書案卷中，常常見到"某某白"的判署，其含義一方面是受理官員（比如縣尉）對案卷陳述、分析及處理意見，另一方面則有稟白、請示的意味，帶有某種下屬對上級官員尊敬與謙卑的色彩（比如作爲判官的縣尉判案署名之後署"白"）。66TAM59：4/6《北涼神璽三年（399）倉曹貸糧文書》(1-12)："□□□主[者]趙恭、孫殷：今貸(？)柒(？)石□□□□□拾斛，秋熟還等斛，督入本□□□□克給。明案奉行。神璽三年五月七日起倉[曹]□薄沈。録事朗。挍(？)白□。二草(？)。"79TAM382：5-4a《北涼真興七年（425）高昌郡兵曹白請差直步許奴至京牒》（柳390）："兵曹掾范慶、史張齊白：内直參軍闞浚傳教：差直步一人至京。"2006TZJI：166《北涼承平（？）七年八月高昌某人啓爲宋万平息、廉和謙息替代事》（榮、李、孟274）："宋万平息、廉和謙息。右二人任代趙賁、李蕊，爲辛沖、侯允□□□□ □□□曹書佐劉會白解，應申教，脱□□□ □□□□任代□□□□"2006TSYIM4：3-19a + 2006TSYIM4：3-19a + 2006TSYIM4：3-19b《北涼某年九月十六日某人辭》（榮、李、孟212）："（前缺）□□□□□陳

---

① 俞樾：《茶香室叢鈔》，中華書局，2006，第666頁。

相奴□□□閉獄責實辭，須知復白，事□□校曹主簿□□主薄□，九月十六□□廷掾□□功曹史。録事□□（後缺）”75TKM96：45（a）《兵曹補代馬子郭氏生文書》（1-38）：“李兵曹馬子郭氏（丘？）□□補代，王白。諾。名禄言□□。□□□□□。”66TAM62：6/3（b）《翟强辭爲征行逋亡事》（1-48）：“□□得□□翟［强］□□□廿□當征行，其□□□令，逋不往，還即白逋□□，受魯得等五人□□。□□□竟，受［令］狐國□□□　□□□引强○云共强知□□□□□乞賜教，付曹召（引者按：此字似乎有塗抹的痕迹）款并枉□□檢［校］□□□□不受枉，謹辭。”75TKM91：33（a）、34（a）《兵曹下八幢符爲屯兵值夜守水事》（1-70）：“兵曹掾張預、史左法强白。明當引水溉兩［部］。”72TAM209：90《唐貞觀年間西州高昌縣勘問梁延臺、雷隴貴婚娶糾紛案卷（三）》（3-321）：“梁臺妾勘申不？其雷隴以狀問，實心白。六日。”（引者按：“實心”這名高昌縣尉擬判）73TAM507：033（a）《唐佐馬貞浚殘牒》（2-278）：“檦撿案連如前謹檦。正月廿七日佐馬貞浚檦并勒鄉追送　知過白。廿七日。”73TAM507：013/2-1《唐殘辨辭》（2-283）：“□□□［被］訪括白□□□□□□逃浪行，因□□□□□不知所在，昨被□□□□□處撿以□□□□□括□乃□□□□□□今日思忖□□□□□并索□□　□□□贓數前□□□□□□［問］依實□□□”73TAM221：61（a）《唐永徽元年（650）安西都護府承勅下交河縣符》（3-311）：“牒件録勅白如前，已從正□□□永徽元年二月□□□付司景弘示，九日。二月九日録事張□□丞［闕］。”（吳震則認爲勅書的抄本叫“勅白”，以别於加蓋璽印的正式勅書。敕旨出自唐朝廷，由安西都護府下交河縣奉行，由於是安西都護府轉抄下達，故稱勅白（無朱印）[①]。72TAM188：82（a）《唐神龍二年（706）主帥渾小弟上西州都督府狀爲處分馬踏料事》（4-26）：“録事攝録事參軍敬仁。檦別案准式諮敬□白。”72TAM230：62（a）《唐

___

① 吳震：《吳震敦煌吐魯番文書研究論集》，上海古籍出版社，2009，第285、345頁。

西州高昌縣史張才牒爲逃走衛士送庸綵價錢事（二）》（4-85）：
"高昌縣申送逃走衛▢▢▢綵價錢，撿既并到▢▢▢▢知諮元
利白。"2006TZJI：040《唐某年七月府氾慎牒》（榮、李、孟
345）："▢▢▢撿案［連］如前，謹牒。七月日府氾慎牒。撿責
仙白。十六日。"OR.8212/489 背 LA.II.X.06《封題》（沙、吳
1-32）："白。劉君季恪。在塞水脹，南下推之。"又："白光祖，公
府宋君。"73TAM506：4/42《唐史王威殘牒》（4-558）："牒撿案
連如前，謹牒。十二月日史王威牒；撿。光輔白。"① 73TAM509：
8/15（a）之一《唐開元二十一年（733）西州都督府案卷爲勘給
過所事》（4-294）："其無行文蔣化明壹人，推逐來由，稱是北庭
金滿縣戶，責得保識，又非逃避之色。牒知，任還北庭，諮，元
璟白。"② 考《史記》卷一二六《滑稽列傳》："巫嫗弟子是女子也，
不能白事，煩三老爲入白之。"③《三國志》卷五八《吳書·陸遜
傳》："會稽太守淳于式表遜枉取民人，愁擾所在。遜後詣部，言
次，稱式佳吏，權曰：'式白君而君薦之，何也？'"

但"白"也可以用於同輩。《正字通·白部》："白，下告上曰
禀白，同輩述事陳義亦曰白。"也用於長輩對晚輩，唐韓愈《答李

---

① "白"是判官用語，張光輔是地方府史晉升爲判官，可能是倉曹參軍，也就是流
　內官，他的升遷說明州縣府史通過長期服役也能晉升爲官員。參考李方《唐西州
　軍政官吏的本地升遷》，《敦煌吐魯番研究》第六卷，北京大學出版社，2002，第
　259頁。

② 劉俊文指出此處之"元璟"實即其他吐魯番文書所言"戶曹參軍元"，以戶曹參軍擬
　判，可能是因爲過所之事由戶曹主掌。氏著《敦煌吐魯番唐代法制文書考釋》，中華
　書局，1989，第560頁。

③《釋名書證補》："漢晉人書牘首尾云某白，猶後人之言某啓也。"（《漢小學四種·釋
　名書證補》，巴蜀書社，2001，第1512頁）在高昌郡府諸曹上呈公文都自稱"白"，
　用在兩個地方，提頭報告人名下和署款年月日後，許多重要事務都要行文呈"白"，
　而且有着一套嚴格的書寫格式和上報審批程式。由於郡府僚屬向太守言事稱"白"是
　敬語，所以在行文中有取代"牒"的傾向。儘管在實際運用中蔚然成風，但"白"始
　終祇是作爲一種敬語使用，未能發展成爲一種法定行政公文的名稱（參考柳洪亮《新
　出吐魯番文書及其研究》，第290、291頁）。"白"有時也包括對本件事情進行議論
　和發表意見。《禮記·文王世子》："獄成，有司讞於公。"注："成，平也，讞之言白
　也。"《漢書》卷五《景帝紀》"五年詔"："諸獄疑，若雖文致於法而於人心不厭者，
　輒讞之。"注："讞，平議也。"《說文·水部》："讞，議辠也。"正是因爲（轉下頁注）

翊書》:“六月二十六日，愈白。”

12. 仰

“仰”最先衹用於執法者對被執法者，也就是上對下，意思是“希望”“責令”，也可以用於官方文書中表示硬性規定。《通俗編·政治》引孔平仲《談苑》:“今公家文移，以上臨下，皆用仰字。”“仰”的此種用法，可能始於三國，考俞樾《茶香室四鈔》卷八“公牘用仰字”條:“國朝羅振玉《讀碑小箋》云：孔平仲《雜説》，公家文字用仰字，出《齊孝昭紀》:‘詔定三恪禮儀體式，亦仰議之。’予按魏高貞碑，貞卒後，宣帝詔云:‘其墓□所須，悉仰本州營辦。’是仰字魏已用之，不始於齊。又《三國志·魏明帝紀》，青龍二年，追謚山陽公爲孝獻皇帝，裴注引《獻帝紀》追謚詔云:‘喪葬所供，群官之費，皆仰大司農。’是又始於三國。愚按魏詔所用仰字，似即《史記·平準書》‘衣食仰給

（接上頁注③）“白”往往有“請示上級批准某項事宜”義，也就是説此項事宜并未實施，所以柳洪亮認爲唐長孺主編釋文本和圖録本《吐魯番出土文書》將一些呈請批准畫諾的上行公文定名爲已獲批准要求執行的下行公文是不妥的，如將《北凉建□某年高昌郡兵曹白請以休領發騎守海牒》定名爲《建□某年兵曹下高昌、横截、田地三縣符爲發騎守海事》，將《北凉高昌郡兵曹白請屯田兵幢、引水溉田牒》定名爲《兵曹下八幢符爲屯兵值夜守水事》，將《高昌郡兵曹白請補代馬子郭氏生牒》定名爲《兵曹屬爲補代馬子郭氏生事》。還有的定名雖未明言下行或平行，但將“事諾奉行”看作已獲批准而理解成通知執行類的公文則甚爲明顯。如將《北凉義和□年高昌郡兵曹白請行罰部隤五人牒》定名爲《北凉義和□年兵曹行罰部隤五人文書》。見柳洪亮《高昌郡官府文書中所見十六國時期郡府官僚機構的運行機制——高昌郡府公文研究》，收入《新出吐魯番出土文書及其研究》，新疆人民出版社，1997，第267~329頁。關於“白”，還可以參考劉進寶《敦煌學通論》，甘肅教育出版社，2002，第335頁。“白”還可以指保證詞。73TAM509：8/23（a）《唐開元二十一年（733）唐益謙、薛光泚、康大之請給過所案卷》（4-270）:“前件婢□于此買得，見有市券，保白如前。”“白”也是書信用語，告訴。OR.8212/1873La.VI ii.a《晋殘書信》（沙、吴2-268）:“倉卒粗白不偹。”OR.8212/4785背LA.V.X .018雜寫（沙、吴1-28）:“頓首白近自宗諸外内宗宗。”OR.8212/519LM.Ⅰ. ⅱ .09《信劄》（沙、吴1-53）:“六月十二日吉阿歸▭不得汝白事用爲一□▭想□。”72TAM169：26（b）之二《高昌書儀》（1-234）:“修兄姊書。題云兄某官前疏。五月具疏，某白：夏中感思深，極熱，不審兄姊謴中何如。不奉近告，馳約，即日某蒙恩，謹白疏不具。某再拜。”《晋書》卷七一《孫惠傳》:“伏在川泥，繫情宸極，謹先白箋，以啓天慮。”《梁書》卷五十《陸雲公傳》:“臨白增悲，言以無次。”伯3637杜友晋《新定書儀鏡》“通例第二”:“凡書末，尊行皆告，長皆報疏，長加敬字，舅云問疏，加丈人云敬，謂女婿云白，平懷云諮。小重云呈，云疏，皆爲族姑已上。凡尊長通稱吾，小重平懷皆稱名，平懷已上通用謹字。”

縣官'之義，與今所用仰字有別。"①蔣禮鴻先生言："審詢罪犯的
問頭有一定格式，開頭總有'問'字，結尾總有'仰答'字樣。
'仰'是下行公文中作命令語氣用的習語。"②在法制文獻中，有
"仰答"，指官府把審問罪人的問題寫在紙上，要求被審問者回答，
這叫作"問頭"，開頭總有"問"字，結尾總有"仰答"。"仰"帶
有强令性質。項楚先生指出："'仰答者'以上便是問頭，'謹審'
以下便是答詞。敦煌本《燕子賦》：'雀兒被額，更害氣咽，把得
問頭，特地更悶。'問：燕子造舍，擬自存活，何得麤豪，輒敢强
奪？仰答！''問'以下的文字便是'問頭'。"③張涌泉先生面告：
"'仰答……者'是官府審理有關人犯問辭中的習語，'者'表示
乞使語氣，問辭至此結束，其後應用句號。""仰"的這種用法也
見於傳世文獻，今檢《北齊書》卷六《孝昭帝紀》："詔曰：'但
二王三恪，舊説不同，可議定是非，列名條奏，其禮儀體式亦仰
議之。'"《舊唐書》卷一八下《宣宗》："官健有莊田户籍者，仰
州縣放免差役。"斯1897《後梁龍德四年（924）雇工契》（樣
式）："或若澆溉之時，不慎睡卧，水落在□處，官中書罰，仰自
祇當。"這種用法在高昌國時代的吐魯番文書中就很常見，"仰"
用於法制文獻中，意思是"希望、要求"，往往體現出一種責令、
居高臨下的性質，比如契約文獻，69TAM135：2《高昌延壽五年
（628）趙善衆買舍地券》（1-410）："車行人盗，依舊通。若後右
人河盗伭伀［者］，仰本主了。"到了唐代亦不例外，64TAM24：
26《唐貞觀二十二年（648）索善奴佃田契》（2-177）："若身□
西無者，一仰妻兒及收後者償了。"又請比較73TAM222：1（b）
《唐中軍左虞候帖爲處分解射人事》（3-372）："帖至，仰營所有
解射人立即具録姓名通送，待擬簡定，仍准人數差解射主帥押
領。"73TAM509：8/2《唐寶應元年（762）六月康失芬行車傷人
案卷》（4-333）："靳嗔奴并作人康失芬。右得何伏昏等狀，稱保
上件人在外看養史伏郎等男女，仰不東西。"

① 俞樾：《茶香室叢鈔》，中華書局，2006，第1608~1609頁。
② 蔣禮鴻主編《敦煌文獻語言詞典》，杭州大學出版社，1994，第333頁。
③ 項楚：《敦煌變文選注》（增訂本），中華書局，2006，第1991頁。

　　但是"仰"也是敬辭,《南史》卷七〇《循吏傳·甄法崇附甄彬》:"檀越乃能見還,輒以金半仰從。"《資治通鑑》卷一五三《梁紀九》"梁武帝中大通元年":"下官等皆受朝眷,未敢仰從。"唐白居易《偶作寄朗之》:"仰名同舊識,爲樂即新知。"宋歐陽修《與韓忠獻王書》:"仰煩臺慈,特賜慰恤,豈任哀感之至。"考"仰"本指"抬頭,臉向上",《易·繫辭上》:"仰以觀於天文,俯以察於地理。"

13. 買

　　既有"買入"義,又有"賣出"義。先看"買入"義的例子,Дx.11414《前秦建元十三年(377)十(?)月廿五日趙伯龍買婢券》[①]:"書券侯買奴,共知本約。"[②]72TAM152:22《高昌延昌六年(566)呂阿子求買桑葡萄園辭》(2-140):"延昌六年丙[戌]□□□八日,呂[阿]□辭:子以人微產□尠少,見康□有汖蒲桃一薗,□求買取,伏願墅下照兹所請,謹辭。中兵參軍張智壽傳令:'聽買取。'"72TAM152:24《高昌延昌三十四年(594)呂浮圖乞貿葡萄園辭》(2-142):"[延]昌卅四年甲寅歲六月三日,呂浮畕辭:畕家□□乏,犖(粗)用不周,於樊渠有蒲桃一薗,徑理不□,見買得蒲桃利□□,□惟□下悕乞貿取,以[存]□□聽許,謹辭,[通]□[令]史斛儒[傳]。令聽貿□。"[③]64TAM35:41(b)-3《唐開除見在應役名籍》(3-491):"曹買奴,高阿歡逃走,康多德,伍守歡客居庭州。"69TAM125:2《武周軍府牒爲請處分買十馱馬欠錢事》(3-436):"□件人□□□定送訖。□買奴、氾定海、張小□□□[張]胡智、張守多、范永□□□已上十人買十馱馬一定送八百行□□□□父師一分

────────────────

① 圖版見俄羅斯科學院東方研究所聖彼得堡分所、俄羅斯科學出版社東方文學所、上海古籍出版社編(孟列夫、錢伯城主編)《俄藏敦煌文獻》第15冊,上海古籍出版社、俄羅斯科學出版社東方文學部,2000,第212頁;乜小紅《俄藏敦煌契約文書研究》,上海古籍出版社,2009,第89頁。

② 72TAM151:99.100《高昌合計馬額帳》(一)(2-94)有"匡買得",64TAM15:21《唐西州高昌縣弘寶寺僧及奴婢名籍二》(2-31)有"大奴買得"。

③ 《干祿字書》:"貿䝤,上俗下正。"《龍龕手鏡·貝部》:"貿,交易也,市賣也。"《字彙補·貝部》:"貿,與貿易之貿同。"北魏佚名《元繼墓誌》:"新平馮元興等慮陵谷貿遷,丘隴難識,故鑿志。"又考斯388《正名要錄》:"貿,賣。"關於"貿",(轉下頁注)

付劉校尉團趙□□□右同前上件人□□□發有限奉［處］分。令十
馱六□□□［有］換者。孝通臨時□□□發日，爲欠馬錢，遂□□□
馬領得銀錢伍拾文訖。今孝通差行徵得者，即請分□不得者，請
於後徵付保達數有欠少□［即］［注］□□□［處］［分］［發］。"
（武周新字已轉寫爲通行字）73TAM506：4/33《唐乾元二年
（759）康奴子賣牛契》（4-549）："駕車咽犍牛□□□年捌歲，乹
元元貳年正月十日，交用錢叁阡伍伯文，於康奴子邊買取前件
牛。其錢及牛，即立契日各交相分付。如立契已後，在路有人
寒盜認識者，一仰牛主康奴子知。"73TAM506：04/20（b）
《唐出納錢物帳歷（一）》（4-587）："□□□細綵一疋，得一千
文，欠（？）錢八百廿文，買供□□□綵一疋□綵一斤□便［帖］
錢一千二百文［買］供。"①

　　但"買"又同賣，出售。"買人"即賣人，出售者；"買供"
即賣供，賣出後交納；"買与（與）"即賣與。73TAM514：2/11
《高昌內藏奏得稱價錢帳（三）》（1-453）："起十二月廿七日，康
牛何畔阤買香陸百伍拾□斤，鹵沙貳百壹斤，与康莫至，二人
邊得錢貳［拾］［壹］文。次□□□有尼屈量香伍拾貳斤，得錢
［壹］［文］□□□"OR.8210/斯5870D.Vii.3a《唐大曆年間女婦
許十四典牙梳舉錢契》斷片（沙、吳2-317）："月內將本利錢贖。
如違限不［贖］，其梳錢［等］□□□并沒，一任將買，恐人無
信，故立［私］契。兩共□章□□□錢主。舉人女婦許十四年廿
六□ E，同取人男進金年八歲，見人。"OR.8211/558Ast.Ⅲ.4.094
《唐神龍元年（705）西州都督府兵曹處分長行死馬案卷》（沙、吳
1-119、120）："右件馬伊州使患瘵，醫療不損，今既致死，請處
分。縣件狀如前謹縣。神龍元年三月日典魏及縣。主帥胡元慶，
押官果毅張元興，檢何故，溫示。八日。兵曹。長行馬一疋忩草

（接上頁注③）又參考張涌泉《敦煌俗字研究》第二版，上海教育出版社，2015，第
806頁；黃征《敦煌俗字典》，上海教育出版社，2005，第267頁。又請比較《詩·
衛風·氓》："氓之蚩蚩，抱布貿絲。"朱熹集傳："貿，買也。"高亨注："貿，交換。"
《法苑珠林》卷一〇九："商人言勿殺（龍女），我與汝一牛貿取。"

① 請比較同件文書中的"取供"："□□□細綵一疋，出得一千三百文，帖七百文取供
□□□粟各出錢一百［五］十文□□□縫裙子一脊，大錢［八］十五文。"

買人曹小奴，一疋赤敦達買人□其。右奉判。今撿上件馬諮狀，依撿前件馬，撿無他故，患瘵致死有實。臊件撿如前，謹臊。神龍元年三月日府竹應臊。帖槽出賣訖，具上。出（訓）。主帥胡元慶，槽頭翟德義。獸醫曹智隆。兵曹參軍程待出（訓）。付司溫示。八日。□□□〔日〕府竹應臊。□槽出賣訖，具上。主帥胡元慶，槽頭翟德義。獸醫曹智隆。兵曹參軍程待出（訓）。付司溫示。八日。"72TAM152：33（a）《唐焦延隆等居宅間架簿（二）》（2-148）："麴文住宅上：聽上栿□□□黍椽卅六，東麴□□，東丁子隆妻，南□、北道、上下呂上右行良□□□黍椽廿一，母買與王海佑，其人元無□□□□"①

同樣，"賣"也表示"買"，請比較大谷4935+4936《唐天寶某載交河郡某寺三月破用歷》："錢三十五文沽酒，更五文賣（買）醬，二百賣（買）草。"

14. 諮

既有"諮報（下級向上級請示、稟報、諮請、諮謀）""稟報"義（一般説來，判官和通判官用語用得較多），也指上級向下級諮詢。先看"諮報"義，73TAM221：62（a）-1《唐永徽三年（652）士海辭爲所給田被里正杜琴護獨自耕種事》（3-312）："□徽三年□□□海辭：口分〔常〕□□□縣司：士海蒙給田，〔已〕□□□〔貳〕〔載〕未得田地。今始聞田共同城人里正杜琴護連風。其地，琴護獨自耕種將去，不与士海一步，謹以諮陳訖。謹請勘當，謹辭。"大谷2842《北館文書》（《大谷》一，圖

---

① 關于"買"同"賣"，參考朱雷《麴氏高昌王國的"稱價錢"——麴朝稅制零拾》，收入《朱雷敦煌吐魯番文書論叢》，上海古籍出版社，2012，第74~87頁。檢高麗藏本玄應《一切經音義》卷三《放光般若經》"不批"："側買（慧琳本作"側賣"）、子爾二反。"又請比較OR.8212/554 Ast.IX.6.02-03（七，03e）《唐總章二年（669）至咸亨元年（670）西州長行坊死馬處置帳歷》（沙、吳1-107）："□疋，者白敦，口〔月〕□□□剝〔皮〕納庫訖。同。□疋，瓜敦，閏九月四□□□〔捌〕文送司倉訖。同。□□，愆敦，閏九月六日□□□伍文送司倉訖。同。□□，雒敦，閏九月十四日□□□錢肆文皮納庫。同。□□，赤敦，閏九月九（引者按：衍文）十五日在〔槽〕□□□肉棄不收，皮納庫。在槽。合。□□□〔敦〕，十月四日在槽死，肉賣與郡買奴，得錢貳文，送司倉，皮納庫□□□十月五日在槽死，肉賣與郭朱多，得錢貳文，送司倉□□ □□六日在在槽死，肉賣與曹憻相，得□□文□□ □死，肉賣與□□□"

版一五）："往例取户税柴，今爲百姓給復，更無户税。便取門夫采斫用供，得省官物，以狀下知，諮，恒讓白。廿三日。依判，行止示，廿三日，依判，義示，廿三日。"2006TZJ1：136《唐龍朔二、三年（662、663）西州都督府案卷爲安稽哥邏禄部落事》（二）（榮、李、孟 314）："□［首］［領］［發］［遣］，［使］［至］□□□更遷延，所差官典□諮定，々訖㬎知。"73TAM507：012/4《唐録事麴浚殘文書》（2-280）："□□□會。謹更諮報，［請］□□□□近不具。録事麴浚□□□八月十六日　前請法師早發遣□□□"72TAM188：73（b）之一《唐上西州都督府牒爲徵馬付營檢領事一》（4-29）："依判，諮，泰□。廿六日□，依判，定母示。廿六日。"72TAM188：73（b）之一《唐上西州都督府牒爲徵馬付營檢領事一》（4-29）："户曹撿録事參軍。别㬎營撿領［訖］。仍取領附。諮。方。"72TAM188：75（a）《唐上西州都督府牒爲徵馬付營檢領事二》（4-30）："别㬎營撿［領］訖。仍取領附。諮。敬仁□。一日，依判，諮，泰示。一日，依判，定母示，一日。"72TAM194：27（a）《唐盜物計贓科罪牒》（4-52）："□□□［財］□□□一疋［杖］六十，一疋加一等。王慶計□不滿壹疋，合杖六十。□案諮決訖。放。其錢［徵］到，分付來賓取［領］□陪贓㬎徵送諮。仁贊［白］。十一日，盜物獲贓，然可科罪。□□□□歉□□□匪實。"寧樂一七（2）、一九（3）號《唐開元二年二月三十日西州都督府下蒲昌府牒爲差替人番上事》（29）："游弈□□□處置，諮，慶示。二〔日〕。依判。玉示。二日□□□弈人王定遠身死替行客王□□□　□□□［撿］替人中男氾至尚白仁軌胡□□□月　□□□□四月番長探配懸泉，懸泉逰弈□□□　□□□挎谷游弈人段阿忠已上□□□　□□□已差替訖。"（表明高慶是果毅都尉，屬軍府中的通判官）73TAM509：8/15（a）之一《唐開元二十一年（733）西州都督府案卷爲勘給過所事》（4-294）："諮，元璟白。五日，依判，諮，齊晏示。五日，依判，諮，崇示。五日，依判。斛斯示。五日。"（判官用語是"諮，白"，通判官的判決衹是提出自己的意見，所以在同意判官的判決後都寫了"依判、諮、某示"的判署，最後的裁決在長官。文書前後提到的延楨、齊晏、崇，應分別是西州的司馬、長史、別駕）①OR.8212/532 Ast. Ⅶ.2.025+2.022《唐天寶八載（749）府羅通牒尾判》（沙、吳 1-63）："□□□日府羅通牒□［護］鎮倉撿覆訖，勘會。其欠物已從別狀處分訖記。諮。庭蘭白。［依］［判］。諮。休胤示。"②OR.8212/540Ast. Ⅶ.2.015《唐天寶年間西州牒及判詞》殘片（沙、吳 1-79）："□□□［除］附各下所□□□諮庭［蘭］□□□諮□判諮。"73TAM509：8/2（a）之四《唐寶應元年（762）六月康失芬行車傷人案卷》（4-333）："建未月日，史張奉庭牒。靳嗔奴并作人責保到，隨案引過，諮取處分訖。［各］牒所由，諮，誠白。十九日，依判，諮。曾示。十九日。放出勒保享，仍隨牙餘依判。鉾示。廿二日。"大谷4883《捉州中館料錢判文》（《大谷》三，圖版一七）："捉州中館帖料錢油麻等、下縣速爲推逐處分。其氾義所欠中館正料回殘，仍即切徵納訖，申諮。道。"2006TZJ1：022《唐天寶年間（742-756）交河郡某曹府段明牒爲濟弱館修理事》（榮、李、孟 342）："□□□日，府段明牒，長行坊牒稱：濟弱館破壞，須有修理，下所管縣量事差人修補訖，申諮，旺白。一日。"考宋洪邁《容齋隨筆》卷九"翰苑故事"條載："公文至三省，不用申狀，但尺紙直書其事，右語云：'諮報尚書省，伏候裁旨'。月日押，謂之諮報。"宋趙昇《朝野類要》卷四"諮報"："學士院關報朝省之稱。"再請比較"諮白"。《宋書》卷二《武帝中》："但康之前言有所不盡，故重使胡道諮白所懷。"《周禮·秋官·訝士》："凡四方之有治于士者，造焉。"鄭玄注："謂讞疑辯事，先來詣，乃通之于士也。士，主謂

---

① 參見李方《唐西州天山縣官員編年考證》，中國文物研究所編《出土文獻研究》第七輯，上海古籍出版社，2005，引文見第 273 頁；李錦繡《從"三官通押"談起》，《中國社會科學院歷史研究所學刊》第二集，商務印書館，2004，引文見第 429 頁。
② 中田篤郎、李方比較了 1972 年在阿斯塔那 216 號墓出土的唐天寶十載府羅殘牒，認爲此件文書亦是天寶十載文書，題目是"天山縣申車坊新生犢殘牒"，這是一件有關交河郡倉曹勘會羅護鎮倉的文書，這時交河郡的倉曹參軍已經是庭蘭。休胤在庭蘭的判詞後簽署"依判，諮，示"，表明已經升任上佐通判官。休胤之後還應有長官簽署。結合其他文書比較研究，可以知道休胤是由倉曹參軍升任交河郡都督府司馬。詳參李方《唐西州軍政官吏的本地升遷》，收入殷晴主編《吐魯番學新論》，新疆人民出版社，2006，第 518~519 頁。

士師也。如今郡國亦時遣主者吏，詣廷尉議者。"賈公彥疏："讞，白也，謂讞白疑之辯事。"又請比較唐牛僧孺《玄怪錄》卷三《齊饒州》："王判曰：'付案勒回。'案吏讞曰：'齊氏宅舍破壞，回無所歸。'"

但"讞"自古以來有用於上對下，廣泛見於敦煌文獻和唐宋筆記[1]。考《國語·晋語四》："及其即位也，詢於八虞而謀於二虢。"韋昭注："讞，謀也。"《三國志》卷十《魏書·荀彧傳》："董昭等謂太祖宜進爵國公，九錫備物，以彰殊勳，密以謀彧。"唐韓愈《送鄭尚書序》："有大事，謀而後行。"高麗藏本玄應《一切經音義》卷二十二《瑜伽師地論》"謀詢"："《左傳》：'訪問於善爲謀，謀親爲詢。'"

15. 保

既有"保護"義、"擔保"義，又有"被保護""依靠""仗恃"義。前者如 2006TSYIM4：3-4《北涼高昌郡高寧縣差役文書（二）》（榮、李、孟 198）："▢▢▢右二家户候次，逮三日爲更▢▢▢▢□高昌、田地相承保，無失々脱々軍▢▢▢［到］乃下▢▢▢［謹］條次取候人名［如］▢▢▢行。"（"承保"即擔保）73TAM509：8/16（a）之三《唐開元二十一年（733）西州都督府案卷爲勘給過所事》（4-286）："准狀責問，得保人麴忠誠等五人欵：麴琰所將人畜，保并非寒盗誑誘等色者。"

"保"又有"依靠""仗恃"義，如《漢書》卷六四《嚴朱吾丘主父徐嚴終王賈傳》："且越人綿力薄材，不能陸戰，又無車騎弓弩之用，然而不可入者，以保地險，而中國之人不能其水土也。"郭在貽釋："保者，恃也，依也。言越人依恃其地形險惡，而拒漢兵於境外也。保字古有依恃之義，《離騷》'保厥美以驕傲兮'，近人衛瑜章訓保爲恃（《離騷集釋》）《左傳·僖公二年》'保于逆旅'，《左傳·僖公二十三年》'保君父之命'，杜注并訓保爲恃。《吕氏春秋·誠廉篇》'阻兵而保威'，高誘

---

① 參考郭在貽、黄征、張涌泉《敦煌變文釋詞》，《語言研究》1989 年第 1 期；王鍈《唐宋筆記語詞匯釋》（修訂本），中華書局，2001，第 245 頁。

注:‘保，恃也，《莊子·列禦寇》‘人將保女矣’，司馬彪注:
‘保，附也。’”①

16. 舉

表借貸，《孟子·滕文公上》:“又稱貸而益之。”趙岐注:
“稱，舉也。”《漢書》卷二四《食貨志》載晁錯《論貴粟疏》“無
者取倍稱之息”，荀悦《前漢紀》作“亡者倍舉”。吐魯番文書中
的“舉”多爲借入，且是有償的，而且多用於貨幣（或用作貨幣
的絲織品）以及麥粟借貸，使用時間在十六國、高昌國到唐西州
時期。66TAM62：6/2《翟彊辭爲負麥被抴牛事》(1-50):“□
春從人□□□奴，奴佛流□二斛，夏□□□償麥三斛。乞夏［麥］
□□□䕫惡，已償麥一斛［五］［斗］，殘負麥一斛五斗。比尒
當方宜索償□□□，强是貧□，外□□牛一頭載致。流抴牛□去。
經四日乞願賜教付曹，□流以牛見還，比尒當舉便償流，謹辭以
聞。”60TAM326：01/4《高昌和平元年（551）某人舉疊、錦券》
(2-249):“□□元年辛未［歲］［三］［月］［二］〔日］，□□邊
舉中行疊六十匹，要到八月。□□□中行疊九十匹，若過朕不償，
一匹上□□□［仰］公償。次取□□□柏（?）樹葉錦四十尺，要到
八月卅日償 □□六丈。若過朕不償，一月生錦四。”72TAM155：
30（b）《高昌延壽十年（633）習字紙》(1-432):“□壽十年癸
巳歲四月賈祐瑚癸巳歲癸巳歲四月廿三日賈祐瑚橋橋橋寺法師惠
聞□壽十年癸巳歲歲歲賈祐瑚主薄高住兒□巳歲五月廿一日翟
何𪐴從賈祐瑚邊舉銀錢。”66TAM61：23（b）、27/2（b）/27/1
（b）《唐西州高昌縣上安西都護府牒稿爲録上訊問曹禄山訴李紹
謹兩造辯辭事（二）》(3-243):“□□有所歸，請乞禁身，与
謹對［當］□□□問禄山得款:李謹當時共兄同伴，向弓月□□□
并共曹果毅及曹二，并外生居者去□□□其曹果毅及曹二留住弓
月城，其李三□□□兄邊取練訖。分明付，兄与李三［同］□□□
西。李三見到，唯兄不來，既是□□□安西，兄不至安西，所以陳
訴，更無□□□［又］問［禄］山得欵:別兄已來，經四年□□□

---

① 《郭在貽文集》第一卷，中華書局，2002，第 50 頁。

毅、曹二胡輩處〇〇〇〇多指的同舉練□□□三。身及外生兒逐李三後去，其［曹］［果］毅、曹二是胡，客京師，有家口在。身當來日，留住弓月城在，身亦不在弓□□□當李三共□□□去［時］［弓］□□□□”67TAM78：39《唐趙□憙舉麥契》（2-68）：“本利惣計□和可，畫［指］［爲］［信］。舉麥人趙□憙，保人趙奴惡。［保］人□□□，□人□□信；□人左海明。”64TAM20：34《唐顯慶四年（659）白僧定貸麥契》（3-476）：“顯慶四年十二月廿一日，崇化鄉人白僧定於武城鄉王才歡邊舉取小麥肆䂆，將五年馬塠口分部田壹畝，更六年胡麻井部田壹畝，准麥取田。到年々不得田［耕］作者，當還麥肆䂆入王才。租殊伯伇，一仰田主，渠破水謫，一仰佃［人］。［兩］和立契，獲指爲信。麥主：王才歡，貸麥人：白僧定E，知見人：夏尾信，知見人：王士開，知見人：康海□E。”64TAM4：38《唐顯慶五年（660）張利富舉錢契》（3-209）：“顯慶五年三月十八日，天山縣南平鄉人張利富於高昌縣崇化鄉人左憧憙邊舉取銀錢拾文，月別生利錢壹文。到左還須錢之日，張即須子本俱還。若身東西不在，一仰妻兒及保人等代，若延引不還，聽掣家資雜物，平爲錢直。兩和立契，畫指爲信。錢主。舉錢人張利富E，保人康善護E，知見人。”64TAM4：34《唐龍朔元年（661）龍惠奴舉練契》（3-211）：“龍朔元年八月廿三日，安西鄉人龍惠奴於崇化鄉人右憧憙邊舉取練叄拾疋，月別生利練肆疋。其利若出月不還，月別罰練壹疋入左。如憧憙須須練之日，并須依時酬還。若身東西無，仰妻兒收後者償。人有正法，人從私契。兩和立契，獲指爲信。練主左，舉練人龍惠奴E，保人男隆緒E，知見人魏氾（？）E，知見人樊石德E，保人康文憙E。”64TAM4：37《唐總章三年（670）白懷洛舉錢契》（3-224）：“總章三年三月廿一日，順義鄉白懷洛於崇化鄉左憧憙邊舉取銀錢拾文，月別生利錢壹文。到月滿日，白即須送利。左須錢之日，白即須子本酬還。”67TAM363：7/2《唐儀鳳二年（677）西州高昌縣寧昌鄉某人舉銀錢契》（3-569）：“儀鳳貳年玖月伍日，寧昌鄉［人］□□□縣人竹住海邊舉取銀錢捌□□□□錢壹文，月滿即須送利。若竹須錢□□□□本具還。若延引不還，任

搜家財雜物及口分□□平充錢。身東西不在，壹仰妻兒收後者
▁▁▁［契］，畫指爲驗‖。"72TAM184：6《唐開元八年（720）
麴懷讓舉青麥契》（4-130）："［開］［元］八年九月五日，麴懷
讓於惣玄觀邊舉取青麥壹碩捌斗，其麥限至來年五月卅日付
了。"73TAM506：4/32-4之一一《唐天寶十三載（754）磧石館
具七至閏十一月帖馬食歷上郡長行坊狀》（4-458）："郡坊迎送
帖馬來往，便食前件斛斗，合郡坊填還。令獻等逐急舉便，隨
時供訖。見今被諸頭債主牽撮，無物填還，具食歷如前，伏望
商量處分。"

　　"舉"在上古漢語和中古漢語裏主要指"貸入"，《大藏經》
卷三吳康僧會譯《六度集經》卷七："猶若貧人舉債治生，獲利
還彼，餘財修居。"《周書》卷二三《蘇綽傳》載綽爲六條詔書：
"富商大賈，緣茲射利，有者從之貴買，無者與之舉息。"在南北
朝時期的譯經中，"舉"基本上表示"借入"義，《大藏經》卷四
姚秦竺佛念譯《出曜經·惡性品》："汝學之後，舉王財賄，無以
當償，爲王所繫，今在牢獄。"《梁書》卷二一《王志傳》："京
師有寡婦無子，姑亡，舉債以斂葬。"《大藏經》卷十七西晉竺
法護譯《佛説乳光佛經》："常熹出錢在外，人來從舉息錢，日
月適至，熹多債息，無有道理，既償錢畢，復謾詆人，言其未
畢。""舉"的"貸入"義是極爲嚴格的，考《三國志》卷二四
《魏書·高柔傳》："護軍營士竇禮近出不還。營以爲亡，表言
逐捕，没其妻盈及男女爲官奴婢。盈連至州府，稱冤自訟，莫
有省者。乃辭詣廷尉。柔問曰：'汝何以知夫不亡？'盈垂泣對
曰：'夫少單特，養一老嫗爲母，事甚恭謹，又哀兒女，撫視不
離，非是輕狡不顧室家者也。'柔重問曰：'汝夫不與人有怨仇
乎？'對曰：'夫良善。與人無仇。'又曰：'汝夫不與人交錢財
乎？'對曰：'嘗出錢與同營士焦子文，求未得。'時子文適坐小
事繫獄，柔乃見子文，問所坐。言次曰：'汝頗曾舉人錢不？'子
文曰：'自以單貧，初不敢舉人錢物也。'柔察子文色動，遂曰：
'汝昔舉竇禮錢，何言不邪？'"《三國志》卷三《魏書·明帝叡》
注引《魏略》："故富者則傾家盡產，貧者舉假貸貰，貴買生口以

贖其妻。"既然言"貧者",則祇能是"借入"。在中古漢語早期,"舉""假""貸"是近義詞,都表示"借入",這在同時期的傳世文獻中也有體現,《魏詩》卷六曹植《靈芝篇》:"董永遭家貧,父老財無遺,舉假以供養,傭作致甘肥。責家填門至,不知何用歸。"《大藏經》卷十五西晉竺法護譯《修行地道經》卷七:"而從富豪,歸命舉假。"《大藏經》卷十七西晉安法欽譯《佛說道神足無極變化經》:"彼無田種植者,無舉假償債者。"王符《潛夫論‧斷訟》:"假舉驕奢,以作淫逸,高負千萬,不肯償責。"《隸釋》卷九載熹平元年十二月《故民吳仲山碑》:"遠近假求,不言無有;春秋舉貸,給與無已。"《孟子‧滕文公上》"又稱貸而舉之"。趙岐注:"又當舉貸子倍而益滿之。"《大藏經》卷四姚秦篤佛念譯《出曜經‧惡性品》:"設財貨窮乏,從王舉貸,我還當償。"顏之推《還冤記‧呂慶祖》:"忽爲人所殺,族弟無期先期貸舉慶祖錢,咸謂爲害。"

但是,在漢語史上,"舉"也表示"借出",《周禮‧天官‧小宰》:"四曰聽稱責以傅別。"鄭玄注引鄭司農曰:"稱責,謂貸予。"賈疏:"稱責,謂舉責生子。"又考《資治通鑑》卷二三三"貞元三年七月":"買田宅,舉質取利,安居不欲歸。"中古時期,"舉"放在"出"之後構成"出舉"形式,是"借出"義,檢"出"最早表示"借給",從漢代一直延續到唐代,構成"放債人+出+錢+介詞+借債人"結構,請比較《史記》卷七五《孟嘗君列傳》:"共食客三千人,邑入不足以奉賓客,使人出錢于薛。"又:"邑入不足以奉賓客,故出息錢於薛。"《漢書》卷九九《王莽傳》:"收息百月三。"如淳注:"出百錢與民用,月收其息三錢也。"《周禮‧秋官‧朝會》:"凡有責者,有判書以治則聽。"鄭玄注:"玄謂古者出責之息,亦如其國服與。"《三國志》卷二四《魏書‧高柔傳》:"嘗出錢與同營士焦子文。"《宋書》卷八一《顧覬之傳》:"我常不許汝出責,定思貧薄亦不可居。"玄應《一切經音義》卷二五"子息:兒子曰息……今人出錢生子,亦曰息,義一也。""出舉"即以財物取利的消費借貸,指放貸(錢、絹布織物、糧食等)取息,在吐魯番出土文書中也指公廨

本錢放貸，唐代各官司均存在糧食出舉，這一語義變化發生在盛唐時期。72TAM223：48（b）《唐開元年間（713-741）徵麥利殘文書》（4-121）："□□徵 O 利用資□□□益供客。O 去開元□□□希逸等下狀，請以□□□來年已後異筆處分來年□□□加減取麥利，文案分明□□□出舉案狀，呂都督異筆直取開七例□□□妄剝（？）一分□□□非主典隱欺在腹，不合□□□□□□聖日時明，都督遠□□□若呂都督處分，曹司合從，即□□□威德負屈已深，不□□□妄徵|。"（麥利在開元七年後有變化，按開元七年制，則"妄剝一分"，麥利如此，本錢出舉，亦當如此。即：開元七年後，利率有變，由原來的七分生利，變爲六分生利）大谷3472《唐開元十九年（731）正月西州岸頭府到來符帖目》（《大谷》二，圖版五）："都督銜帖，爲史璋、李嵓等，欠車坊出舉麥，限月内送足事。"又："户曹符，爲北館坊出舉本小麥、依前符徵欠死馬宾錢，限月内徵送事。"73TAM506：04/5（b）《唐天寶某載□仙牒爲出本錢出舉事》（4-571）："紫極［宮］□□□到，召主出舉，□㜮知者。"在唐人撰寫的史書中也不乏其例，請比較《隋書》卷二四《食貨志》："先是京官及諸州，并給公廨錢，回易生利，以給公用。至十四年六月，工部尚書、安平郡公蘇孝慈等，以爲所在官司，因循往昔，以公廨錢物，出舉興生，唯利是求，煩擾百姓，敗損風俗，莫斯之甚。於是奏皆給地以營農，回易取利，一皆禁止。十七年十一月，詔在京及在外諸司公廨，在市回易，及諸處興生，并聽之。唯禁出舉收利云。"在唐代的法典中也可以見到"出舉"，《唐律疏議》卷四《名例》"以贓入罪"疏議曰："問曰：'假有盜得他人財物，即將興易及出舉，別有息利，得同蕃息以否？'"《唐令拾遺》卷三三《雜令》二二引開元二十五年令："諸王公主及官人，不得遣親事帳内邑司，如客、部曲等，在市興販，及邸店沽賣者（者疑衍）出舉。"《資治通鑑》卷一七八《隋紀二·文帝開皇十四年》："先是，臺省府寺及諸州皆置公廨錢，收息取給。工部尚書扶風蘇孝慈，以爲官司出舉興生，煩擾百姓，敗損風俗，請皆禁止，給地以營農。"所以，語言中兩個近義詞或反義詞構成複合詞，前一個詞素對整個詞的意義指向，

具有一定的作用。[①]

17. 賃

借，既可以指"借入"，也可以指"借出"，往往帶有利息，且事先要交價錢。先看"借入"的例子，63TAM1：16《西涼建初十四年（418）嚴福願賃鹽桑券》(1-6)："建初十四年二月廿八日，嚴福願從闐僉得賃叁薄［鹽］桑，賈交与㸸。"64TKM1：33（a）《唐貞觀十四年（640）氾歡□賃舍契》(2-5)："□［觀］十四年十月卅日，氾歡□□邊賃中門□□□□下底舍壹隆□□□厠。要迄壹年□□□□拾文，即□□□［價］銀錢拾伍文□□□滿［須］□□□［合］得户内□□□□□不畢，壹月［拾］□□［生］錢壹文，貳主和［同］□□□□之後各。"65TAM40：28《唐杜定歡賃舍契》(3-298)："□□［元］年六月廿日，高昌縣崇化鄉人［杜］［定］［歡］從證聖寺三經僧練伯邊賃取里舍中上下房伍口□□□［有］門壹具。其舍中并得□□□□錢叁拾文□□□□［錢］拾［伍］□［到］二年二月卅日，与錢拾伍文。其舍□□□□年用坐，立契已後，不得悔，若□□□□□錢肆拾文，入不悔人，兩和□□，畫指爲驗（引者按：下面一個"川"，終文間隔符號）舍主僧：賃舍人：杜定歡；知見人：索寶悦。"72TAM184：8（a）《唐家用帳》(4-134)："賃服衣四具，用錢二百文。"

再看"借出"的例子。64TAM10：38《高昌延壽四年（627）參軍氾顯佑遺言文書（一）》(2-204)："□□□師女，阿夷盡身命，得舍中柱。若不舍中柱，不得賃舍与余人。舍要得壹堅。"66TAM61：20（a）《唐麟德二年（665）畦海員辯辭》(3-237)："畦海員年卅五，海員辯：被問賃牛兩頭与麴運貞踐麥，是

[①] 這從以下三個詞"出賃""出賣""入貸"更能够看出來："出賃"即出租；"出賣"即借出；"入貸"即（高利）貸進。65TAM42：10,73《唐永徽元年（650）嚴慈仁牒爲轉租田畝請給公文事》(3-117)："立卷六年，作練八匹。田既出賃，前人從索公文，既無力自耕，不可［停］田受餓。謹以牒陳，請裁。"66TAM62：6/1《翟强辭爲共治葡萄園事二》(1-52)："□□乏，外有責負□□□□續蒲陶六畝，与共分治爲埋。去春爲出賣楳□□□潼十車□秋當□□□望殘少多，用俟結要。若□□□賊要□□□□貧民□□□□不□□年多□□□一枯花□□□有□□□爲□□分處水火吞□□□□教付曹□□□□［辭］。"63TAM1：14《西涼建初十一年（415）張仙入貸床文書》(1-6)："建初十一年十二月廿四日，張仙入貸床六斛。强□言。"

何日賃与，□□得多少價數者。謹審：但海員不是賃牛与麴運
貞□□〔日〕巳時許，麴運貞家内有一婢來，不得名，到海員
▭▭曹主遣賃你兩三箇牛來，用踐麥。海員▭▭ ▭▭賃与，
實借牛兩頭与運貞踐麥是實。被問〔依〕□□〔辯〕。▭▭式。
麟德二年五月日。奴有宿〔處〕，證見并〔檢〕，既不是□。”

　　檢《説文·貝部》：“賃，庸也。”段注：“庸者今之傭字。《廣
韻》曰：傭，餘封切，傭，賃也。凡雇傛皆曰庸、曰賃。”請比較
漢桓寬《鹽鐵論·通有》：“五殼賃車入秦。”唐裴鉶《傳奇·顔
浚》：“賃小舟抵白沙。”檢日本根據唐令制定的《令集解》卷十二
田令：“賃租者，限一年令佃，而未佃之前出價，名賃也。佃後至
秋，依得否出價，是名租也。”[1]租前支付了價值的是“賃”，之後
支付者爲“租”[2]。陳永勝認爲“不動産的租借爲賃”[3]，其實無論其
動産與不動産均可“賃”。

18. 貸

　　“貸”即“借貸”，以“貸入”爲主，比如布匹和農産品，也
包括錢物。居延新簡 E.P.T56：8：“貸錢三千六百以贖婦，當負
臧，貧急，毋錢可償。知君者謁報，敢言之。”[4]《法苑珠林》卷
七十《受報篇》七十九“感應緣”：“宋世永康人呂慶祖，家甚溫
富。嘗使一奴，名教子，守視墅舍。以元嘉中便往案行，忽爲人
所殺。族弟無期先貸舉慶祖錢，咸謂爲害。無期齎羊酒脯至柩所
而祝曰：君荼酷如此，乃云是我。魂而有靈，使知其主。既還，
至三更，見慶祖來云：近履行，見教子畦疇不理，斥當言官痛治
奴。奴遂以斧斫我背，將帽塞口，因得齧奴三指，悉皆破碎。便
取刀刺我頸，曳著後門。初見殺時，諸從行人亦在其中。奴今欲
叛我，已釘其頭著壁。言畢而滅。無期早旦以告其父母，潛視奴
所住壁，果有一把髮，以竹釘之。又看其指，并見破傷。録奴詰

---

① 日本《令集解》新訂增補本，《日本國史大系》，吉川弘文館，1988，第 355 頁。
② 參看乜小紅《中國古代契約發展簡史》，中華書局，2017，第 190~191 頁。
③ 陳永勝：《敦煌吐魯番法制文書研究》，甘肅人民出版社，2000，第 73 頁。
④ 彩色圖版見張德芳主編、馬智全著《居延新簡集釋》（四），甘肅文化出版社，2016，
　　第 48 頁。

驗承伏。又問：汝既反逆，何以不叛？奴云：頭如被繫，欲逃不得。諸同見者事事相符。即焚教子并其二息。"[1]

我們考察了晋十六國唐時期的吐魯番契券，發現"貸"基本上衹表示"借入"義，L.A.VI.ii.03- 沙木 853（侯、楊 376）："以糴穀貸□見綵糴穀□貸綵十八匹。謹案文書。"64TAM34：11《高昌良願相、左舍子互貸麥、布券》（1-304）："次左舍子貸良［願］相八縱布三匹，要到八月内償貸布三匹使畢。若○○中布不中一匹。"64TAM4：41《唐總章三年（670）張善憙舉錢契》（3-223）："貸錢人張善憙，保人男君洛。"大谷 4915《唐天寶元年（742）七月交河郡納青麥狀》（《大谷》三，圖版二八）："渾孝仙納天寶元年屯田地子青麥貳碩。又納吕才藝屯田地子青麥壹碩貳□，又納渾定仙貸種子青麥壹碩貳□。"73TAM506：4/32-2 之六《唐天寶十四載（755）柳中縣具屬館私供馬料帳歷上郡長行坊牒》（4-442）："不可闕飼，貤便私供，具通斛斯如前，請牒上長行坊。"[2]OR.8212/569Ast.Ⅲ.4.081+079b《唐西州高昌縣順義鄉嚴禿子貸麥契》（沙、吳 1-131）："_____二月五日，順義鄉人嚴禿子并妻男行_____［武］城鄉人張君利邊貸取大麥叁拾碩，其_____卅日還了。若過月不了，一月壹碩上生利麥壹_____不還，任聽拽家資雜物，平爲麥直。其_____［不］在，仰妻兒收後代還。兩和立契，畫指_____［桃］田藉帳了日，禿子此契合破，更不合還［麥］。［麥］［主］張_____嚴禿子（引者按：從最後一字開始畫指 E）_____妻趙（最後一字結束後開始 E），同取人：男行師，知見人趙申君（君右邊開始 E），知見人趙士達（結束後 E）。"64TAM4：36《唐麟德二年（665）趙醜胡貸練契》（3-213）："麟德二年八月十五日，西域道征人趙［醜］胡於同行人左憧憙邊貸取帛練叁疋。"64TAM4：53《唐麟德二年（665）張海歡、白懷洛貸銀錢契》（3-214）："同日，白懷洛貸取銀錢貳拾肆

---

[1]（唐）釋道世著、周叔迦、蘇晋仁校注《法苑珠林校注》，中華書局，2003，第2092~2093 頁。

[2]"貤便"即貸便，"貸"多針對絹布，"便"多針對麥粟，包括無息，至少在限期内是無息的，"貤"是"貸"的變體。

文。"64TAM10：44《高昌延壽六年（629）六月傅阿歡入當年官貸捉大麥子條記》（2-205）："□□已丑歲，官貸捉大麥子傅阿歡肆斛參軍［張］□。參軍郭阿都、翟懷彤，氾延明六月廿八日入。"①

　　但"貸"也指向他人借貸財物，即"貸出"，乃債務方（無息借貸往往稱貸），《説文·貝部》："貸，施也，從貝、代聲。"段注："謂我施人曰貸也。"《説文·貝部》緊接着言："貣，從人求物也。"段注："從人猶向人也。謂向人求物曰貣也。按代弋同聲，古無去入之別，求人施人，古無貣貸之分。由貣字或作貸，因分其義，又分其聲。如求人曰乞，給人之求亦曰乞，今分去訖、去既二音，又如假、借二字，皆爲求者、予者之通名，唐人亦有求讀上入，予讀兩去之説，古皆未必有是。貣別爲貸，又以改竄許書尤爲異耳。經史內貣貸錯出，恐皆俗增人旁，蟘字《經典釋文》《五經文字》皆作蟘，俗作蟘，亦其證也。《周禮·泉府》：'凡民之貸者。'注云：'貸者，謂從官借本賈也。'《廣韻廿五·德》云：'貣謂從官借本賈也。'其所據《周禮》，正作貣。而《周禮》注中借者予者同用一字。《釋文》別其音，亦可知本無二字矣。"② 請比較《睡虎地秦墓竹簡·法律答問》："府中公金錢私貣用之，與盜同法。""貸"又作"貣"，《廣韻·德韻》："貣，假貣，謂從官借本賈也。亦從人。"《資治通鑑》卷二七三"後唐同光二年"："豆盧革嘗以手書，便省庫錢數十萬。"胡三省注："今俗謂借錢爲便錢，言借貸以便用也。"《龍龕·人部》："貸，正音貸，借也，施也，假物與人也。"關於"貸"與"借"的區別，（清）沈家本《歷代刑法考》之《寄簃文存卷四·釋》"釋貸借"條："《周禮·地官·泉府》：'凡民之貸者，與其有司辨而授之，以國服爲之息。'注：'有司，其所屬吏也。與之別其貸民之物，定其賈以與之。鄭司農云：貸者謂從官借本賈也。'疏：'貸者，即今之舉

---

① 在唐宋文獻中。"捉"亦有"取（入）"義，如"取捉""捉取"連用。《文選》卷四十《任彥昇〈奏彈劉整〉》："苟奴登時欲捉取。逡語苟奴：'已爾！不須再取。'"因此，"捉""取"都可以用作動詞詞綴。

② 漢許慎撰、清段玉裁注《説文解字注》，上海古籍出版社，1986，第280頁。

物生利.'説者據此,謂貸亦有求意。第此經之言貸,乃古者王政之一,故《左傳》屢言貸事,上之施於下者謂之貸,於是下之受于上者亦謂之貸,一事不便二名,自不得不定其專名曰貸。疏謂舉物生利,正施之事,亦即先鄭《小宰》注'貸子'之義。母以生子,不可以貣言也。《孟子》:'又稱貸而益之。'稱貸,即《周禮·小宰》之'稱貣'。鄭司農云:'稱貣謂貸子。''子',今本作'予'。阮氏校勘記云當作'子'。疏'稱貣謂舉貣生子。彼此俱爲稱意,故爲稱貣。於官於民,俱是稱也。'先鄭云貣謂貸子者,謂貸而生子者,若今舉貣。即《地官·泉府》職云'凡民之貸者'。據此,而稱貸乃民事之一,亦一事不便二名,不可以貣言。漢《吳仲山碑》:'千金舉儻。'《隸釋》云:即貸字。舉貸即稱貸也。此貸之義本爲施,而受此施者,亦遂謂之貸矣。""《唐律》'貸''借'二字,確有分別。凡貸財之類,貸之以濟緩急,或有息,或無息,而不必以原物還主者,謂之貸。《左傳》所載諸貸事是也。凡物之偶然借用,而仍以原物還主者,謂之借。《論語》有馬借人是也。此其所以分別者,以事物而非以字義。惟以貸、貣爲施與求之分別,則古義也。《唐律》之分別也如此。""然則'貸''借'二文,不得不用《簿記學》之説矣。出資者爲貸,即古義之施也。引申之則曰與也。受資者爲借,即古義之求也,引申之則曰取也。凡關於施者,定其名曰貸。關於求者,定其名曰借。施之義本於《説文》,言古義則不背。求之義出於唐、明《律》,言今義亦可通。一'貸'一'借',彼此之界畫分明。"在敦煌借貸文書中,借絹時,不論計利與否,多稱爲"貸",凡借糧,則不論生息與否,多稱之爲"便"。"舉取""出舉"乃有息借貸(特別是"舉取",往往按月計息且多逐月送利),無息(至少在限期内)則爲"貸""便貸""貸取"(特別是"貸取",往往并不計息,僅約定還限)。在吐魯番文書中,有償租入土地等實物時,用"夏"居多,而有償借入錢財及麥粟時,用"舉"居多。高昌國及唐西州中期,無論物種如何,大致皆以"舉"表示借貸關係,唐中央王朝推行均田、户籍制度以來,唐律以"貸"指消費借貸,以"出舉"指有息借貸的觀念,并没有如實體現在唐西州的契券中。西州借錢、練、糧契，限内生息者稱 "舉取"，限内無息者稱 "貸" 或 "便"。羅彤華對高昌國時期 16 件稱 "舉" 的契券進行統計，有 10 件限内生息，約占 62.5%，唐中期以前稱 "舉" 的 12 件中，有 9 件屬限内生息，占 75%，而 7 件稱 "貸" 或 "便" 的西州契，無一例外限内無息。但此乃鄉法，而非定規，例外情形不時而有。西州地處邊地，素來有其習俗，唐中央政府不强迫以官方力量介入或改變之，從而導致西州的契券與唐律有所出入，與中原用法異趣，表現出獨特的地方色彩[1]，這與吐魯番的經學狀況是一樣的。

"貸" 在上古既表示 "借出" 又表示 "借入"，但從中古漢語早期開始，到近代漢語裏，表示 "借入" 更多，意義指向更加明確了。

19. 租

既表示 "租入"，也表示 "租出"。

先看 "租入" 的例子，2001SYMX1：3-2《唐光宅元年（684）十二月十日租田契》（榮、李、孟 363）："光宅元年十二月十日 [酒] 　　　祖（租）取光宅貳年中新　　　槽頭與夏價甜漿　　　□過其月不還漿　　　"[2]64TAM35：20《唐垂拱三年（687）西州高昌縣楊大智租田契》（3-493）："垂拱三年九月六日，寧戎鄉楊大智交 [用] 小麥肆斛，於前里正史玄政邊租取逃走衛士和隆子新興張寺潢口分田貳畝半，其租價用充隆子兄弟二人庸綀直。如到種田之時，不得田佃者，所取租價麥，壹罰貳入楊。有人恡護者，仰史玄應當。兩和立契，畫指爲記。租佃

---

[1] 參看羅彤華《唐代民間借貸之研究》，北京大學出版社，2009，第 30~31 頁。

[2] 又請比較 "夏取" "夏"，即 "租取"，60TAM337：18（a）《唐龍朔三年（663）西州高昌縣張海隆夏田契》（2-229）："龍朔三年九月十二日武城鄉人張海隆於同鄉人趙阿歡仁邊夏取叁　（引者按：删除符號）肆年中、五年、六年中。武城北渠口分常田貳畝。"64TAM4：33《唐總章三年（670）左憧憙夏菜園契》（3-222）："左憧憙於張善憙邊夏取張渠菜薗壹所，在白赤舉（鼠）北分牆。"2001SYMX1：1-3《唐儀鳳三年（678）十月三十日西州柳中縣高寧鄉人左盈雲租田契》（榮、李、孟 362）："□鳳三年十月卅日高寧鄉人左盈 [雲]，交 [麥] 壹拾斛，粟壹拾斛，於同鄉人辛阿墹 [邊] 祖（租）夏新渠口分常田貳　　　[麥] 粟即當立契，交相付　　　□子日，不得田佃時（？）麥（？）[粟（？）]　　　□先悔者，別　　　（後缺）"

人：楊。田主：史玄政 E（引者按：在"史玄政"三字書寫完畢後，於左邊空白處有三橫畫指）；知見人：侯典倉 E（在"侯典倉"三字的第三個音節"倉"左邊空白處及向下位置有叁橫畫指）。"OR.8212/570Ast.Ⅲ.4.090《武周天授三年（692）西州高昌縣武城鄉張文信租田契》（沙、吳 1-132）："天授三年壹月拾捌日武城鄉人張文信□□□海多邊租取棗樹渠部田伍畝□□□小麥壹䤵，就中交付叁畝價訖。［餘？］□□□□價到六月内分付使了。若到六［月］□□□者，壹罰貳入康。若到種田之日，不得田［佃］□□□壹䤵罰貳䤵入張文。兩和立契，畫指□□□契，兩本各執一本。田主：康海多；租田人：張信（引者按："信"下面開始畫指 E）；知見人：翟寅武（"武"後左邊開始 E）；知見人：白六洛（"洛"後左邊開始 E）；知見人：趙胡單。"（武周新字已轉寫爲通行漢字）72TAM230：54（a）《唐開元九年（721）里正記雷思彦租取康全致等田畝帳》（4-81）："雷思彦交用麥［貳］□□□取南路塢郭龍敏□□□開元九年正月十日里正李□□□□開元八年十二月十六日雷思彦［交］用□□□租取康全致口分部［田］□□□即付雷［彦］□□□"73TAM506：04/5（a）《唐孫玄參租菜園契》（4-580）："馬寺菜薗壹畝，東賈敏，西斯越麻□，南道，北王望□□□孫玄參於□寺徒衆邊租取□□□青麥拾斛，粟拾斛。如取麥粟□□□家資車牛雜物，平充麥直□□□拾束与寺家。秋菜一畦從南□□□入孫，一分与寺家。收秋与介壹伯束，每日□□□一畦子，仰寺知當。其薗稅子，兩家共知□□□限，如限未滿，改租別人者，罰錢參拾阡入孫□□□薗内修理疏（蔬）菜不如法，任改租別人。如薗内□□□水罰，仰佃人。諸渠雜役，仰佃人。兩主和同立此契□□□□本，各執一本爲記。"

再看"租出"的例子，64TAM37：21《唐□□□二年曹忠敏租田契》（4-345）："今不親營種，遂轉租与前件人，每畝交用小麥壹䤵，租取上件地來年佃種。"

20. 訴

既指"告訴、訴求真實想法和事實"，也指"誣告"。

"訴"指"訴求"，也就是向上級提出有關請求，在寫本中往往寫作"訴"，請比較 75TKM96：18，23《北涼玄始十二年（423）兵曹牒爲補代差佃守代事》（1-31）："大塢隤左得等四人訴辭稱：爲曹所差，知守塢兩道，今經一月，不得休下，求爲更檢。" 75TKM96：18,23《北涼玄始十二年（423）兵曹牒爲補代差佃守代事》（1-31）："信如所訴，請如事敕，當上幢日，差四騎付張攢。" 66TAM62：6/4《翟强辭爲共治葡萄園事一》（1-51）："▢▢▢秋當與▢▢▢▢▢殘少多，用了外責▢▢▢。今年風蛆，蒲陶三分枯［花］。▢▢▢强家理貧窮，每調陪▢，［與］［績］辭索，訴詣曹久，績投了▢▢▢▢與共各解。績作高▢▢▢身知剪▢▢▢獲曹苻下，累次下積▢▢▢。欲行被刺，强共積有要▢▢▢要從大例，惟有殘少▢▢▢東垂麥際，爲賊所▢▢▢▢▢保察督▢▢▢▢分處。謹辭。" 73TAM519：19/2-2《高昌麴季悦等三人辭爲請授官階事》（2-72）："▢▢▢［麴］季悦、麴相嶽三人等［辭］▢▢▢官，加是麴王族姓，依舊法，時若▢▢▢即得異姓上品官上坐，若得内官者▢▢▢［歲］兵馬下已來至今盡是白民。今蒙▢▢▢依舊階品與官。諸官無一人▢▢▢到司馬前頭訴已，司馬許爲▢▢▢悌忘舊階。請裁，謹辭。" 73TAM518：3/3-4（b），3/3-2（b）、3/3-3（b）/3/3-10（b）《唐西州某縣事目》（一）》（3-459）："▢▢▢勒康［節］赴北庭訴馬料事十四日張駕。" 72TAM204：18《唐貞觀二十二年（648）洛州河南縣桓德琮典舍契》（2-152）："［貞］［觀］廿二年［八］月十［六］日，河南縣張▢▢［索］法惠等二人，向縣訴桓德［琮］▢宅價錢，三月未得。今奉明府付坊正［追］向縣。坊正、坊民令遣兩人和同，別立私契。其利錢限至八月卅日付了。其贖宅價錢，限至九月卅日還了。如其違限不還，任元隆宅與賣宅取錢還足。餘乘任還桓琮。兩共和可，［畫］指爲驗。負錢人桓德琮琮 E 琮（引者按：在"琮"字上面及其後空白處有畫指，但又有"琮"字，或爲本人簽字），男大義 E 義（引者按：在第一個"義"字後空白處有畫指，但畫指裏面又有"義"字，或爲本人簽字），同坊人成敬嗣 E 嗣（引者按：在"成敬嗣"左側空白處有畫指，但畫指裏面又有"嗣"字，或爲本人簽字），坊正李差經（？）。" 59TAM302：

29/1《唐婦女郭阿勝辭爲請官宅事》(2-187):"▨▨婦女郭阿勝訴辞。▨▨貳人。男兒一字尾周,年六[歲],▨▨被突厥抄掠。轉▨▨ ▨▨大軍一來,天下太平,并▨ ▨▨無宅住。城北面門内道西有一官小宅,□▨ ▨▨牒陳,請乞矜裁,謹牒。"考"訴"本義是"告訴、訴説"。《左傳·僖公五年》:"晋侯使士蒍爲二公子築蒲與屈,不慎,寘薪焉。夷吾訴之。公使讓之。"引申爲"請求",包括向官方的請求(也包括法律意義上的訴求)。任昉《奏彈劉整》:"謹案,齊故西陽内史劉寅妻范,詣臺訴,列稱。"又:"并如采音、苟奴等列狀,粗與范訴相應。重核當伯、教子列:'娘被奪,今在整處使。'悉與海蛤列不異。"《魏書》卷五二《索敞傳》:"初,敞在州之日,與鄉人陰世隆文才相友。世隆至京師,被罪徒和龍,屆上谷,困不前達,土人徐能抑掠爲奴。五年,敞因行至上谷,遇見世隆,語其由狀,對泣而別。敞爲訴理,得免。世隆子孟貴,性至孝,每向田耘耨,早朝拜父,來亦如之。鄉人欽其篤于事親。"唐封演《封氏聞見記·銓曹》:"貞觀中,天下豐饒,士子皆樂鄉土,不窺仕進,至於官員不充,省符追人赴京參選,遠州皆率(引者按:天一閣本作"萃")衣糧以相資送,然猶辭訴求免。"《北史》卷八二《儒林傳下》:"安生在山東時,歲歲游講,從之者傾郡縣。或誑之曰:'某村古冢,是晋河南將軍熊光墓,去七十二世。舊有碑,爲村人埋匿。'安生掘地求之,不得,連年訟焉。冀州長史鄭大謹判之曰:'七十二世,乃是義皇上人;河南將軍,晋無此號。訴非理記。'安生率其族向冢而號。"(《通志》作"所訴非理")考《説文·言部》:"訴,告也。從言,斥省聲。《論語》曰:'訴子路於季孫。'謯,訴或從言、朔。愬,訴或從朔、心。"《廣韻·暮韻》:"愬,譖也。"趙少咸疏證:"《論語·憲問》:'公伯寮愬子路於季孫',集解引馬注云:'愬,譖也。'"(敦煌本斯3011B《論語集解》亦作"愬",且有"馬云:'愬,譖也。'"之語[1])而"謯"既有"如實檢舉控告"義,也有"誣告"義,前者如《管子·版法》:"治

---

[1] 張涌泉主編審訂《敦煌經部文獻合集》,中華書局,2008,第1737頁。

不盡理，則疏遠微賤者無所告謝。"後者如《廣韻·暮韻》："謝，向也。"趙少咸疏證："《説文》三：'謝，謃或從言朔。'"又請比較伯3016《韻書字義抄》（二）："訴，吉（告）惡也。想（愬），行譖也。"

"訴"本來指"告訴"，引申指"起訴"，而起訴的時候自然有真實控告和誣告兩種可能，所以允許被告進行辯解。《玉篇·言部》："訴，訟也，告訴冤枉也。"《漢書》卷十《成帝紀》："刑罰不中，眾冤失職，趨闕者告訴不絶。"《新唐書》卷一一六《王綝傳》："民詣府訴，府曹素相餉謝，未嘗治。"又指"説别人的壞話"。《爾雅·釋詁二》："訴，譖也。"《集韻·紙韻》："譖也，謗也，或作謃，通作毀。"《左傳·成公十六年》："取貨於宣伯而訴公於晋侯，晋侯不見公。"杜預注："訴，譖也。"

21.承

既有"知悉""聽説"義，又有"承認"義。先看前一義，72TAM187：209/1《唐任小九殘狀》（4-221）："▢▢▢賀八郎思▢▢▢至此承聞。"64TAM24：27（b）《唐貞觀二十年（646）趙義深自洛州致西州阿婆家書》（2-173）："▢▢▢［口］云道：共兩箇兒誦經念佛。義深承知阿婆語也▢▢▢問詢弟張隆訓、妹甥連盡得平安已否？兩箇兒語弟▢▢▢［深］等作兄弟時，努力慈孝，看阿婆、阿兄，莫辞辛苦。脱爲［相］▢▢▢"73TAM509：8/21（a）之三《唐開元二十一年（733）西州都督府案卷爲勘給過所事》（4-293）："十四日，至赤亭鎮官勘過，爲卒患不能前進，承有債主張思忠過向州來，即隨張忠驢馱到州，趂張忠不及，至酸棗戍，即被捉來。"73TAM509：8/21（a）之三《唐開元二十一年（733）西州都督府案卷爲勘給過所事》（4-293）："復承負物主張思忠負奉仙錢三千文，隨後却趂來至酸棗，趁不及，遂被戍家捉來，所有行文見在。"請比較73TAM509：8/14（a）之四《唐開元二十一年（733）西州都督府案卷爲勘給過所事》（4-290）："行至赤亭，爲身患，復見負物主張思忠負奉仙錢三千文，隨後却趂來至酸棗。趁不及，遂被戍家捉來。"73TAM509：8/4-3（a）《唐開元二十年（732）薛十五娘買婢市券》（4-266）"准狀勘責怢同，問口承賤不虛，又責得保人陳希演等伍人欵，保上件人婢不是寒良訟誘等色，如後虛妄，主、保當罪。勘責既同，依給買人市券。練主。用州印。婢主田元瑜；胡婢緑珠年十三；保人瀚海軍別奏上柱國陳希演年卌三；保人行客趙九思年卅八；保人行客許文簡年卌二，保人王義温年廿五，保人行客張義貞年卅六。丞上柱國玄亮。券。史康登。""承"之"聽説"義，在西域出土其他文獻中也很常見，L.A.II.ii—孔紙 2（侯、楊 148）："三月一日樓蘭白書，濟逞白。違曠遂久，思企委積，奉十一月書，具承動靜，春日和適，伏想御其宜。"72TAM169：26（b）之一《高昌書儀》（1-233）："少適，伏頤珍重。伺信更承動靜。"73TAM509：8/6《唐書牘稿》（4-337）："前者使到，承違和，後信還，已抽減。""承"有"聽"義，有"聞"義，東漢《太平經》戊部卷六九："今所以爲真人分別説之者，見子來問事，大□□惓惓，承知爲皇天欲祐德君，故吾爲真人分明天地大分，治所當象之，勿復犯也。"[1]《三國志》卷四一《蜀書·費詩傳》："適與李鴻會於漢陽，承知消息，慨然永歎。"《三國志》卷二《魏書·文帝紀》注引鄄城侯植《文帝誄》："承問荒忽，悁懵哽咽。"《華陽國志·蜀志》載馬良與諸葛亮書"承雒城已下"，《三國志》卷三九《蜀書·馬良傳》"承"作"聞"。考《世説新語·雅量》："遠近久承公名，令於是大遽。"[2]又請比較唐人撰《晉書》卷七七《蔡謨傳》："至於雅好佛道，未所承聞也。"《南齊書》卷二五《垣崇祖傳》："賊比擬來，本非大舉，政是承信一説，易遣誑之。"唐慧立、彦悰《大慈恩寺三藏法師傳》卷一："聞承奘師已東還，何因到此？"唐以後的詩詞曲中，"承"之"聞"義依然常見[3]。

　　但"承"又有"承認"義，請比較《唐律疏議》卷二五《詐偽》"對制上書不以實"條疏議曰："若被官司責罰，情在咆哮，或有因鬥忿爭，欲相恐迫，口雖告密，問即不承，既無文牒入司，

---

[1] 引文據俞理明《太平經正讀》，巴蜀書社，2001，第 224 頁。

[2] 參考江藍生《魏晉南北朝小説詞語匯釋》，語文出版社，1988，第 24 頁；劉百順《魏晉南北朝史書詞語札記》，陝西師範大學出版社，1993，第 68~69 頁；吳金華《三國志校詁》，江蘇古籍出版社，1990，第 26 頁。

[3] 參看蔣紹愚《祖堂集詞語試釋》，《中國語文》1985 年第 2 期，又參看王鍈《詩詞曲語詞例釋》（第二次增訂本），中華書局，2016，第 46~47 頁。

坐當'不應爲重'。其有已陳文牒，問始承虛；或口稱有密，下辯仍執，於後承妄者，并同'未奏減一等'，徒二年。"唐劉肅《大唐新語》卷十二《酷忍第二十七》："周興、來俊臣等，羅告天下衣冠，遇族者不可勝紀。俊臣案詔獄，特造十個大枷，一曰定百脈，二曰喘不得，三曰突地吼，四曰着即承，五曰失魂魄，六曰實同反，七曰反是實，八曰死豬愁，九曰求即死，十曰求破家。遭其枷者，宛轉於地，斯須悶絶。又有枷名勔尾獝，棒名見即承；復有鐵圈籠頭，名號數十，大略如此。又與其徒侯思止、衛遂忠等，招集告事者數百人，造《告密羅織經》一卷，其意網羅平人，織成反狀。每訊囚，先布枷棒於地，召囚前曰：'此是作具。'見者魂魄飛越，罕不自誣。由是破家者已千數。則天不下階序，潛移六合矣。天授中，春官尚書狄仁傑、天官侍郎任令暉、文昌左丞盧獻等五人，并爲所告。俊臣既以族人爲功，苟引之承反，乃奏請一問即承同首，例得減死。乃脅仁傑等令承反。仁傑嘆曰：'大周革命，萬物惟新。唐朝舊臣，甘從誅戮。反是實。'俊臣乃少寬之。其判官王德壽謂仁傑曰：'尚書事已爾，且得免死。德壽今業已受驅策，意欲求少階級，憑尚書牽楊執柔，可乎？'仁傑曰：'若之何？'德壽曰：'尚書昔在春官，執柔任其司員外，引可也。'仁傑曰：'皇天后土，遣仁傑自行此事。'以頭觸柱，血流被面。德壽懼而謝焉。仁傑既承反，所司但待日刑，不復嚴備。仁傑求守者得筆硯，拆被頭帛，書之叙冤，匿置於綿衣中，謂德壽曰：'時方熱，請付家人去其綿。'德壽不之慮。仁傑子光遠得衣中書，持以稱變，得召見。則天覽之憫然，問俊臣：'卿言仁傑等反，今子弟訴冤何多也？'俊臣曰：'此等何能自伏其罪，臣寢處甚安，亦不去巾帶。'則天使人視之，俊臣遽命仁傑巾帶。使者將復命，俊臣乃令德壽代仁傑等作《謝死表》，代署附使者進之。則天召仁傑等謂曰：'卿承反何也？'仁傑等曰：'嚮若不承反，已死於枷棒矣。'則天曰：'何爲作《謝死表》。'仁傑等曰：'無之。'出《表》示之，乃知代署。仁傑等五人獲免。"《朝野僉載》卷二："有賊問不承，莊引前曰：'若健兒，一一具吐放汝。'遂還巾帶，賊并吐之。諸官以爲必放，頃，莊曰：'將我作具來。'乃一鐵鈎

長丈餘，甚銛利，以繩掛于樹間。"《太平廣記》卷一百二十一
"周興"條（出《朝野僉載》）："囚多不肯承，若爲作法?"《朝野
僉載》卷五："懷州河內縣董行成能策賊。有一人從河陽長店盜行
人驢一頭并皮袋，天欲曉，至懷州。行成至街中見，嗤之曰：'個
賊住，即下驢來。'即承伏。人問何以知之，行成曰：'此驢行急
而汗，非長行也；見人則引驢遠過（引者按："引驢遠過"，《廣
記》卷一七一引"驢"作"韁"）怯也。以此知之。'捉送縣，有
頃驢主蹤至，皆如其言。""承"又指對答。73TAM222：56/3
（a）,56/4（a）《唐殘判集（四）》（3-376）："律云：[祖]父母
▢▢▢▢大功以下遞減▢▢▢▢經卅日[不]告者▢▢▢▢隱狀據律[本]
▢▢▢▢由動獄與物▢▢▢▢承復如何[得]▢▢▢▢別牒[縣]且[停]
▢▢▢▢"

　　"承"又有"參承"、"問訊"義，問候，書信用語。64TAM24：
29《唐豣連、武通家書》（2-175）："▢▢、[武]通兩箇，千万參
承阿婦。"請比較 64TAM24：30《唐趙義深與阿婆家書》（2-174）：
"次參拜父子，問訊合家▢▢▢▢▢平安已不?" OR.8212/626Toy.045
《唐書信》（沙、吳 1-170）："今故遣參謁并將法相鞋一量▢▢▢▢六
付緒海將去依數▢▢▢▢"《廣韻·覃韻》："參承，參覲也。"請比較
《全晉文》卷二五王羲之《雜帖》："前從洛至此，未及就彼參承，
願夫子勿悒悒矣。"《宋書》卷七《前廢帝紀》："世祖西巡，子業
啓，參承起居，書迹不謹，上詰讓之。"周一良指出"參承"既可
以指當面拜見，也可以指問訊而不一定當面謁見[1]。關於"參承"
指當面拜見，請比較唐劉肅《大唐新語》卷一《規諫》："太宗幸
九成宮還京，有宮人憩湋川縣官舍。俄而李靖、王珪至，縣官移
宮人於別所，而舍靖、珪。太宗聞之，怒曰：'威福豈由靖等？何
爲禮靖等而輕我宮人？'即令按驗湋川官屬。魏徵諫曰：'靖等陛
下心膂大臣，宮人皇后賤隸。論其委任，事理不同。又靖等出
外，官吏仿闕廷法式；朝覲，陛下問人間疾苦。靖等自當與官吏

---

① 周一良：《周一良集》第壹卷《魏晉南北朝史論》，遼寧教育出版社，1998，第574頁
"參承"條；又參考方一新《東漢魏晉南北朝史書詞語箋釋》，黃山書社，1997，第
19~20頁。

相見，官吏亦不可不謁也。至於宮人，供養之外，不合參承。若以此加罪，恐不益德音，駭天下耳目。'太宗曰：'公言是。'遂舍不問。"吐魯番文獻又有"承望"，即指望。75TKM91：24《下二部督郵、縣主者符》（1-73）："行軍之具，□令備辦慮其不［辦］。㒵○○○，三綱、幢校主者［督］○○軍行有不□□，□身行鞭二百，［幢］□杖一百□□□□鞭杖□□承望□□□"北圖新 0866《李陵變文》："結親本擬防非禍，養子承望奉甘碎（脆）。"[①]

又有"承後"，即承接、接手後來的事情，也指後來；又有"承前"即繼承從前，與以前的情況對應銜接，也指從前。73TAM 509：8/8（a）之一《唐開元二十一年（733）西州都督府案卷爲勘給過所事》（4-281）："戶曹參軍元。史。正月廿四日受，廿五日行判。錄事元宵撿無稽失，功曹攝錄事參軍思，勾訖。下高昌縣爲勘斷嘉琰去後何人承後上事。"寧樂九（1）號《唐赤亭鎮牒蒲昌府爲請速差替倚團及身亡者上當月烽戍事》（89）："赤亭鎮。牒蒲昌府。方亭戍劉吃木、狼泉毛奕本，赤亭康思神已上倚團。小嶺張車相身死。［牒］：得牒送今月應上兵，依撿前件人牒注倚團及身死，又撿前牒，此色并合差替者。蒲昌府牒注劉吃木等倚團及身死，承前既合差［替］，今牒不送，牒請速差替送鎮。"旅順博物館藏《某僧申被里正、鄉司補差丁牒》（原編號 1480-5-6，圖版見郭、王 168）："□□□無身戶□□□　□□□□其戶承前逃散，虛存無□□□　□□被里正裴俗懸頭補上件男□□□　□債家道質（？）虛然，大惠仰憑，此男□□□　□□□去二月内被鄉司差男充，里正爲□□□　□□□又被重差，便□向州錄事□□□　□□者，永令供□禮拜，見充□□□"請比較《文選》卷四十《吳季重〈在元城與魏太子牋〉》："初至承前，未知深淺。"李善注："言每事承前，無所改易也。"《册府元龜》卷五二《帝王部·崇釋氏二》"德宗貞元十三年（797）十月條"："景公寺僧寂寬等於京兆府狀訴綱維乾俊等典賣承前敕賜御衣。"《唐律疏議》卷二七《雜律》

---

① 參考蔣禮鴻《蔣禮鴻集》第一卷，浙江教育出版社，2001，第 176 頁"承望、承忘（望）"條。

"主守亡失簿書":"其主典替代者,文案皆立正案分付後人,違者杖一百。并去官不免。疏議曰:謂主典替代,所有文案皆須立正案分付承後人,違而不付者合杖一百。縱雖去官,不同《名例》免法,故注云'并去官不免'。"("後人"與"承後人"前後照應)大谷 2835A《武周長安三年三月敦煌縣典陰永牒》(《大谷》一圖版一二〇):"承前逃户業田,差户出子營種。所收苗子將充租賦,假有餘剩,便入助人。"請比較"承……末",《文選》卷二二江文通《從冠軍建平王登廬山香爐峰》詩:"幸承光誦末,伏思托後旆。"《資治通鑑》卷二百一十四"唐玄宗開元二十九年":"承前諸州饑饉,皆待奏報。"胡三省注:"承前,猶今言從前也。"王維《謁璿上人》詩:"夙承大導師,焚香此瞻仰。頹然居一室,覆載紛萬象。"《全唐詩》編者于"承"下注:"一作從。"《全唐詩外編》第 29 頁高適《奉寄平原顏太守》詩:"自承到官後,高枕揚清風。豪富已低首,逋逃還力農。"白居易《醉吟》詩:"應被衆疑公事慢,承前府尹不吟詩。"唐劉肅《大唐新語》卷四"政能":"崔皎爲長安令,邠王守禮部曲數輩盜馬,承前以上長令不敢按問。奴輩愈甚,府縣莫敢言者。"已故王鍈先生言:"'承'字在《廣韻》音署陵切,禪母蒸韻開口,'從'字在《廣韻》音疾容切,從母鍾韻合口。聲韻均不甚相近,二者可通當出自某地方音。"[1]但我們認爲"承"在此既有"承……後"義,又有"從……前"義,屬反訓,"承"與"從"不一定是語音上的關係,而更有可能是意義上的關係。

22. 奉

既表示"呈與",也表示"接受"。

先看"呈與"例。敦煌馬圈灣漢簡 233A:"已月六日到人馬毋它,立奉書入見史候。"[2]敦煌馬圈灣漢簡 243A:"原匡叩頭白。謹使卒張常奉記叩頭再拜白……因卒張□□記□□□▭▭"[3]

---

[1] 參考王鍈《詩詞曲語辭例釋》(第二次增訂本),第 47 頁"承(二)、承前"條。
[2] 彩色圖版見張德芳主編,張德芳著《敦煌馬圈灣漢簡集釋》,甘肅文化出版社,2013,第 37 頁。
[3] 彩色圖版見張德芳主編,張德芳著《敦煌馬圈灣漢簡集釋》,第 38 頁。

《全晋文》卷二六王羲之《雜帖》："奉橘三百枚，霜未降，未可多得。"64TKM3：51，5 2《前涼王宗上太守啓》(1-1)："九月三日，宗□恐死罪。秋節轉涼，奉承明府體萬［福］。○還返不□，王宗惶恐死罪。□損示。知須□□□奉□，當［遣］。"72TAM169：26（b）之一《高昌書儀》(1-233)："即日事悠然，奉見未期，益增馳結。少適，伏願珎重。伺信更承動靜。厶言。"72TAM169：26（b）之二《高昌書儀》(1-234)："如今悠然，未及奉見，益增悲結。少適，伏願珎重。尋信更承動止，某言。"64TAM24：27（b）《唐貞觀二十年（646）趙義深自洛州至西州阿婆家書》(2-172)："阿婆、大兄不須愁慮，奉拜未期，唯增涕結。"72TAM184：10《唐□守德家書》(4-136)："比爲關山隔阻，奉拜未由，今□□□史迴次，謹附啓不宣。謹啓。守德二娘隨啓再拜，郎君□□□更不別封。"請比較《白居易尺牘》："違奉深久，瞻戀彌深。伏承比小乖和，仰計和已痊復。"[1] 從漢語史的角度看，"奉"有"進獻"義，《周禮·地官·大司徒》："祀五帝，奉牛牲。"鄭玄注："奉猶進也。"又有"給與""贈與"義。《左傳·僖公三十三年》："秦違蹇叔而以貪勤民，天奉我也。奉不可失，敵不可縱。"杜預注："奉，與也。"也表示"送達"，居延漢簡264.39[2]："□日促奉書不及，以失期，毋狀，當作罪當。"[3] 也用於敬辭。用於自己的動作涉及對方時。如"奉央""奉求""奉告""奉托""奉陪"。又考伯3637杜友晋《新定書儀鏡》"通例第二"："凡與祖父母書云：言疏、違離、違侍、尊體起居、思慕、燋思、惶灼、奉告、約束、寢膳、眠食、珍和、涕戀、戀慕、拜侍、不備等。若疾病違和乖豫，新婦同子孫。凡與伯叔父母書云：言疏、違離、尊體勝豫、思戀、拜覲、奉告、自餘尊親行姑等并皆准此。""奉承"本"侍奉"義，《墨子·兼愛下》："奉承親戚，提挈妻子。"又有"奉

① 圖版見沙孟海編《中國書法史圖録》(二)，上海人民美术出版社，2000，第147頁。

② 圖版見"中央"研究院歷史語言研究所簡牘整理小組《居延漢簡》(叁)，"中央"研究院歷史語言研究所，2016，第160頁。

③ 請比較"進書"，居延漢簡408.2A："廣意伏地再拜。進書。□長賓足下。"（圖版見"中央"研究院歷史語言研究所簡牘整理小組《居延漢簡》(肆)，"中央"研究院歷史語言研究所，2017，第73頁）

問"，即"請問"，獻上疑問。"奉"是敬辭，用於自己的舉動涉及對方時。LAIIi（6）—沙紙909（86）："▢▢▢奉問正▢▢▢懷未敢望▢▢▢誠用。"73TAM518：2/3-2《武周長安二年（702）文書爲差康田立領送僧尼事》（3-450）："奉問惣將深重所（？）尼等事，立［即］▢▢參已差康田立訖，并申州了。"

但"奉"在法制文書和官文書中又指"接受""接受命令"，"奉符"即接到（并遵照）符文，一般多是針對上級機構或上級長官而言；"奉誨"即得到（書信）教誨；"奉誨"即奉誨。敦煌馬圈灣漢簡780A："毋乏叩=頭=君偉所賜死牛肉，君偉許予脾，今得肩幸賜賣，請遣使奉直詣門下叩=頭=謹因使▢▢▢。"[①]64TAM24：35/1《高昌延昌酉歲屯田條列得橫截等城葡萄園頃畝數奏行文書》（2-168）："▢▢截俗四半，交河俗二半六十步▢▢▢安樂俗八畝，洿林俗四畝，始昌俗一半，高寧僧二半，都合桃壹頃究拾三畝半。［謹］案：條列得桃頃畝，列別如右，記識奏諸奉▢。［門］下校郎麴［瓊］，通事令史麴▢。"73TAM221：5 6（a）《唐貞觀廿二年（648）安西都護府承敕下交河縣符爲處分三衛犯私罪納課違番事》（3-304）："中書侍郎臣崔［仁］▢；朝議郎守中書舍人柳▢▢。奉敕旨如右，牒到奉行。貞觀十二年二……"72TAM204：18《唐貞觀廿二年（648）洛州河南縣桓德琮典舍契》（2-152）："貞觀廿二年八月十六日，河南縣張▢▢［索］法惠等二人，向縣訴桓德、［琮］▢宅價錢，三月未得。今奉明府、付坊正［追］向縣。"73TAM507：012/9《唐殘牒》（2-279）："▢▢▢［牒］奉長官處分▢▢▢ ▢▢▢［破］損，更遣勘問，謹▢▢▢▢四月廿六日▢▢▢長官▢▢▢▢好今［惣］▢▢▢"72TAM215：017/4-1《唐殘書牘》（4-247）："麴知言到奉誨，具

---

① 彩色圖版見張德芳《敦煌馬圈灣漢簡集釋》，甘肅文化出版社，2013，第119頁。又請比較敦煌馬圈灣漢簡780B（彩色圖版亦見《敦煌馬圈灣漢簡集釋》第119頁）："□君偉親□□□ ▢▢▢脂甚多前敝有脂少＝財五斤，君偉乏，謹承教續乏，今敝乏毋脂，請遣使受教幸。"居延新簡EPT2：5B："葵子一升，□遣使持門菁子一升，詣門下受教，願□□□□逆建莫所白欲辭事，豈肯白之乎？爲見不一々二▢▢▢"（彩色圖版見孫占宇《居延新簡集釋》（一），甘肅文化出版社，2016，第5頁）

知委□□□□夜憂惶。以日爲載。收拾□□求去□□□□胸臆。自從八兄去後，直至於今，前［後］□□□□取糧去，皆云須得八郎手帖□□□□［緣］般乇，索車不得，般限已過，歟［即］□□□□今被□例差［遣］，被打五下，立限令般。問不具。謹。［謹］□。"寧樂三〇（5）二二（3）一三（2-1）號《唐開元二年閏二月蒲昌府范阿祚牒爲知薗臨番方始與替、仗備失時事》（32）："□□□□才應上薩捍烽長探奉司□□□□如前。"又有"奉被制書"，日本德富蘇峰紀念館藏《唐開元四年（716）西州高昌縣李慈藝上護軍勳告》[1]："告上護軍李慈藝。奉被制書如右符到奉行。元。瑨。張禎。馬嶽。開元四年二月廿八日下。"（"開元四年二月廿八日下"即尚書省向本人下發交付此件告身的具體日期）[2] 64TAM22：20（a）《橫截縣被符責取鹿角文書》（1-100）："輸袍√綿一領□□□□橫截縣言：被符劉崇、令狐［受］各有鹿角一頭，符到O主者［將］詣，當科給賈。謹案，奉符召責取崇、受，各列右□□□□"2004TAM396：14背面《唐開元七年（719）洪奕家書》（榮、李、孟16）："啓：違徑二哉，思暮無寧，比不奉海（誨），夙夜皇悚。"又請比較73TAM506：05/1之二《唐天寶十載（751）制授張無價游擊將軍官告》（4-394）："尚書右丞，闕；告游擊將軍守左武衛同谷郡夏集府折衝都尉員外置同正員上柱國賜紫金魚袋。仍本道馹使。張無價奉被旨如右。符到奉行。主事，奇。令史馮忠。判郎中初（幼）成。書令史楊玉。天寶十載二月十六日

---

① 命名根據陳國燦、劉安志《吐魯番文書總目（日本收藏卷）》，武汉大学出版社，2005，第593頁，錄文根據小田義久《唐代告身的一個考察——以大谷探險隊所獲李慈藝及張懷寂告身爲中心》，李濟倉譯，《魏晉南北朝隋唐史資料》第二十一輯，武漢大學文科學報編輯部，2004，第161~177頁，引文見第170頁。

② 考《唐律疏議》卷九"被制書施行有違"條："諸被制書有所施行而違者，徒二年。失錯者，杖一百（原注：失錯，謂失其官）。疏議曰：'被制書'，謂奉制。有所施行而違者，徒二年。若非故違而失錯旨意者，杖一百。問曰：條云'被制書施行而違者徒二年'，未知敕及奏抄得罪同否？答曰：上條'稽緩制書'，注云：'謄制、敕、符、移之類皆是。'即明制、敕之義，輕重不殊。其奏抄御親覽'聞'，制則承旨宜用。御畫不輕承旨，理與制書義同。"《唐律疏議》卷九《職制》"受制忘誤"條："諸受制忘誤及寫制書誤者，事若未失，笞五十；已失，杖七十。轉受者，減一等。疏議曰：謂承制之人忘誤其事，及寫制書脫剩文字，并文字錯失。事若未失者，謂未失制書之意，合笞五十。"

下。"73TAM506：05/1之一《唐天寶十載（751）制授張無價游擊將軍官告》（4-393）："天寶十載二月十二日。尚書左僕射、右相臣林甫宣，中書侍郎闕。中書舍人臣陽收奉行；左相兼兵部尚書上柱國臣希烈；門下侍郎闕；給事中臣源洧等言。制書如右，請奉制付外施行。謹言。天寶十載二月十二日。二月十二日，時，都事。左司郎中。制可。""奉"有"接到、收到"義，多用於對尊長或上級，含表敬之意。《史記》卷七五《孟嘗君列傳》："聞先生之言，敢不奉教焉。"三國魏曹植《上責躬應詔詩表》："前奉詔書，臣等絕朝，心離志絕。"

又有"奉……告"，即"得到……消息"。L.A.II.ii孔紙33.1正面、背面（侯、楊292）："此月十四日發郡，奉姑臧十三日告，云得世龍故月九日書，夫人飡食如常，以爲欣慰。燒奴曰：其□南昌兄功甚，大小平安，臨來差錯□不得書疏，此月九日發發發發發發，頃來多事，故不復不復悉發□□□□□□□□□……張濟逞□再拜還……無□復未□□□……事？舍人功甚，已達主，復以□南州告悉如常也。燒奴還□以此月十四日發郡奉姑臧，十三日郡內□□□平安□□世龍故月九日書：夫人飡食［康］□酒泉歸？萬萬福。燒奴□□南昌兄［弟］□大小平安……安安［康］。"72TAM169：26（b）之二《高昌書儀》（1-234）："不奉近告，馳約，即日某蒙恩，謹白疏不具。某再拜。"72TAM169：26（b）之一《高昌書儀》（1-233）："未奉近□，夙夜□□□□"

又有"奉行"，即接受、按照命令實行，交付執行，這是決定事宜或判案後的一個程式，一般由判官實施，執行的依據就是長官的最後判案，或發牒，或下符，或存案；又有"承旨奉行"，是公文末尾套語，表示接到命令後便執行；又有"記識奏諾奉行"即登記在案，奏請批准之後執行（官員署名向高昌王上奏，如果高昌王同意，官員便奉行。麴氏王國上奏文書，延壽以前，向高昌王上書稱"奏"，高昌王同意稱"諾"，這是綜合了皇帝、皇太子兩種公文的形式，體現了麴氏王國王權的特徵，麴氏王國末期，除了繼承以前的公文形式外，開始在上奏官員的姓名上加"臣"字，其制應是當時從中原導入，更加屬于強化王權的改革）；"明案奉行"即要求收文物件登記在案執行；"奉制付外施行"即按照制書交付外面執行。60TAM325：14/2-1（a），14/2-2（a）《唐龍朔三年西州高昌縣下寧戎鄉符爲當鄉此男侯子隆充侍及上烽事》（3-102）："關司兵任判者。今以狀下鄉，宜准狀，符到奉行，准式□□□□"64TAM29：90（a）《唐垂拱元年（685）西州都督府法曹下高昌縣符爲掩劫賊張爽等事》（3-345）："此□下諸縣，并鎮、營市司□□□訖。符［到］奉行。"75TKM89：1-1《高昌章和十一年（541）都官下交河郡司馬主者符爲檢校失奴事》（1-128）："交河郡□［馬］者：中郎崇信傳：令刺彼郡，翟忠義［失］□一人，若劍校智處，與守力牽取，符到如令，不得違失，承旨奉行。章和十一年三月卅日都官起。都官長史麴順。"[1]69TAM122：4/3《高昌殘勅》（1-454）："□□□□［有］不净處者，□□□□□□［破］［壞］及窟川溢□□□□□□□［風］雨破壞到□□□□補治人□□□　□□□不補治人□［奴］隨□□□［旨］奉行。"72TAM155：29《高昌諸臣條列得破被氈、破褐囊、絕便索、絕胡麻索頭數奏一》（1-429）："□□□□氈，破褐囊、絕便索、絕胡麻索頭數列別如右，記識奏諾奉行。"66TAM59：4/6《北凉神璽三年（399）倉曹貸糧文書》（1-12）："□□□□主［者］趙恭、孫殷：今貸柒（？）石（？）□□□□　□□□□拾斛，秋熟還等斛，督入本□□□　□□□克給。明案奉行。神璽三年五月七日起倉［曹］□薄沇。録事朗。挍（？）白□。二草（？）。"79TAM382：5-3a《北凉真興六年（424）高昌郡兵曹牒尾署位》（柳389）："不得遠失，明案奉行。校曹主薄琦，真興六年十月十三日兵曹范慶白草。主薄：渾。典軍主薄□五官訛，典軍敏　録事：雙。"2006TZJI：

---

① "承旨"本指接受旨意。《韓非子·八姦》："先意承旨，觀貌察色以先主心者也。"《周禮·春官·保章氏》："掌天星，以志星辰日月之變動。"鄭玄注："志，古文識，識，記也。"孫詒讓正義："志者，謂測其變動而記注於策，以推其吉兇所應也。"《釋名·釋言語》："紀，記也，記識之也。"《新唐書》卷四七《百官二》："命起居郎，舍人對仗承旨。"又請比較與之相關的詞語"承奉"，指承命奉行。《後漢書》卷四《和帝紀》："宣佈以來，出入九年，二千石曾不承奉，恣心從好。"又參考祝總斌《材不材齋文集——祝總斌學術研究論文集（下編）中國古代政治制度研究》，三秦出版社，2006，第339~340頁。

183《北凉承平（？）七年八月三日高昌郡倉曹掾杜項符爲宋平差遣事》（榮、李、孟 272）：“▢▢▢［前］［坐］民宋［平］▢［差］▢▢▢ ▢▢▢▢□有罰，縣解稱，會被病，求須差遣▢▢▢ ▢▢▢五日，盡七月卅日，至今不詣，符到克遣，會月五▢▢ ▢▢▢違，明案奉行。七年八月三日起倉曹掾杜項▢▢▢［主］［薄］［肅］。”請比較 67TAM377：02,01,08《高昌乙酉、丙戌歲某寺條列月用斛斗帳歷》（1-402）：“謹案條列䴷㿟如右，請僧記識施行。”73TAM506：05/1 之一《唐天寶十載（751）制授張無價游擊將軍官告》（4-393）：“天寶十載二月十二日。尚書左僕射、右相臣林甫宣，中書侍郎闕。中書舍人臣陽收奉行；左相兼兵部尚書上柱國臣希烈；門下侍郎闕；給事中臣源洧等言。制書如右，請奉制付外施行。謹言。天寶十載二月十二日。二月十二日，時，都事。左司郎中。制可。”《後漢書》卷三〇《郎顗傳》：“時卒有暴風，宗占知京師當有大火，記識時日，遣人參候，果如其言。”在高昌國時期的文書中，“記識奏諾奉行”一語往往意味着上報文書請求批准，但是在高昌郡時期，有北凉四件兵曹文書，却是已經獲准之文書。[①]宋曉梅指出：“延昌年間，高昌王麴乾固雖執掌政權，却又擔心有僭越之嫌，於是在奏文的往來中，稱‘記識奏諾奉行’，兼用中原王朝皇帝和太子公文儀式的兩種格式。雖然祇是公文往來格式的運用上取捨兩端，却也反映了高昌國艱難微妙的政治處境和麴乾固處理高昌與中原大國關係的良苦用心。”[②]

第二節　敦煌吐魯番文獻疑難字詞考

敦煌吐魯番文獻有大量的疑難字詞，包括俗語俗字，術語套語，文獻古語。今拈出“素書”“是等”“潼”“潘”“寀”“寀”

[①] 參考唐長孺《從〈吐魯番出土文書〉中所見的高昌郡縣行政制度》，載《文物》1978 年第 6 期。

[②] 氏著《麴朝晚期政治與高昌國的衰亡》，《吐魯番學研究》2003 年第 1 期，第 52 頁。又參考白須净真《麴氏高昌國にお ける上奏文書試釋——民部、兵部、都官、屯田等諸官司上奏文書檢討》，《東洋史苑》第 23 號，1984，第 13~66 頁。

"旾""夌""恅護""秋麥""麥秋""乇"以考證之。

【素書】

敦煌文獻斯 0367《沙州伊州地志》殘卷："火祆廟中有素書形像無數，有祆主翟槃陀者，高昌未破以前，槃陀因入朝至京，即下祆神。"1969 年，日本學者神田喜一郎先生撰寫論文《素書考》[1]，指出"素書"乃"素畫"之誤，而"素畫"同"塑畫"，"塑畫"便是塑像。這一觀點被中國學者林梅村先生采納[2]；中國另一學者張小貴先生認爲"素書"爲畫像，即素描[3]；張文冠先生認爲敦煌文獻中之"素書"謂"寫在白絹上的書籍、經書"（而"素像"皆當讀爲"塑像"）[4]。所以，"素書"之真義，直到今天還是一個懸而未決的問題。

我們的觀點是："素書"即"素畫"，也就是"塐畫""塑畫"，這是一個聯合詞組，指"塑像和繪畫"（而不衹是日本學者神田所言"塑像"）[5]，這牽涉西北地方彩塑和繪畫的各種細節，今試論之。

首先是語言文字學上的證據。"素"爲"塐"的簡化，而"塐"同"塑"，指"塑像"（動詞）[6]。考《集韻·莫韻》："塑，或從素。"《廣韻·暮韻》："塐，捏土容，出《古今奇字》。"趙少咸疏證："希麟《音義》五《嚕刀經》：捏塑，乘故反，《切韻》以泥塑像也。《古今正字》作塐。"又考《廣韻·暮韻》："塑，塑像也。出《周公夢書》。"趙少咸疏證："《手鑑·土部》：塑，或作

---

① 《東洋學研究》第 5 卷第 3 號，東京東洋學研究所。

② 參考林梅村《高昌火祆教遺迹考》，載《文物》2006 年第 7 期。

③ 張小貴：《唐伊吾祆廟"素書"非塑像辨》，《中華文史論叢》2008 年第 2 輯（總第 90 輯），上海古籍出版社，2008。

④ 張文冠：《敦煌文獻所見"素像"考辨》，《敦煌研究》2011 年第 5 期，第 87~89 頁。

⑤ 既可以指所塑之像和所繪之畫，也可以指在所塑之像上繪畫，請比較斯 4860《創建伽藍功德記并序》："蘭若内塑釋迦牟尼尊佛并侍從，彩畫功畢。"

⑥ 唐釋道世《法苑珠林》（四部叢刊影印明徑山寺本）卷一〇七受戒篇三聚部感應緣"隋沙門敬業"條："乃以舍利置於佛堂，先有塐菩薩一軀，不可移動，至明乃見回首面向舍利，狀類天然，一無損處。"《高麗藏本》作"塑"，磧沙藏、日本宮内廳圖書寮本作"素"徑山寺本卷末所附"音釋"云："塐，蘇故切，埏土像物也。"

壤，正，桑故反。捏塑形像也。"① 清趙翼《陔餘叢考》卷三二 "宗祠壤像"："古者祭必有尸。《孟子》弟爲尸。是戰國時尚有此制。然宋玉《招魂》已有像設君室之文，則壤像實自戰國始。顧寧人謂：尸禮廢而像事興，亦風會使然也。近世祠堂皆設神主，無復有壤像者，其祖先真容則有畫像，歲時展敬。唐、宋時則尚多壤像。陸魯望建祠，壤己像於其中。咸淳中，有人醉朴其像，腹中皆生平詩文稿也。前明士大夫家祠亦有之。陸深《谿山餘話》云：予謫延平時，路過蘭溪，謁章楓山祠堂，祠中壤像乃公服，不甚肖。"② 清趙翼《陔餘叢考》卷三二 "塑像"："自佛法盛而塑像遍天下，然塑像實不自佛家始。《史記》：帝乙爲偶人以象天神，與之博。則殷時已開其端。《國語》：范蠡去越，越王以金寫其形而祀之。《國策》宋王偃鑄諸侯之像，使侍屏廁。則并有鑄金者。《孟子》有 '作俑' 之語，宋玉《招魂》亦云 '像設'。魏文侯曰：吾所學者，乃土梗耳。又《國策》：秦王曰：'宋王無道，爲木人以象寡人而射其面。' 又孟嘗君將入秦，蘇代止之，曰：'土偶與桃梗相遇，桃梗曰：子西岸之土也，挺子以爲人，歲八月雨降，則汝殘矣。土偶曰：吾西岸之土，土殘則復西耳。今子東國之桃梗也，削子以爲人，雨下水至，漂子而流，吾不知所稅駕也。則泥塑木刻，戰國時皆已有之矣。又《韓非子》記桓赫削之道，鼻莫如大，目莫如小。鼻大可小，小不可大也；目小可大，大不可更小也。此又塑像之秘訣。至佛像，自漢武擊休屠，始得其祭天金人以歸。然則佛像本用金鑄，其後有用土木者，則轉從入中國後，以中國之法爲之耳。《宋史·方伎傳》：僧志言盛夏死，身不壤，仁宗命以其真身塑像寺中。此又後世真身塑像之始。"③ 今考伯3532《慧超往五天竺國傳》殘卷："彼五俱輪，見素形像，在于塔中（下缺）。"《通典》卷四五《禮五·沿革五·吉禮四》"方

---

① 趙少咸著，余行達、易雲秋、趙呂甫整理《廣韻疏證》，巴蜀書社，2010，第2516~2517頁。關于 "素" 同 "塑"，指 "素像"，今人多有論述，參考王仲犖《敦煌石室地志殘卷考釋》，中華書局，2007，第220頁；張毅《慧超往五天竺國傳箋釋》，中華書局，1994，第10頁。

② （清）趙翼：《陔餘叢考》，河北人民出版社，2003，第662頁。

③ （清）趙翼：《陔餘叢考》，河北人民出版社，2003，第663頁。

丘”：“（開元）十二年二月二十二日，（玄宗）祠后土於汾陰脽
上”杜佑自注：“舊祠堂爲婦人壞像，武太后時，移河西梁山神壞
像就祠中配焉。”又請比較唐李方郁《修中岳廟記》：“我國家以
神之靈，素神之形。”金維諾《敦煌窟龕名數考》（《文物》1959
年第 5 期）引唐竇夫子《大番故燉煌郡莫高窟陰處士修功德記》：
“龕内素釋迦牟尼像并聲聞菩薩神等共七軀。”[1] 而“書”是“畫”
的誤字，在敦煌吐魯番文書中屢見不鮮。[2] 斯 1475 背《未年上部
落百姓安環清賣地契》：“官有政法，人從私契，兩共平章，書
指爲記。”伯 4053《唐天寶十三載道士楊神岳便粟契》：“故立
私契，兩共平章，書指爲記。”在吐魯番文書中，“書指”往往
作“畫指”，64TAM35：20《唐垂拱三年（687）西州高昌縣楊
大智租田契》：“兩和立契，畫指爲記。”64TAM4：38《唐顯慶五
年（660）張利富舉錢契》：“顯慶五年三月十八日，天山縣南平
鄉人張利富於高昌縣崇化鄉人左憧憙邊舉取銀錢拾文，月別生利
錢壹文。到左還須錢之日，張即須子本俱還。若身東西不在，一
仰妻兒及保人等代，若延引不還，聽掣家資雜物，平爲錢直。兩
和立契，畫指爲信。錢主。舉錢人張利富，保人康善護，知見
人。”64TAM4：38《唐顯慶五年張利富舉錢契》：“兩和立契，畫
指爲信。”72TAM184：8（b）《唐道士梁玄忠便錢契》：“如身
［東］□□在，一仰保人代還。畫指爲驗。錢主。便人道士梁玄
忠，保人曹奉一。”[3]

---

[1] 請比較伯 3979《修佛龕記》：“龕内塑釋迦牟尼像。”又見于伯 640《翟家碑》、斯
4474 背《敦煌鄉信士賢者張安三父子敬造佛堂功德記》。

[2] 詳見拙著《中古及近代法制文書語言研究——以敦煌文書爲中心》，巴蜀書社，2003，
第 392~398 頁。“書”不僅與“畫”形體相似，而且意義也相通。《資治通鑑》卷七七
魏高貴鄉公甘露二年“今大將軍問事，但今我書可邪？”胡三省注：“書可，畫可也。”
在表示“繪畫”意義時，“畫”往往名詞、動詞兼用，《歷代名畫記·顧愷之》引晉顧
愷之《魏晉勝流畫贊》：“凡吾所造諸畫，素幅，皆廣二尺三寸。”

[3] 又有作“獲指”“獲卷”，“獲”即“畫”也。64TAM4：37 唐總章三年（670）白懷洛舉
錢契：“兩和立契，獲指爲驗。”67TAM363：9《唐麟德二年（665）西州高昌縣寧
昌鄉卜老師舉錢契》：“兩和立契，獲指爲信。錢主高未豐，舉人卜老師，保人翟子
隆。”60TAM337：11/2《唐永徽七年（656）西州高昌縣寧昌鄉令狐相□受雇上烽
契》：“若不承了，謫銀錢拾文入范。兩和立獲卷爲信。”參考拙著《吐魯番出土文獻
詞典》，巴蜀書社，2012，第 457~458 頁。

其次，是文獻學上的證據。我們注意到：敦煌文獻中"素
（塑）"與"繪""畫"總是對舉或連在一起説，所以"素"與
"繪""畫""圖"相關，但絶不是一回事，"素"祇能指塑像。請
比較斯2113v《馬德勝功德記》："遂舍房資，於北大像南邊創造
新龕一所，内素釋迦如來并諸侍從，四壁繪諸經變相，門兩頰畫
神兩軀，窟檐頂畫千佛，北壁繪千手千眼菩薩，内外莊嚴，并
以功畢。夫大覺圓光滿室，照耀恒沙，眉相白毫，騰飛有頂。
三十二相，以朱紫而發輝，八十希容，簡丹青而仿佛。"① 伯2672
《張氏修功德記》："龕内素釋迦牟尼像并事從一鋪，四壁圖諸經變
相一十六鋪。"② 斯5448《燉煌録一本》："其谷南北兩頭有天王堂
及神祠，壁畫吐蕃贊普部從。其山西壁南北二里，并是鐫鑿高大
沙窟，塑（塑）畫佛像。"③ 斯2073（21-23）《盧山遠公話》："第
一，有形者，見塑龕塑像。"又請比較"圖素""素繪"，實際上就
是"畫素"，伯4640《張潛建和尚修龕功德記》："鐫龕圖素，壁
設雲練。"我們認爲"素書"即"塑畫"，塑像與繪畫也。另外，
我們還注意到敦煌文獻中有許多的"塑師"，同時又有許多的"畫
人"。且"塑師"和"畫人"前後對舉，也説明當時塑師和畫師是
"同一個戰壕的戰友"，而不是同一個人。伯3234v《癸卯年正月
一日已後直歲沙彌廣進麵破歷》："麵五升，二月一日撩治佛，塑
師吃用。麵二斗，三日木匠，畫人兼弘建撩治佛炎二時食。"又有
"塑匠"，與"塑師"同，伯2032v《净土寺食物等品入破歷》：
"麵三斗半，油半升，粟七斗，料治行像手看塑匠用。"伯2032v

---

① 伯4640《翟家碑》："爰召僧瑶，撗真續聖，内龕朔（塑）諸形像等。"鄭炳林指出：
　"此處有省文。據《敦煌莫高窟内容總録》85窟主室晚唐塑釋迦佛、迦葉及清塑阿難各
　一身。窟頂西披畫彌勒經變、阿彌陀經變、金剛經變各一鋪，下畫賢愚經變諸品屏風
　畫十四扇。西壁畫勞度叉斗聖變一鋪，下畫賢愚經變諸品屏風十四扇。北壁畫密廠經
　變、藥師經變、思益梵天問經變各一鋪，下畫賢愚經變諸品屏風十四扇。東壁門上畫
　金光明經變捨身品，門南畫金光明經變一鋪，門北畫維摩詰經變一鋪。"（氏著《敦煌
　碑銘贊輯釋》，甘肅教育出版社，1992，第62頁）。
② 斯530《沙洲釋門索法律窟銘稿》："内龕素某佛、某佛、某佛，素畫周遍。"
③ 該卷不避"世""民"字諱，可能是五代以後的抄本，這是我們目前發現的比較早的
　"塑"字使用語料。張涌泉師認爲表"塑像"義的"素"出現在魏晋之際，"塐""塑"
　是晚唐前後産生的形聲俗字，五代以後，"塐""塑"逐漸取"素"而代之。參見張涌
　泉《敦煌寫本文獻學》，甘肅教育出版社，2013，第153~154頁。

《净土寺食物等品入破歷》："粟柒斗，二月六日造局席，屈木匠、塑匠及衆僧等用。"又請比較伯2049v《净土寺直歲願達牒》："粟壹斗，塑匠造佛焰胎日酤酒用。粟貳斗，佛焰初使膠布，兩日看塑匠用。"伯3234v《癸卯年正月一日已後直歲沙彌廣進麵破歷》："麵柒斗捌勝，上赤白僧及上沙麻塑匠等用。"斯2474v《太平興國五年至七年油麵破歷》："塑匠調灰，麵壹斗五升，油五升。"可見，塑匠從事的工作主要是上灰泥、修補行像、造佛焰胎、塑壁、調灰、上沙麻，大多與"灰泥"相關。"調灰"即調和灰泥，是上灰泥、沙麻和泥塑的基本工序。塑匠上灰泥、沙麻、塑壁，三者意思近似，都是指給建築物的外表塗上一層灰泥。如果上灰泥是用沙土和碎麻攪拌而成，就稱爲沙麻。"行像"即二月八日在佛出家成道之辰舉行慶祝活動時抬着繞城行走的佛像，"修補行像"就是用泥將損壞的行像重新塑造，"佛焰"指佛像後面的光焰背座，"造佛焰胎"即用泥塑造佛焰的胚胎。[1]敦煌吐魯番文獻中還有"畫師""畫匠"，實際上就是我們在前面說到的"畫人"，而且與"塑匠"總是前後呼應或連在一起説。伯2032v《净土寺食物等品入破歷》："麁麵壹石，油壹勝半，粟兩石叁斗伍升，卧酒、沽酒、鍾樓上灰塈，看畫匠、塑匠及衆僧三時食用。"另外，我們還注意到在傳世文獻中，也有"塈""畫"對舉的例子。唐韋述《兩京新記》（俞樾《茶香室續鈔》卷二一引）："大雲經寺内有二浮閣，隋文帝立。塔内有鄭法倫、田僧亮、楊契丹畫迹，及巧工韓伯通塈作佛像，故以三絶爲名。"[2]"畫"指繪畫，"塈"指塑像，不可疑也。

再次，是雕塑學和美術學上的證據。我們應該對當時西北地方的宗教塑像和畫像形成過程有一個全面而科學的瞭解。歷史上敦煌等西北地方的宗教塑像（特別是佛教）往往是彩塑，其中比較典型的就是"浮塑"和"影塑"，"浮塑"是以泥土塑出浮凸壁面上的泥塑。莫高窟的浮塑主要用於表現洞窟中附屬於龕、窟頂

---

[1] 參考張小豔《敦煌社會經濟文獻詞語論考》，上海人民出版社，2013，第31頁。

[2] 參（清）俞樾撰，貞凡、顧馨、徐敏霞點校《茶香室叢鈔》，中華書局，2006，第869頁。

和佛壇等的裝飾部分，它們大多仿木構建築的部件，又均施以色彩或彩繪紋樣，至五代、宋甚至還貼金、描金，使泥塑的窟、龕、佛壇等平添建築的真實感，并賦予彩塑和壁畫以強烈的裝飾效果。龕的裝飾有北朝和隋代洞窟中圓拱龕周圍的龕楣、龕梁、龕梁尾、龕柱等，均以浮塑手法塑出，使其突出壁面，實物見第 268、272、275、259、257、251、254、248、437、419、420、427 窟等。窟頂裝飾有北涼禪窟平頂的平棋、佛殿窟彎窿頂的藻井，北魏中心塔柱窟前部人字披頂的脊仿、椽子，實物見第 268、272、275、259、254、248、437、431 窟等。五代、宋、西夏部分佛殿窟覆斗頂的中心藻井圖案，如雙龍寶珠、蟠龍、蟠鳳等裝飾，均在浮塑的形象上彩繪貼金，實物見第 61、449、130、16、366、367 窟等。中晚唐、五代、宋洞窟中佛壇的壺門裝飾等，實物見第 231、360、367、9、142、61、55、449 窟等。此外，唐代部分佛像的頭光、身光或靠背，也以浮塑彩繪手法表現。"影塑"就是以泥、細砂和麥秸作材料，用泥制模具翻制，表面經過處理，然後敷彩，通常背面粘貼於牆壁上，正面作凸起壁面較高的浮雕狀，主要用以襯托主像圓塑。[1] 請比較伯 3490v《油破歷》："油伍勝，與塑匠令狐博士塑壁手功用。"在這件文書中，"塑匠"和"塑壁"相提并論，可見塑像是要以牆壁爲依託的。這與吐魯番文獻的記載恰好吻合。檢吐魯番文獻中有"泥素"，即泥塐[2]，以泥土塑出浮凸壁面上的泥塑。64TAM29：44 之六《唐咸亨三年（672）新婦爲阿公録在生功德疏》（3-339）："遣家人祀德向塚間堀底作佛，至七月十八日，計成佛一萬二千五百卌佛日作佛二百六十元々廿佛。於後更向堀門裏北畔新塔廳上佛堂中東壁上，泥素彌

---

[1] 季羨林主編《敦煌學大辭典》，上海辭書出版社，1998，第 69 頁（此條爲樊錦詩所撰）。
[2] 請比較斯 2073《廬山遠公話》："有形者，見泥龕塑像，便即虛心禮拜，直雲佛如須彌山，見形發心，此即名爲有形。"

勒上生變，并菩薩侍［者］、天神等一鋪，亦請記録。”[①] 在敦煌文獻中，“塑”也與“壁”前後呼應。伯 2991《平詘子宕泉建窟功德記》：“於是龕内塑釋迦牟尼佛一軀、二菩薩、二上足。蓮臺寶座，拂獅子之金毛，鏈牖鈴音，徹微風而響振，諸壁上變相，悉相維城。侍從龍天，皆依法制。”

在佛事場所内，除了彩塑外，還有繪畫（包括壁畫和絹畫）。上面所引敦煌文獻已經足够説明之。又考西秦聖堅譯《佛説摩訶剎頭經》：“佛錢繕作佛形像，若金，若銅，若木，若泥，若壊，若畫，以佛錢修治之。”[②] 唐代《滄州弓高縣實性寺釋迦像碑》：“於實堂内敬畫釋迦尊像一鋪。”在西域佛寺中亦然，吐魯番出土文書中發現了鐵證，請比較 64TAM29：44 之一《唐咸亨三年（672）新婦爲阿公録在生功德疏》（3-335）：“復於安西悲田寺佛堂南壁□□衆人出八十疋帛練，畫《維摩》《文殊》等菩薩變一鋪，又發心爲阿公修造願知。”又請比較俞樾《茶香室肆鈔》卷一九“釋迦真像”引宋郭若虚《圖畫見聞志》注：“昔有梵僧帶過白氎上本，亦與尋常畫像不同。”[③]

我們通過以上對佛教彩塑和繪畫的論證，就可以準確解釋上引敦煌文獻斯 0367《沙州伊州地志》殘卷“火祆廟中有素書形像無數”之“素書”的確切含義乃是“塑像和繪畫”了。大家不禁要問：祆教與佛教能够扯上關係麼？當然有關係，雖然二教迥異，但祆教在當時的中國西北地方，也如同中國廣大地域一樣，要向佛教靠近。考董逌《廣川畫跋》卷四“書常彦輔祆神像”條：“祆

① 與“素”連在一塊兒的“泥”，在敦煌文獻中用例很多，斯 6829《丙戌年正月十一日以後緣修造破用斛斗布等歷》：“米壹斗，供衆僧泥佛殿階。”又寫作“埿”，塗上灰泥。伯 2049v《净土寺食物等品入破歷》：“蓮麩［麵］肆斗伍升，油半勝，埿界牆。”伯 3578《癸酉年梁户史氾三沿寺諸處使用油歷》：“十六日，埿行廊牆，點鐺用油三升，付氾法律、張法律。”伯 2642《某寺諸色斛斗破歷》：“十月一日，粟八斗，沽酒，城南埿廳舍用。”伯 3713v《寺院用粟麥歷》：“粟一斗，埿佛殿，看博士用。”伯 2032v《净土寺食物等品入破歷》：“粟二斗，卧酒，泥西倉匠人用。”伯 2032v《净土寺食物等品入破歷》：“麵伍升，塑匠埿火爐用。”

② 《大正藏》校記稱“壊”字日本宫内廳圖書寮本作“素”，明《嘉興藏》本作“塑”。

③ （清）俞樾撰，貞凡、顧馨、徐敏霞點校《茶香室叢鈔》，中華書局，2006，第 1773 頁。

祠，世所以奉胡神也。其相希異，即經所摩醯首羅，有大神威，普救一切苦，能攝伏四方，以衛佛法。當隋之初其法始至中夏。" 祆教的神也可能佛化。池田温指出："（粟特）聚落裏有祆神的神殿，以拜火壇而聞名，但佛教也很大程度上滲透了進來，還有以漢文或粟特文書寫的佛典。"①另外，學者們還注意到：粟特祆教美術盛行於佛教重鎮于闐地區，并以木板畫的形式表現出來，這些圖像的特徵，既可以看作是祆教的，也可以看作是佛教的。其中，阿胡拉·馬兹達（Ohrmazd）和佛教圖譜中的帝釋天（Indra）相似，風神（Weshparkar）和大天（Mahadeva）或濕婆（Siva）的特徵相對應，四臂的娜娜女神（Nana）也可以找到印度的類似圖像。在佛教眼中，這些祆教形象無異於佛像。榮新江指出："任何一個宗教圖像剛剛到達一個新的地區，總是會被誤讀的，就像佛教在漢代進入中國後，浮屠的形象是借助黃老的形象而傳播的，敦煌白畫祆教圖本發現在佛教石窟當中，似乎也透露出這幅畫後來已被看作是佛教圖像。可以説，在粟特祆教美術東漸過程中，一些祆教圖像的宗教功能逐漸轉換，從祆神變成了佛像，或者説是被看稱佛像了。"②

　　通過以上考證，我們可以判斷前賢時彥的一些觀點是否完全正確了。中國學者白雪濤、楊軍輝檢敦煌文書，發現多次出現"素……像"，如伯 2005《沙洲都督府圖經》："堂内有素先聖及先師顔子之像，春秋二時奠祭。""素……像"又見斯 6161、3329、6973，伯 2762《張氏修功德記》、伯 3532《慧超往五天竺國傳》、伯 2991《報恩吉祥窟記》，由此，白、楊二氏認爲，敦煌供奉的佛像主要是塑像和畫像（少量雕像），在"素……像"中，多指畫像。敦煌的圖畫佛像，可以包括壁畫佛像、彩繪佛像、白描佛像等，"素像"相當於素描圖畫③。這一説法不確，"素……像"祇能指塑像，不會指畫像。

① 〔日〕池田温：《敦煌文書的世界》，張銘心、郝軼君譯，中華書局，2007，第 144 頁。
② 榮新江：《中古中國與外來文明》，生活·讀書·新知三聯書店，2001，第 323~324 頁。
③ 參見氏著《敦煌遺書所見"素像"考》，《敦煌研究》2010 年第 4 期，第 109~112 頁。

【是等】

此類、諸如此類。64TAM4：35（a）《唐潬舍告死者左憧憙書爲左憧憙家失銀錢事》（3-229）："乾封二年臘月十一日，左憧憙家内失銀錢伍伯文。盜潬舍盜錢。其潬舍不得兒子錢，家里大小曹主及奴是等及鎧相有人盜錢者，兒子好驗校分明嗦取。"64TAM35：19（a）《唐西州高昌縣下太平鄉符爲檢兵孫海藏患狀事》（3-488）："又撿波斯道軍司牒，得高通達辭稱：今知上件見患風癲及冷漏，不堪行動，見留西州交河縣將息，情願替行者。依撿交河縣牒，患狀與狀同。侍郎判：依請，縣宜准狀者。又責保問鄉，勒□□□［保］人張醜是等五人，里正杜定護、醫□□□［風］［癲］［冷］漏有［年］。"（圖録本《吐魯番出土文書》將"張醜是"劃爲專名號，不確）請比較伯2042《大佛名十六卷略出懺悔》："因公托私，奪人邪（郫）店，及以田野，如是等罪，今悉懺悔。"又請比較"此色"，亦爲"諸如此類"。寧樂九（1）號《唐赤亭鎮牒蒲昌府爲請速差替倚團及身亡者上當月烽戍事》（89）："得牒送今月應上兵，依撿前件人牒注倚團及身死，又撿前牒，此色并合差替者。"①又有"此等"，此類。寧樂二〇（3）、七（2）號《唐西州都督府牒爲巡邏覘探賊蹤事一》（80）："東磧鎮戍并□□□諸路，先配人馬覘探，仰谷口高山着人［去］□□。此等探巡，并當賊路。"請比較《北史》卷二二《長孫道生傳》："又遣晟往索欽，雍閭欲勿與，謬曰：'客内無此色人。'"

又有"等色"，類別、品目。64TAM29：24《唐垂拱元年（685）康義羅施等請過所案卷（四）》（3-349、350）："被問得上件人等牒稱，［請］□□□家口入京，其人等不是壓良□□□倡（？）名假代等色以不者？謹審：但了□□□不是壓良假代等色，若後［不］□求受依法罪，被問依實謹□。"73TAM509：8/5（a）《唐西州天山縣申西州户曹狀爲張無瑒請往北庭請兄禄事》（4-334）："得里正張仁彦、保頭高義感等狀稱：前件人所將奴畜，并是當家

---

① 又有"上件色"，亦近"此類"。72TAM178：17（b）《唐采絲造乞巧盤牒》（4-191）："右須上件色采造乞巧盤□十一日上□□。"

家生奴畜，亦不是詃誘影他等色。如後有人糺告，稱是詃誘等色，義感等連保，各求受重罪者。"73TAM509：8/12-1（a），8/12-2（a），《唐開元十九年（731）唐榮買婢市券》（4-264）："又責得保人石曹主等伍人歁，保不是寒良詃誘等色者。勘責扶同，依給買人市券。"73TAM509：8/16（a）之三《唐開元二十一年（733）西州都督府案卷爲勘給過所事》（4-286）："去後何人代承户徭？并勘作人是何等色？具申者。"又有"何色"，即"何等色"，何類。73TAM509：8/14（a）之四《唐開元二十一年（733）西州都督府案卷爲勘給過所事》（4-290）："王奉仙年卌仙。奉仙辯：被問身是何色？從何處得來至酸棗戍？仰答者。"又有"色類"，類別、品目。72TAM184：7（a）《唐開元十二年（724）請補岸頭府府史捉錢牒》（4-131）："考六爲遭憂，至今年二月服［滿］，□牒請續勞，蒙州司勘責，色類（引者按："類"字圖録本《吐魯番出土文書》録爲"頰"，誤）相當。"OR.8212/529Ast.Ⅲ.4.092《唐景龍三年（709）尚書省比部符及檢校長行使牒》（沙、吳1-60）："其勾徵逋懸，色類繁雜，恩勑雖且停納，於後終擬徵收，考使等所通，甚爲便穩。"又有"色目"，類別，品目。73TAM509：8/26（b）《唐唐昌觀申當觀長生牛羊數狀》（4-338）："牒：當觀先無群牧，三五年諸家佈施及贖生，零落雜合，存得上件數。具色目［如］前，請處分。"73TAM506：4/32-12之二《唐天寶十四載（755）交河郡長行坊申上載在槽減料斛斗數請處分牒》（4-491）："右通當坊在槽減料斛斗色目數，并所貯□□□□件如前，謹録狀上，請處分。□□□如前，謹牒。天寶十四載正月日，鵲子楊希□□，知鵲官前戍主竹仁□。"又有"色數"，類別，品目。72TAM230：46/1（a）《唐儀鳳三年（678）尚書省户部支配諸州庸調及折造雜練色數處分事條啓（一）》（4-65）："擬報諸蕃等物，并依色數送□。其交州都督府報蕃物，於當府［折］□□□用，所有破除，見在，每年申度□□［部］。"唐封演《封氏聞見記》"飲茶"："自江淮而來，舟車相繼，所在山積，色類甚多。"又同書之《蜀無秃鴝》："并襲西域而來，色類甚衆。"胡適舊藏《降魔變文》："見一秃頭小兒，身披赤色之衣，樹下端然坐睡，不知是何色類？”圓仁《入唐求法巡禮行記》卷四“會昌五年正月三日”：“求仙用何藥？具色目申奏者。”唐元稹《彈奏劍南東川節度使狀》：“本判官及諸州刺史名銜，并所收色目，謹具如後。”《唐摭言》卷一二《自負》：“赤錄事是某等清要官，今被進士欲奪，則某等色人無措手足矣。”又請比較伯3266王梵志詩一八七首《飲酒妨生計》：“飲酒妨生計，捔蒲必破家。但看此等色，不久作窮查。”又檢《南唐書》卷一七《雜藝方士節義列傳》有“五色餛飩”，錢鍾書指出：“‘色’如四色禮物之色，非謂顏色，乃謂樣色。《舊唐書·睿宗諸子傳·讓皇帝憲傳》裴耀卿奏：‘水陸一千餘種，每色瓶盛……并諸藥酒三十餘色。’正以‘色’與‘種’爲互文也。”[1]

又有“等諸色”“諸色”，各類。73TAM191：17（a）《唐永隆元年（680）軍團牒爲記注所屬衛士征鎮樣人及勳官籤符諸色事（一三）》（3-284）：“樣人、勳官、籤符等諸色，具注如前，[謹][牒]。”72TAM230：49《武周天授二年（691）總納諸色逋懸及屯收義納糧帳》（4-78）：“□□□[授]二季臘月廿日以前惣納諸色逋懸及屯收義納糧惣叁阡柒伯捌拾陸碩貳斩壹勝。五百九石三斗六升諸色逋懸四百七十七石粟。”（武周新字改爲現代通行字）65TAM341：29/1，23，24（a）《唐景龍三年（709）南郊赦文》（4-59）：“□□□所徵逃人四[鄰][伍]保租調□□□[龍]二年□[前]諸色勾徵，并宜□□□者委□□[使]即分明勘會。”[2]

【潷】【潘】

潷，糞。66TAM62：6/1《翟彊辭爲共治葡萄園事二》（1-52）：“□□乏，外有責負，□□□續蒲陶六畝，與共分治。□□□爲埋。去春爲出賣棵□□□潷十車，□秋當□□□望殘少多，用俟結要。若□□□賊要□□□貧民不□□□□年多□□□一枯花□□□有□□□爲分處□□□水火否□□□教付曹□□□[辭]。”（“潷”，唐長孺主編圖録本《吐魯番出土文書》漏録左邊偏旁

---

[1] 錢鍾書：《管錐編》，三聯書店，2007，第1081頁。

[2] “逋懸”既然稱爲諸色，就有各種各樣的情況，并非祇是逋欠之地稅。參考李錦綉《唐代財政史稿》第二册，社會科學文獻出版社，2007，第94頁。

"氵"）64TAM4：35（a）《唐瀳舍告死者左憧憙書爲左憧憙家失銀錢事》（3-229）："乾封二年臘月十一日，左憧憙家内失銀錢伍伯文。盜瀳舍盜錢。其瀳舍不得兄子錢，家里大小曹主及奴是等及鎧相有人盜錢者，兄子好驗校分明嗦取。里鎧有人取者，放令瀳舍知見。其瀳舍好兄子邊受之往罪。瀳舍未服，語兄分明驗校，瀳舍心下得清净意。古若瀳舍不取之錢，家里曹主及大小奴婢及鎧人放瀳舍眼見，即於死者咸亨四年四月廿九日神遇已後，見多放仕，即須知錢之注，要須大小得死，瀳舍即知。"（此件文書是寫給死者的一封信，背面有封題3行，寫明寄信人和收信人姓名，由于書信封題折叠合書的原因，"瀳"被拆開後，拆成"潪"與"圡"兩部分）64TAM4：32《唐總章元年（668）左憧憙買草契》（3-220）："總章元年六月三日，崇化鄉人左憧憙交用銀錢肆拾。順義鄉張潪塠邊取草玖拾葦。如到高昌之日不得草玖葦者，還銀錢陸拾文。如身東西不到高昌者，仰收者√後別還。若草好惡之中，任爲左意。如身東西不在者，一仰妻兒及保人知當。兩和立契，獲指爲信。如草□高昌□。錢主左；取草人張潪塠 E（引者按："E"是畫指符號，全文同）；保人竹阿闍利 E；保人樊曾□ E，同伴人和廣護。"（"潪"，圖録本《吐魯番出土文書》及迄今爲止的所有録文均録作"潘"，誤）

以上文書中的"瀳""潪"不見任何字典辭書[1]，實即"䡷"的繁化俗字，亦即"糞"，"潪"字實際上是"瀳"的省寫（前揭文書封題"瀳"拆開而成"潪"與"圡"可以旁證），檢《新集藏經音義隨函録》卷13《別譯阿含經》卷9："潗毒，上方問反，不净惣名。"又："欲入糞毒，亦螫亦污。""瀳"與"潗""潪"即同一

---

① 檢古籍中有"灒"字，是"地下泉水"義。《爾雅·釋水》："灒，大出尾下。"邢昺疏："尾，猶底也。言源深大出於地下者名灒。灒，猶灑散也。"朱正義指出："至今，陝西合陽縣鄰近黃河西岸一帶還有'灒'，灒水甜美，用來栽稻種菜，是非常好的天然資源。"（氏著《關中方言古詞論稿》，上海古籍出版社，2004，第145頁）"灒"字與本文討論的"瀳"字無關。

字①。"潘塠"，也就是"�塠"，即"糞塠"。②此形式廣泛見於吐魯番文獻的人名中，時代主要集中在唐西州時期，用"糞塠"取名，實乃賤稱③，在回鶻語、粟特語、突厥語、希臘語中屢見不鮮④，又作"䶞塠"，69TAM134：9《唐麟德二年（665）牛定相辭爲請勘不還地子事》（2-216）有一人名"樊䶞塠"。⑤又請比較敦煌文獻伯 3418 王梵志詩《不思身去促》："不思身去促，能貪無限財。生平惜不用，命盡如䶞塠。蟲蛆内壤壤，食脈爛穴開。羅錦

---

① 又請比較《龍龕・米部》："𥝩、䅺、蕉、糞，方問反，糞掃也。四。"

② "塠"在吐魯番人名中常見，2004TMM102：47c《唐殘牒》（榮、李、孟 121）："□□□辛舍［門］雞弊［塠］奴□□□依［撿］［上］件□□□謹牒。"在吐魯番出土文獻中既有"雞弊塠奴"，還有"張塠奴"，見于 64TAM134：17、18《高昌麴阿留科錢帳》（2-215），還有"康塠奴"，見于 64TAM5：84《唐諸户丁口配田簿（甲件）（一）》（3-186）。《龍龕・土部》："塠𡉴坥坦，四俗，𡊄通，堆正，都回反，土聚丘阜也。"

③ 同時也寓意糞是農業生産重要的肥料，吐魯番出土文獻中有數件購買人畜糞料的文書可以爲證。67TAM377：06《高昌乙酉、丙戌歲某寺條列月用斛斗帳歷》（1-400）："床壹斫，作□□伍斫盡，供□□□［得］錢貳拾伍文，用買䶞。"64TAM15：27《唐權僧奴佃田契》（2-36）："□□□［僧］［奴］□□□□□南渠常田壹分，次薄田壹分。貳分田中䶞塠土，［仰］權僧奴使足。□□田主以田中耕牛、人力、麥子、粟子，仰僧奴承了。田□□□□少，貳人場上亭分。田中䶞土不遭好□□□□佰伇，仰田□□□"（塠，即土塊。《説文・土部》"𡊄"字桂馥義證："《玉篇》：𡊄，土塊也。""䶞塠"即"糞塠"）人名中又有"䶞得"，73TAM517：06/1（a）《高昌某年永安、安樂等地酤酒名簿（一）》（1-256）有"陽䶞得"，72TAM170：110/2（b）《高昌□子等施僧尼財物疏（二）》（1-171）有"䶞得"，69TAM117：57/1《某人用練買物契》（2-297）有"康䶞得"。在唐代以後多寫作"䶞"，在敦煌文獻中亦常見，斯 2073《廬山遠公話》中寫成"䶞"，在甘博 003《佛説觀佛三昧海經》卷五、敦研 004（2-1）《優婆塞戒經》中寫成"䶞"（參考黄征《敦煌俗字典》（第二版），上海教育出版社，2019，第 212 頁）"糞土"用於賤稱，可以參考王子今《秦漢稱謂研究》，中國社會科學出版社，2014，第 52~62 頁。吐魯番出土文獻人名中的賤稱非常常見。

④ 參見高啓安《唐宋時期敦煌人名探析》，《敦煌研究》1997 年第 4 期；高啓安《信仰與生活——唐宋間敦煌社會諸相探賾》，甘肅教育出版社，2014，《"糞堆""揭搖"人名與禪宗信仰》一節；哈密頓、牛汝極、楊富學《榆林窟回鶻文題記譯釋》，《敦煌研究》1998 年第 2 期。甚至連東羅馬拜占廷君主君士坦丁五世的私名也是"糞"。參見王丁《胡名釋例》，載高田時雄主編《敦煌寫本研究年報》第十三號 2019 年第 3 期，第 99~132 頁。

⑤ 又請比較北齊武平年間《都邑師道興造像記并治疾方》："又方，鬼散形如地菌，多叢生糞堆，見日消黑者，取燒作灰，以針刺瘡四畔，至痛際，作孔，内藥孔中。"北齊武平年間《都邑師道興造像記并治疾方》："又方，驢糞堆，水絞汁，一升，服，并良。""糞"是重要的農家肥，《農政全書・農事・營治上》："劚起宿土，雜以蒿草，火燎之，以絶蟲類，并得爲糞。"所以"糞"也包括禾草焚化後所做的肥料。

纏屍送，枉屈寶將埋。寧知入土後，二節變爲灰。”在公元九世紀中期的敦煌文獻伯 3249v《將龍光彥等隊下人名目》也有“董塠”（曹董塠、米董塠），敦煌文獻還有“粉堆”，即“董塠”。斯 3905背《年代不詳奴子租口分地與王粉堆契抄》：“奴子爲闕少所須，遂將口分孟受南支渠地壹畦柒畝租與同鄉百姓王粉堆壹周年，限斷作價值兩碩伍斗。内麥貳分，粟壹分。”[①] 斯 6341《壬辰年（932？）洪池鄉百姓某雇牛契》（習字）：“壬辰年十月生六日，洪池鄉百姓厶乙闕少牛畜，遂雇同鄉百姓雷粉搥（塠）黄自牛一頭。”[②]

【夆】【夆】【夆】【夆】

零，通“靈”或“令”，意思是“美好”。73TAM524：32/2-2《高昌永平二年（550）十二月卅日祀部班示爲知祀人上名及謫罰事》（1-136）：“將肢奴，吏夆婢，右六人知祀風伯。”73TAM116：53《高昌殘名籍一（七）》（1-374）：“安夆苟二，龍阿婆奴二。”73TAM520：6/2《高昌延昌三十四年（594）調薪文書一（一）》（1-317）亦有“將夆奴下：[朱]□受＿＿＿白保兒壹車，張阿友壹車。竺[夆]兒壹車。康師兒壹車＿＿＿調薪壹伯叁拾[貳]＿＿＿寅歲八月廿五日＿＿＿[史]買子四人＿＿＿”2005TMM203：1《麴氏高昌延和八年（609）五月二十六日張夆子墓表》（榮、李、孟387）：“延和八年歲在己巳月朔丁卯日朔壬辰，以[前]散初爲王帳下，後口迁令内將张夆子者，[敦][煌]人也。張氏之墓。□。”（此件其中的“夆子”，《新獲吐魯番出土文獻》録爲“容子”）68TAM99：5/2（a）（b）《高昌延壽某年勘合行馬亭馬錶啓（七）》（1-438）：“＿＿＿兒孫夆兒，張懷＿＿＿＿＿＿小王＿＿＿元斌＿＿＿＿＿＿馬卌四匹＿＿＿[塔]。”（此件其中的“夆兒”，圖録本《吐魯番出土文書》録爲“容兒”）68TAM99：6（a）《高昌侍郎焦朗等傳尼顯法等計田承役文書》（1-441）：“次依卷聽張夆子買張

① 圖版見中國社會科學院歷史研究所等編《英藏敦煌文獻》第五卷，四川人民出版社，1992，第199頁。
② 圖版見中國社會科學院歷史研究所等編《英藏敦煌文獻》第一一卷，四川人民出版社，1994，第18頁。

永守永安仏嵒渠常田一分，承四畝役。"69TAM135：2《高昌
延壽五年（628）趙善衆買舍地券》（1-410）："東［詣］張峇奴
分垣，南詣善衆場地分垣，西共趙海相塢舍分［垣］。北共張延
守塢舍分垣。"64TAM24：28《唐永徽二年（651）孫㞚仁夏田
契》（2-178）："永徽二年十月一日，孫㞚仁於趙歡相□□□渠常
田肆畝，要逐六年佃。年田壹畝，與夏價□□□□［酌升］。到五
月内，上麥使畢；十月内，上秋［麥］□□□［其］［月］［不］
［畢］，［壹］□□□［舊］袁酌中取。使□□□若不淨好，聽向風
常取。租殊佰役，仰田主了。渠破水謫，仰佃田人了。壹年與草
肆圍，與裁壹車。兩主和可，獲指爲信。田主明元 E（引者按：E
爲畫指符號，下同）；夏田人孫㞚仁 E，知見□阿護 E；知見索
阿側。"[1]64TAM5：39《唐李賀子上阿郎、阿婆書二（二）》（3-
203）："□□［盡］給婦，高昌有婦人，不㳂婦。鼠兒㳂□婦，竟
（？）正是好人子袟（侄）。頗阿郎、阿婆、阿兄知，更莫愁鼠兒。
虎熹來時㳂重小刀一合□。不㳂書，兩个兒不□□□□□□□
老阿兄充不成㞚［子］□□□憐紫一訪車（妻？）女單，次問訊
張法師，阿團□張將舍盡平安在。張嶽隆死，訝 V 問言□□□孟
法師。洛州兄弟二人盡平［安］。"（此件其中的"㞚子"，圖録本
《吐魯番出土文書》録爲"容子"）64TAM5：78（a）《唐李賀子
上阿郎、阿婆書一（二）》（3-202）："兩个兒，一个將一个奴婢。
賀子自買得婢，更□賀子將來，唯共鼠仁將來。賀子、鼠仁千万
隨書再拜阿郎、阿婆、阿兄、李師及□（引者按：圖録本《吐魯
番出土文書》録爲"容"，暫不敢從）仁、㞚子。次問訊合家大
小千万并通兩兄弟□□□張法、孟（？）法、廣昌□。"（此件其中
的"㞚子"，圖録本《吐魯番出土文書》録爲"容子"）64TAM5：
７９（a）《唐李賀子上阿郎、阿婆書四（一）》（3-205）："□□□
阿郎、阿婆、阿兄次千万問［訊］，㞚子合家大小盡通平安。千万
問訊語□□□㞚子合舍大小好□。"（此件其中的"㞚子"，圖録本

---

[1] 此件文書中的"㞚"，吳震主編《中國珍稀法律典籍集成》甲編第四册《吐魯番出土
法律文獻》（科學出版社，1994，第 855 頁）亦録爲"容"，不確。

《吐魯番出土文書》録爲"斈子") 64TAM5：81，82《唐李賀子上阿郎、阿婆書三》(3-204)："聞斈□隨從阿兄□□□惡將書由鼠仁□□□□自下隨斈子時明□□兩個□。"（此件其中的"斈""斈子"，圖録本《吐魯番出土文書》録爲"容""容子"）64TAM5：81，82《唐李賀子上阿郎、阿婆書三》(3-204)："方鎮重□□阿兄等□問訊斈子□□□寳意師赤□黑石眷屬□□□□花等并得平安以不?"（以上兩件文書中的"斈子"，圖録本《吐魯番出土文書》均録爲"容子"）64TAM5：80《唐李賀子上阿郎、阿婆書四(三)》(3-206)："更家□來時，好送香女放來。香女□□□□□意將來莫怖□人能故名，甯爲來時放之。勒來兄弟病日時爲用看二人病，知阿買一□□□是［近］知阿兄還得自桃，知阿□□□知斈子得四畝分田，次問訊郭延明兒黑［石］［平］安在不?［次］問訊氾［歡］伯合家大小，郭懷悦身平安好在，々洛州。正月十日書。"（此件其中的"斈子"，圖録本《吐魯番出土文書》録爲"容子"）

從以上所舉吐魯番出土文獻可知，"斈"字及其相關形式出現在公元 6 世紀的高昌國到唐西州早期，也就是公元 7 世紀。究竟爲何字？到目前爲止，學術界祇有一種識讀，就是讀爲"容"。

其實，這不是"容"，而是"零"的另寫，而"零"通"靈"或"令"，意思是"美好"。"斈""斈""窔"與"零"通，這可以從兩個方面解釋。首先，"穴"與"宀"相通，在俗字中例子甚多[①]，又如"牢"的俗字是"窂"，見《干祿字書》，又見《隸釋》卷一《帝堯碑》，又檢敦煌寫本斯 328《伍子胥變文》寫作"窂"。又如"宦"俗寫作"窅"，見《干祿字書》，又寫作"宦"（斯 6947《佛説藥師經》），《隸釋》卷一二《戚伯著碑》)。《隸釋》卷四："《説文》'宦'從宀，碑變從穴。""寐"的俗體作"窹"，見敦煌寫本伯 2721《新集孝經十八章》。清桂馥《札樸》卷八"金石文字"《韓敕後碑》條下云："隸體從宀之字改從穴者，

---

① 參《龍龕·穴部》。又參張涌泉《漢語俗字叢考》（修訂本），中華書局，2020，第526 頁；張涌泉《敦煌俗字研究》（第二版），上海教育出版社，2015，第 681~684頁；楊寶忠《疑難字考釋與研究》，中華書局，2005，第 603 頁。

如宇、窂、牢、竉，不可枚舉。"反之，穴旁字俗亦寫作宀旁，如窟作寙（敦煌寫本咸字 18 號《五臺山贊》，"窮"俗寫作"穷"（斯 6631《和菩薩戒文》，"突"作"宊"（伯 2962《張議潮變文》[1]。其次，"穴""宀"又與"雨"通，《龍龕·雨部》"霝霊：二俗，烏瓜反，下也，正從穴。"《集韻·唐韻》"旁"字下言："籝作雱，或作方。"[2] 又考《可洪音義》卷三："木夆，力丁反，葉落也，正作零、萚二形。"所以，"夆"是"零"的俗字無疑。"夆"寫作"含"，亦可以得到解釋。從近代漢字角度講，"令"與"合"常常相混，檢《龍龕·人部》："僊僲僐，三俗。僐僊，二古文，音仙。""夆"乃"夆"之變，亦為"零"之異寫，通"令"。"零"通"令"，在傳世文獻中不乏記載，《詩·小雅·小宛》："題彼脊令，載飛載鳴。"陸德明釋文："令音零。"《詩·陳風·防有鵲巢》"中唐有甓"毛傳："甓，令適也。"陸德明釋文："令音零。"《廣韻·仙韻》："令，《漢書》云'金城郡有令居縣'，顏師古又音零。"再從西北方音上講，"令"亦與"零"通，檢羅振玉舊藏、沙洲文錄補《唐大順元年（890）正月沙洲百姓索咄兒等狀》："今遇乾坤清直，憨奴絕戶地四十畝，五處令散。""令散"即"零散"[3]。又檢"靈"俗字作零（見齊《牛景悦造石浮圖記》[4]。"夆仁"即"零仁"，"令仁"亦即"令兒"，"仁"在吐魯番出土文獻中用於人名，意思是"兒""子""奴"，我們已有詳考[5]，"令子"見於傳世文獻，《南史》卷五九《任昉傳》："聞卿有令子，相為喜之。""令"乃對自己家人的美稱，清趙翼《陔餘叢考》卷三七"尊老、尊兄、令弟"："杭州人自稱其父曰尊老，徽州人自稱其兄嫂曰尊兄、尊嫂。他處則稱人之父曰尊公、尊老，稱人之兄嫂曰尊兄、尊嫂。

---

[1] 參見張涌泉《漢語俗字研究》（增訂本），商務印書館，2016，第 51 頁。

[2] 又參考張涌泉《漢語俗字叢考》（修訂本）第 695 頁；楊寶忠《疑難字考釋與研究》，中華書局，2005，第 603 頁。

[3] 王震亞、趙熒：《敦煌殘卷爭訟文牒集釋》，甘肅人民出版社，1993，第 19 頁。

[4] 參見張涌泉《漢語俗字研究》（增訂本），商務印書館，2016，第 57 頁。又參梁春勝《六朝石刻叢考》，中華書局，2021，第 688 頁。

[5] 拙文《吐魯番出土疑難字詞新考》，《吐魯番學研究》2018 年第 2 期。大谷 2845+ 大谷 2851《西州高昌縣佃人文書》（《大谷》一圖版八五）又有"張子仁"，相當於"張子兒"，"子兒"與疊音"子子"或"兒兒"有些類似，帶有昵稱性質。

按《晉書·載記》：劉淵謂傅祇之子暢曰：'尊公雖不達天命，然各忠其主。'《南史》：何子平之母年未及終養，而籍注有誤，年例已滿，子平即便去官。顧愷之謂曰：'尊上年實未八十，親故所知，何即辭祿？'吉翂之父犯重罪，翂乞代父死。蔡法度誘之曰：'上知尊侯無罪，行當自釋。'《北史》：楊播與北海王詳議論不屈，詳顧播姪昱曰：'尊伯性剛，不服理。'《唐書》：李林甫恐嚴挺之大用，乃謂其弟損之曰：'上待尊兄意甚厚，盍爲見上策。'此皆稱人之父母伯叔爲尊，而非以自稱其父母伯叔也。然以之自稱，亦有所本。何子平爲揚州從事，月俸得白米，輒易粟麥。人曰：'所利無幾，何足爲煩？'子平曰：'尊老在東，不辦得米，何心獨享白粲。'是自稱其父曰尊老也。《三國志》注：袁術與袁紹書曰：'神應有徵，當在尊兄。'《北齊書》：後主緯居南宮，其弟琅琊王儼從上皇、胡后居北宮，嘗於南宮見新冰早李，還怒曰：'尊兄已有，我何竟無！'後儼殺和士開，後主緯使人召儼，儼曰：'尊兄若欲殺臣，臣不敢逃罪。'此自稱其兄曰尊兄也。隋煬帝將即位，先縊死其兄勇，乃即位。曰：'令兄之弟，果堪大任。'此又自稱其兄曰令兄也。謝靈運《與惠連弟》詩云：'末路值令弟，酬問開心顏。'杜工部詩：'令弟草中來，倉然請論事。'是又自稱其弟曰令弟也。"[1]

"夌"通"令"，在吐魯番文獻裏可以找到證據。60TAM307：4/4（a）《高昌□善等傳供食帳（二）》（1-416）："次廿一日，竺仏喦傳□□□〔斗〕，供渾夌居之〔弊〕□□□"此處的"夌居"，在更早期的吐魯番文書中恰好寫作"令居"，請比較66TAM59：4/2-1（b），4/2-2（b），4/2-3（b）《北涼文書殘稿》（1-17）："□□□〔藏〕吏□□□○○□酒吏□□□吏樊澤、趙宗，〔別〕□□□□○○令居近懇問無時。又□□□□□○財帛吏李○□□□。○洲□○□□。□□□掌典任要□□□。宗掌典任要○○□□□。□□請悉勑齋食□□□禁□□富□□勑下省行鞭□□□。屬□□門遮，不

① （清）趙翼：《陔餘叢考》，欒保群、呂宗力校點，河北人民出版社，2003，第781~782頁。

聽□□□□" ①

前揭吐魯番文書中有"夌子""夅子""夌兒""夅子""夅奴",恰好,我們在吐魯番文獻中發現了"令子""令兒""令奴",形成整齊的對應,72TAM154:16/3（a）《高昌作人令奴等名籍》（1-367）:"□□□忠,令奴□□□ □□○○○□□ □□□□春生 □□ □□□作人春生□□ □□□[相]忠,令奴□□□ [馬]幼武作人□□ □□□[高]延明作人□□□□" 75TAM239:9/3《唐景龍三年（709）十二月至景龍四年（710）正月西州高昌縣處分田畝案卷》（3-556）:"景□[三]年十二月 日寧昌鄉人嚴令子妻白辭。"75TAM239:9/7（a）《唐景龍三年（709）十二月至景龍四年（710）正月西州高昌縣處分田畝案卷》（3-559）:"□□□渠。[由]兄令子分□□□□一段一畝王渠一段一畝匡渠。右同前上件地住君分。三易部田惣廿三畝伯老一丁,每易授六畝、令子、二丁,每易各授二畝。"75TAM239:9/8（a）《唐景龍三年（709）十二月至景龍四年（710）正月西州高昌縣處分田畝案卷》（3-560）:"□□□□廿三畝,常田六畝,[和][德]□□佃 □[畝][住]君佃種。更有二畝,弟令子佃種。"75TAM239:15（b）《唐景龍三年（709）十二月至景龍四年（710）正月西州高昌縣處分田畝案卷》（3-566）:"[判]□□□追住君過對。得坊正白君才狀送,問得歎:王渠二畝,杜渠二畝,[樊]渠二畝半,充伯及堂兄一丁、一老丁分。樊渠二畝,充兄令子分。一弟新丁,未授地。王渠一畝,匡渠一畝,充住君分。三易部田惣廿三畝,伯老一丁,每易六畝,令子、住君二丁每易各授二畝。其地據□種收如前。三家同藉別財,其地先來各□均分訖,不敢編并授田。去八月內北庭府[史]□□[感][與]堂兄□□□錢一千文,充堂弟[迦]□□□□見[付]□□□□匡君政母等具

---

① 請比較《史記》卷一一〇《匈奴列傳》:"漢度河自朔方以西至令居,往往通渠置田,官吏卒五六萬人,稍蠶食,地接匈奴以北。"司馬貞索隱:"徐廣云,在金城,《地理志》云,張掖令居縣。"又請比較敦煌馬圈灣烽燧遺址出土西漢簡牘（圖版見胡之主編《中國簡牘書法系列·甘肅敦煌漢簡》一,重慶出版社,2008,第25頁）:"循客令居趙放字子阿,年卌所,爲人中,壯,黃色,毋須出外塞,吏子奴婢小男女二人,凡積二百六人。"

□□□"令"即"好",《詩‧小雅‧角弓》:"此令兄弟,綽綽有裕。不令兄弟,交相爲瘉。"鄭箋:"令,善也。"漢語中至今還在使用"令郎""令妹"。頗爲重要的是,在公元5世紀至7世紀的吐魯番文書中還有"善奴""善兒","善"亦"令""好",香港新見吐魯番出土《北涼建平五年(441)正月十一日道人佛敬夏葡萄園券》有"張鄀善奴",60TAM339:50/1-1《高昌武城塢作額名籍》(一)》(1-396)有"善奴"2006TSYIM4:3-19b背面《北涼高昌郡高寧縣差役文書》(榮、李、孟205)有"張善奴",64TAM24:26《唐貞觀二十二年(648)索善奴佃田契》(2-177)有"索善[奴]",72TAM151:102,103《高昌作頭張慶祐等偷丁谷寺物平錢帳》(2-109)有"[高]昌解阿善兒"。

又有"夲馬",即"令馬",好馬。64TAM15:18《唐雜物牲畜帳》(2-37):"石押油盤壹,水磨壹合,中磨貳合。大牛捌頭。在外大牛壹頭。夲馬叄匹。草駞叄頭。父駞壹頭。"

又檢60TAM307:5/3(a)《高昌竺佛圖等傳供食帳(一)》(1-413):"次呂僧忠傳,麵六斗,床米一斗二升,供雞弊夲。"此件文書中的"夲",圖錄本《吐魯番出土文書》錄爲"零",是。60TAM307:4/4(a)《高昌□善等傳供食帳(二)》(1-416):"□□[傳],[麵]二斗,供棧頭折無艮,中一人,下一□□□□〔日〕,鄭伽子傳□□斗,供雞弊夲出軍□□ □□斗。次廿一日,竺仂啚傳□□[斗],供渾夲居之[弊][崖]。"此件文書中的前一個"夲",圖錄本《吐魯番出土文書》錄爲"零",後一個"夲",照錄爲"夲"。"雞弊夲"即"雞弊零","零"也是人名,義同"令",意思是"好"。"雞弊"即"契苾",北方游牧民族鐵勒部,後來成爲姓氏,寓意此姓之人來自此部。[①] 2004TMM102:47c《唐殘牒》(榮、李、孟121):"□□

<hr/>

① 清王鳴盛《十七史商榷》卷八八"契苾明官宜從舊":"《舊》契苾何力子明,但云'左鷹揚衛大將軍,兼賀蘭都督,襲爵涼國公',如是而已,《新書》添百數十字,予得明墓碑拓本,婁師德撰,殷元祚書,《新書》所添皆取之碑也。但既欲事增於前,而云'明終於鷹揚衛大將軍',反省却兼賀蘭都督,則非。碑首標題其結銜却正與《舊書》合,宜從之。"引自(清)王鳴盛著,黃曙輝點校《十七史商榷》,上海書店出版社,2005,第791頁。

辛舍［門］雞弊［塯］奴□□□□□□依［撿］［上］件□□□□□謹牒。"《隋書》卷八四《北狄‧鐵勒》："鐵勒……匈奴之苗裔也，種類最多。自西海之東，依據山谷，往往不絕。獨洛河北，有僕骨、同羅、韋紇、拔也古、覆羅，并號俟斤；蒙陳、吐如紇、斯結、渾、斛薛等諸姓，勝兵可二萬。伊吾以西，焉耆之北，傍白山，則有契弊、薄落職、乙咥、蘇婆、郍曷、烏讙、紇骨、也咥、于尼讙等，勝兵可二萬。"《新唐書》卷二百一十七上《回鶻上》："武后時，突厥默啜方强，取鐵勒故地，故回紇與契苾、思結、渾三部度磧，徙甘、凉間。"錢伯泉認爲："高昌王國已是阿波可汗建立的西突厥的附庸。在《高昌□善等傳供食帳》中，又記有阿波可汗的屬部婆瓠（僕固）、渾、雞弊（契苾）、棧頭（延陀）；同墓出土的其他幾件傳供食帳中，也記有思紇（思結）、烏羅渾（烏渾、烏羅焜）。其中僕固、渾、思結、烏羅渾等部游牧于蒙古高原的西部，契必、延陀游牧於今準噶爾盆地的東部，以上事實，反映當時的阿波可汗正處於鼎盛時期。"[1]又："'雞弊零'，'雞弊'爲'契苾'的異譯，也是鐵勒部落名，其部游牧於東部天山內外，'零'爲人名，係'歌楞'的合音。6世紀末，7世紀初，契苾部落的首領即爲'契苾歌楞'，他是唐初名將契苾何力的祖父。"[2]錢伯泉認爲"雞弊"即"契苾"，是，但他認爲"零"爲人名，係"歌楞"的合音，則不確。"零"是人名不假，但其意義是"令"，即"好""善"。王素認爲"雞弊夌（零）"和"雞弊"有別。王氏指出："'雞弊零'似乎祇能作爲契苾羽的異譯，而不能作爲契弊、契苾的異譯。'雞弊'纔是契弊、契苾的異譯。《通典‧邊防十五》'契苾羽'條云：'契苾羽在多濫葛南，兩姓合居。'《唐會要》卷七二'諸蕃馬印'條有'苾羽馬'和'契苾馬'，岑仲勉先生據此認爲：'似契苾、苾羽各一姓。'"[3]

---

① 又參考錢伯泉《鐵勒史鉤沉》，《西北民族研究》1992年第1期；姜伯勤《高昌文書中所見的鐵勒人》，《文物》1986年第12期，第53~54頁。

② 錢伯泉：《從〈高昌□善等傳供食帳〉看突厥汗國分裂時期的形勢》，《吐魯番學研究》2005年第1期，引文見於第26~27頁。

③ 王素：《高昌史稿‧交通編》，文物出版社，2000，第496頁。

王素的以上觀點，除了認爲 "雞弊零" 是 "契苾羽" 的異譯值得商榷外，其他論述言之成理，我們認爲 "雞弊零" 乃一個人的姓名，"雞弊" 是這個人的姓氏，標明來自鐵勒雞弊部落，這是北方草原民族最常見的一種姓氏產生途徑。"零" 即 "令"，意思是 "好"。爲什麼我們認爲 "雞弊零" 之 "零" 即人名呢? 因爲我們還有一個證據，就是在吐魯番出土文獻中還有人名 "雞弊堆奴"，見於 2004TMM102：47c《唐殘牒》（榮、李、孟 121），還有 "張堆奴"，見於 64TAM134：17、18《高昌麴阿留科錢帳》（2-215），還有 "康堆奴"，見於 64TAM5：84《唐諸户丁口配田簿（甲件）（一）》（3-186），這正好説明 "雞弊" 已經爲姓，根據一般規律，原先應該是一個獨立的部落。關於 "契苾"，又請比較唐劉肅《大唐新語》卷七《容恕》："契苾何力，鐵勒酋長也。" 公元 605 年後，高昌八代王麴伯雅臣于鐵勒，當時統治高昌的鐵勒人，主要是緊鄰高昌的天山地區的契弊（契苾）可汗和阿勒泰地區的薛延陀可汗。根據《隋書》卷八四《鐵勒傳》記載，契弊（契苾）在 "伊吾以西，焉耆之北，傍北山" 一線。

【㤉護】

佔有，識認，宣稱自己是該物的主人。64TAM35：20《唐垂拱三年（687）西州高昌縣楊大智租田契》（3-493）："垂拱三年九月六日，寧戎鄉楊大智交〔用〕小麥肆斛，於前里正史玄政邊租取逃走衛士和隆子新興張寺潢口分田貳畝半，其租價用充隆子兄弟二人庸練直。如到種田之時，不得田佃者，所取租價麥，壹罰貳入楊。有人㤉護者，仰史玄應當。兩和立契，畫指爲記。租佃人：楊。田主：史玄政 E；知見人：侯典倉 E。"

上揭文書中的 "有人㤉護者"，即 "有人前來佔有、識認這片田地，宣稱自己是這片田地的主人"。"㤉" 同 "吝"。《正字通·心部》："㤉本作吝。"《商君書·更法》："吾聞窮巷多㤉，曲學多辨。" 引申爲 "佔有、宣稱所有權"。"護" 亦爲 "佔有、宣稱所有權" 義，《南史》卷三六《羊玄保傳附羊希》："占山護澤，強盜律論。" 這裏的 "占" 就是認領、宣稱所有權，唐長孺先生《西晉户調式的意義》有言："'占田' 即漢代的名田，《漢書·食貨志》師古注：‘名田，占田也。’《史記·平準書》：‘賈人有市籍及其家屬皆無得籍名田以便農。’《索隱》云：‘謂賈人有市籍，不許以名占田也。’又‘各以其物自占’。《索隱》云：‘按郭璞云：占，自隱度也。謂各自隱度其財物多少，爲文簿送之官也。若不盡，皆没入於官。’根據這些解釋，名田即是以自己的姓名將田畝呈報上籍。‘占’的原意衹是估計自己財物價值多少，登記上文籍，向官呈報，以便繳納賦税，所估計的財物意味着屬於此人名下，因而占的意義演變而爲佔有（《後漢書》卷二《明帝紀》中元二年即位詔有云：‘流人無名數欲自占者人一級。’‘無名數’即户籍上無名及其家人口數，自占即以名書呈報上籍。參考《前漢書》卷八《宣帝紀》地節三年三月‘流民自占八萬餘口’條師古注）。由此可見西晉占田之制也即是漢代的‘限民名田’。"[1]

　　“恡護”在敦煌文獻中也有[2]，斯2199《咸通六年（865）十月廿三日尼靈惠遺書》：“靈惠衹有家生婢子一，名威娘，留與侄女潘娘，更無房資。靈惠遷變之日，一仰潘娘葬送營辦。已後更不許諸親恡護。”伯3643《咸通二年（861）齊像奴賣地契》：“如□有人恡護，一仰弟齊興清衹當。”伯3281v《押衙馬通達狀》：“伏望大夫仁恩，特賜居住。已後不令親眷諸人恡護侵奪。”斯5700《文樣》：“放汝從良。……故對諸親，給此憑約。已後子孫男女，更莫恡護。”以上諸例中的“恡護”，均指“識認、佔有、宣稱具有所有權”，在傳世文獻中作“吝護”，《魏書》卷九二《列女傳·刁思遵妻魯氏》：“滎陽刁思遵妻，魯氏女也。始笄，爲思遵所娉，未踰月而思遵亡。其家矜其少寡，許嫁已定，魯聞之，以死自誓。父母不達其志，遂經郡訴，稱刁氏吝護寡女，不使歸寧。”（“吝護寡女”即霸佔寡女，宣稱此寡女是其私有）失譯附東晉録《餓鬼報應經》卷一：“曾作道人，爲佛圖主，

---

① 《唐長孺文集》第二卷《魏晉南北朝史論叢續編》，中華書局，2011，第4~5頁。又請參見本書第六章《從乾嘉之學到義寧之學——唐長孺先生在語言文字學領域的貢獻》第四部分《將名物訓詁視爲文獻整理的重要一環》有關内容。
② 以下語例采自張小豔《敦煌社會經濟文獻詞語論考》，上海人民出版社，2013，第403~404頁。

呇護僧物。"（"呇護僧物"即"將僧物據爲己有"）玄奘譯《阿毗達磨俱舍論》卷十二："遂共分田，慮防遠盡。於己分田，生呇護心。于他分田，有懷侵奪。"（"於己分田，生呇護心"即"對於分給自己的那一份田地，産生據爲己有之心"）又作"紇恠"，伯3394《大中六年僧張月光博地契》："從智通舍至智通薗，與智通往來出入爲主己（記）。其法原薗東牆□□□通舍西牆，發原不許紇恠。"

中古和近代漢語又有"忓恠"，與"恠護"同義，《宋京買地券》："故氣邪精，不得忓恠。"[①] 又作"忓擾"，上博48《後唐清泰四年（935）八月十九日曹元深等祭神文》："勿令故氣邪精，橫相忓擾，所游惡氣，遠駈萬里。子孫安吉，永無後難。"[②] 宋熙寧八年《江注地券》："邪精故炁，各不在爭占。"[③] "忓擾"與"爭占"正好可以比較，"爭占"即"爭奪所有權"。[④] 又檢南朝梁天監九年九月二十七日《喬進臣買地券》："其錢交付訖，其地更不淂忓恠。如有忓恠，將作九千，使□作奴婢。"[⑤] 此處的"忓恠"，毛遠明認爲即"忓呇"，擾亂侵侮，并指出"呇"由悔恨引申爲恥辱、侵侮、冒犯[⑥]；何劍麗、黃大祥認爲"忓恠"乃相犯以貪，即侵犯、侵佔[⑦]；蕭旭認爲"忓恠"即"忓淩，忓陵，干

---

① 圖版載成都市文物考古研究所《四川成都北宋宋京夫婦墓》，《文物》2006年第12期。

② 圖版見《上海博物館藏敦煌吐魯番文獻》，上海古籍出版社，1993，第47頁。

③ 原載成都市文物考古研究所、成都市文物考古工作隊《成都市二仙橋南宋墓發掘簡報》，《考古》2004年第5期。

④ 又請比較張家山漢簡247號《二年律令·户律》簡334~336："民欲先令相分田宅，奴婢，財物，鄉部嗇夫身聽其令，皆參辨券書之，輒上如户籍。有award者，以券書從事，毋券書，勿聽。所分田宅，不爲户。得有之，至八月書户，留難先令，弗爲券書，罰金一兩。"（圖版見張家山二四七號漢墓竹簡整理小組編《張家山漢墓竹簡[二四七號墓]》，文物出版社，2001，第34~35頁；錄文見第178頁）"爭"亦爲"爭奪所有權"。

⑤ 圖版見北京圖書館金石組《北京圖書館藏中國歷代石刻拓本彙編》二册，中州古籍出版社，1989，第144頁。

⑥ 毛遠明：《釋"忓恠"》，《中國語文》2008年第4期，第378~380頁。

⑦ 何劍麗、黃大祥：《敦煌文獻詞語辨釋》，《寧夏大學學報》2008年第1期，第14~17頁。

犯、侵犯"之義①，張小豔"恡護"爲"護惜難舍"②。今謹呈上又一釋"（另外有人前來）佔有（此地），宣稱自己纔是這片田地的真正主人"。再請比較《北宋（984）馬隱券》："有別人怦（忤）恡，并是賣地人馬隱□□□自管知當，不［涉］石［涉］［進］［之］［事］。"斯1475背《未年（827？）》《上部落百姓安環清賣地契》："一賣已後，一任武國子修營佃種。如後有人忤恡識認，一仰安環清割上地佃種與國子。""忤恡識認"即"佔有，認領，宣稱此地是自己的"。又請比較73TAM506：05/2（a）《唐大曆四年（769）張無價買陰宅地契》（4-395）："若輒忤犯訶禁者，將軍庭帳收付河伯。"《南宋（1198）朱濟南券》："若輒干犯呵禁，將軍、亭長收付河伯。"又有"奄遏（歇、渴、葛、曷、案）留亭（停）"，"奄遏"即"掩遏"，"獨自佔有，阻攔別人"，唐李商隱《有感》詩之二："蒼黃五色棒，掩遏一蒼生。"又有"留停"即"截留，據爲己有"。72TAM170：88《高昌延昌二年（562）長史孝寅隨葬衣物疏》（1-145）："以此月□□遇患徂殂□□□任意所適，右上所條，盡是□□□用物。時人［張］堅固，李定□□□東海頭，若欲覓海西辟□□□遏留停，急々如律令。"③66TAM48：2《高昌延昌三十六年（596）某甲隨葬衣物疏》（1-334）："不得奄遏留停，急々如律令。"72TAM151：6《高昌重光元年（620）氾法濟隨葬衣物疏》（2-85）："重光元年庚辰歲二月下旬仏弟子厶甲敬移五道大神，持仏五戒，專脩十善，宜向遐齡，任意聽過，不得奄歇留亭，急々如律令。"73TAM116：19《高昌重光二年（621）張頭子隨葬衣物疏》（1-370）："不得奄遏留亭，急々如律令。"73TAM520：4《高昌延和六年（607）碑兒隨葬衣物疏》（1-311）："不得奄遏留亭，急々如律令。"73TAM113：1《高昌義和四年（617）缺名隨葬衣物疏》（1-332）："經涉五［道］，幸勿呵留，

---

① 蕭旭：《群書校補》，廣陵書社，2011，第1080頁。
② 張小豔：《敦煌社會經濟文獻詞語論考》，上海人民出版社，2013，第403~405頁。
③ 又請比較伯希和於1907年在鹽水溝出土的古龜茲文木簡，經過列維（Sylvain Levi）釋讀，其中一篇爲："在鹽關，汝自適用此符，現自……來，偕行者共十人，馬共五匹，牛一頭，放行勿詰，汝亦不得有所留存。"參考劉安志、陳國燦《唐代安西都護府對龜茲的治理》，《歷史研究》2006年第1期。

任意聽［果］，不得奄渴留亭。急々如律令。” OR.8212/579Ast. IX.3.06《高昌延壽五年（628）王伯瑜隨葬衣物疏》斷片（沙、吴1-140）：“▭不得奄曷留亭，急々如▭” 64TAM31：12《高昌重光元年（620）信女某甲隨葬衣物疏》（1-358）：“宜向遐令，永仙難老。經從五道，奄喪。不得留亭。愍然聽過。” 72TAM173：1《高昌延壽十年（633）元兒隨葬衣物疏》（1-421）：“若求欲海東頭，［若］欲覓海西辟，不得奄案留亭，急々如［律］令。” 2004TMM102：4+2004TMM102：6《唐顯慶元年（656）西州宋武歡移文》（榮、李、孟104）：“正信仏弟子竟移▭若欲覓海西辟，［時］▭度▭不得奄葛留亭，急急汝律令。”

與“悋護”同義的又有“遮護”，亦爲“佔有”①，73TAM506：04/8《唐馬寺尼訴令狐虔感積欠地子辭稿》（4-577）：“柳中縣百姓令狐虔感負二年地子青麥一石六(斗)▭六斗。住在高寧城。O右件常住地在高寧城，被上件人每常强力遮護佃種，皆欠三年二年子，不与地子。常住無人，尼復□□弊。其人惛老縱往人往徵，又［被］▭(打).尼女人不▭” 73TAM506：04/16（a）+73TAM506：04/16（b）《唐張小承與某人互佃田地契》（4-581）：“□□［承］匡渠西奇口分常田五畝［東］王令瑋，南▭西官田，北蘇祀奴▭年十一月廿四日□逐隱便將上件地▭酒泉城口分枌渠常田一段五▭［家］各十年［佃］□如以後兩家▭種，各自收本地。如營田以後▭役，各自承√祇，不得遮護。兩共平章，恐人無信，故立此契爲記。數内一畝地子張處直，地主張小承年卌二邊收麥兩斛一斗。保人弟▭契有兩本，［各］執一本。保人張處直E▭保人。” 09ZJ0135《唐開元廿四年（736）三月西州寄莊四品孫上柱國宋庭琜牒爲棄租户不澆溉事》（劉、侯221）：“（前缺）羅［城］□□□東北角菜薗壹所（？）▭牒：庭琜上件薗，先租与高昌□▭其人

---

① 檢“遮”本“阻攔”義，《説文・辵部》：“遮，遏也。”《篇海類編・人事類・辵部》：“遮，攔也，遏也。”引申爲“强佔、搶劫”，伯2482《常樂副使田員宗啓》：“并乘官馬，却取向西去。至到曲泉南，尋得遮牛賊蹤。”

去此月五日私走，［往］［洴］林城，逐□□□□菌并無有（？）澆
溉，見惣枯旱，今欲□□□□□來生於無賴遮護。請乞判命處□，
謹□。開元廿四年三月日寄莊四品孫上柱國宋庭琮牒□□□□身既
私逃□□□□彼今自澆溉□□□　□□□□自（？）［此］（？）
［范］（？）到□□□”高麗藏本玄應《一切經音義》卷二十二《瑜
伽師地論》“遮遏”：“《爾雅》：‘遏，止也。’謂逆相止爲遏。遏
亦遮也。”又考60TAM325：14/1-1,14/1-2《唐西州高昌縣武城
鄉范慈□辭爲訴君子奪地營種事》（3-105）：“□□三年正月日武
城鄉范慈□牒。常田二畝。［縣］司。阿張先共孫男君子分田桃，
［各］自別佃。［昨］共孫□君子［平］章，得今年地營種。其阿
［張］男□替人安□□身無，却即奪前件地，［持］□□□□［見］有
□□書，各執一本，限中可驗。謹□□□□請裁。［謹］□。□城追
軍子過果。□□□□四日。”此處之“奪前件地”正可以與我們討論
的“遮護佃種”相比較，都是指强行佔有土地營種，法律名稱即
“盜耕種”或“侵奪私田”，犯者有罰[1]。又請比較“忓護種蒔”，
亦爲“搶佔耕種”，BD16153《唐大順二年正月七日楊文盛出租
地契》：“其地中間不許別人忓護種蒔，若有別［人］忓護者，一
仰楊文成知當。”

　　在吐魯番出土的中古時期的契約裹，寫明了有關所有權認領
與追奪的條文，64TAM15：29/2《高昌延壽十四年（637）康保
謙買園券》（2-23）有“訶盜您佫”，64TAM10：37《高昌延壽八年
（631）孫阿父師買舍券》（2-206）有“何盜您佫”，69TAM117：
57/1《某人用練買物契》（2-297）有“何盜您□”，73TAM506：
4/33《唐乾元二年（759）康奴子賣牛契》（4-549）：“駕車咽犍牛
□□□年捌歲，乹元元貳年正月十日，交用錢叁阡伍伯文，於康奴
子邊買取前件牛。其錢及牛，即立契日各交相分付。如立契已後，

---

[1] 《唐律疏議·户婚》“盜耕種公私田”：“諸盜耕種公私田者，一畝以下笞三十，五畝加
一等，過杖一百，十畝加一等，罪止徒一年半。荒田，減一等。强者，各加一等，苗
子歸官主。”又同卷“在官侵奪私田”條：“諸在官侵奪私田者，一畝以下杖六十，三
畝加一等，過杖一百，五畝加一等。罪止徒二年半。園圃，加一等。”

在路有人寒盜認識者，一仰牛主康奴子知。"① 請比較敦煌吐蕃文獻 P.T1088/1《買牛契》（漢譯）："［關於］這頭牛，不管引起大小訴訟，［任何］起訴方不論［等級］高低，或有人聲稱是牛的［真正］主人，導致［買方］未能買得此牛，格丹承擔一切後果。"② 總之，以上契約均涉及有關標的的所有權之爭，陳永勝指出："敦煌契約中買賣牛畜、土地等時，賣主要擔保其標的物無'寒盜'，即保證標的物不爲第三人追奪或主張權利。"③

與"悆護"相關的還有"固遮刃（認）名""禁呵志認""庶（識）忍（認）""識""認名""古（沽）名""仞（認）名"④"識認""認識"您（認）佲（名）"，均指"佔有、識認、認領、截留，宣稱自己是主人"⑤。《玉篇·言部》："認，識認也。"高臺縣駱駝城遺址出土《建興二十四年（336）三月墓券》："建興廿四年三月癸亥朔廿八日庚寅，直開，涼州建康郡表是縣顯平亭部顧軍吏亡車馬、牛羊、盤杆、梧案、衣木，皆於方市買賣，錢九萬

---

① 請比較敦煌文書斯 1475《寅年令狐寵寵賣牛契》："如後牛若有人識認，稱是寒盜，一仰主保知當。"

② 譯文引自武內紹人著，楊銘、楊公衛譯、趙曉意校《敦煌西域出土的古藏文契約文書》，新疆人民出版社，2016，第 30 頁。

③ 氏著《敦煌買賣契約法律制度探析》，《敦煌研究》2000 年第 4 期。中古契約嚴格規定如果另外有人前來爭奪標的物，宣稱自己纔是其主人，那麼一切責任由賣方和保證人（而不是買方）承擔，因爲這件標的物有可能是賣方偷搶或拐騙而來。73TAM509：8/7《唐開元二十一年（733）石染典買騾券》（4-280）："開元廿一年二月廿日，石染典交用大練壹拾柒疋，於西州市買從西歸人楊荊琬青草五歲。近人頰脾有蕃印并私印，遠人膊損。其騾及練，［即］日交相付了。如後寒盜有人識認，一仰主保知，不關買人之□。［恐］［人］［無］［信］，［故］［立］［私］契爲記。"請比較 73TAM509：8/16（a）之三《唐開元二十一年（733）西州都督府案卷爲勘給過所事》（4-286）："准狀責問，得保人麴也誠等五人欵：麴琰所將人畜，保并非寒盜誆誘等色者。"73TAM509：8/4-3（a）《唐開元二十年（732）薛十五娘買婢市券》（4-266）："保上件人婢不是寒良誆誘等色。"73TAM509：8/5（a）《唐西州天山縣申西州户曹狀爲張無瑒請往北庭請兄辦事》（4-334）："得里正張仁彥、保頭高義感等狀稱：'前件人所將奴畜，并是當家生奴畜，亦不是誆誘彼他等色。如後有人糺告，稱是誆誘等色，義感等連保，各求受重罪者。'"又請比較伯 3078，斯 4673《神龍散頒刑部格》殘卷："一盜計贓滿一匹以上，及誆誘官私奴婢，并恐喝取財，勘當知實，先決杖一百，仍依法與罪。一私鑄錢人，勘當得實，先決杖一百，頭首處盡。"

④ 關於從"刃"得聲之字的讀音，參見郭錫良《漢字古音手冊》（增訂本），商務印書館，2011，第 368 頁。

⑤ 吳震將"認名"釋爲"指認……爲其所有"，近是。參看《吳震敦煌吐魯番文書研究論集》，上海古籍出版社，2009，第 393 頁。

九千九百九十九錢，即□□□不得固遮刃名，知券者，左青龍，右白虎，前朱雀，後玄武。急女如□□□"①湖北鄂州郭家細灣六朝墓出土《元嘉十六年買地券》："丘承墓伯之神，地下禁忌，不得禁呵志認。"②《北魏太和元年（477）鄈觚縣郭孟給買地券》③："太和元年二月十日，鄈觚民郭孟給從兄儀宗買地卅五畮，要永爲家業。與穀卅斗，要無寒盜。□若有人庶忍，仰倍還本物。"《北魏正始四年（507）九月張神洛買地券》："其地保無寒盜，若有人識者，折成畮數，出兜好□平□。"④（"其地保無寒盜"即此田地要有保人作保，保證不會有人來爭奪所有權，呵斥此田地是從自己手中搶奪而來）73TAM524：34（b）《高昌章和五年（535）令狐孝忠妻隨葬衣物疏》（1-130）："黃今（金）千斤，白銀百斤，細錦百張，褶袯三具，錢財万匹，證天依万丈，山河石殘，不得古名，急々如律令。"（"不得古名"，即不得認領而據爲己有⑤）75TKM96：17《北涼真興七年宋泮妻隗儀容隨葬衣物疏》（1-28）："高□□□鄉延壽里民宋泮故妻隗儀容□□□謹條隨身衣物數，人不得仞名□□□辛關津河梁，不得留難，如律令。"⑥

　　由此可見，這種對所有權的認領追奪傳統⑦，可謂源遠流長，無論在陽間還是在陰間都不例外。1991 年，在甘肅武威市新華鄉頭壩村兩座漢晉墓出土了四枚木牘，其中一枚爲晉代隨葬衣物疏⑧，內容是："（升平）十三年五月二十一日，主人父母與烏獨渾

---

① "遮"即"障旱（碍）"，均爲"阻攔別人，據爲己有"，《隋（610）陶智洪券》："塋送之［後］，不得更相障旱。天地水三官刑石爲券。張兼固、李定度明如奉行。"

② 正面及左側文字摹本參考黃義軍等《湖北鄂州郭家細灣六朝墓》，載《文物》2005 年第 10 期。

③ 圖版據劉慶柱《陝西長武縣出土太和元年地券》，《文物》1983 年第 8 期。

④ 拓本見北京圖書館金石組編《北京圖書館藏中國歷代石刻拓本彙編》第二冊，中州古籍出版社，1989，第 12 頁。

⑤ 考"古""沽"通。《儀禮·既夕禮》"弓矢之新沽功"漢鄭玄注："今文沽作古。""古名"即"沽名"，識認、認領。

⑥ 《道藏》第八冊《靈寶領教濟度金書》卷二百六十一載有一種道士死後的告文，其文如下："維某國某年某月某日，某處某觀道士滅度，欲歸蒿里，依儀送終。所在諸廟山川社稷，沿路一切神祇，不得妄有呵留，急急如太上女青詔書律令敕。"

⑦ 可以參見田天《西漢中晚期遣策的變遷及其意義》，王煜編《文物、文獻與文化——歷史考古青年論集》，上海古籍出版社，2014，第 21~27 頁。

⑧ 梁繼紅：《武威出土的漢代衣物疏木牘》，《隴右文博》1997 年第 2 期，第 21~24 頁。

十九種衣物，生時所着所衣。山川、谷郭、黃泉、河津、橋梁，不得妄荷□夢，荷妄遮□，持此券上詣倉天，叩頭，如律令。"其中的"妄荷□夢，荷妄遮□"，田河校注爲"隨意盤查阻止"[①]，盧朝校注爲"妄荷托夢，荷妄遮脱"，認爲是指"讓死者隨意托夢以煩擾他的親人，阻攔死者魂歸黃泉"[②]，我們認爲其中的"荷"即"苛（呵、訶）"，強行扣留阻止，據爲己有。在中古時期的江南地區的隨葬衣物疏裹，也有警告他人不得將死者隨葬衣物冒名認領、強行霸佔的條文，江西南朝雷陔墓出土衣物疏末尾書："永和八年（352）七月戊子朔，五日壬辰，江州鄱陽郡鄱陽縣□□□□□南昌令雷陔命婦鄱陽□漲北馬年八十六，即醉酒身喪，物疏如女青詔書，不得志者。"[③]此處的"志"，即"認領、據爲己有"。長沙北門桂花園東晉墓衣物疏更是這樣寫道："其隨身衣物，皆潘生存所服飾，他人不得妄認詆債。"[④]又請比較美國伊州麥克林藏《前涼和平二年（355）姑臧郭富貴衣物疏》，其文有云："所有隨身衣物麤細皆是生時所有，蒿里有仞名者，案疏不取。"[⑤]在十六國至高昌國時期的隨葬衣物疏中，就常常有警告他人不得冒名認領死者隨葬品的條款，上揭75TKM96：17《北涼真興七年宋泮妻隗儀容隨葬衣物疏》（1-28）："高□□□□鄉延壽里民宋泮故妻隗儀容□□□□謹條隨身衣物數，人不得仞（認）名□□□辛關津河梁，不得留難，如律令。"97TSYM1：5《闞氏高昌永康十二年（477）閏月十四日張祖買奴券》（榮、李、孟125）："奴若有人仞（認）名，仰醜了理。祖不能知，二主和合，共成券書之後，各不

---

① 田河：《武威出土漢晉簡牘整理與研究》，博士後出站報告，西北師範大學，2012。
② 盧朝：《對十三年衣物疏木牘的再釋讀和相關問題的探討》，《華夏考古》2014年第4期，第107~109頁。
③ 江西省文物考古研究所、南昌市博物館：《南昌火車站東晉墓葬群發掘簡報》，《文物》2001年第2期，第12~41頁；白彬《江西南昌東晉永和八年雷陔墓道教因素試析》，《南方文物》2007年第1期，第78~83頁。
④ 李正光：《長沙北門桂花園發現晉墓》，《文物參考資料》1955年第11期，第134~136頁；史樹青：《晉周芳命妻潘氏衣物券考釋》，《考古通訊》1956年第2期，第95~99頁。
⑤ 張立東：《美國麥克林氏藏前涼郭富貴衣物疏》，《西域研究》2017年第2期，第85~97頁。

得返悔。"這種雖隨葬衣物所有權的冒名認領警告傳統，或許是南朝通過河西地區再傳入高昌的。[1]

在較晚時期的敦煌契中，"恡護"換了一個説法，即"侵射"，伯3649《後周顯德四年（957）吳盈順賣田契》："自賣已後，永世琛家子孫男女稱爲主記爲准，有吳家兄弟及别人侵射此地來者，一仰地主面上并畔覓好地充替。"又有"稱爲主者""寢劫""諍論"，均爲"佔有，識認，宣稱自己是真正的主人"。斯2385《陰國政賣地契》："□□□稱爲主者，一仰叔祇當，并畔覓上好地替。如□□□□已後，不許别房俚男寢劫，如若無辜非理諍論，願□□□□天傾地陷。"斯3877背《天復九年己巳洪潤鄉百姓安力子賣地契》："自賣已後，其地永任進通男子孫息俚世世爲主記。"

【麥秋】

"麥"指夏天成熟收穫的麥（主要是大麥）；"秋"指秋天成熟收穫的床粟及小麥。從高昌租佃券可知，當時每畝常田租額是麥（主要是大麥）、秋（床或粟）各5斛。秋天收穫糧食，往往是比較好的土地，可以一年兩熟，而有的土地往往祇能春種夏收，一年一熟。在吐魯番契券中，涉及有償租借田地時，償還租價往往是"麥秋"或"麥床"連在一起説，一般是夏天大麥（還有青麥）成熟時，還"麥"，秋天秋小麥或床成熟時，還"秋（麥）"或"床"，而且"麥"與"秋"等量支付、"麥"與"床"等量支付，但如果是"粟"，就不是等量，而要稍多支付。總之，"麥秋"是聯合詞組，指夏天收穫的大麥（青麥）和秋天收穫的床、粟或小麥。相關的術語還有"秋菜"即秋天成熟收割的蔬菜；"秋田"即秋天收穫的田地；"秋苗""秋青苗"即唐代賦税名，本爲解決京官俸錢而增設，唐代兩税法前後的青苗錢性質不同，前期青苗錢爲獨立的田畝税收，兩税法後才成爲兩税的附加税。根據《唐六典》卷三倉部郎官條，每年户别"具所種苗頃畝，造青苗簿"，爲

① 金弘翔：《魏晋南北朝時期衣物疏地域傳統的形成與交流——兼談高昌衣物疏的淵源》，《西域研究》2020年第1期，第31~41頁。

地稅徵收依據，青苗錢據墾田地畝徵，亦即據青苗簿徵（負責掌管青苗簿者爲州户曹，據簿徵收者爲州倉曹）。相對於地畝（頭）錢而言，青苗錢徵收早，故而民間有苗青始徵之説。青苗錢與夏季徵收的户稅、地稅時間一致。或許地畝（頭）錢徵自秋季，百姓訛爲地頭錢，或許青苗地畝錢本是一稅，分夏秋兩次徵收，稅率不一，民間將徵收較早的稱爲青苗錢（以與苗青對應），而將後徵的稱爲地畝、地頭錢。據吐魯番出土文書中的"佃人文書"和"堰頭牒"，青苗簿往往按照灌溉系統的渠堰編制，由管理水利的堰頭向上級申報，簿中記載該堰頭所管渠水灌溉系統諸户青苗畝數，自佃人和佃人姓名，以及田畝四至和作物種類，以徵收地稅；"秋青苗"即秋稅青苗錢，秋天徵收的青苗稅，北方秋糧數額大于夏糧，故而夏稅少于秋稅；又有"秋苗"，即官府徵收的秋熟糧食賦稅，也稱秋稅。67TAM377：05《高昌乙酉、丙戌歲某寺條列月用斛斗帳歷》（1-404）："□□□[伍]戙，作麨，麥壹酛伍戙，作牛酢。床叁酛貳[戙]□□□□□用雇陸人種秋，并食糧。"（"種秋"即夏天播種、秋天收穫）72TAM153：31《高昌延壽六年（629）鄭海佳（？）雇夏田券》（1-426）："□[壽]六年己丑歲正月十日，鄭海佳（？）從賈□□□□[夏]東渠內闞寺常田肆畝，要逯壹年，[得]□□□□□□[價]大麥伍酛，與秋伍酛，到五月內，上麥□□□□□使畢。若過[期]□不[畢]□□□□"（此處的"秋"即"秋天收穫的糧食，包括床粟及小麥）86TAM387：38-2《高昌賃馬殘券》（柳413）："（前缺）□□□馬壹匹，得脫壹人□□□□內償秋究拾酛，草□□□□將帀共催駈使畢，若回[來]□□□ 帀悉不知，竹安自承□□□得返悔，悔者壹罰貳入不悔者。民右□□□□署名爲。[倩]書□□□（後缺）"64TAM24：26《唐貞觀二十二年（648）索善奴佃田契》（2-177）："貞觀廿二年十月卅日，索善[奴]□□□□夏孔進渠常田肆畝，要逯□□□年別田壹畝，与夏價大麥五酛。與□□□□々到五月內償麥使畢。到十月內償□□畢。若不畢，壹月麥秋壹酛上生麥秋壹□□。若延引不償，得捵家資平爲麥秋直。若身□西無者，一仰妻兒及收後者償了。取麥秋之日，依高昌舊故平袁酛中取。使净好，若

不好，聽向風常取。田中租課，仰田主。若有渠破水讁，仰［佃］
□□□□［指］爲信。田主趙，佃田人索善奴 E（引者按：E 指在
姓名下的空白處畫指，下同），知見人馮懷勛勛 E，知見人劉海願
E。"64TAM24：28《唐永徽二年（651）孫岑仁夏田契》(2-178)：
"永徽二年十月一日，孫岑仁於趙歡相□□□□渠常田肆畝，要迄六
年佃。年田壹畝，與夏價□□□□［酐］。到五月内，上麥使畢；
十月内，上秋［麥］□□□［其］［月］［不］［畢］，［壹］□□□
［舊］袁酐中取。使□□□若不净好，聽向風常取。租殊佰伇，仰
田主了。渠破水讁，仰佃田人了。壹年与草肆圍，與戮壹車。兩
主和可，獲指爲信。田主明元 E；夏田人孫岑仁 E，知見□阿護
E；知見索阿側。"73TAM501：109/3《武周（？）西州高昌縣王
渠某堰堰頭牒爲申報當堰見種秋畝數及田主佃人姓名》(3-394)：
"王渠孫師坦（下殘）氾申居壹畝尚（引者按：此字朱書，以下
的昌、西亦然）種秋，自佃。東□□□［賈］信南張隆，北曹居
記、孟真義壹畝尚。種種（引者按：第二個"種"或爲"秋"之
誤）。佃人氾申□，東功曹，西賈信，［南］□□□北曹居記。康禿
子壹畝昌。種秋。佃人翟安智，東功曹，西隆信，南張隆，北曹
□□□張隆信二畝西。佃人趙頭壽，種秋。東功曹，西白仁［達］，
南曹［默］［是］，［北］□□□□□□昌。［種］［秋］。□□
"73TAM506：04/5（a）《唐孫玄參租菜園契》(4-580)："馬寺菜
薗壹畝，東賈敏，西斯越麻□，南道，北王望□□□孫玄參［於］
□寺徒衆邊租取□□□青麥拾斛，粟拾斛。如取麥粟□□□□家資
車牛雜物，平充麥直。□□□□拾束与寺家。秋菜一畦從南□□□
□□□入孫，一分与寺家。收秋与介壹伯束，每日□□□一畦子，
仰寺知當。其薗稅子，兩家共知。□□□□限，如限未滿，改租別
人者，罰錢參拾阡入孫。□□□□薗内修理疏菜不如法，任改租別
人。如薗内□□□□水罰，仰佃人。諸渠雜役，仰佃人。兩主和同
立此契□□□□本，各執一本爲記。薗主。"60TAM337：18（a）
《唐龍朔三年（663）西州高昌縣張海隆夏田契》(2-229)："其秋
麥二人庭分。"86TAM386：35-2b　33-4b《高昌延和四年（605）
連相忠等夏田券》(柳 423)："□□□□乙丑歲正月二日，連相忠

從馬寺主惠岳□□邊夏張渠常田叁畝，要迄壹年。田要用種麥（？），到七月内畝［与］［夏］［價］□□□酙□□□畝与夏床伍酙。次相忠夏秋田柒□□□粟拾肆［酙］，要与相忠耕牛□□□□□人從馬寺主惠岳邊夏□□□畝与夏價粟拾肆，要□□□壹日。次馬□麻從馬寺主惠岳邊夏張［渠］□陸畝，田要用種秋，到□□□［夏］價［粟］□□□［要］耕牛壹□□□"2006TZJ1：162《唐景龍二年（708）十一月八日西州高昌縣寧大鄉肯義租田契》（榮、李、孟 326）："景龍二年十一月八日寧［大］［鄉］□□□都維、寺主、徒眾等邊，租取□□□秋田叁畝，其［田］總与床拾酙，別取□□□家平酙量還，□［須］净好，不許濫惡。其田□□□肯義平填，要迄叁［熟］，□□□理渠堰，仰肯方□□□大例，如年月未滿，不得忠途改奪，［別］□□□［各］［執］壹本，兩和立契，畫指爲記。田主。□□□田主。佃人肯［義］□□□知見人□□□知見人□□□"檢唐沈佺期《夏日梁王席送張岐州》詩："芃芃秋麥盛，苒苒夏條垂。"在敦煌文獻中有不少《朋友書儀》寫卷，其中就有"五月仲夏，夏中、暑熱、甚熱、暑雨、溽暑、麥秋，氣亦季夏"的話。唐劉長卿《鸑鷟歌》："朝去秋田啄殘粟，暮入寒林嘯群族。唐王建《寄賈島詩》："僮眠冷榻朝猶卧，驢放秋田夜不歸。"大谷 2369《周天授二年（691）西州高昌縣諸堰頭等申青苗畝數佃人牒》（《大谷》一圖版八○）："辛弼子肆畝，佃人闞和達，大；一段陸畝半。佃人康［□□□］子，平。燥件通當堰秋苗如前，謹縢。"大谷 1211《周天授二年（691）西州高昌縣諸堰頭等申青苗畝數佃人牒》（《大谷》一圖版七三）："燥件通當堰秋青苗畝數，具主佃人姓名如前，如後有隱没一畝已上，請依法受罪。［謹］［縢］。"可資比較的還有"苗""青苗"，73TAM501：109/4《武周（？）西州高昌縣石宕渠某堰堰頭牒爲申報當堰見種苗畝數及田主佃人姓名事》（3-393）："燥件通當堰見種苗□□□具姓名如前，［謹］［縢］。"73TAM501：109/2《武周如意元年（692）堰頭令狐定忠牒爲申報青苗畝數及佃人姓名事》（3-391）："肆畝，佃人史［醜］［面］□□□燥件通當□青苗畝數，佃人姓名如前，謹縢。如意元秊八月日堰頭令狐定忠縢。"（武周新字已改爲通行漢字）考《册府元龜》卷四九一《邦計部·蠲復門》“元和七年二月庚寅”制：“其京兆府欠去年兩税青苗等錢二萬一千八百貫，欠秋税雜斛斗及職田粟五萬三千三百石，并宜放免。”《册府元龜》卷五〇二《邦計部·平糴門》：“京兆府量加五之二，以當府秋税青苗錢折納。”《册府元龜》卷五〇六《邦計部·俸禄門》“永泰二年五月”條：“初，肅宗乾元已來，屬天下用兵，京司百官俸錢減耗，（代宗）即帝位，推恩庶寮，下議公卿。或以税畝有苗者，公私咸濟，乃分遣憲官税天下地青苗錢，以充百司課科。”又“大曆三年一月”條：“初，以常賦不給，乃税人墾田，畝十有五錢，資用窘急，不暇成熟，候苗青即徵之，故謂之青苗錢。”又《册府元龜》卷四九〇《邦計部·蠲復門》“永泰二年十一月庚辰”敕：“其青苗地頭錢亦宜三分放一，先欠永泰元年地頭錢十四萬九千一百四十一貫并宜放免。”①

【毛】

三。大谷 1505《殘契》（《大谷》一圖版一三一）：“（前缺）同取人：［男］□▭保人：史毛娘。”毛：《大谷文書集成》《吐魯番出土文獻總目（日本收藏卷）》均録爲“屯”②。

此字應該是“三”的俗寫，“史毛娘”即“史三娘”，請比較TAM240：1/5《唐借麥殘契》（4-50）：“▭［九］年▭并妻二人于▭硏［柒］斫，□□限□▭若□期不付，任［奪］▭充麥［直］。有剩不［追］，▭□仰收後［妻］［兒］代

① 又參考《新唐書》卷五一《食貨一》、清顧炎武《日知録·豫借》、清袁枚《隨園隨筆·辨訛下》。李錦綉指出：“在西州，青苗簿以渠爲單位，詳記了耕種者的姓名及耕地畝數，它可能具有管理用水、保證用水的分配及渠網暢通的作用，儘管如此，這并不是青苗簿的主要職能。”“結合吐魯番出土文書，可以認爲青苗簿是爲了政府徵收地税而造，至於保證水渠管理以及瞭解水旱蟲霜的損害程度等，也衹不過是青苗簿的比較次要作用而已。不論寬鄉、狹鄉，地税徵收的依據，衹有青苗簿。”（氏著《唐代財政史稿》第二册，第 88 頁）李錦綉又指出：“秋税雜斛斗即秋税青苗錢折糴的斛斗。元和六年積欠中，秋税無錢衹有斛斗，表明此時秋税青苗錢已多用於折糴，這一改革其來有漸。”（氏著《唐代財政史稿》第五册，第 58 頁）

② 文書中的“娘”，《大谷文書集成》録爲“狼”，《吐魯番出土文獻總目（日本收藏卷）》録爲“娘”，參見陳國燦、劉安志《吐魯番文書總目（日本收藏卷）》，武漢大學出版社，2005，第 54 頁。按“狼”在此不詞，檢圖版，此字雖在形體上接近“狼”，但實際上應該是“娘”。

還。兩□〔和〕□，畫指爲記＿＿＿毛娘。"檢《龍龕・雜部》："毛，音三。"《龍龕》注音有兼釋義的特點。又檢《改并四聲篇海・毛部》引《俗字背篇》："毛，毛郎，碑名。曾驗書無此毛字，蠻人呼參爲毛，其毛郎神，元本三郎神也。"《字彙・毛部》："毛，毛郎神，即三郎神也。"《字彙・毛部》："毛，蠻人鄉談轉聲爲山也。又毛陽鎮，在沂州費縣。"明謝肇淛《五雜組・事部一》："余在山東行部，沂州有毛陽迖，檢司懵然不識，問胥曹，曰：'音山。'"（在四川方言中，"三""山"亦完全同音）"毛"其實是"三"的增筆繁體字。吐魯番及西域其他地區出土的契約確實有"三娘"之稱，如"馬三娘"，OR.8210/ 斯 5871D.VII.4a《唐建中三年（782）閏正月行官霍昕悅便粟契》（沙、吳 2-318）："大曆十七年閏〔正〕＿＿＿無糧用，交無□□□於護國寺僧虔英邊便粟壹拾柒□□□粟霍昕悅自立限至九月內還。如違〔限〕□□□〔任〕僧□〔英〕牽掣霍昕悅家資牛畜，將充粟直。有剩不追，恐人無信，故立私契。兩〔共〕對面平章，畫指爲記。粟主 E。便粟人行官霍昕悅年卅七 E；同便人妻馬三娘年卅五 E；同取人：女霍大娘年十五。"又有"楊三娘"，大谷 8047《庫車庫木吐拉所出土唐大曆十六年（781）三月楊三娘舉錢契》："大曆十六年三月廿日，楊三娘□□（爲要）錢用，遂於藥方邑舉錢壹阡文，□□（每月）納貳佰文，計六個月，本利并〔納〕□□取錢。後東西逃避，一仰保人等代。□□□□，每齋前納。如違，其錢請陪。□恐人無信，兩共對面平章，畫指爲記。舉錢人楊三娘年卌五 E，保人僧〔幽〕〔通〕年五十六幽 E。（後缺）"[①]。在漢字史上，"毛"既是"毛""屯"的俗寫（清項懷述編《隸字彙》卷四："毛。毛，即毛字。"）[②]，也是"三"的俗寫，又請比較 60TAM338：14/4《高昌延壽二年（625）田婆吉夏樹券》（2-240）有"張毛富"，

---

① 文書原件圖版見香川默識《西域考古圖譜》下卷《史料》（12），〔日〕香川默識編《西域考古圖譜》（據日本國華社 1915 年版影印），學苑出版社，1999；小田義久《大谷文書集成》三圖版二五，法藏館，2003，第 220 頁。六朝石刻已見"毛"，又參梁春勝《六朝石刻叢考》，中華書局，2021，第 81~87 頁。
② （清）項懷述編《隸字彙》卷四，中華書局，2014，第二冊，第十一頁。

73TAM206：42/12-1《唐李某殘名籍》（2-340）有"賀乇師"，又
檢 72TAM178：5《唐開元二十八年（740）土右營下建忠趙伍
那牒爲訪捉配交河兵張式玄事一》（4-185）："得上件人妹阿乇經
軍陳辭：前件兄身是三千軍兵名，當今年三月配交河車坊上，至
今便不回，死活不分。阿乇共兄別［藉］，［又］□□□□兄更有
番役，浪有牽挽。阿乇孤獨一身，有無夫［智］。"以上四例中的
"乇"究竟是"三"，還是"乇"或"屯"，可以再研究，我們認爲
是"三"，"阿三"是一名尚未出嫁的女性（上揭吐魯番文書明言
此女"孤獨一身，有（又）無夫［智］"），故用排行稱呼，這是
中古時期習慣，《顏氏家訓·風操》："凡言姑姊妹女子子，已嫁，
則以夫氏稱之，在室，則以次第稱之。"在吐魯番文獻中，"阿"
確實有不少加在數目字前的用法，請比較"阿四"，73TAM206：
42/10-2《唐質庫帳歷（？）（三）》（2-329）："□小綾衫子一，□
阿四正月十八日取伍拾文，其月十九日贖付了。"68TAM108：20
（a）之二《唐開元三年（公元七一五年）西州營牒爲通當營請馬
料姓名事一》（4-21）："第三隊火長仇阿七火內人武千。"

第三章　絲綢之路詞彙研究

——虛詞篇

第一節　吐魯番出土文獻前綴 "阿"

在吐魯番出土文獻中，"阿"是最活躍的一個名詞前綴（prefix）。

前綴 "阿"似乎是世界語言的共性，清趙翼《陔餘叢考》卷三八 "阿"條已有論及："俗呼小兒名，輒曰阿某，此自古然。如漢武云：'若得阿嬌，當以金屋貯之。'蜀先主謂龐統曰：'尚者之淪，阿誰爲失。'魯肅拊呂蒙背曰：'非復吳下阿蒙。'阮籍謂王渾曰：'與卿語，不如共阿戎談。'以及謝惠連之稱阿連，唐武后之稱阿武婆，韋后自稱阿韋之類。亦有不連其名而直以次第呼之者。《魏略》：散騎皆以高才充選，獨孟康以外戚得之，人共輕之，呼爲阿九。《梁書》：武帝謂臨川王宏曰：'阿六，汝生活大可。'《隋書》：文帝呼其弟瓚爲阿三。《五代史》：王從珂小名阿三，莊宗見其勇，曰：'阿三不惟與我同年，其敢戰亦類我。'各處方言不同，而以阿呼名，遍天下無不同也。本朝國語亦以阿厄漪起。而余隨征緬甸，軍中翻譯緬文，亦多阿喀拉等音，凡發語未有不起于阿者。嘗細思其故，小兒初生到地，開口第一聲即係阿音，則此乃天地之母音，宜乎遍天下不謀而同然也。"[1]

正因爲 "阿"在世界不少語言裏都有，所以也不排除相互影響。漢語前綴 "阿"或許與語言接觸有關。古突厥語、回鶻語、吐蕃語都帶有 a，在維吾爾語、烏兹別克語、塔塔爾語、蒙古語、

---

[1]　（清）趙翼著，欒保群、呂宗力校點《陔餘叢考》，河北人民出版社，2013，第795頁。

土族語、藏語、爾龔語、史興語、哈薩克語、西部裕固語、撒拉語、達斡爾語、東鄉語、札巴語中都有 a，羌語、納木義語是 e，受到突厥語的影響，即使是鮮卑語的"莫賀"，白鳥庫吉也擬音爲"abaga"。[①] 以上語言有不少屬於北方阿爾泰語系，它們在長期與北方漢語的接觸過程中，不排除對漢語前綴"阿"的産生和完善起到了原創性或輔助性作用。

吐魯番出土文獻中的前綴"阿"有以下八種用法。

1. 用在已婚女性姓氏之前（比如用于契約文書以及判決文書中）

清顧炎武《日知録》卷三二"阿"："《隷釋·漢殽阮碑陰》云：'其間四十人，皆字其名，而繫以阿字，如劉興阿興、潘京阿京之類，必編户民，未嘗表其德，書石者欲其整齊而强加之，猶今閭巷之婦以阿挈其姓也。'《成陽靈臺碑》陰有主吏仲東阿東。又云：'惟仲阿東，年在元冠，幼有中質。'又可見其年少而未有字。《抱朴子》：'禰衡游許下，自公卿國士以下，衡初不稱其官，皆名之云阿某，或以姓呼之爲某兒。'《三國志·吕蒙傳》注：魯肅拊蒙背曰：非復吴下阿蒙。《世説》注：'阮籍謂王渾曰：與卿語，不如與阿戎語。'皆是其小時之稱也。（亦有以阿挈其字者。《世説》：桓公謂殷淵源爲阿源。謝太傅謂王休齡爲阿齡，謂王子敬爲阿敬。）婦人以阿挈姓，則隋獨孤后謂雲昭訓爲阿雲。唐蕭淑妃謂武后爲阿武。韋后降爲庶人，稱阿韋。劉從諫妻裴氏稱阿裴。吴湘娶顔悦女，其母焦氏稱阿顔、阿焦是也。"[②] "阿"在吐魯番出土文獻中的此類用法甚多，75TAM239：9/3《唐景龍三年（709）十二月至景龍四年（710）正月西州高昌縣處分田畝案卷》（3-556）："景□［三］年十二月　日寧昌鄉人嚴令子妻白辞。

① 〔日〕白鳥庫吉：《東胡民族考》，方壯猷譯，商務印書館，1934，第 241 頁。又檢《宋書》卷九六《鮮卑吐谷渾列傳》："遂立子視連爲世子，委之事，號曰莫賀郎，莫賀，宋言父也。"《魏書》卷一百一《吐谷渾傳》："號曰莫賀郎，華言父也。"聶鴻音認爲"父"是"大"之訛，是梵文 mahā（《古代語文論稿》，中國社會科學出版社，2014，第 328~329 頁），敦煌藏文文書《吐谷渾紀年》作 mahā。關於漢語前綴"阿"的來源，可參見黄樹先《試論古代漢語 *A 前綴》，《語言研究》2000 年第 2 期；李明曉《關於漢語名詞前綴"阿"産生與發展的再思考》，復旦大學出土文獻與古文字研究中心網站 2012 年 10 月 13 日。
② （清）顧炎武著，陳垣校注《日知録校注》，安徽大學出版社，2017，第 1851~1852 頁。

夫堂弟住君。縣司：阿白夫共上件堂弟同藉，各自別居。一户惣有四丁，三房別坐。藉下見授常田十畝已上，除夫堂兄和德爲是衛士，取四畝分外，餘殘各合均收。乃被前件夫堂弟見阿白夫并小郎等三人逃走不在，獨取四畝，唯与阿白二畝充二丁分，每年被徵阿白兩丁分租庸，極理辛苦。請乞處分，謹辞。虔（？）自（？）示。廿一日。安樂坊，嚴住君。右奉判付坊追住君過對者，依追到，今將隨送，謹以狀言。□□狀如前，謹牒。撿虔（？）自（？）示。廿二日。"此處的"白"與"阿白"前後對應，實即同一人，即已婚的"白"姓女人。又請比較72TAM188：11《唐開元三年（715）交河縣安樂城萬壽果母姜辭》（4-34）："開元三年八月 日，交河縣安樂城百姓萬壽果母［姜］［辤］。縣司：阿姜女尼普敬，□□山人年卅二，不用小注，請裁。辤。""阿姜"即已婚"姜"姓女人。OR.8210/ 斯5869D.VII.3d《唐貞元三年（787）四月蘇某負錢契》（沙、吳2-316）："負錢人妻阿孫，□錢人男蘇嘉放年廿。""阿孫"即已婚"孫"姓女人。

　　宋洪适《隸釋》卷二："今閭巷之婦，以阿挈其姓也。"宋趙彥衛《雲麓漫鈔》卷十："唐人號武后爲阿武婆，婦人無名，以姓加阿字。"《資治通鑑》卷二百"高宗永徽六年"："淑妃罵曰：'阿武妖猾，乃至於此，願他生我爲貓，阿武爲鼠，生生扼其喉。'""阿"的這一用法，在明代的南方地區依然留存，中國社會科學院歷史研究所圖書館善本庫現藏有明代洪武四年安徽省祁門縣十西都住民汪寄佛户帖一件①，其中便有："妻阿李年叁拾叁歲，嫂阿王年叁拾叁歲。"

　　請比較不用"阿"的例子。72TAM230：47（b）《武周牒爲鎮果毅楊奴子等娶妻事》（4-79）："鎮果毅楊奴子妻張、鎮果毅張處妻司馬。"

　　至遲從漢代起，官文書及狀辭便有對涉事男女稱姓不稱名的現象（但未見前附"阿"的現象），陳直言："《居延漢簡釋

---

① 參見吳展《明代户帖的史料價值與版本價值》，載于《中國史研究動態》2006年第9期。

文》卷一第十八頁有簡文云：'狀辭居延肩水里上造年廿六歲，姓匽氏，除爲卅井士吏，主亭遂候望，通烽火，備盜賊爲職。'又卷一第二頁簡文云：'官大夫年廿四，姓夏氏，故民地節三年十一月中除爲。'又卷一第八十三頁簡文云：'劾狀辭曰公乘日勒益壽里，年卅歲，姓孫氏，乃元康三年十月戊午，以功次遷爲□。'又《流沙墜簡·考釋·烽燧類》十三頁有簡文云：'（上缺）間田武陽里年五十二歲，姓李氏，除爲萬候侯造史，以掌領吏卒爲職。'案漢代官書，皆稱名不稱姓，此四簡狀辭，獨稱姓不稱名，足以補文獻所未詳。審其大義，似爲到官牒文。"[1] 在吐魯番出土的辭狀類文書和户籍類文書中，當家中有男性户主時，作爲妻子或者母親往往祇録其姓或在姓前加"阿"，祇有在該女是"大女"時，也就是代承户主之責時，才録其全名，這是因爲她們此時是家庭的正式代表，要承擔官方的義務，另外，在吐魯番民間契約中，作爲簽署人一方，或者作爲擔保人出現的女性，也都寫有全名[2]。

2. 用在人名、排行之中

關於"阿"的此類用法，晚清俞樾《茶香室四鈔》卷十四"阿字"條言："宋王楙《野客叢書》云：晋宋人多稱阿，如阿戎、阿連之類，或謂起於曹操稱阿瞞，僕謂漢武帝呼陳后爲阿嬌，知此語尚矣。漢《殽坑碑》陰有阿奉、阿買、阿興等名。韓退之詩'阿買不識字'，'阿買'之語有自。又云：《世説》云：謝太傅語真長：'阿齡於此事故欲太屬。'注：'阿齡，王胡之小字。'僕謂胡之本字修齡，呼阿齡者，即其字耳，非小字也，猶桓公呼殷淵源爲阿源，王處仲呼王平子爲阿平也。阿之一字，綴以姓如阿阮，綴以名如阿戎，綴以字如阿平，綴以第行如阿大。又云：晋有二阿大，一小名，一第行，如謂'阿大羅羅清

---

① 陳直：《兩漢經濟史料論叢》，中華書局，2008，第44頁。
② 參考鄧小南《六～八世紀的吐魯番婦女——特別是她們在家庭以外的活動》，收入殷晴主編《吐魯番學新論》，新疆人民出版社，2006，第449頁。關於"阿"使用於已婚女性姓氏前，可以參考錢鍾書《管錐編》，中華書局，1981，第763頁；江藍生《魏晋南北朝小説詞語匯釋》，語文出版社，1988，第8頁。

流'，此指王忱，忱小字佛大，故云。如云'一門叔父有阿大中郎'，與'阿大語蟬連不得歸'，此指王悅。悅，導長子，導嘗曰'勿使大郎知'，故知爲第行也。"① 請比較吐魯番出土文獻 69TKM33：1/7（b），1/10（b）《高昌付張都堆等供糧食帳（二）》（1-242）："□□□□八斗□麁□□□□□［麵］一斗，付苟子，供□□□□□□□謙忠，供客兒□□□□□□供仏救客。八斗□□□□□□粟□□□□□上阿奴兒，里神□□□□□□□□保里阿顥，上□護□□□□□□西，上養胡外申子，里□受了。西：上元佑，里牛□□□□□□了□□□九半，次床細米一九四斗□□□麁七九一斗，次細四九五斗，遮［髟］□□□□九九斗半。阿鉢［細］［十］□□□□"此處的"阿奴兒""阿鉢"之"阿"，均是加在姓名之"名"前，與第一種加在姓前的"阿"不同。此類"阿"由於放在人的姓名裏，是專有名詞。66TAM48：45《高昌吏阿伯等名籍》（1-351）："吏阿伯、吏祐願、吏慶伯、吏相軌、吏延□、□願祐、吏阿隆、吏善伯。""阿伯"或因此人是長子，"阿隆"之"隆"是名。72TAM151：15《高昌義和二年（615）都官下始昌縣司馬主者符爲遣弓師侯尾相等詣府事》（2-98）："令。吳善憙傳。勅始昌縣司馬主者，彼縣今須弓師侯尾相、侯元相二人，符到，作具、糧食自隨。期此月九日來詣府，不得逵失，承旨奉行。義和二年乙亥歲十月日工相兒、侯阿伯，□□□。淩江將軍兼都官事史洪信。"60TAM337：11/15《唐□□元年前官令狐懷憙等領范阿伯送菿薪抄》（2-227）："□□□□武城鄉范阿伯送菿薪壹車，元年三月□□□ □□□官令狐懷恚（憙？）、前官令狐□達二［人］□。"又請比較64TAM15：25《唐何延相等戶家口籍》（二）》（2-34）；"白□□□史阿伯子年卅五，母□□□張慶隆年卅，母宋年六十，妻左年□□□馮阿谷子年卅五、妻趙年卅，男申海年五，男成海；曹僧居尼年卅，妻安年廿五，女英女年五，石本寧年廿二，妻安年十六，高海隆年卅，妻馬年廿，男武□□□龍德相年卅，母龍年六十，妻索□□□"65TAM42：

---

① （清）俞樾：《茶香室叢鈔》，中華書局，2006，第1701~1702頁。

54《唐西州高昌縣授田簿（一）》（3-128）："□□□□［神］石渠，東道，西何娑，南史□□□□□［猷］部田城東五里左部渠，東王胡，西高相，南渠，北□□□右給得史阿伯仁部田六畝，［穆］石々充［分］。""史阿伯子""史阿伯仁"是粟特人的姓名，其中，"史"是姓，此人來自中亞的史國，"阿"是名詞前綴，放在排行"伯"前，"伯"寓意此人是家中的老大，"仁"即後綴，相當於"兒""子"。又如"阿伯兒"，60TAM339：50/1-3《高昌武城堈作額名籍》（三）》（1-397）："□□□得作□［歡］兒，盡□□□作人守得，作人相々，□人中出入堈作人趙華得，索道祐作屯六人、王阿□兒樹□□□、□養□□□［田］阿伯兒、趙甘兒、索莫正、孟康胡、大（？）田歡豐、范［衆］□□□　□□□張善彭、張元（無？）相門帝、闞相々門帝、馮糟［毚］南□□□□［趙］［懷］□□□　□□□逑明守□□□牛，在高昌，趙赤頭，索青黑，張孝守在高昌，張彭歡在高昌，張延守在高昌，趙彭伯在［都］官，牛彭相，□□□張胡礼條得脱。牛辰忠、翟阿面條脱、張正歡條脱、范元祐條脱、劉不六在高昌，陽歡伯條脱，張明□大行□□□昌人劉海彭條脱、隗□佑、羅染幹、范養兒□□□　□□□小趙祐相［大］［趙］□□□"又有"阿四"，73TAM206：42/10-2《唐質庫帳歷（？）（三）》（2-329）有"□阿四"。又有"阿尾"，72TAM150：40《唐康某等雜器物帳》（3-25）："康□□□　□□□［大］百師一口。張阿尾□□□　□□□大百師一口。"請比較"張尾仁"，64TAM19：45,46《唐咸亨四年（673）張尾仁舉錢契》（3-268）："□［亨］四年［正］月貳拾伍日，酒泉城人張尾仁於高昌［縣］王文歡邊舉取銀錢貳□□□。至當年□□月別［生］□□□日生［利］［具］［還］□□□錢直。"請比較不加"阿"的例子，如"尾々"，72TAM150：49《唐□尾尾等雜器物帳》（3-29）："□尾々大鍬一，安禿子粟舊一。"

3. 放在稱謂詞前

清顧炎武《日知録》卷三二"阿"："亦可以自稱其親，《焦

仲卿妻》詩：'堂上啓阿母'，'阿母謂阿女'是也。"[1] 吐魯番出土
文獻中的"阿"常常放在稱謂詞前，組成"阿郎""阿婆""阿
兄""阿公""阿伯""阿叔""阿姊""阿主""阿夷""阿婦""阿
娿""阿舅""阿娘""阿哥""阿弟"等形式。

【阿郎】【阿婆】【阿兄】"阿郎"相當於老父親，老爺子；"阿
婆"從字面意義上講，即老年女性（包括信佛老年女性），引申
之，對母親或周邊年長女性的尊稱，可以與今語"老太太"相比
較；"阿兄"即兄長。64TAM24：27（b）《唐貞觀二十年（646）
趙義深自洛州致西州阿婆家書》（2-172）："▢▢言疏，違離累
載，思慕無寧，奉▢▢ ▢▢不審阿婆、南平阿祝、々母、大
兄等，尊體起居▢▢常。"（"阿祝"之"祝"，是名而非姓）
60TAM326：04/1（a），04/2（a）《唐總章元年（668）海塠與阿
郎、阿婆家書》（2-253）："阿郎、阿婆：千万問信。"64TAM5：
40《唐李賀子上阿郎、阿婆書一（一）》（3-201）："手裏更無物
作信，共阿郎、阿婆作信，［賀］子大慚愧在，次鼠仁有一个女
一歲，鼠仁▢▢生活日々不離作，取能養活身，更無長▢▢換
共合坐，鼠仁不肯，阿郎、阿婆、阿兄莫恨，賀子。"64TAM5：
81,82《唐李賀子上阿郎、阿婆書三》（3-204）："語▢▢好努々
力々看侍阿郎、阿婆▢▢時道阿婆▢氣差未差▢▢在。次
▢▢▢張柱海將勝麻四兩▢▢時撿校取。若後有使人來▢▢
報來，并更有須提藥▢▢［麴］紹貞將信金錢二文［銀］▢▢
問語阿兄。"72TAM184：8（a）《唐家用帳》（4-134）："五月九日，
阿婆到來，更用錢卅文於宋［生］▢▢▢"73TAM531：15（b）
《唐慈善殘書牘》（4-371）："阿陪慈善▢▢阿郎、阿婆慈［善］
▢▢平安以不？慈善諮▢▢體氣極弱，并眼中▢▢［質］。
是慈善獨自共阿▢▢▢"86TAM384：5-2《唐某人家書》（柳
466）："（前缺）▢▢▢阿婆問訊張生，其成▢▢ ▢▢十月六
日［訴］負欠▢▢▢"72TAM201：33《唐咸亨五年（674）臾爲
阿婆錄在生及亡没所修功德牒》（3-259）："右阿婆生存及亡没，所

① （清）顧炎武著，陳垣校注《日知錄校注》，安徽大學出版社，2017，第1851~1852頁。

修功德件録條目如左。"67TAM74：1/7,1/8,1/10,1/11《衆阿婆作齋名轉帖》（3-81 ~ 82）："□□□□婆名□□□阿婆弟一 E □□□□□阿婆弟二 E □□□□阿婆弟三□□□婆弟四□□□阿婆弟五 E □阿婆弟六 E □□□阿婆弟七 E □□□阿婆弟八 E □□□［阿］婆弟九 E □□□□［婆］弟十□□□□［婆］弟十一 E □□□□［弟］十二 E □□□□□阿婆□［十］［三］□□□□□□□［阿］［婆］弟十四 E □□。□［住］兒阿婆弟十五 E □□，□猫々阿婆弟十六 E □，□□□□阿婆弟十七 E □，□漢得阿婆弟十八 E □，□祢舉阿婆弟十九，□守懷阿婆弟廿。□□阿婆弟廿一，□□歡阿婆弟廿三，□［豐］仁［阿］［婆］弟廿四，□□□［阿］□［弟］廿五 E，□□舉阿［婆］［弟］廿五 E，□□□□月別齋日共衆人齋□□□合衆阿婆等至［五］［月］内，各出大麥［貳］□□□［至］十月内各與秋貳［斫］□□□衆阿婆等中有身亡［者］□□□麥壹斫，出餅五個。［衆］人中廿（？）□□□在外衆人［食］□□衆人中有［人］□□□ 逶（？）教者，別［銀］錢壹文入衆［人］□□□" "阿郎"見于唐代譯經，道宣《四分律删繁補闕行事鈔》卷三，T40,140c："僧祇比丘不得唤阿爺、阿郎、阿娘、阿婆、阿兄。阿姊乃至姨姑等，不得唤本俗名，准應優婆塞，優婆夷等。"嘉靖談愷刻本《太平廣記》卷一百一十二"史世光"條（出《冥祥記》）："指語祖母曰：'阿爺飛上天，婆爲見否？'"釋道世《法苑珠林》卷五，T53：303c："（史）世廣與信於家去時，其六歲兒見之，指語祖母曰'阿郎飛上天，婆爲見否？'"明藏本作"爺"，四部叢刊景明萬曆本《法苑珠林》、中華書局《法苑珠林校注》同。都出自關中僧人的作品，汲固爲東郡梁城人，今河南滑臺，李憲趙郡平棘人，今河北趙縣。"阿郎"也指主人。唐谷神子《博異記》"劉方玄"條："唯一老青衣，語聲稍重而帶秦音者，言曰：'往年阿郎貶官時，常令老身騎偏面騾，抱阿荆郎。'"斯 2204《董永變文》："不棄人微同千載，便與相逐事阿郎。"[1]劉餗《隋唐嘉話》補遺："煬帝宴群臣，以唐高祖面皺，呼爲阿婆。"《朝野僉載》卷三：

---

[1] 儲泰松：《中古漢譯佛經與漢語"父親"稱謂的來源》，《中國語文》2016 年第 5 期，第 585~594 頁。

"浮休子張鷟爲德州平昌令，大旱。郡符下令以師婆、師僧祈之，二十餘日無效。浮休子乃推土龍倒，其夜雨足。江淮南好鬼，多邪俗，病即祀之，無醫人。浮休子曾于江南洪州停數日，遂聞土人何婆善琵琶卜，與同行郭司法質焉。其何婆士女填門，餉遺滿道，顏色充悦，心氣殊高。郭再拜下錢，問其品秩。何婆乃調弦柱，和聲氣曰：'個丈夫富貴。今年得一品，明年得二品，後年得三品，更後年得四品。'郭曰：'阿婆錯，品少者官高，品多者官小。'何婆曰：'今年減一品，明年減二品，後年減三品，更後年減四品，更得五六年總没品。'郭大罵而起。崇仁坊阿來婆彈琵琶卜（引者按：崇仁坊，"坊"原作"方"，《太平廣記》卷二八三引作"坊"，與前"韋庶人"條合，今據改），朱紫填門。浮休子張鷟曾往觀之，見一將軍，紫袍玉帶甚偉，下一疋紬綾，請一局卜。來婆鳴弦柱，燒香，合眼而唱：'東告東方朔，西告西方朔，南告南方朔，北告北方朔，上告上方朔，下告下方朔。'將軍頂禮既，告請甚多，必望細看，以決疑惑。遂即隨意支配。"《朝野僉載》卷四："時軍中謡曰：'姚河李阿婆（引者按："姚河"，《太平廣記》卷二五五引作"洮河"，是），鄯州王伯母。見賊不能門，總由曹新婦。'""婆"指年長女性，又檢《太平廣記》卷二八六"關司法"（出《靈怪集》："鄆州司法關某，有傭婦人姓鈕，關給其衣食，以充驅使。年長，謂之鈕婆。"考《太平廣記》卷一百二十一"崔尉子"條（出《原化記》）："母因屏人，泣與子言其事：'此衣是吾與汝父所製，初熨之時，誤遣火所爇。汝父臨發之日，阿婆留此以爲念。'"斯389背《孝子傳》："郭巨者，河内人也，養母至孝。時遇饑荒，夫人與人傭作，每至吃食，咸飯將歸，留餕老母。巨有一兒，常奪阿婆飯食，遂不得飽。"斯4511《醜女緣起》："夫主人來全不識，却覓前頭醜阿婆。"伯2305《解座文匯抄》："日晚且須歸去，阿婆屋裏乾噇。"（請比較伯2931《佛説阿彌陀經講經文》："或爲奴婢償他力，衣飯何曾得具全，夜頭早去阿郎噇，日午齋時娘子打。"伯3821《白侍郎作十二時行孝文》："食時辰，居家治務最須勤，無事等閒莫外宿，歸來勞費父娘嗔。"① 司馬光《司馬氏書儀》卷上："古人謂父爲阿郎，謂母爲娘子，故劉嶽上父母書稱阿郎娘子。其後奴婢尊其主如父母，故亦謂之阿郎娘子。"

【阿公】公公，丈夫的父親。64TAM29：44 之三《唐咸亨三年（672）新婦爲阿公録在生功德疏》(3-336)："僧兩時恰懺悔，并屈三僧使經聲□□□經。阿公合得合得十方［净］□□阿公昨日發心造卅九尺神幡，昨始造成，初七齋日慶度。頭知。"64TAM29：44 之四《唐咸亨三年（672）新婦爲阿公録在生功德疏》(3-337)："右前件物佈施見前大衆，紫綾夾裙一臂，绿綾夾帔子二領，宍色綾夾衫子一領。右件上物新婦爲阿公佈［施］。"64TAM29：44 之五《唐咸亨三年（672）新婦爲阿公録在生功德疏》(3-338)："諸。阿公生存在日功德，審思量記録，但［命］過已後，功德具件如前，須將此文［薄］前頭分雪，須覓生天净佛國土，不得求人間果報。"64TAM29：44 之五《唐咸亨三年（672）新婦爲阿公録在生功德疏》(3-338)："直爲生死道殊，恐阿公心有顚倒，既臨終［受］戒，功德復多；假使在中蔭中，須發上心，覓好生處，不得心有戀着，致落下道。"

【阿娘】母親。73TAM506：04/18《唐左庭玉付阿師子青麥帳》(4-586)："左庭玉前後分付阿［師］子青麥：庭玉阿娘付壹

① 鄭阿財考察了敦煌變文中的"阿婆"，發現其意義主要有：丈夫母親的稱謂、丈夫對妻子昵稱、妓女對鴇母的稱謂。洪藝芳認爲"阿婆"還有"祖母"一義。以上兩家的觀點，詳見洪藝芳《敦煌變文中"阿"前綴的親屬稱謂詞——以直系血親稱謂詞爲中心》，《敦煌學》第 27 輯。我們估計，即使是稱"妻子"，也是從上下文估計出來的臨時意義，本義還是"老太太"。黄征考察了敦煌願文《佛説無常經等翟奉達題記願文》，發現在這些題記中，作者是歸義軍官員翟奉達，他爲已故妻子馬氏追福，在寫于不同時期的題記中，他稱亡妻爲"家母阿婆馬氏""阿娘"，黄征言："造成夫稱妻爲'阿婆''阿娘''家母'之類的原因，應該是這個家庭内的習慣稱呼。最初應是馬氏的子女稱之爲'阿婆''阿娘'和'家母'之類，然後兒媳們當然也就如此稱呼。當這些稱呼在家庭内叫慣了，於是孩子們的父親也就可以在孩子面前稱其妻爲'阿婆'之類了。這多少有些表示尊敬之意。當這類稱呼穩固之後，家中奴婢也會跟著如此稱説，因此實際上還可是主母之稱。"見氏著《敦煌語言文字學研究》，甘肅教育出版社，2002，第 167 頁，又參考同著第 73 頁。孟憲實統計吐魯番出土文書有"□住兒阿婆""□貓貓阿婆""□漢得阿婆""□彌峚阿婆""□守懷阿婆""□豊仁阿婆"等，認爲這些"阿婆"都是"母親"。"某某阿婆"的表達方式，就是各以其子爲座標的表達。氏著《敦煌民間結社研究》，北京大學出版社，2009，第 294 頁。

斛，韓廷付叁斛，又付壹碩壹斛小麥，用充壹碩叁斛青麥；又庭玉付麥五斛，□付叁斛，計付兩碩伍斛，欠玖斛。"67TAM78：27《唐殘書牘》（2-69）："▢▢▢［起］居勝常，伏頣寢▢▢▢▢▢唯增悲結，謹言疏不俱▢▢▢未（？）亦（？）通再拜張郎及▢▢▢▢▢問訊寺女渾□▢▢▢▢▢娘前々▢▢▢。"73TAM506：04/12（b）《唐某人祭弟文》（4-590）："以娘載邁，甘脆時須，溫凊之禮，冀盡晨夕。"《玉篇·女部》："娘，母也。"[①]"娘"又作"孃"，且可以不加"阿"字，72TAM152：31/1《唐海隆家書》（2-151）："▢▢▢□再拜［耶］［孃］［已］［下］［海］［隆］▢▢▢□［莫］愁。海隆早愁耶孃兄弟姊妹，包（？）海隆時好孝慈□。［耶］孃海隆別家到天山，遣安未增（？）將白氈取捨去。到尾到，若氈到舍時，作書將來。若智海口中道買奴買婢，不出絹，不［須］［取］［卷］［海］［隆］到高昌始提撿▢▢▢▢耶孃共海庸經，祖仏須敬▢▢▢□叔千々万再拜耶［孃］▢▢▢□［在］千万問訊伯□▢▢延㝛（等？）冬々等貳▢▢▢▢［伏］知盤未［即］▢▢□平安▢▢▢。"[②]"娘"又可以換作"婆"，還是"母親"義，72TAM169：26（b）之三《高昌書儀》（1-235）："某白：即日耶婆萬福，伏寧待（侍）省，分違轉久，馳情日結。"72TAM169：26（b）之三《高昌書儀》（1-235）："與弟妹書。題云某官弟。六月某報：但熱，如復可不？吾諸弊勿勿，及書，伏頣耶婆萬福。""耶"即父親，王羲之《告姜帖》："汝母子佳不？力不一一。耶告。"《樂府詩集·橫吹曲辭五·木蘭詩》："軍書十二卷，卷卷有耶名。阿耶無大兒，木蘭無長兄。""婆"即母親或母親一輩的女性《樂府詩集·橫吹曲辭五·折楊柳枝歌二》："阿婆不嫁女，那得孫兒抱。"《魏書》卷八七《節義傳·汲固》："憲即爲固長育，至十餘歲，恒呼固夫婦爲郎婆。"宋陸游《家世舊聞》："先世以來，庶母皆

---

① 在敦煌變文中，"阿娘"做母親講，既可用於自稱，又可用於對稱，还可用於敘稱。見洪藝芳《敦煌變文中"阿"前綴的親屬稱謂詞——以直系血親稱謂詞爲中心》，《敦煌學》第二十七輯。又參考蔣禮鴻《蔣禮鴻集》第一卷，浙江教育出版社，2001，第22頁"娘娘、娘娘"條。

② 也許當時"娘"字出現不久，人們對這個字還比較陌生，所以才把"娘"寫作"孃"，參考張涌泉《說"爺"道"娘"》，《中國語文》2016年第1期，特別是第98頁。

稱支婆。"① 又請比較古樂府《木蘭辭》："旦辭耶娘去，暮宿黃河邊。"唐杜甫《兵車行》："耶娘妻子走相送，塵埃不見咸陽橋。"

【阿主】主人，奴對主的稱呼，相當於表"主人"義的"阿郎"。73TAM210：136/16《唐奴某殘辯辭》（3-49）："▭▭▭阿主今▭▭ ▭▭▭紙［家］奴▭▭ ▭▭尊［知］［情］▭▭ ▭▭郎典教飜［辯］▭▭ ▭▭［無］知事到▭▭ ▭▭▭爲阿主大客，乍聞人▭▭▭"

【阿伯】【阿叔】"阿伯"本即兄，也指家中的哥哥（"伯母"即家中的嫂）；"阿叔"即家中的弟弟（"叔母"即家中的弟媳，以上往往是姒娣之間如此稱謂②）。73TAM193：37（b），27（b），30（b），29（b）），1（b）之三《武周法惠、思惠與阿伯、伯母等書稿》（4-238）："法惠、［思］▭▭參阿伯、々母、大姊、貳姊、肆姊等，別面已久，眷戀實深。"72TAM150：37《唐氾正家書》（3-30）："次連貞千万再拜阿叔、阿▭▭▭姊安▭告子阿父、阿妾居現極得平安以不？。"（"阿父""阿妾"之"父""妾"乃人名）64TAM24：29《唐甈連、武通家書》（2-175）："▭▭［武］通兩筒千万參承阿婦、阿兄▭▭主兒女等，阿叔、々母并兒女等，未▭▭在不？甈連此間平安好在，去年［配］▭▭家在亦中。"請比較伯4050+斯5613+Дx.1458+Дx.3875+Дx.3870+Дx.1467+Дx.3902+Дx.3849+Дx.3905+Дx.3814+Дx.3917《晚唐吉凶書儀》"與姒娣書"："拜辭久，傾望實深。寒溫。惟伯母動用兼勝。即此阿家萬福，姑子勝常。兒侍奉外推免。未由披晤，空

---

① "婆"也指祖母，《太平廣記》卷一百一十二"史世光"條（出《冥祥記》）："其家有六歲兒見之，指語祖母曰：'阿爺飛上天，婆爲見否？'"

② （清）趙翼《陔餘叢考》卷三六"夫兄稱伯"："叔嫂之稱見于經書，而婦人呼夫之兄爲伯，則無所據。《爾雅·釋親篇》但曰兄公耳。然稱伯則由來已久。《五代史補》：李濤弟浣娶婦竇氏，出參濤，濤答拜。浣曰：'新婦參阿伯，豈有答禮?'《雲谷臥餘》云：《爾雅》稱夫之弟爲叔，則夫之兄亦可爲伯也。《容齋隨筆》記宋慶曆中，陳恭公爲相，以曾公亮自起居注除天章閣制制。陳之弟婦，曾出也。陳語之曰：'六新婦，曾三做些官，想甚喜。'應聲對曰：'三舅荷伯伯提挈，極喜，祇是外婆不樂。'陳問何故。曰：'外婆責三舅以第五人及第，當過詞披，今朝廷如此處置，必是廢學故耳。'蓋陳不由科第，不諳典故，受譏於弟婦如此。據此，則弟婦稱夫兄爲伯，宋時已然。而夫之兄呼弟婦爲新婦，外孫女呼外祖母爲外婆，亦見于此。"（清趙翼《陔餘叢考》，河北人民出版社，2003，第757頁）

積翹誠。謹因使奉狀不宣。謹狀，月日准上。"伯3637《新定書儀鏡》："與姒娌書：冬初雪寒，惟伯母動靜兼勝。即此大君大家動止萬福。兒粗勝推免，男女等無恙……因使，不宣，謹狀。月日某氏次新婦狀通次伯母侍者，謹空。謹通次伯母侍者。某氏次新婦狀有群（郡）名任稱封。"斯5647《分書樣文》："已上物色，獻上阿叔，更爲阿叔殷勤成立活計，兼與城外莊田車牛駝馬家資什物等，一物以上分爲兩份，各注脚下，其名如後。"考伯2515《辯才家教》："煞可梳頭洗面，處分廚中姒娌。出語切莫高聲，少長□在分義。叔母拘柴着火，伯母則即[抬]水。一個揀擇蔬菜，一個便須淘米，姒娌切須和顏，人人須知次第。"趙璘《因話録》卷四："余嘗目睹者，王屋有梓人女曰阿家，京中有阿輔，洪州有阿姑，蜀中有阿母，洛中有阿伯、阿郎，皆因其姓，亦堪笑也。"

【阿姊】【阿姉】【阿婕子】【阿舅】【阿夷】

"阿姊""阿姉"即姐姐；"阿婕子"即嫂子；"阿舅"即舅舅；"阿夷"指姨母（姨媽，也指年齡大的婦女），在佛教中，（有地位的）比丘尼也稱阿姨、阿姨師。OR.8212/1553M.Tagh.0119《唐書信》殘片（沙、吳2-214）："□□□□違奉已久，思□□□□□□阿姊夫尊體[動]□□□□"64TAM24：31/1《唐□連家書（一）》（2-176）："□連母子及驢并□□□阿姊阿婕子父子等"72TAM152：31/2《唐□文悦與阿婆、阿裴書稿》（2-150）："□文悦千々万々再拜：阿婆、阿裴已下合家小大□平安好在不？文悦在愁，阿裴莫愁。文悦、阿堳千万問訊阿姊、阿夷、阿兄。"64TAM24：27（b）《唐貞觀二十年（646）趙義深自洛州致西州阿婆家書》（2-172）："居子、義深再拜：從六月廿日已後，家中大小、内外親眷悉平安否？居子、義深二人千万再拜：阿婆、兩箇阿舅、兩箇阿姨盡得康和以否？"64TAM24：31/2《唐□連家書（二）》（2-176）："阿兄、阿舅、々母、阿姨語兄女□□□已下，周海□李□□□也。張積都問訊阿趙，如供君妹處待在平安在。"64TAM10：38《高昌延壽四年（627）參軍氾顯佑遺言文書（一）》（2-204）："壹具，阿夷出，官中依常壹[具]。阿夷得蒲桃壹薗，生死儘自得用。"請比較前後文："石宕渠蒲

桃壹園，與夷母。"又："夷（遺）言文書同有貳本，壹本在夷
母邊，壹本在俗人女、師女貳人邊。"86TAM389：21-5a《唐殘
狀稿》（柳453）："▢▢▢▢爲身患▢▢▢▢養，相即▢▢▢ ▢▢▢
南平城養，括阿姨師去，今▢▢▢ ▢▢▢時將白練五匹，擲着寺
▢▢▢ ▢▢▢其武戚元有漢婢，其▢▢▢""阿姨師"即有地位之
比丘尼。斯1472《佛説八陽神呪經》："乙亥歲四月四日，爲亡
阿姨師寫此經功德記。"斯6551《佛説阿彌陀經講經文》："更
有諸都統、毘尼法師、三藏、法律、僧政、寺主、禪師、（頭）
陁、尼衆、阿姨師等，不及一一稱名，并乃戒珠朗曜，法水澄
清，作人天師，爲國中寶。"[1]"阿姊"也可以説成"姊"，請比
較64TAM13：37/1（a），37/2（a）古寫本《佛説七女經》（1-
113）："我曹姊弟身體亦不久皆當復爾。"72TAM169：26（b）之
二《高昌書儀》（1-234）："修兄姊書。題云兄某官前疏。五月具
疏，某白：夏中感思深，極熱，不審兄姊禮中何如。不奉近告，
馳約，即日某蒙恩，謹白疏不具。某再拜。""姊"是"姊"的隸
變字。今日本漢字"姊"仍寫作"姊"。斯2071《箋注本切韻》
上聲旨韻："姊，將幾反。"即"姊"音。伯3011《出家贊》："舍
却親姊熱妹，惟有法兄法弟。"亦可證。又請比較斯328《伍子
胥變文》："子胥賢士，逆知阿姊之情。"《爾雅·釋親》："妻之姊
妹同出爲姨。""姨"還指母親的姐妹，《左傳·襄公二十三年》：
"繼室以其侄，穆姜之姨子也。""阿姨"指姨母，請比較晉王獻
之《東陽帖》："不知阿姨所患得差否？極令懸惻。""阿姨"也可
指母親，請比較《南齊書》卷四〇《武十七王傳》："阮淑媛生晉
安王子懋。"而《法苑珠林》卷四九引《吳均春秋》："子懋流涕
禮佛誓曰：'若使阿姨因此勝利，願佛之力，令華竟齋不萎。'"[2]
又引申爲對比丘尼的敬稱，《雜阿含經》卷四五："往詣彼比丘尼
所，語比丘尼言：'阿姨，欲何處去。'比丘尼答曰：'賢者，到遠

---

[1]　又見項楚《敦煌變文選注》（增訂本），中華書局，2006，第1214頁。
[2]　朱慶之認爲此處的"阿姨"指信佛女性，又作"阿夷"，是"優婆夷"的雙音節形式，
　　本指女居士，也泛指女性出家者。朱慶之主編《佛教漢語研究》，商務印書館，2009，
　　引文見第5頁。

離處去。'"清梁章鉅《稱謂録·尼》:"《翻譯名義》:比邱尼稱阿姨,亦稱師姨。"請比較宋王讜《唐語林》卷六:"天寶初,有范氏尼者,知人休咎,顏魯公妻黨之親也。魯公尉醴泉日,詣范問曰:'某欲就制科試,乞師姨一言。'"[①]根據黃征對敦煌願文的研究,尼姑的稱謂有阿姨師、阿師、阿師子、比丘尼、優婆姨、師姨、姨師、尼女、尼女、尼德、尼大德[②]。

【阿婦】

妻子。64TAM24:29《唐粀連、武通家書》(2-175):"□□、[武]通兩箇,千万參承阿婦。"73TAM206:42/10-1,32/10-15《唐質庫帳歷(?)(一)》(2-328):"南坊侯神寶阿婦□□□[羅][袟]□□[一]何思忠正月十八日取□□□二月十五日贖□□□北麴□□□□""婦"指"妻",《詩·豳風·東山》:"鸛鳴于垤,婦歎于室。"《樂府詩集·相和歌辭三·陌上桑》:"使君自有婦,羅敷自有夫。"

【阿哥】【阿弟】

"阿哥"即哥哥;"阿弟"即弟弟。OR.8212/894正背Ast.Ⅲ.4.75(1)《唐家書》斷片(沙、吳2-10):"阿哥磨母體内□□□"64TAM7:1,2《高昌某人家書》(1-106):"僉預□□□無德年老,子息喪望,唯妹□□□得經管,今遠僑他□□□但頋阿弟平安□□□[當]有信,念示消息,故□□□□知平□。[頓][首][頓]首□□□"

4. 用在胡名和帶有胡化色彩的漢名前

比如"阿婆","婆"不是漢語語素,而是其他民族語言成分的音譯,意思是"大神"[③],吐魯番文獻中既有人名"阿婆""阿婆奴""阿婆子""阿婆仁""阿婆兒",又有"婆奴",形成整齊對應,均用于男性。如人名"張阿婆奴",張是漢姓,"阿"是

---

① "阿夷"還是佛教中的人名,一個是阿梨耶,縮略爲阿夷,意義是尊者,聖者;一個是相太子悉達之仙人阿私陀,意義是無比端正。參考丁福保《佛學大辭典》,上海書店出版社,1991,第1421頁。

② 參考黃征《敦煌語言文字學研究》,甘肅教育出版社,2002,第160頁。

③ 參看許全勝《西陲塢堡與胡姓家族——〈新獲吐魯番出土文獻〉研究二題》,《西域研究》2011年第4期,第79~85頁;王丁《胡名槃陀考》,載向群、萬毅主編《姜伯勤教授八秩華誕頌壽史學論文集》,廣東人民出版社,2018。

名詞前綴，"婆"是民族語成分的音譯，即"神"；"奴"是漢語成分，表示"奴僕"或忠實信仰者，後來逐漸變爲名詞後綴，與"子""兒""頭"差不多。請比較72TAM151：99.100《高昌合計馬額帳》（一）（2-94）："將阿婆奴、竺相伯、竺惠［兒］＿＿＿惠。"73TAM116：53《高昌殘名籍一（七）》（1-374）："安岺苟二，龍阿婆奴二。"又有"阿婆奴"，66TAM48：47（a）《高昌侍郎海谷等官員、將、吏名籍》（1-351）："□［郎］海谷、侍郎子儒、侍郎鼻子、參［軍］＿＿＿參軍氾阿斌兒、參軍夷保、參軍武勇＿＿＿參軍僧保、將智勇、參軍阿就、將延豐。［將］＿＿＿將頵浔、將仏保、將顯崇、將阿婆奴、將阿＿＿＿將僧［顯］、吏懷受、吏頵兒、吏懷佑、吏□＿＿吏申佑、吏幼兒、吏阿婆奴、吏袁財佑。"60TAM339：50/1-1《高昌武城塢作額名籍》（一）》（1-396）："＿＿＿［月］［廿］五日，武城塢作額麴忠悌趙延豐、趙衆成□作五人、條脫□□"＿＿＿之至□□作□，張［慈］集、劉懷佑、張阿相、張阿婆相屯蒲桃云、田明歡作一車。張戔冨作一車＿＿＿劉□□□□子、孫仏與、張友（？）郎屯蒲桃、索道佑、張阿婆奴□年行、王阿豐兒□年行、竺＿＿＿趙阿養、范［渕］［佑］屯桃三人。□□□、范田養、張佑多屯浮桃三人，趙歡［冨］＿＿＿伯、孟＿＿＿善奴二人、嚴申佑、馮豐兒條脫。趙波冨南門帝三人、牛□＿＿［歡］伯、孟居連兒作一車。劉尸連，田相保□□作一車＿＿＿冨，陰沙彌子、孫＿＿＿"①又檢敦煌文獻中有人名"阿婆子"，伯3231《癸酉年至丙子年（973~976）平康鄉官齋籍》："蒸餅張清匆三斗，梁阿婆子三斗，王保實二斗。"伯2932《甲子乙丑年（964~965）翟法律出便與人名目》："梁都頭便豆壹碩，秋壹碩伍斗（押），□承男阿婆子。""□承男阿婆子"，即□承保人是責任人的兒子，"阿婆子"必然是男性。

又有省去"阿"而成"婆奴"，如"范婆奴"，見73TAM506：4/32-2之六《唐天寶十四載（755）柳中縣具屬館私供馬料帳歷上

① 張延成認爲此處的"阿婆"是胡語音譯詞，是。見張延成《吐魯番出土文書中的詞綴問題》，載張顯成主編《簡帛語言文字研究》第二輯，巴蜀書社，2006，第260~265頁。

郡長行坊牒》(4-442)，又有“婆子”，如 64TAM35：66（a）《武
周載初元年（689）西州高昌縣寧和才等户手實（八）》(3-510)
有“父婆子”；又有“婆”（如康婆），見 73TAM514：2/1-2/4
《高昌内藏奏得稱價錢帳（一）》(1-450)。

在吐魯番文獻中，還有“阿覽（攬）”“阿禄山”“阿頭六”“阿
父師”，我們一時難於確定以上人名中的“阿”是其他民族語言成
分的音譯還是地道的漢語前綴語素，我們認爲前者的可能性較大，
如果真是這樣，我們認爲這或許是漢語名詞前綴“阿”產生的一
個誘因。也就是説，北方民族語言裏許多名詞翻譯成漢語時，第
一個音可以譯成“阿”，這本來是異族語言成分，但推動了漢語中
“阿”的名詞前綴化，“阿”在漢譯時往往可以省譯，形成省與不
省同時出現的一一對應現象，的確容易給人形成前綴的印象，今
試做分析。

“阿覽”“阿攬”，即胡神，象徵和平，用于人名中；“阿攬
延”即粟特人名 Rāman-yān，和平神之愛 ①，“Rām”代表粟特曆
第二十一天的神，出現在衆多粟特人名和地名中；“攬延”即“阿
攬延”，粟特人名 Rāman-yān，和平神之愛。有“阿覽提”，見
於 75TKM91：29（b）《分配乘馬文書》(1-74)，有“周阿攬”，
見於 60TAM337：11/37《高昌康雞□等入銀錢帳》(2-221)，有
“康阿攬盆”，見大谷 1212《西州高昌縣佃人文書》(《大谷》一
圖版七四)，有“曹阿攬”“曹阿攬延”“曹阿致畔阤”“曹阿邏
山”“曹阿致揄”“康阿攬牛延”，見 64TAM31：14《高昌曹莫
門阤等名籍》(1-359)，有“曺攬延”，見 73TAM525：11，有

① 以上詮釋，多采吉田豐説，引自韓森（Valerie Hansen）著，王錦萍譯《絲綢之路貿易
對吐魯番地方社會的影響：公元 500-800 年》，收入《法國漢學》第十輯《粟特人在
中國——歷史、考古、語言的新探索》，中華書局，2005，第 127、420 頁。又參黎北
嵐著，畢波、鄭文彬譯《祆神崇拜：中國境内的中亞聚落信仰何種宗教》，收入同書
第 420 頁。又，蔡鴻生指出：“關於胡名與神名的關係，還有一事應該提出來探討。出
土文書中常見的‘曹阿攬延’‘康阿攬延’和‘曹阿攬盆’諸名，内中所含的‘阿攬’
成分，似與唐代伊州柔遠鎮立廟敬事的‘阿攬’神有關。伊州是胡化極深的邊州，
‘阿攬’似是胡神。按粟特語 r'm 意爲寧靜、和平，阿攬延（r'my'n）之類的胡名，
也許有求神降福保平安的意思。”參考蔡鴻生《仰望陳寅恪》，中華書局，2004，第
147~148 頁。又請比較斯 367《沙洲伊州地志》伊州條記：“其州下立廟，神名阿攬。”

“羅攬延”，見 09ZJ0050（1）+09ZJ0050（2）+09ZJ0050（3）+09ZJ0050（4）+09ZJ0050（5）《唐于闐問案答卷》（劉、侯、吳228）。又檢 60TAM330：14/1-1（a）《唐梁安相等名籍》（二）》（3-234）：“令狐守緒，劉阿父師，張鼠仁，張攬達，孟護德，張海幢。”王丁認爲“張攬達”之“攬達”可能是“阿攬達”之省譯，意思是“阿攬所造就”，是一個漢姓胡名的人。[1]

又如“阿禄山”“阿邏山”，“禄山”本是譯音，又作“邏山”，意爲“光”“明”，是一個吉祥的名字，安亨認爲源出波斯語，公元前4世紀初，亞歷山大的王妃大夏公主已經用過這個名字，從波斯語轉入粟特語，從貴族流向民間。[2]關于“禄山”，有“安阿禄山”，見大谷2368《周天授二年（691）西州高昌縣諸堰頭等申青苗畝數佃人牒1》，伯3559背面《天寶十載丁籍》有“阿禄山”，有“曹禄山”，見66TAM61：23（b）、27/2（b）/27/1（b）《唐西州高昌縣上安西都護府牒稿爲録上訊問曹禄山訴李紹謹兩造辯辭事（二）》（3-243），有“米禄山”，73TAM509：8/12-1（a）、8/12-2（a），《唐開元十九年（731）唐榮買婢市券》（4-264、265），有“康禄山”，見64TAM35：48（a）《唐神龍三年（707）高昌縣崇化鄉點藉樣（一）》（3-534），又有“曹阿邏山”見64TAM31：14《高昌曹莫門阤等名籍》（1-359）。

又如“阿父師”“阿父師子”，爲“主好水的神靈”。又省去“阿”，成爲“父師”。[3]64TAM10：37《高昌延壽八年（631）孫阿

---

[1] 王丁：《吐魯番安伽勒克出土北凉寫本〈金光明經〉及其題記研究》，《敦煌吐魯番研究》第九卷，中華書局，2006，引文見第48頁。王睿認爲：“以‘阿攬’爲例，它係祆教神名的可能性更大，但却是佛教因數變異的結果。”氏著《“阿攬”與“浮呴”：吐魯番粟特胡名中的佛教因數》，《歷史研究》2011年第3期，引文見第81頁。

[2] 蔡鴻生言：“‘禄山’一名，在安、曹、康、米諸姓的民間十分流行。如果加上‘石阿禄山’（敦煌《差科簿》）和‘安阿禄山’（大谷文書2368號《個人文書》）之類的變異形式，這個胡名的勢力就更大了。”參考蔡鴻生《仰望陳寅恪》，第144~145頁。關于“禄山”，還可以參考蒲立本《内蒙古的粟特部落》，《通報》第41卷，1952，第333頁。關於“阿邏山”與“禄山”音近義同，參考黄惠賢《〈唐西州高昌縣上安西都護府牒稿爲録上訊問曹禄山訴李紹謹兩造辯辭事〉釋》，《敦煌吐魯番文書初探》，武漢大學出版社，1983，第344~363頁。

[3] 參看王丁《胡名槃陀考》，載向群、萬毅編《姜伯勤教授八秩華誕頌壽史學論文集》，廣東人民出版社，2019，第179~206頁。

父師買舍券》（2-206）：“孫阿父師從［氾］［顯］□□［買］東北坊中城里舍壹堁。即交与舍價銀錢叁佰文。”72TAM150：41（a）《唐貞觀十九年里正趙延洛等牒》（3-21）：“＿＿＿兩，壹斤，直銀錢貳文。＿＿＿陽阿父師子一斤，＿＿＿趙頭洛一斤半，＿＿＿半斤，趙武亮一斤，田石住五兩，嚴佑相伍斤拾肆兩，＿＿＿［兩］［及］人［姓］［名］［前］［如］［謹］［牒］。”65TAM42：108（a）《唐郭默子等差科簿（？）（四）》（3-115）：“馮圖富＿＿＿苐阿父師＿＿＿”60TAM330：14/1-1（a）《唐梁安相等名籍（二）》（3-234）：“令狐守緒，劉阿父師，張鼠仁，張攬達，孟護德，張海幢。”64TKM1：48《唐西州高昌縣順義等鄉勘田簿（一）》（2-12）：“□□□田二畞，東道，西姜阿父師。”64TKM1：50《唐西州高昌縣順義等鄉勘田簿（三）》（2-14）：“田阿父師田東渠，西大女田衆暉，南張海子，北范明歡，合田四畞半。”請比較“父師”，《唐垂拱四年（688）賈父師墓誌》（侯、吳579）有“君姓賈諱阿，名父師”。73TAM509：19/15（a）《武周天山張父師團帖爲勘問右果毅闕職地子事》（4-252）：“天山府。帖校尉張父師團。當團左右果毅闕職埊［子］從天授三［年］□月已後，至長壽三年已前，所＿＿＿勘責上件埊［子］，所＿＿＿＿＿＿［請］［具］［仔］細勘＿＿＿”（武周新字已轉寫爲通行字）72TAM189：14《唐西州高昌縣梁仲德等戶主田畞簿（一）》（4-110）：“一段壹［畞］常田。城東廿里柳中縣，東至道，西辛懷尉，南至道，北辛父師。”67TAM91：20（b）《唐氾父師等家口給糧三月帳》（3-13）：“□［主］氾父師家口三人二石四斗。二人丁男，一日粟三升三合三勺。一人中小，一日粟一＿＿＿右計當＿＿＿五升。”72TAM150：40《唐康某等雜器物帳》（3-25）：“史佑相床［一］□，□父師床一張。”66TAM61：29（a）《唐闞洛□等點身丁中名籍》（3-250）：“張父師卌九；男進達廿六。”73TAM501：109/15《武周（？）西州高昌縣某堁堁頭牒爲申報田主畞數佃人等事》（3-395）：“張父師壹畞佃人［白］＿＿＿”《大唐三藏法師傳》卷二：“阿耆尼國阿父師泉……僧教曰：吾上崖後汝等當喚阿父師，爲我下水。”在斯766v《平康鄉百姓曹延延貸絹契》中有“何阿父奴”。

又如"阿闍利"，即"阿闍黎""闍黎"，亦稱導師，佛教稱教授弟子、堪爲楷模者爲"闍黎"，後來對一般僧徒也尊稱爲"闍黎"，也用於人名中。72TAM152：33（a）《唐焦延隆等居宅間架簿（二）》（2-148）："東麴阿闍利，西麴明雅，南雲王寺，北道。男武德［見］［坐］。"64TAM4：32《唐總章元年（668）左憧憙買草契》（3-220）："錢主左；取草人張潘堨；保人竹阿闍利；保人樊曾□，同伴人和廣護。"又請比較"闍梨"。斯5804號背《僧智弁遣堂子卿送吊儀狀》："忽聞孟闍梨母亡没，便合奔赴吊問。"考義净《南海寄歸内法傳》卷三"阿遮利耶"原注："譯爲軌范師，是能教弟子法式之義，先云阿闍梨，訛也。"①

吐魯番文獻還有"阿都瓛""阿都紇""阿都莫"，均爲鐵勒部落名，66TAM48：27（a）《高昌延昌二十七年（587）六月廿九日兵部條列買馬用錢頭數奏行文書》（1-340）："□□□［四］日阿都瓛□□□□"60TAM307：4/2（a）《高昌虎牙都子等傳供食帳》（1-414）："次曹子○嶽□［斤］賞食十三人，供阿都紇希瑾使畔陁子弟。"72TAM151：58《高昌義和二年（615）七月馬帳（一）》（2-91）："諫議令狐白馬，史令寺赤馬，寧遠阿都莫赤馬，常侍安居留馬，威遠孟悦吐早馬，張寺法朗白馬。"②又有"曹阿面子"，見64TAM35：48（a）《唐神龍三年（707）高昌縣崇化鄉點籍樣（一）》（3-534），又有"康阿六"，見寧樂二號《唐蒲昌府承帳、隨番、不役、停番等名簿》（93），又有"康阿寶兒"、又有"康阿陁兒"，見于72TAM151：50《高昌丑歲兵額文書》（2-102），又有"康阿蒲個"，見72TAM187：195/1（a）之一、之二

① 關于阿闍黎、闍黎，參考項楚《敦煌變文選注》（增訂本），中華書局，2006，第1516頁。
② 姜伯勤以"阿都"爲詞，認爲即《隋書·鐵勒傳》中的訶咥，可能就是突厥文《闕特勤碑》中的阿跌 Adiz。"紇希瑾"即 erkin 或 irkin，即俟斤或頡斤，見氏著《敦煌吐魯番文書與絲綢之路》，文物出版社，1994，第107頁。但錢伯泉、王素以"阿都瓛""阿都紇"爲詞，錢伯泉認爲二者與《通典》卷一百九十九《邊防十五》"薛延陁"條所載可汗姓"壹利吐"（iltug 或 iltugh）對音省，應指薛延陁。王素認爲"阿都瓛"即訶咥，"阿都紇"即阿跌。今從錢、王二家。兩家觀點詳參王素《高昌史稿·交通編》，文物出版社，2000，第499頁。關于"阿都莫"，又參孟憲實《漢唐文化與高昌歷史》，齊魯書社，2004，第289~290頁。

《唐天寶二年（743）藉後高昌縣户等簿帳》（4-209、210），又有
"康阿了"，見64TAM29：24《唐垂拱元年（685）康義羅施等請
過所案卷（四）》（3-349、350）。以上的"阿"，均是民族語言成
分的音譯，并非漢語前綴。但是在以下非漢族人名中的"阿"就
是典型的漢語前綴了，如"康阿醜"，見于97TSYM1：5《闞氏
高昌永康十二年（477）閏月十四日張祖買奴券》（榮、李、孟
125）。有"康阿子"，見64TAM35：50（a）《唐神龍三年（707）
高昌縣崇化鄉點籍樣（一）》（3-536）。

5. 放在代詞前

清顧炎武《日知録》卷三二"阿"："亦可爲不定何人之辭，
《古詩》：'道逢鄉里人，家中有阿誰？'《三國志・龐統傳》：'先主
謂曰：向者之論，阿誰爲失？'《晋書・沈充傳》'敦作色曰：小人
阿誰'是也。亦有作何誰者，晋劉實《崇讓論》：'不知何誰最賢？不知何誰最不肖。'
阿者，助語之辭，古人以爲慢應聲，《老子》：'唯之與阿，相去幾
何？'今南人讀爲入聲，非《魏志・東夷傳》：'東方人名我爲阿。'"[1] "阿誰"
亦見于吐魯番文獻，64TAM24：29《唐甄連、武通家書》（2-
175）："甄連訊阿婦，兩箇女嫁与阿誰也？"《樂府詩集・橫吹曲辭
五・紫騮馬歌辭》："十五從軍征，八十始得歸。道逢鄉里人，'家
中有阿誰？'"又請比較北圖新0866《李陵變文》："公孫敖怕急，
問：'蕃中行兵將是阿誰。'"[2]

6. 放在普通名詞前

如"阿師""阿師子"之"阿"，實際上是"阿＋師（子）"，
乃對法師的親切稱呼。又請比較斯1284《西州釋昌富上靈圖寺陳
和尚狀》："孟春猶寒，伏惟靈圖陳和尚尊體起居萬福。即日昌富
蒙恩，不審近日尊體何似？伏惟如時倍加保重，下情所望。昨者龍
都頭到來，切審和尚平善，喜悦倍深。其龍都頭城隍歡喜，無不讚
歎。今于氾法師手上紫草壹斗，又細布一角，乾棗一袋子，充阿師
子信，聊表卑儀，請莫怪也。伏限沙磧遥遠，不獲匍匐頂謁和尚。

① （清）顧炎武著，陳垣校注《日知録校注》，安徽大學出版社，2017，第1851~1852頁。
② 參考徐仁甫《廣釋詞》卷一"阿誰、何誰"條，徐仁甫編著、冉友僑校訂《廣釋詞》，
四川人民出版社，1981，第36頁。

又囑老阿耶見面之時，問訊勾當，莫交（教）欹負，便是願也。謹奉狀起居。不宣，謹狀。二月日西州弟師昌富狀上。和尚法前，謹空。有善皮裘，段發遣。若差次第，善皮裘發遣，要甚價直？即便回禮，不交辜欠。第一莫喫人情義，誰便是名辜也。"

7. 用在物名（包括動植物及日常器具）之前

如"阿鼠""阿驢""阿苟"，這與當時的賤名有關。

關於賤名，清代趙翼《陔餘叢考》卷四二"命名奇詭"有論及："世俗命名，多有取用古人名者。如何尚之名其子曰偃，曰求，曰點，此以古賢爲名者也。袁慇孫慕荀奉倩之爲人，改名粲，字景倩。劉湛慕汲黯、崔琰之爲人，名其子黯，字長孺；琰，字季珪。顏竣初生子，適江夏王義恭亦生子，宋孝武爲之制名，名義恭子曰伯禽，以比周公之子；名竣子曰辟疆，以比張良之子。此亦以賢臣爲名者也。王涯名其長子曰孟堅，次子曰仲翔，此以古人之字爲名者也。晋韓延之以劉裕將傾司馬氏，知裕父名翹，字顯宗，乃改己字爲顯宗，而名其子曰翹，以示不臣劉氏。此別自有意。甄濟生子，長曰禮闈，次曰憲臺。此又以生子時所歷官爲名者也。任昉四子：西華、南容、北叟、東里，則以東西南北切合古人名爲名者也。若《漢書·魏相傳》：天子所服，令中謁者趙堯、李舜、倪湯、貢禹各舉一時。宋孝武時，有小史姓皇名太子，孝武移其點於外，改爲犬子。苗晋卿名其十子發、丕、堅、粲、垂、向、呂、稷、望、咸，皆與古帝王同名，德宗惡之，命與外官，故皆不顯。此則狂誕不檢，不取禍已爲幸矣。南齊庾肩吾名其長子曰黔婁，次子曰于陵，唐亦有楊于陵，則以古人極清貧者爲名。至如魏之高菩薩，周之席毗羅，隋之喬鍾葵，陳之周羅睺、鄧沙彌，唐初之宋金剛、王羅漢，明皇時之高力士等，皆以神將爲名，尚屬有説。魏元又本名夜叉，弟羅本名羅刹，則專以兇神惡煞爲名，何也？《漢書》酈食其之子名疥，《南史》張敬兒本名狗兒，其弟名豬兒，齊明帝改爲敬兒、恭兒。《宋史》劉繼元之子名三豬。《金史·海陵紀》有刑部郎中海狗，《宣宗紀》有李瘤驢、唐括狗兒，《哀宗紀》有完顏豬兒，又兀朮之孫名羊蹄，胡沙虎之子名豬糞，封濮王。他如紇石烈豬狗、完顏狗兒，見

《西夏傳》；耶律赤狗兒，見《盧彦倫傳》。《金史》謂金人尚質，故沿舊俗不改。《元史》亦有石抹狗狗、寧豬狗，又伯答沙次子名潑皮，皇慶中有駙馬醜漢，江浙行省黑驢，此亦北俗之尚質也。按古人命名，原有不避醜惡之字者。《左傳》晋成公名黑臀，衛侯之弟名黑背，魯文公名其子曰惡，齊田子名其子曰乞，晋景公名獳，鄭成公太子名髡頑，次曰侯獳，衛獳羊肩、史狗，鄭有堵狗，《史記》韓有公子蟣虱，司馬相如名犬子，《漢書》梁冀子名胡狗。此本古俗，金、元之人名多醜惡，原無足異也。(《甕牖閒評》：蔡京三子，長曰攸，次曰絛，次曰儵。當時語云：‘蔡京之後尤蕭條。’此又命名而成語讖者。”[1]

　　吐魯番文獻中有“李阿鼠”，見于大谷3030《兵役關係文書》(《大谷》第二卷，圖版五一)、2006TAM607：2-4《唐神龍元年(705)六月後西州前庭府牒上州勾所爲當府官馬破除、見在事》(榮、李、孟32、34、36)；有“阿苟”見于67TAM84：20《高昌條列出臧錢文數殘奏》(2-2)，有“張阿苟”，見75TKM90：19《高昌阿苟母隨葬衣物疏》(1-116)，有“李阿苟仁”，見66TAM61：16(a)《唐憙安等匠人名籍》(3-240)，有“左阿貓”，見于2001SYMX1：1-5《唐呂致德租葡萄園契》(榮、李、孟372)，有“麴阿蘭”，見64TAM24：33/2《高昌司空□子等田帳(二)》(2-171)，有“張阿桃”，見于64TAM35：68(a)《武周載初元年(689)西州高昌縣寧和才等户手實》(一〇)(3-512)。

8. 用在動詞、形容詞前

　　“阿買”見75TKM91：22(a)《阿成等麥酒帳》(1-77)，“阿屯”見寧樂一三(1)、一六(5)號《唐蒲昌府終服、没蕃及現支配諸所等名簿》(96、97)，“阿悦”見60TAM320：13/1-13/4-2《高昌延和十年(611)田相保等八人舉大小麥券》(1-322)；“張阿質兒”見72TAM199：8《高昌重光元年(520)張阿質兒墓表》(侯、吴323)；“阿醜”見97TSYM1：5《闞氏高昌永康十二年(477)閏月十四日張祖買奴券》(榮、李、孟125)。又有“阿致

（致）（曹阿致畊阤、曹阿致揄）"，見 64TAM31：14《高昌曹莫門阤等名籍》(1-359)，又請比較"阿智（曹阿智）"，64TKM1：28 (b)，31 (b)，37/2 (b)《唐何好忍等匠人名籍》(2-11)："＿＿＿□延海，白佑仁，□□一人縫匠＿＿＿了，曹阿智，曹提阤。"①

第二節　吐魯番出土文獻後綴"子""兒（仁）""頭""奴"

吐魯番出土文獻基本上是寫本文獻，時代主要集中在晉、十六國和唐，是研究中古漢語和近代漢語的寶貴語料，本節從後綴（Suffix）的角度，對吐魯番出土文獻中的"子""兒（仁）""頭""奴"進行個案考察。

吐魯番出土文獻中的後綴"子""兒（仁）""頭""奴"帶有鮮明的時代和地域傾向，"子"用於高昌國時代和唐西州（初唐、盛唐）的文書中，相當於漢語史分期中的中古漢語與近代漢語交會過渡期，"兒"主要用於高昌國時期，到了唐西州之後，往往以"仁"的形式出現，同時，在高昌國與唐西州時期，還有一個與"子""兒"功能較近的名詞後綴"奴"。"頭"的後綴用法，主要出現在唐西州時期。如果將吐魯番文獻中的三個後綴"子""兒（仁）""奴""頭"再細分，"子""兒（仁）""奴"應該屬一類，"頭"應該單獨分爲一類，前者成爲後綴，往往與小稱、昵稱、賤稱有關，後者與此無關。

由于吐魯番地處絲綢之路要衝，當地的漢語受其他民族語言影響較大，所以，研究吐魯番出土文獻的詞綴，最好考慮到語言接觸（language contact）因素。同時，吐魯番出土文獻的詞綴往往反復出現在人名上，人名最接地氣，最能反映當時語言的真實面貌，綜觀吐魯番出土文獻中的人名，在表現昵稱時，既可以在尾部附上"子""兒""仁""奴"等後綴（還可以在名字前加上前

---

① 王丁先生將"致"與"智"理解爲是漢語詞素，參看王丁《胡名槃陀考》，載向群、萬毅編《姜伯勤教授八秩華誕頌壽史學論文集》，廣東人民出版社，2019，第179~206頁。今暫依王説，但究竟是漢語詞素還是是民族語言成分音譯，仍存疑。

綴 "阿"），也可以將名字的音節重疊，這與現代漢語的暱稱表達方式可以相互觀照，對我們研究漢語稱謂史極有幫助。因此，人名在漢語史研究中具有重要的價值。

子

在吐魯番出土文獻中，作爲名詞後綴的 "子"，主要有以下用法：1. 表示從事某一具體工作的人，往往與勞役有關，這種情況下 "子" 的實詞色彩相當濃郁，絕不能省去，否則意義大變；2. 起名詞標識作用，"子" 往往可以省去，而意義基本不變，這種情況下的 "子" 帶有暱稱色彩。

"子" 本表示 "小" "初生"，也指 "兒女"，漢班固《白虎通·爵》："子者孳也，孳孳無已也。" 檢《詩·小雅·斯干》："乃生男子，載寢之床。"《儀禮·喪服》："故子生三月，則父名之，死則哭之。" 鄭玄注："凡言子者，可以兼男女。"① 但在吐魯番文書中，"子" 也是一個極爲活躍的後綴，主要用于高昌國（460-640）

---

① 吐魯番出土文獻中有些 "子"，如果意義太 "實"，我們就不算作後綴，比如 "佛子"，即 "佛之子"，65TIN029《金光明經》卷二題記（圖片載《新疆維吾爾自治區博物館》，文物出版社，1991，圖 84，又見朱玉麒主編《西域文史》第二輯，科學出版社，2007，圖版 1）有 "索將軍佛子" 即 "索佛子"，佛教信徒稱釋迦佛爲 "慈父"，佛亦視衆生如己子，也用於人名。考《妙法蓮華經·譬喻品》："如來爾時便作是念，我有無量無邊智慧力無畏等諸佛法藏，是諸衆生皆是吾子。" 又："若見佛子，持戒清潔，如净明珠，求大乘經，如是之人，乃可爲説。" 請比較《太平廣記》卷二百六十 "王熊" 條（出《朝野僉載》）："前得尹佛子，後得王癲獺。判事驢咬瓜，喚人牛嚼鐵。見錢滿面喜，無錮從頭喝。" 又請比較錢起《歸義寺題震上人壁》詩："仍聞七祖後，佛子繼調御。" 考趙翼《陔餘叢考》卷三十八《僧稱》："僧之稱釋家，從釋道安始。道安謂：佛氏釋迦，今爲佛子，宜從釋氏帛尸，因請學佛者皆姓釋氏。" 又請參看項楚《敦煌變文選注》（增訂本），中華書局，2006，第 1217~1218 頁。郭瑞、李海燕、王平、臧克和認爲在傳世文獻中，"佛子" 是多義詞，既指菩薩，又指受佛戒者、佛門弟子。佛教以爲一切衆生，悉具佛性，皆佛子也。參考氏著《六朝石刻與佛經音義資源》，徐時儀、陳五雲、梁曉虹編《佛經音義研究——首屆佛經音義研究國際學術研討會論文集》，上海古籍出版社，2006，第 155~163 頁（特別是第 158 頁）。又，根據黃征的研究，"佛子" 不僅指衆生或菩薩，有時也指佛。如斯 2583 卷第二篇《發願文範本（擬）》："西方有佛子，號曰彌陀。" 參考黃征《敦煌語言文字學研究》，甘肅教育出版社，2002，第 158 頁。又如吐魯番文書有 "品子"，即 "品官的子弟"。又有 "種子"，"子" 即顆粒，大谷 3441《物價文書》（圖版 16）："韭子壹勝，（轉下頁注）

和唐西州時期^①，66TAM48：45《高昌吏阿伯等名籍》（1-351）有"祐子"，66TAM48：48（b），51/3（b）《高昌將保謙等所領人名籍》（1-352）有"牛婆鹿子""宋保淂子""張養子"^②，66TAM48：45《高昌吏阿伯等名籍》（1-351）有"祐子"，72TAM171：12

（接上頁注①）上直錢肆拾伍文。"72TAM178：17（a）《唐食料計錢帳》（4-191）："_____［計］叁伯文。綠豆子叁勝，勝別捌文。計貳拾肆文，草豉子壹勝准帖陸文，計_____米伍_____莿［蜜］_____"73TAM506：04/1《唐大曆三年（768）僧法（惠？）英佃菜園契》（4-576）："仍下苺子壹斛，其子寺家出陸勝，佃人出肆勝，人功仰佃人。"73TAM506：4/32-1之三《唐天寶十四載（755）交河郡某館具上載帖馬食諳歷上郡長行坊狀》（4-423）："長行驢壹拾叁頭，送中菜子，十二月廿四日過，正月十三日回，來往食麥捌斛。付驢子車光孫。長行驢陸碩，三月十八日送酒菓，四月九日回，來往食麥叁斛陸勝，付驢子閻駕奴、李庭倩、郝賓。"請比較南朝宋劉義慶《世說新語·雅量》："樹在道邊而多子，此必苦李。"又有"地子"，即"地租"，《史記》卷一二九《貨殖列傳》："子貸金錢千貫。"司馬貞《索隱》："子謂利息也。"以上例子中的"子"，均不是後綴，也就是說，不是附加語素，而是復合語素，它們與前面語素構成的詞不是派生詞，而是復合詞。"子"也表示利息、地子、地租，64TAM10：48《高昌義和六年（619）傅阿歡入生本小麥子條記》（2-203）："［高］昌己卯歲生本小麥子傅阿歡陸［斛］□□參軍張悅、參軍□都、翟懷願□□□□月十二日入。"（高昌國的"生本小麥子""官貸捉大麥子"，還有唐代的"官貸小子"，指官貸麥獲得的利息）65TAM42：10,73《唐永徽元年（650）嚴慈仁牒爲轉租田畝請給公文事》（3-117）："唯租上件田，得子以供喉命。"（此處之"子"，即地租，文書的意思是：將自己的田出租，得地租以便活命。參陳國燦《敦煌學史事新證》，甘肅教育出版社，2002，第288頁）72TAM230：64《武周勘田牒》（4-77）："右同前據□□□上件垜去年秋是前件人佃種，畝別收子兩碩以上者，件勘如前。"（舊主白居兜户絶，其當退未退之際，由義達佃種，而官府勘查結果，知其"畝別收子兩碩以上"，則官府勘查之目的，似乎還在于通過城主徵收科稅。此件屬官文書，還公田權屬官府更具代表性，還公田有里正、城主代管，所以其出租及地子之徵收都由里正等負責）73TAM506：04/10-1《唐天寶十三載（754）楊堰租田契》（4-570）："_____日，高昌縣人楊堰_____論邊租_____［部］［田］貳畝，其地沙堰渠□□_____其地用天十四載以［種］_____租子，立契日交相付了。故立契爲□。麥主。田主韓伯輪（掄）□；見人何思忠。"73TAM506：04/8《唐馬寺尼訴令狐虔感積欠地子辭稿》（4-577）："柳中縣百姓令狐虔感負二年地子青麥一石六⊕□_____六斗。住在高寧城。O右件常住地在高寧城，被上件人每常強力遮攬佃種，皆欠三年二年子，不與地子。常住無人，尼復□□弊。"（三年二年子：大曆二三年地子，即地租）73TAM506：04/5（a）《唐孫玄參租菜園契》（4-580）："_____拾束与寺家，秋菜諳一畦從南_____入孫，一分与寺家。收秋与介壹伯束，每日_____一畦子仰寺知當。其蘭觀稅子，兩家共知。"又檢73TAM509：8/26（b）《唐昌觀申當觀長生牛羊數狀》（4-338）有"新生羔子"，"子"亦不是後綴。
① "子"與"兒"不同，前者使用的時間跨度更長，後者則主要是高昌國時期。
② 73TAM520：6/2《高昌延昌三十四年（594）調薪文書一（一）》（1-317）有"史養兒"，"兒""子"均非常實詞，而是後綴，吐魯番出土契券中還有"妻兒""妻子""侄兒"，其中的"兒""子"也是後綴表示而不是實詞。在高昌國時期和唐西州時期，"兒女"用"息男""息女"或"男""女"表示。

（a），17（a），15（a），16（a），13（a），14（a）《高昌延壽十四年（637）兵部差人看客館使文書》（2-76）有"王善祐子"，72TAM171：19（a），9（a），8（a），11（a）《高昌延壽十四年（637）兵部差人往青陽門等處上現文書》（2-74）有"王祐子"，72TAM151：94《高昌義和三年（616）張相憙夏＿＿＿田券》（2-100）有"左祐子"，60TAM339：50/1-1《高昌武城塢作額名籍（一）》（1-396）有"陰沙弥子"，66TAM48：43（a）《高昌吏汜延憙等及諸將所領人等名籍》（1-354）、66TAM48：45《高昌吏阿伯等名籍》（1-351）有"吏沙弥子"，又請比較"張懷悦子"，72TAM154：13/1《高昌重光二年（621）史懷憙殘條（一）》（1-362）："＿＿＿兒張懷悦子＿＿＿ ＿＿＿重光二年辛［巳］＿＿＿＿＿＿史懷憙。"64TKM1：51《唐西州張慶貞等勘田簿（一）》（2-17）有"龍不苻麻子"，64TAM10：39《唐龍朔元年（661）孫沙彌子夏田契》（2-213）有"孫沙弥子"，72TAM189：66《唐令狐建行等率皮名籍》（4-115）有"劉懷子""魏住子""獨孤禿子""康鼠子""＿＿＿苟子""康藏子""支奴子""康禿子"，大谷2370《西州高昌縣佃人文書》（《大谷》一圖版八〇）有"李禿子"，大谷2380《西州高昌縣退田文書》（《大谷》一圖版二六）有"魏禿子"，大谷2849《唐代役制關係文書》（《大谷》一圖版九七）有"翟禿子"，66TAM61：16（a）《唐憙安等匠人名籍》（3-240）有"雷犢子""曹禿子"，69TKM33：1/7（b），1/10（b）《高昌付張都堆等供糧食帳（二）》（1-242）有"苟子""申子"，大谷2369《西州高昌縣佃人文書》（《大谷》一圖版八〇）有"辛駬子"，64TAM35：31（b）《武周張衆護田畝帳》（3-518）有"石刀子"，64TAM35：48（a）《唐神龍三年（707）高昌縣崇化鄉點籍樣（一）》（3-534）有"曹阿面子"，64TAM5：79《唐李賀子上阿郎、阿婆書四（一）》（3-205）有"夳子""莫賀子"，72TAM187：195/1（a）之一、之二《唐天寶二年（743）籍後高昌縣户等簿帳》（4-208、209、210）有"翟葉子""竹熊子""左娘子""花阿師子"，72TAM187：188《唐嚴保子等殘名籍》（4-219）有"嚴保子"，72TAM187：213/2《唐張仕遷等殘名籍》（4-

219）有"胜埵子"，72TAM215：017/5-1《唐馮懷盛等夫役名籍（一）》（4-245）有"秦山子"。可見後綴"子"在人名中尤其多[1]，比如72TAM153：31-33《高昌計人配馬文書》（1-281）有"☐☐六子"，72TAM153：31-33《高昌計人配馬文書》（1-281）有"☐☐☐師子"。

　　最爲典型的一個例子是"婆演"與"婆演子"。"婆演"本來是中古時期西域兄弟民族的一個官職名稱音譯，60TAM329：23/1,23/2《高昌虎牙元治等傳供食帳（一）》（1-461）有"☐☐婆演大官"，69TKM33：1/3（a），1/6（a）《高昌衆保等傳供糧食帳（三）》（1-240）有"提懃婆演"，但"婆演"也用在人名中，後面加上了後綴"子"，86TAM389：21-2a《唐西州某鄉車牛并夫簿》（柳87）有"趙婆演子"。[2]

　　綜上所述，吐魯番出土文獻中帶後綴"子"的人名既出現在漢語裏，也出現在粟特等族群裏，如：康石子、康禿子、康師子、康奴子、康阿子、康懷子、匡頭六子、王頭六子、李頭六子、員頭六子、龍頭子、龍牧子、郭洛子、郭恩子、郭默子、王文子（王文仔）、王君子、王奴子、王嘿子、王駏子、王鼠𪘏子、王善祐子、雷犢子、張鷹子、張頭子、張禿子、張雛子、張鄉子、范

---

[1] 人名中的"子"可以與動物名以及植物名、器物名等無生命事物名連用，如：牛犢子、骨苟子、王苟子、秦雞子、雷犢子、氾貓子、驢子、陰驢居子、和葉子、石刀子、康鉢子、侯菜園子、曹石子、劉鼻子、菓子。人名中還有"禿""禿子""竹禿子""安禿子""李禿子""車禿子""嚴禿子"等，"禿子"是漢語成份，還是外族語譯音形式與漢語用法膠合在一起的流行語詞，待研究。如女名"卜禿是"，男名"禿髮頭六""禿髮慶武"，小孩名"禿禿"，男名"張禿堆""張柂禿""龍禿堆""張禿堆""張小禿""王盲禿"。同樣的例子還有"婆子""李頭六子""阿頭六子"，應是外族語譯音形式與漢語用法膠合在一起的流行語詞。又有"楊阿胡子"，此處的"胡"可能與"胡人"有關。（請比較斯411號文書中有"張漢子"一名，這裏的"漢"便是漢族。《北齊書》卷二三《魏蘭根傳》："何物漢子，我與官不肯就。"又作"漢兒"。我國古代少數民族對漢人的稱呼。《樂府詩集·橫吹曲辭五·折楊柳歌辭》："我是虜家兒，不解漢兒歌。"）又參張延成《吐魯番出土文書中的詞綴問題》，載張顯成主編《簡帛語言文字研究》第二輯，巴蜀書社，2006，第265~267頁。直到今天，在北方方言中，人名還常常以"子"爲後綴。如北京話的"子"、陝西話的"子"或"娃子"，極爲普遍。

[2] "柳87"表明此件文書圖版見柳洪亮《新出吐魯番文書及其研究》，新疆人民出版社，1997，第87頁。

住子等等，真是蔚爲大觀。

概括起来，在吐魯番出土文獻中，作爲後綴的"子"主要有兩種用法。

1. "子"作爲名詞後綴，表示從事某一具體工作的人，往往與勞役有關，"子"的實詞色彩相當濃郁，絕不能省去，否則意義大變

【烽子】【烽鋪子】【馬子】【踏子】【館子】【望子】【門子】

"烽子"即上烽的役人，也可以稱"烽夫"[①]；"烽鋪子"即守望烽火臺和傳牒之鋪的役人；"馬子"是喂馬和趕馬人（在北凉時期，是一種役，在唐代，是長行坊中數量最多的人員），主要承擔牽領、管理、飼喂出使在外的長行馬，也指駕馭長行馬遠行和短途領送的長行人及其被役使者（可以在驛館中休息和飼馬，包括郡坊帖當館馬或到館出使馬的飼喂），往往由健兒充當；"踏子"即

---

① 考唐李筌《神機制敵太白陰經》卷五《預備》"烽燧臺"篇："一烽六人，五人爲烽子，遞知更刻，觀望動靜。一人烽卒，知文書、符牒、傳遞。"《資治通鑑》卷二四〇唐憲宗元和十二年十月："行六十里，夜，至張柴村，盡殺其戍卒及烽子。"注："唐凡烽候之所，有烽帥、烽副；烽子，蓋守烽之卒，候望警急而舉烽者也。杜佑曰：一烽六人，五人爲烽子，遞知更刻、觀視動靜一人；烽率知文書、符辭、轉牒。"唐代前期，往往以丁男充烽子，因西州役源、兵源匱乏，才以殘疾、中男輪值充任，"烽子"往往還要負擔雜役（雜徭與色役不同。前者是臨時的，後者是固定名目，有固定役期，而且可以納資代役，特別是在唐前期更是如此），所承擔的事務如供給官吏，鎮兵糧食，縣司臨時差役等，雖然烽子也不排除由鎮差防人充，或由折衝府直接差遣，但是唐代烽鋪的烽子、鋪人更多的是徵發本地丁中，還可雇人上烽，所以一般烽子不是府兵，也不是募兵，他們是地方雜徭或雜役。由此看到烽鋪地方化的傾向，與軍隊地方化相適應。又參看吳樹國《唐前期色役的藩期與役期》，《歷史研究》2018年第5期，第178~188頁。程喜霖指出："自玄宗開元中年以來，徵兵已很難維持，戍邊'防人'已由募兵充當，烽堠戍守者，烽子是上番服雜徭或色役的平民，戰時加强守衛的烽兵一無例外來自募兵。"氏著《吐魯番文書所見唐代鎮戍守捉與烽堠》，載姜亮夫、郭在貽等編纂《敦煌吐魯番學研究論文集》，漢語大詞典出版社，1991，第467頁。在敦煌文獻中，"烽子"的性質更加鮮明，伯3257《甲午年（934）索義成付與兄懷義佃種憑》："甲午年二月十九日，索義成身着瓜州，所有父祖口分地叄拾貳畝分付與兄索懷義佃種。比至義成到沙洲得來日，所着官司諸雜烽子官柴草等小大税役，并惣兄懷義應料。一任施功佃種，若收得麥粟，任自兄收，顆粒亦不論說。義成若得沙洲來者，却收本地，渠河口作税役，不忏［自？］兄之事，兩共面平章，更不須休悔者。如先悔者，罰牡羊壹口。恐人無信，故立文憑，用爲後驗。［佃］地人兄索懷義（押），種地人索富子（押），見人索流住（押），見人書手判官張盈口（押）。"

管理郡坊畜用䞒料的領取、使用、貯放、外調、減料的人[①]；"館子"即服務客官之人；"望子"即軍中瞭望之人；"門子"即守門之人。72TAM226：53,54《唐開元十年（722）伊吾軍上支度營田使留後司牒爲烽鋪營田不濟事》（4-90）："每烽々子祇有三人，兩人又屬警固，近烽不敢不營，里數既遥，營種不濟，狀上者，曹判。"72TAM226：53,54《唐開元十年（722）伊吾軍上支度營田使留後司牒爲烽鋪營田不濟事》（4-90）："□□□［狀］［稱］□□□□ □□□□屬警固，復奉使牒。烽鋪子不許□□□功，各漸斸種前件畝數如前者。"75TKM96：45（a）《兵曹補代馬子郭氏生文書》（1-38）："李兵曹馬子郭氏□□□補代，王白。諾。名禄言□□□ □□□□□□"[②]73TAM506：4/32-1之三《唐天寶十四載（755）交河郡某館具上載帖馬食䞒歷上郡長行坊狀》（4-423）："新市長行馬壹拾柒疋，食麥捌斗伍勝，付馬子車光孫。"73TAM506：4/32-2之一《唐天寶十四載（755）柳中縣具屬館私供馬料帳歷上郡長行坊牒》（4-437）："右十八日給帖馬拾叁疋充料，䞒子准前，付馬子□□青麥壹碩貳斝。"73TAM506：4/32-1之五《唐天寶十四載（755）交河郡某館具上載帖馬食䞒歷上郡長行坊狀》（4-425）："郡坊迎封大夫□［馬］肆拾疋，八月廿七日食麥貳碩。付馬子兹秀□押官楊俊卿。廿八日，郡坊帖馬□拾疋，食麥貳碩，付健兒兹秀元，押官楊俊卿。"（可見健兒與馬子有時可以由同一個人擔當）[③]，OR.8212/709Mr.tagh.0634《唐貞元六年（790）館子王仵郎抄》（沙、吳 1-188）有"館子王仵郎"。72TAM209：85/11（b）,85/12（b）《唐王君子等配役名籍》（3-326）有"望子""門子"。考李筌《神機制敵太白陰經》卷三

---

① 此類"子"，作爲名詞後綴，用在某類名詞後表示使用這類物體的人，這類用法起源甚早，請比較"舟子"，即船夫。《詩·邶風·匏有苦葉》："招招舟子，人涉卬否。"毛傳："舟子，舟人，主濟渡者。"晉郭璞《江賦》："舟子於是搦棹，涉人於是檥榜。"

② OR.8212/557Ast.Ⅲ.4.095《唐神龍元年（705）天山縣爲長行馬致死上西州兵曹狀》（沙、吳 1-115）有"馬夫""馬子"。

③ 關於"馬子"，可以參考孫曉琳《試探唐代前期西州長行坊制度》，唐長孺主編《敦煌吐魯番文書初探二編》，武漢：武漢大學出版社，1990年，第208頁；乜小紅《唐五代畜牧經濟研究》，北京：中華書局，2006年，第7頁。

《雜儀》類 "馬將" 第三十: "一千人馬子, 軍外差。又云五百人馬子, 醫馬在內。" 荒川正晴指出: "見諸度支指示中的腳夫, 是指被差遣作爲勞動力的搬運人夫。如果以傳馬組成運輸隊, 這些腳夫就是引導傳馬驢的馬子, 在敦煌文書中, 他們是作爲 '充行馬子'、'行馬子' 出現的。"[①] 唐長孺指出: "據唐制, 凡是被稱爲 '子' 的通常是指從當地或側近地區的白丁內徵發, 承擔某項定期勞役的人夫, 例如烽子、渡子、驛子等等, 戍子大概也屬于這一類型。"[②]

2. "子" 作爲名詞後綴, 更多的起到標識强調作用, "子" 甚至可以省去, 而意義基本不變

在吐魯番出土文獻中, 以 "子" 作爲後綴的名字, 還有 "李成子" "趙石子" "皇甫罏子" "王猫子" "趙子" "白卑子" "白古埇" "白埮子" "伽子" "吴鉢子" "和子" "和葉子" "程紹子" "侯君子" "侯菜園子" "解撮子" "安麻子" "衛神子" "君子" "翟感子" "毛朋子" "衛阿文子" "衛臣子" "安行子" "牛園子" "傅寶子" "傅阿洛子" "白盲子" "安才子" "寅犢

① 氏著《關于唐向西域輸送布帛與客商的關係》(樂勝奎譯, 李少軍校),《魏晉南北朝隋唐史資料》第十六輯, 武漢大學出版社, 1998, 引文見第 343 頁。譚蟬雪考察敦煌的 "馬子", 指出: "(馬坊) 每匹馬由一名馬子牽引照料, 如一次出行在兩匹馬以上者, 其中一人爲領班, 曰 '充行馬子', 或簡稱 '行馬子'。"(氏著《敦煌馬文化》,《敦煌研究》1996 年第 1 期, 第 116 頁)

② 氏著《山居存稿》, 中華書局, 1989, 第 402 頁。"夫" 也可視爲與 "子" 類似的後綴, 如 "烽夫" "兵夫" "人夫"(但 "夫" 的實義色彩依然非常濃郁), "烽夫" 就是烽子、丁、中充任, 服雜徭(不是兵役)。在軍事通訊中, 是 "烽子", 從雜徭(夫役)的角度講, 是 "烽夫"。伯 2754《安西判集》殘卷: "比聞烽夫差遣, 是(引者按: 此字原件以朱筆刪削)殘疾中男, 遠必 V(引者按: 倒乙符號)望闗機宜。"(此件文書爲判集, 所載判文共六道, 其中二道不完, 除第一道言民事外, 其餘五道所言皆爲安西都護府管內伊州、西州及龜兹之兵事, 估計系集録安西都護府官文書而成。烽夫即諸烽負責候望之人, 征夫充之, 爲徭役之一, 故稱烽夫。參考劉俊文《敦煌吐魯番唐代法制文書考釋》, 中華書局, 1989, 第 470 頁。此件文書可能出自吐魯番等西域地區, 流落至敦煌。但是究竟何時、何因因流入敦煌, 待研究)考《唐律疏議》卷二八《捕亡》"丁夫雜匠" 條疏議曰: "丁謂正役, 夫謂雜徭。" 又《白氏六帖事類集》條卷二二《征役》第七《充夫式》注引户部式佚文: "諸正丁充夫四十日, 免 [役]。七十日, 并免租, 百日已上, 課役俱免。中男充夫滿四十日已上, 免户内地租, 無他稅(或許是 "地租" 之誤, 待考), 折户內一丁, 無丁, 聽傍折近親户內丁。"(引文參考程喜霖《釋唐代〈充夫式〉》, 文載杜文玉主編《唐史論叢》第十二輯, 三秦出版社, 2010, 第 389~394 頁)

子""宋保得子""宋捌子""涉弥子""汙子""婆子""洛
子""祖子""祁忠子""左祐子""左舍子""女郎子""支君
子""支奴子""支忠子""李洛子""李蒙子""李合子""袁達
子""索護子""董子""范正子""范達子""范老子""蘇救子"
"苗子""杜通子""楊得子""楊鼻子""獢子""檜子""趙漢
子""趙蔭子""趙黑子""馮阿谷子""趙鼠子""史論子""史
那子""史買子""申屠衝子""串子""麥子""秦山子""秦
雞子""秦吒子""曹玖子""曹想子""見子""吕容子""吕阿
子""園子""員和子""羅子""戰子""嚴侯子""嚴祐子""嚴
令子""阿子""阿救子""馬君子""馬感子""匡鼻子""劉
鼻子""劉杏子""劉念子""劉懷子""陳兒子""隗阿俗
子""陰崇子""陰名子""陰感子""陰倉子""陰焕子""令
狐仙子""姜忠子""竹炎子""忠子""恭子""藏子""張達
子""張沙弥子""張爽子""張隆子""張養子""孟賢子""孟
勝子""鄧禿子""翟石子""翟姚子""翟奴子"[①]。這一類例子
還有：

【僧子】僧。86TAM387：24《高昌延壽十三年（636）□頭
寺僧子入弘光寺行文書》（柳412）："僧子名：張師願伯、鞏師法
曇，合貳人，入弘光寺行。□□十三年丙申歲二月十日。"

【絲巾子】【疊子】【盤子】【鋤子】【綿袴子】【妻子】絲巾、疊、
盤、鋤、綿袴、妻。64TAM29：44之四《唐咸亨三年（672）新婦爲
阿公録在生功德疏》（3-337）有"絲巾子"，72TAM178：14，16《唐
支用餐具帳》（4-191）有"疊子""盤子"，OR. 8212/1358Toy.Ⅲ.iv.02
（h）+（k）《唐器物帳》殘片（沙、吳2-147）有"香盤子"，
OR.6408（M3.1）H5《唐雜帳》（沙、吳2-334）有"鋤子"，
72TAM189：19（b）《唐人隨筆雜書》（4-116）有"綿袴子"，
64TAM29：44之五《唐咸亨三年（672）新婦爲阿公録在生功
德疏》（3-338）有"妻子"。在吐魯番文獻中，"子"作爲此類名
詞詞綴，用例甚多，還有"襖子""衫子""帔子""裙子""盂

---

① 我們主要參考了李方、王素編《吐魯番出土文書人名地名索引》，文物出版社，1996。

子""瓮子""瓶子""鏡子""刀子""甌子""袋子"等。

最有趣的是：這類"子"用于名字中，有時候有"子"，有時候沒有，"子"的使用呈現出一種鬆散的、臨時的、隨意的狀態，似乎帶有一種"言語"性質（而不是"語言性質"），請比較 69TAM135：2《高昌延壽五年（628）趙善眾買舍地券》（1-410）："趙善眾從孫［迴］伯、范慶悦二人邊［買］［武］城辛場地中舍地，孫迴伯右地拾步，即交与銀錢肆文，次范悦子邊地拾步，與買價錢肆文。錢即日畢，舍地即日付。舍方二人方。東［詣］張容奴分垣，南詣善眾場地分垣，西共趙海相塢舍分［垣］。北共張延守塢舍分垣。"此件契券中，"范慶悦"其實就是"范悦子"。又請比較以下諸例：

【張客兒子】【張客兒】72TAM151：53（b）《高昌某歲二月九日補人文書》（2-103）："二月九日，道人慈悦捕（補）張客兒子，虎威子伯作人道得捕馮相祐。"請比較 72TAM153：31-33《高昌計人配馬文書》（1-281）："嚴寅忠、良弘貞，合五人□□□ □□□□二人，馬一匹，嚴道濟、張伯祐□□□ □□□□［張］保謙、張客兒、車崇天，合五人，馬二匹□□□□□［一］匹，高慶祐，李謙仁，二人，馬一匹。""張客兒子""張客兒"其實是同一人。

【張慶祐】【張慶祐子】72TAM151：102,103《高昌作頭張慶佑等偷丁谷寺物平錢帳》（2-109）有"張慶祐""張慶祐子"。"張慶祐"與"張慶祐子"實際上是同一個人。[①]

【頭六】【阿頭六】【阿頭六子】【頭六子】【頭六兒】【頭六奴】【頭六六】"頭六"即"咄六""都陸""咄陸""咄禄"，西突厥中一個較有實力的部落名稱，又有"頭六揿"，即咄陸設，也就是乙毗咄陸可汗，貞觀年間活躍於高昌地區的西突厥欲谷設（乙毗設），

---

① 69TKM33：1/2（a）《高昌眾保等傳供糧食帳（一）》（1-238）有"付嚴祐子"。

但廣泛用於人名中[①]，特別是常常用在高昌國時期（460-640）的人名中（由此可見高昌國受突厥的影響甚深），時而作"頭六"，時而加上前綴"阿"，作"阿頭六"，時而作"頭六子"（甚至還有作"阿頭六子"），時而作"頭六兒"，時而作"頭六奴"，時而重複最後一個音節作"頭六六"[②]，這可能與當時對孩子的口頭稱呼有關，在孩子名字後面輔之以"子""兒"後綴，或重複名字最後一個音節，這種情況在今天的北京話或西北方言中依然常見。有關這一方面的吐魯番出土文獻語料，請比較"頭六"，見 86TAM385：10-4《高昌作器物供用帳一》（柳 408）；有"曹頭六"，見 64TAM31：14《高昌曹莫門咃等名籍》（1-359）；有"頭六拃"，見大谷1040《高昌年次未詳（6 世紀後期或 7 世紀前期）頭六拃等書信信物入歷》（《大谷》一圖版一）；有"趙阿頭六"，72TAM153：35（a）《高昌趙阿頭六舉錢券》（1-284）："趙阿頭六從張恭子邊舉□□　□□□錢柒文半使畢。"有"趙頭六々"，見 72TAM171：12（a），17（a），15（a），16（a），13（a），14（a）《高 昌 延

---

① 《舊唐書》卷一百九十四下《突厥下》："俄而其國分爲十部，每部令一人統之，號爲十設。每設賜以一箭，故稱十箭焉。又分十箭爲左右廂，一廂各置五箭。其左廂號五咄六部落，置五大啜，一啜管一箭。其右廂號爲五弩失畢，置五大俟斤，一俟斤管一箭，都號爲十箭。其後或稱一箭爲一部落，大箭頭爲大首領。"又同卷："思摩者，頡利族人也。父曰咄六設。"《舊唐書·突厥傳》還記載西突厥雜有都陸及奴失畢、歌邏祿、處月、處密、伊吾等諸種（又見《通典》卷一百九十九《邊防十五》"北狄六"之"突厥下"）。又考《通典》卷一百九十七《邊防十三》"北狄四"之"突厥上"："其大兒名訥都六設，衆奉爲主，號爲突厥。都六所生子，皆以母族爲姓，阿史那是其一也。"又同卷："別部領兵者謂之設。"又卷一百九十八《邊防》"突厥中"："明年，十姓部落左廂五咄禄啜，右廂五弩失畢五俟斤及子壻高麗莫離支高文簡、跌跌都督思太等各率其衆，相繼來降。"所以，"頭六"、"咄六"（咄陸，見《通典》卷一百九十九《邊防十五》"北狄六"之"突厥下"）、"都陸"、"咄禄"實際都是一個突厥部落的名稱（參考林英《西突厥與拜占廷金幣的東來》，收入林中澤主編《華夏文明與西方世界》，第 21~37 頁）。詳參王啓濤《吐魯番出土文獻詞典》，巴蜀書社，2012，第 101 頁。

② 73TAM509：8/15（a）之二《唐開元二十一年（733）西州都督府案卷爲勘給過所事》（4-295）："興胡史計思、作人史胡煞，羊貳伯口，牛陸頭、別奏石阿六作人羅伏解，驢兩頭。"頗疑此處的"石阿六"可能是"石阿頭六"的省稱。關於"頭六""阿頭六""頭子"，有學者認爲是 Ātar，爲伊朗之火神，有時候又譯成"阿朵"，體現了吐魯番人的祆教信仰。參〔加拿大〕陳三平著，楊富學、劉錦譯《從阿塞拜疆到敦煌——祆教研究劄記》，載達力扎布主編《中國邊疆民族研究》第 3 輯，中央民族大學出版社，2010，第 284~291 頁。

壽十四年（637）兵部差人看客館使文書》（2-76）有"▢▢▢
〔次〕羈人趙頭六々"；有"郭阿頭六"，見73TAM520：6/1-4
（a）《高昌付官、將、兵人糧食帳（一）》（1-314）；有"曹頭六
貪旱"，見64TAM31：14《高昌曹莫門陁等名籍》（1-359）；有
"禿髮頭六"，見59TAM302：32/9（a），32/10（a）《唐張慶守
等領粟帳（二）》（2-190）；有"匡頭六子"，見64TKM5：24
《高昌和婆居羅等田租簿（三）》（1-277）；有"員頭六子"，見
72TAM153：29，30《高昌入作人、畫師、主膠人等名籍》（1-
282）；有"李頭六子"，見73TAM520：6/4-1《高昌延昌三十四
年（594）調薪文書二（一）》（1-319）；有"阿頭六子"，見
60TAM320：13/7（b）《高昌謙佑等名籍》（1-323）；有"六
子"，見72TAM151：96（a）《高昌安樂等城負臧錢入錢帳》（2-
87）；有"頭六子""王頭六子"，請比較64TAM24：33/1《高昌
司空▢子等田帳（一）》（2-171）："司空▢子二半，將頭六子
下：康▢▢一▢▢▢息二半，張善護一。高阿提下：平遠十一畝
六十步，辛長史二半，將德勇下：田婆羅居二半六十步。王頭
六子三，索彙保三畝六十步。"有"王頭六兒"，見72TAM151：
60《高昌義和二年（615）七月馬帳（二）》（2-92）；有"張頭
六兒"，見73TAM116：52《高昌殘名籍二》（1-374）；有"張
頭六兒"，見73TAM116：52《高昌殘名籍二》（1-374）；有
"紙師隗頭六奴"，見72TAM151：52《高昌逋人史延明等名籍》
（2-106）。[1]這些姓名一般有四個音節，極個別有五個音節，如
72TAM150：41（a）《唐貞觀十九年里正趙延洛等牒》（3-21）
有"陽阿父師子"，這是否與當時高昌國受突厥的影響甚深，從
而導致當地漢語受阿勒泰語系影響，使音節不局限於兩個或三
個，值得研究。但需要説明的是，當時漢姓姓名或個別非漢姓姓

---

[1] 寧樂二號《唐蒲昌府承帳、隨番、不役、停番等名簿》（93）有"康阿六"，不知
是"康阿頭六"之省，還是此人排行老六，謹存疑。檢索吐魯番文獻，數目字前加
"阿"的現象比較少見。同樣，2004TAM398：3-2+2004TAM398：3-3《唐某年二月
西州高昌縣更簿（一）》（榮、李、孟12）有"嚴六仁"，亦不知是"嚴頭六仁"之
省，還是此人排行老六，亦存疑。檢索吐魯番文獻，數目字後加"仁"的現象亦比
較少見。

名（如"禿髮"），一般不超過四個音節，且四個音節中往往有前綴"阿"或後綴"子""兒""奴"①或最後一個音節重複，説明這種四個音節的姓名并不穩固，可以縮略爲三個音節，因而帶有一種臨時色彩（就像今天北方話中所有的孩子名後面都可以加上"子""兒"，不少西北方言和西南官話中所有的孩子名後面都可以加上"娃""兒""子"，一些江南沿海的方言如閩粵語可以加上前綴"阿"一樣），所以四音節姓名或許是三音節姓名的隨意拉長，還有一種可能，就是名字合稱，也就是説，呈現在我們面前的四字姓名，或許是"姓＋名＋字"三個内容的臨時組合，請比較 LI.4.59《唐垂拱四年（688）賈父師墓誌》（侯、吴 579）："唐故賈大夫墓誌，君姓賈諱阿，名父師，西州高昌縣人〔也〕。"64TAM35：66（a）《武周載初元年（689）西州高昌縣寧和才等户手實》（八）（3-510）有"北賈父師"。72TAM194：2《唐開元七年（719）張行倫墓誌》（侯、吴 634）："君諱〔行〕倫，字父師季布，南陽人也。"又請比較 73TAM113：35《某氏殘族譜》（1-333）："諱雙，字雙兒。"可見在古代吐魯番，人的"字"更容易帶上"子""兒"之類的後綴，96TYEIVdM3：6《高昌延昌十八年（578）辛苟子墓表》（侯、吴 141）："延昌十八年戊戌歲，二月戊戌朔，十三日辛亥，字苟子。"字帶上前後綴，在中國文化中源遠流長，直到現代依然如此，如"胡適"字"適之"之類②。

在吐魯番出土文獻的人名中，尾部要麽没有後綴，要麽加上"子""兒""奴"，似乎"子""兒""奴"可以互换，功能幾乎一樣，請比較以下諸例。

【師】【阿師】【師子】【阿師子】【阿師奴】【師兒】【師師】"師"本指法師，常常用在人名中，往往帶有佛教信仰色彩，在高昌國至唐的吐魯番及其他西域文獻中常見。69TKM33：1/8（a）、1/9（a）《高昌奇乃等粗細糧用帳》（1-243）有"師兒"，

---

① "奴"在吐魯番文書中有後綴用法，我們有專文討論。
② 而古代的小名中也容易帶上"阿"這樣的前綴，《齊東野語》四《避諱》："梁武帝小名阿練，子孫皆呼練爲白絹。"

72TAM151: 60《高昌義和二年（615）七月馬帳（二）》（2-92）有"康師子"，73TAM520: 6/2《高昌延昌三十四年（594）調薪文書一（一）》（1-317）有"康師兒"，72TAM150: 37《唐氾正家書》（3-30）有"和師"，OR.8212/568Ast.Ⅲ.4.076《唐神龍元年（705）西州高昌縣白神感等請放免戶備馬訖辭》（沙、吳1-130）有"阿師子"，斯1284《西州釋昌富上靈圖寺陳和尚狀》亦有"阿師子"，大谷8074《唐年次未詳（8世紀）安西差科簿》有"阿師奴"，OR.8211/969-72《唐于闐某寺支用簿》（沙、吳2-326）亦有"匠劉阿師奴"，OR.8210/斯.5864 D.V.6.《唐建中二年（781）二月六城傑謝百姓思略牒》（沙、吳2-313）有"阿磨支師子"，黃文弼掘《安末奴等納練狀》（《吐魯番考古記》圖版二〇、圖24）有"康智奴師子"，67TAM83: 10《唐張師師等名籍》（4-11）、67TAM83: 11《唐知白人安浮呦盆等名籍》（4-11），有"張師々""陰師子"，64TAM4: 46/1《唐支用錢練帳一》（3-225）有"〔趙〕師""張師"。關於"師"，請比較《隋唐嘉話》卷下："武后臨朝，薛懷義勢傾當時，雖王主皆下之。蘇良嗣僕射遇諸朝，懷義偃蹇不爲禮，良嗣大怒，使左右牽拽，搭面數十。武后知曰：'阿師當向北門出入，南衙宰相往來，勿犯他。'"段成式《酉陽雜俎》卷五《怪術》："叱其僧曰：'驫行阿師，爭敢輒無禮，柱杖何在？可擊之。'"斯2614《大目乾連冥間救母變文》："罪人總見目連師，一切啼哭損雙眉：'弟子死來年月近，和尚慈親實不知。'"又："阿娘有罪阿娘受，阿師造罪阿師當。"又："阿師是如來佛弟子，足解知父母之恩。"①敦煌文書中的這些不同寫法，恰好能旁證吐魯番出土文書中的"阿師子"形式

---

① 張涌泉校注："原校：'是'原作'子'，據戊、己卷改。按：戊卷'是'上有'子'字。"見黃征、張涌泉《敦煌變文校注》，中華書局，1996，第1060頁。

的意義。①

　　在吐魯番文獻中，類似的例子還多着呢，我們在李方、王素編《吐魯番出土文書人名地名索引》（文物出版社，1996）的基礎上，對唐長孺主編圖錄本《吐魯番出土文書》進行了窮盡式統計，發現有以下姓名形成有趣的對稱："康海隆子－康海隆"、"王慶－王慶子"、"王祐－王祐子－王祐兒"、"王胡－王胡子－王胡胡"、"張慶祐－張慶祐子"、"張伏奴－張伏子－張伏奴子"②、"張洛－張洛子"、"張通－張通子－張通仁"③、"張恭－張恭子"、"孫阿父師－孫阿父師子－孫父師子"、"鼻（令狐鼠鼻－米薄鼻）－鼻子"、"臭－臭子"、"宋客兒－宋客兒子"、"達－達子"、"氾猫－氾猫子"④、"氾阿斌－氾阿斌兒"、"沙弥－沙弥子"、"左德－左德子"、"苟－苟子－苟仁－苟奴"、"楊阿父師－楊阿父師子"、"陰騀居子－陰騀居"、"令狐醜－令狐醜仁"⑤。"犢－犢子"。⑥

　　———————————————

① 又考丁福保《佛學大辭典》（上海書店，1991）第 1444 頁 "阿師" 條："阿者發語辭，如阿誰、阿娘之類。師者師匠，碧岩著語曰：'多口阿師。'"根據黃征對敦煌願文的研究，"阿師""阿師子"也指尼姑。參考氏著《敦煌語言文字學研究》，甘肅教育出版社，2002，第 160 頁。"阿師子"又見於敦煌文獻，斯 6452《辛巳年（981）十二月十三日周僧正於常住庫借貸油麵物歷》："廿三日，酒壹甕，阿師子東窟頭吃用。"伯 4907《庚寅年（930？）九月十一日—辛卯年七月九日諸色斛斗支付歷》："都官社弔孝粟壹斗，親事弔孝鄧家阿師子粟壹斗。"伯 4763《丁未年（947？）三月十二日分付鄧闍梨物色名目》："又小阿師子布兩匹，付闍梨。"伯 4694《年代不明某寺諸色斛斗入破歷算會牒》殘卷："三碩翟家阿師子裙價人。"斯 4643《甲午年（994）五月十五日陰家婢子小娘子榮親客目》："氾善俊虞條及阿師子二人。"斯 4362《歸義軍時期肅州都頭阿富松起居狀》："仲春漸暄，伏惟兄宋都頭、阿婆、陰家姨、阿師子、都頭、法律、二娘子、八娘子、五娘子、苟奴、合宅大小尊體起居萬福。"

② 73TAM509：24（a）《唐西州高昌縣出草帳》（4-262、263）有 "張伏子"，64TAM35：38（b）《武周駝驢帳》（3-532）有 "康伏知"，頗疑 "知""呴" 與 "子" 有關。

③ "仁" 即 "兒"，名詞後綴，參看王啓濤《吐魯番出土文書疑難詞語新考》，《吐魯番學研究》2018 年第 2 期，第 1~8 頁。

④ 2001TSYMX1：1-2《唐呂致德租田契契尾》還有 "知見人左猫々"。"左猫々" 即左猫猫，《新獲吐魯番出土文獻》（中華書局，2008，第 373 頁）錄爲 "左猫乙"，不確，請比較 67TAM74：1/7,1/8,1/10,1/11《衆阿婆作齋名轉帖》（3-81~82）有 "□猫々阿婆弟十六 E □"。

⑤ 前綴也比較鬆散，如有 "竹阿闍利－竹闍利" 對稱形式出現，又有 "王阿闍利－王阿利"，還有 "田阿闍""趙阿闍利""麴阿闍利""［苻］離扯阿利摩珂大官"，可見省略的內容不一。

⑥ 檢 79TAM382：6-2《北涼緣禾五年（436）民杜犢辭》（柳 391）有 "杜犢"，大谷 2888《西州高昌縣欠田文書》（《大谷》一，圖版六六）有 "吳犢子"，可資參證。

兒

"兒"的本義是小孩兒,《説文·兒部》:"兒,孺子也。"[1] 在吐魯番文獻中,"兒"是個極爲活躍的後綴,有以下用法。

1. "兒"作爲後綴,指從事底層工作的人,比如用於受雇于人的勞工等,此等情況下,"兒"不是可有可無的,其實義色彩很濃

【耕田兒】【放羊兒】【屠兒】耕田人、放羊人、屠夫。60TAM308:8/1《高昌延昌二十八年(588)趙顯曹夏田券》(1-247):"田中役使,仰田主了;渠□□□,□耕田兒了。"[2]60TAM326:01/9《高昌午歲武城諸人雇趙沙彌放羊券》(2-250):"_____□上有破壞處,仰大放羊兒了。"[3]73TAM524:34(a)《高昌章和五年(535)取牛羊供祀帳》(1-132)有"屠兒胡"。"兒"在北方漢語中常見,陸游《老學庵筆記》卷六:"晋語兒、人通用。"但是,我們統計了王鍈《唐宋筆記語詞匯釋》(修訂本)所列唐宋的語例[4],共有"鄉里小兒""吳兒""巧兒""出家兒"等,足見"兒"帶有鄙視色彩。"兒"用於指從事低賤的工作者,在漢末口語裏已經出現。《三國志》卷一九《任城王彰傳》裴注引《魏略》載曹操罵劉備:"賣履舍兒,是使假子拒汝公乎?"又卷十《荀彧傳》注引《典

---

[1] 有的"兒"不是詞綴,64TAM 5:39《唐李賀子上阿郎、阿婆書二(二)》(3-203):"虎意來時得重小刀一合,不得書,兩个兒不□□□老。阿兄充不成麥[子]□□□憐紫一,訪車女單。"66TAM61:23(b)、27/2(b)/27/1(b)《唐西州高昌縣上安西都護府牒稿爲録上訊問曹禄山訴李紹謹兩造辯辭事(二)》(3-243):"身及外生兒逐李三後去,其曹果毅曹二是胡,客京師,有家口在。"《漢書》卷三一《項籍傳》:"羽悉令男子年十五以上詣城東,欲阬之,外黃令舍人兒,年十三,往説羽。"顏師古注:"臣瓚曰:'稱兒者,以其幼弱,故係其父。'"張鷟《朝野僉載》卷一:"夫人怒曰:'此獠狂語,兒在身無病。'"又卷二:"若毒兒死,必訴於冥司,若配入宫,必申於主上,終不相放。"

[2] 吐魯番文書既有"耕田兒",又有"耕田人",59TAM301:15/4—1,15/4—2《唐貞觀十七年(643)西州高昌縣趙懷滿夏田契》(2-82)"[賚]_____仰耕田人了。"又寫作"更田仁",見64TAM10:39《唐龍朔元年(661)孫沙彌子夏田契》(2-213)。

[3] 此處之"放羊兒",姜伯勤認爲即放羊的農奴。(參考氏著《高昌世族制度的衰落與社會變遷——吐魯番出土高昌麴氏王朝考古資料的綜合研究》,張國剛主編《中國社會歷史評論》第四輯,商務印書館,2002,引文見第47頁)又寫作"放陽兒",67TAM80:12《高昌延壽元年(624)張寺主明真雇人放羊券》(1-393):"壹日與放陽兒壹分餅與糜貳匙,雇價十月上半□□[上]使畢。"

[4] 王鍈:《唐宋筆記語詞匯釋》(修訂本),中華書局,2001,第47~48頁。

略》:"衡曰:'卿欲使從屠沽兒輩乎?'"《世説新語·賢媛》:"王渾妻鍾氏生女令淑,武子爲妹求簡美對而未得。有兵家子,有俊才、欲以妹妻之,乃白母。曰:'誠是才者,其地可遣,然要令我見。'武子乃令兵兒與群小雜處,使母帷中察之。既而母謂武子曰:'如此衣形者,是汝所擬者非邪?'武子曰:'是也。'母曰:'此才足以拔萃,然地寒,不有長年,不得申其才用。觀其形骨,必不壽,不可與婚。'武子從之。兵兒數年果亡。"[①] 此處的"兒",輕蔑色彩甚重,原來,漢代以來,兵士逐漸由普遍徵發定期服役演變爲魏晉時期的職業世襲兵,由此帶來的是兵士身份的低落,這也是私家武裝的特徵。[②] 又請比較以下諸例。

【客兒】外來雇傭勞動者(往往指到別人家裏雇作,即使是本鄉本土之人,只要到別人家裏雇傭勞作,也被稱爲"客作"),帶有人身依附性質。也用在人名中。[③] L.A.II.ii—孔紙 5.1(侯、楊 154):"趙督復使兒客來貸(?)告(?)取小麥十八斛。" OR.8212/574Ast.IX.3.07《高昌某寺月用麥粟桑棗酒錢帳歷》斷片(沙、吳 1-135)有"起二月一日至廿九日僧三人,々一日食

---

① 此處的"武子",亦見于吐魯番文獻,64TAM35:22《唐絁布帳》(3-547)有"索武子",吐魯番文獻還有"衛阿武子",73TAM520:6/2《高昌延昌三十四年(594)調薪文書一(一)》(1-317)有"氾武兒"。

② 參看唐長孺《論魏晉時期的變化》,《唐長孺文集》第四卷《魏晉南北朝隋唐史三論》,中華書局,2011,第 59 頁。關于"兒"的使用,還可參考賀昌群《"兒"之爲語詞起于漢魏間歷史語言的演變》,收入《賀昌群文集》第三卷,商務印書館,2003,第 8~19 頁。75TKM90:20(a)《高昌主簿張綰等傳供帳》(1-122~123):"▭▭[疋],付得錢,與吳兒折胡真。"此處之"吳兒"是對南朝人的蔑稱。

③ "客"指外來雇傭勞動者,吐魯番文獻中有"客作"相比較。關于"客作",還可以參考魯國堯《〈南村輟耕録〉與元代吳方言》,載《中國語言學報》第 3 期;後收入《魯國堯自選集》,河南教育出版社,1994;王雲路、方一新《中古漢語語詞例釋》,吉林教育出版社,1992,第 246~247 頁。"兒客"漢代已見,後漢安玄譯《法鏡經》:"是以父母、妻子、奴婢、兒客,是非我之有,我亦不是有。"可見"兒客"的地位極低,《後漢書》卷八二下《方術列傳下》:"其蒼頭兒客犯法,皆收考之。"請比較《漢書》卷七二《鮑宣傳》:"蒼頭廬兒皆用致富。"顏師古注:"諸給殿中者所居爲廬,蒼頭侍從因呼爲'廬兒'。"又《漢書》卷七八《蕭望之傳》:"仲翁出入從倉頭廬兒。"顏注:"皆官府之給賤役者也。皆在《貢禹傳》。"也指外來雇傭勞動者(與"主"相對)。所以"兒客"可能是到別人家裏(包括官府)從事極爲低賤的家務勞動。在漢代的文獻中,"兒"已經具有"低賤"之義,《漢書》卷四○《陳平傳》:"鄙語曰:'兒婦人口不可用。'"《漢書》卷九九《王莽傳中》:"爲更始將軍,與賣餅兒王盛同列。"

麥五升、粟一升半。作人一人，大客兒一人，々一〔日〕食一斗一升使人四人，々一日食▢▢ ▢▢五升小兒，一人食粟三升，公茍一日粟五升，寺茍五，一日粟五升，合麥四九五斗，粟廿一九▢▢ ▢▢麥八九七斗。"OR.8212/575Ast.IX.3.08+OR.8212/576b《高昌某寺月用麥粟桑棗酒錢帳歷》斷片（沙、吳1-136、138）亦有"大客兒""小客兒""使人""小兒"，"客兒"還廣泛用於人名中，69TKM33：1/7（b）,1/10（b）《高昌付張都堆等供糧食帳（二）》（1-242）有"茍子""客兒"（引者按，同件文書有"仏救客"），69TKM33：1/9（b）,1/8（b）《高昌付思相等粗細糧用帳》（1-244）："三斗，付宋謙忠，供康客兒客。"（此件文書中的"康客兒"是人名）72TAM151：53（b）《高昌某歲二月九日補人文書》（2-103）有"二月九日，道人慈悦捕（引者按：補）張客兒子。"66TAM50：32（a）《高昌重光三年（622）條列康鴉問等傳供食及作坊用物帳》（1-378）："次嚴子亮傳：麵四九，供白客兒一人下右七人鎧作五日食。""客兒"在吐魯番文書中常常出現在人名裏，如72TAM153：29，30《高昌入作人、畫師、主膠人等名籍》（1-282）有"宋客兒""孫客兒""廉客兒"[①]，這些名字中的"客兒"是有意取之（表明這些人是外地遷徙來的，靠被人雇傭勞作度日），還是無意爲之，或是一種賤稱，值得研究。69TKM33：1/7（b）,1/10（b）《高昌付張都堆等供糧食帳（二）》（1-242）有"客兒"，69TKM33：1/4（b）《高昌付張都堆等供糧食帳（三）》（1-242）有"外客兒""客兒"，2006TZJI：077《麴氏高昌張延懷等納斛斗帳》（榮、李、孟294）有"竺客兒""安客兒"，均其證。

　　到了唐代，可以衹説"客"，73TAM506：04/4《唐鄧光實轉租田畝契》（4-584）："▢▢畝東道，西仏堂，南壤，北道▢▢日，客鄧光實先於馬▢▢種不辦，今轉〔租〕與▢▢依元契

[①] 有趣的是在Ch.5509（T II T1000）《妙法蓮華經》卷一中，有"宋客仁"，還有"趙惡仁"，"仁"即"兒"。"惡"即"醜"義，吐魯番文書常常以外貌取名，此件文書吐峪溝出土，還有"范黑眼""趙隆子"，見LI.4.38《唐龍朔三年（663）范隆仁墓誌》（侯、吳507）。

□□□〔壹〕□□□田税并佃人知□□□渠百〔役〕，寺家知□□□
仰時 V 依□□□身傫俱將□□□或汙文□依□□□經如佃種□□□
與營種。恐人□□□指爲驗。"①

2.用于人名中，此時的"兒"有時可以省去

69TAM117：57/6《高昌午歲張阿歡上丁谷寺舉價粟條記》（2-
290）有"謙相兒"，72TAM154：23,29《高昌作人西富等名籍》（1-
366）有"作人梨兒""苟㐸兒""作人富兒"，72TAM153：29,30
《高昌入作人、畫師、主膠人等名籍》（1-282）有"張石兒""辛
海兒""鄧祐兒"，73TAM509：8/12-1（a），8/12-2（a），《唐開
元十九年（731 年）唐榮買婢市券》（4-264）有婢名"失滿兒"，
以"兒"作爲後綴的名字還有"解犢兒""解阿善兒""幼兒""牛
諾兒""肯買兒""失滿兒""宋垍兒""宋懷兒""馮豐兒""福
兒""滿兒""氾阿老兒""氾馬兒""左憙兒""李福兒""索侯
兒""索隱兒""索鼠兒""桃阿集兒""式兒""薄懷兒""蘇蟲
兒""趙明兒""趙賢兒""張石兒""辛海兒""田成兒""馬恩
兒""馬兒""劉容兒""劉祐兒""屈兒""陰黑兒""竺㐸兒""竺
惠兒""張鼠兒""令狐相兒""張海兒""康師兒"。又如：

【阿奴兒】【祐兒】【牛兒】【雙兒】【趙阿歡兒】【劉祐兒】
【張謙兒】【伯兒】【願兒】【張憙兒】【和住兒】69TKM33：1/7
（b）,1/10（b）《高昌付張都堆等供糧食帳（二）》（1-242）有
"阿奴兒"，69TKM33：1/2（b）《高昌付張都堆等供糧食帳
（四）》（1-243）有"祐兒""牛兒"，66TAM48：48（b），51/3
（b）《高昌將保謙等所領人名籍》（1-352）有"趙阿歡兒""劉祐

---

① 魏晉時代，"客"往往指脱離所在郡縣的户籍而到他縣（耕種），具有一定的依附性質
（參考賀昌群《賀昌群文集》第二卷，商務印書館，2003，第 602 頁）。唐長孺指出：
"客本來是外來人。相對於宗族而言，非宗族成員是客；相對於鄉里而言，外鄉人是
客。本來並不含有身份低微的意思。但是早在西漢我們就見到奴客連稱的例子。《漢
書·五行志》載谷永責備漢成帝'崇聚票輕無誼之人以爲私客'。'無誼'即無行，似
乎漢成帝的私客是一些游手無賴之徒，充當隨從，不是勞動者。"氏著《魏晉南北朝
時期的客和部曲》，《唐長孺文集》第二卷《魏晉南北朝史拾遺》，中華書局，2011，
第 2 頁。"晉代的客，是依附性十分强烈的分成制佃農或農奴，不是奴。"氏著《王敦
之亂與所謂刻碎之政》，《唐長孺文集》第二卷《魏晉南北朝史拾遺》，第 160 頁。

兒""張謙兒"^①，又檢 73TAM113：35《某氏殘族譜》（1-333）："諱雙，字雙兒。"66TAM48：45《高昌吏阿伯等名籍》（1-351）有"吏伯兒""吏願兒"，72TAM155：45《高昌重光三年（622）張憙兒入俗租粟條記》（1-423）有"張憙兒""和住兒"。^②

【張鼠兒】【令狐相兒】【張海兒】【王阿豊兒】【馮豊兒】【孟居連兒】【王赤兒】72TAM171：19（a），9（a），8（a），11（a）《高昌延壽十四年（637）兵部差人往青陽門等處上現文書》（2-74）有"張鼠兒""令狐相兒""張海兒"，60TAM339：50/1-1《高昌武城塌作額名籍（一）》（1-396）有"王阿豊兒""馮豊兒""孟居連兒"，72TAM153：31-33《高昌計人配馬文書》（1-281）有"王赤兒"。

"兒"多用于高昌國時期的人名中，到了唐西州時期，常常用"仁"來代替，這一點我們已撰文詳細考證，請見下文。

仁

"仁"在唐西州時期大量出現，從意義、讀音、功能上均相當於十六國和高昌國時期的後綴"兒"，用在人名末尾，前面的詞素往往是名詞、數詞、形容詞等。69TAM117：57/10《唐貞觀十六年（642）某人夏田券》（2-294）："□［觀］［十］［六］［年］□□□［邊］夏大渠王□□□要迳壹年，到□□□畝與夏價大□□□內，畝與粟貳□［伍］氪。田官索□□□［寺（？）］九斗中。租

---

① 72TAM153：31-33《高昌計人配馬文書》（1-281）有"李謙仁"，此處的"仁"亦爲"兒"義。

② 張延成認爲這些"兒"是後綴，往往帶有親昵的色彩。張延成還羅列了"阿婆姿兒""曹阿伯兒""氾阿老兒""解阿善兒""康阿寶兒""康阿和兒""康阿陁兒""康牛虔兒""氾阿斌兒""田阿伯兒""王頭六兒""衛阿中兒""趙阿斌兒""孟阿石兒""孫獹兒""趙阿歡兒"等，認爲吐魯番文書中後綴"兒"虛化過程是："兒"先用于"兒子""小兒"義，再過渡到對小兒命名，在人名語境中與動物名的組合先得到強化，脱離具體語境便獲得詞綴身份。"兒"與器物名或其他類片語合的附加結構在此基礎上逐步發展起來。在此過程中，更加成熟的"子"後綴對弱化"兒"的實義也起到了一定的作用，如"康師子""陰師子"對"張師兒""康師兒"之類的影響，"荀子"也會影響到"荀子"的再分析（reanalysis）參考氏著《吐魯番出土文書中的詞綴問題》，載張顯成主編《簡帛語言文字研究》第二輯，巴蜀書社，2006，第269~271頁。

殊佰□，□田主了。渠破水□□，同立卷，々成之後，□□得返悔，々者一罰二□□行二主，各自［署］名□□。□□，僧□。□□□E，□□□E□，□、吴海仁E□；知見人：［高］師、道□；臨坐：苻洛仁E。"我們認爲此處的"吴海仁"即"吴海兒"，"仁"上古屬日母真部，《廣韻》如鄰切，日母真韻開口三等平聲臻攝，"兒"上古屬日母真部，《集韻》而鄰切，日母真韻開口三等平聲臻攝，在中古的讀音完全相同。[1]恰好，我們在同墓出土的一件文書裏面發現了"吴海兒"，69TAM117：57/1《某人用練買物契》（2-297）："□□□妻相□□□練六匹，練用□□□後有人何盜□□□□□［罰］白練廿匹入悔□□。□［書］：寧歡保E，□□□白意相卌五E，□□□王相願卌E，□□□吴海兒五十E，□□□何善信卌E，□□□［人］康眷得E。"

"仁"與"兒"同，以下一個例子更是鐵證，64TAM5：40《唐李賀子上阿郎、阿婆書一（一）》（3-201）："□□［子］、鼠仁兩个家裏平安好在，賀子、□□个，一个四歲，一个二歲，到六月復坐，不知兒女。"[2]請比較64TAM5：78（a）《唐李賀子上阿郎、阿婆書一（二）》（3-202）："兩个兒，一个將一个奴婢。賀子自買得婢，更□賀子將來，唯共鼠仁將來。賀子、鼠仁千万隨書再拜阿郎、阿婆、阿兄、李師及□仁、夈子。次問誵合家大小千万并通兩兄弟□□□張法、孟（？）法、廣昌□。"[3]64TAM5：77《唐李賀子上阿郎、阿婆書二（一）》（3-203）："賀子、鼠兒，并淂平安，千万再拜阿郎、阿［婆］□□□□□□□即［元？］［未？］□□□□"64TAM5：39《唐李賀子上阿郎、阿婆書二（二）》（3-203）："□□［盡］給婦，高昌有婦人，不淂婦。鼠兒淂□婦，竟（？）正是好人子姪（侄）。□□□阿郎、阿婆、阿兄知，更莫愁鼠兒。虎意來時淂重小刀一合□。不淂

[1] 參看郭錫良《漢字古音手册》（增訂本），商務印書館，2011，第368頁。
[2] 這件文書中的"鼠"：圖録本《吐魯番出土文書》録爲"擧"，但又有注："此字係照描，可能係'鼠'字，亦可能係'擧'字。以下同。"其實這是典型的"鼠"字，在敦研256《佛經》以及浙敦026《普賢菩薩説證明經》中亦有這樣的形式。參看黄征《敦煌俗字典》，第376頁。
[3] "及"後的"□"，圖録本《吐魯番出土文書》録爲"容"，暫不敢從。

書，兩个兒不□□□□□□□□老阿兄充不成岑［子］□□
憐紫一訪車（妻？）女單，次問訐張法師，阿團□張將舍盡平
安在。張嶽隆死，訐Ｖ問言□□□□孟法師。洛州兄弟二人盡平
［安］。"64TAM5：81，82《唐李賀子上阿郎、阿婆書三》（3-
204）："聞岑□隨從阿兄□□□□惡將書由鼠仁□□□□自下隨□□□
子時明□□兩个□。"64TAM5：79《唐李賀子上阿郎、阿婆書
四（一）》（3-205）："□□□□□阿郎、阿婆、阿兄次千万問
［訐］岑子合家大小盡通平安，千万問訐語□□□岑子合舍大小
好□。順看阿郎、阿婆養（？）人［時］得長命果報在。莫賀子
鼠［兒］□□□□"以上書信中，"鼠仁""鼠兒"交替出現，實
際上是同一人。更有意思的是，吐魯番出土文書中有"張鼠兒"，
72TAM171：19（a），9（a），8（a），11（a）《高昌延壽十四
年（637）兵部差人往青陽門等處上現文書》（2-74）："次左憙
［相］王來女、張鼠兒、張懷保、王祐子，右伍人，往槙谷中遲伍
日。"又有"張鼠仁"，60TAM330：14/1-1（a）《唐梁安相等名籍
（二）》（3-234）："令狐守緒，劉阿父師，張鼠仁，張攬達，孟護
德，張海憧。"

一般説來，在高昌國時期，用"兒"居多，而唐西州時期，
用"仁"爲常（但也有用"兒"者，如上引唐代信中就有"鼠
兒"，與"鼠仁"交替出現）如60TAM326：01/7，01/8《高昌□
污子從麴鼠兒邊夏田、鼠兒從污子邊舉粟合券》（2-251）有"鼠
兒"，在吐魯番出土唐代文書中，與"兒""仁"處在同一位置上
的還有"子"（該形式既見於高昌國時期，也見於唐代），如"安
鼠子"，見於大谷3028《唐垂拱三年（687）西州前庭府賈文聰團
諸色人等名籍牒録稿三》（《大谷》二圖版五〇，録文第7頁）。又
有"康鼠子"（還有"員鼠□□□"，見72TAM189：66《唐令狐
建行等率皮名籍》（4-115）。

由此，我們對於吐魯番文書中大量帶"仁"尾的人名就好理
解了，它們大多數都相當於"兒"，如"田尾仁"即"田尾兒"
（"尾"是否意味着是田家兄弟中年齡排名最後一個的人？可以
研究）2001SYMX1：3-7《唐垂拱元年（685）十一月十一日酒泉

城呂租取田尾仁等常田契》（榮、李、孟364）："垂拱元年十一月
十一日酒泉城［呂］▢▢▢用小麥貳䄷伍㪷，粟貳䄷伍㪷，於同
［城］▢田尾仁并弟養歡二人邊租取▢▢▢常田壹畝，契訖垂拱
貳▢▢▢到夏子之日，不［得］▢▢▢罰貳入呂。田中租▢▢▢
▢▢▢，兩和立契，▢▢▢，［錢］▢▢▢，［田］▢▢▢，同城
▢▢▢，知見▢▢▢，知見▢▢▢，知見▢▢▢"與以上文書中"田
尾仁"相關的還有"張尾仁"，此人也是酒泉城人，64TAM19：
36《唐咸亨五年（674）王文歡訴酒泉城人張尾仁貸練不還辭》
（3-269）："▢▢▢［酒］泉城人張尾仁，▢▢▢件人去咸亨四年正
月內立［契］▢▢▢▢▢▢銀錢貳拾文，准鄉法和立私契。▢▢▢
拾文後▢▢錢貳文。其人從取錢已來，▢▢▢▢▢▢索，延引不
還，酒泉去［州］▢▢▢［來］去常日空歸。文歡▢▢▢
▢▢▢急，尾仁方便取錢，［人］▢▢▢。""尾仁"還有一見，
72TAM152：38《唐貞觀某年高昌縣給田牒》（2-145）："一段一
畝部田，［城］西五里棗樹渠，［舊］［主］［麴］［張］［師］，東
官田，西▢▢▢三易，城西五里榆樹渠，舊主麴張師，東渠，西
自田▢▢▢［部］等田，并給▢尾仁充世業▢▢▢等［牒］稱撿
案內所給百姓。"又如"令狐醜仁"，見64TAM35：16《唐西州
高昌縣追人勘問帖》（3-545），"孫零仁"，見64TAM24：28《唐
永徽二年（651）孫零仁夏田契》（2-178），可資比較的是：高
昌國時期文書中有大量帶"兒"尾以及少量帶"子"尾的人名，
但沒有帶"仁"尾的人名，該形式祇出現在唐代，這也可以成
爲吐魯番文書斷代的一條語言文字學證據，如73TAM524：34
（a）《高昌章和五年（535）取牛羊供祀帳》（1-132）有"屠兒"
（根據前後文判斷，此乃人名而非職業稱謂）、"孟阿石兒"、"康
酉兒"，72TAM153：29,30《高昌入作人、畫師、主膠人等名
籍》（1-282）有"張石兒""宋客兒""孫客兒""辛海兒""鄧佑
兒""廉客兒""員頭六子"。又檢吐魯番出土文書有"竺客兒"，
見2006TZJ1：077《麴氏高昌張延懷等納斛斗帳》（榮、李、孟
294），又有"康客兒"，請比較69TKM33：1/9（b）,1/8（b）
《高昌付思相等粗細糧用帳》（1-244）："大胡細十弘二斗，思相麁

十四觔五斗半，觔慶九細米二九二斗。廿七日，麨二斗，付守文，
供亡來人。三斗，付宋謙忠，供康客兒客；麨一斗付孝佑，"又有
"白客兒"，66TAM50：32（a）《高昌重光三年（622）條列康鴉
問等傳供食及作坊用物帳》（1-378）："供白客兒一人下右七人鎧
作五日食。次傳麵五斗，死宍三節。"吐魯番出土高昌國時期的文
書中，人名中出現"客兒"極爲常見，這些名字中的"客兒"是
有意取之，還是無意爲之？值得研究。"客"本指外來者，"客兒"
是否意味著這些人來自外地，這從一個側面或許體現了當時吐魯
番外來人口的興盛。

　　總之，後綴"仁"與"兒""子"同，帶有昵稱色彩，因此，
與疊音人名形成對稱。比如，既有"隆仁"，實際上相當於"隆
兒"[1]，又有"隆隆"，59TAM302：35/3《高昌延壽十四年（637）
四月參軍海相等五人入辛卯歲錢條記》（2-180）有"趙隆兒"，
64TAM35：66（a）《武周載初元年（690）西州高昌縣寧和才等
户手實（八）》（3-510）有"焦隆仁"，72TAM230：77（b）一三
《武周天授二年（691）老人王嘿子等牒爲申報主簿高元禎職田
事》有"劉隆々"，大谷3028《唐垂拱三年（687）西州前庭府
賈文聰團諸色人等名籍謄録稿三》（《大谷》二，圖版五〇）有
"左隆子"。是其證。而64TAM35：39（b）《武周會倉子等城作
名籍》（3-520）有"張子仁"，實即"張子兒"，也帶有昵稱色彩。
又請看以下諸例。

　　【嚴苟仁】【李阿苟仁】【嚴六仁】【田苟仁】【張小仁】【豬苟
仁】【史苟仁】【侯默仁】【苟仁】【竹苟仁】67TAM93：2《武周
長安三年（703）西州高昌縣嚴苟仁租葡萄園契》（3-432）有"嚴
苟仁"，即"嚴苟（狗）兒"，是一種"賤名"；66TAM61：16
（a）《唐憙安等匠人名籍》（3-240）有"李阿苟仁""嚴六仁"，
即"李阿苟（狗）兒""嚴六兒"；73TAM224：080/1（a）《唐
西州蒲昌縣户曹牒爲催徵逋懸事（二）》（4-389）有"田苟仁"，
相當於"田狗兒"；64TAM35：39（a）《武周證聖元年（695）

---

① 還有"白古仁"，相當于"白古兒"。

前官陰名子牒爲官萄内作夫役頻追不到事》（3-519）有“張小仁”“豬苟仁”，相當於“張小兒”“豬狗兒”；64TAM35：22《唐縑布帳》（3-547）有“史苟仁”“侯默仁”，相當於“史狗兒”“侯默兒”[①]；69TAM67：12（a）《武周趙小是户籍》（3-440）有“苟仁”，即“狗兒”；64TAM4：43《唐乾封元年（666）左憧憙夏田契》（3-217）有“竹苟仁”，即“竹狗兒”。

遍檢李方、王素編《吐魯番出土文書人名地名索引》（文物出版社，1996），我們發現吐魯番文獻還有“倉桃仁”“尾仁”“劉願仁”“田苟仁”“馬歡仁”“嚴伯仁”“田多仁”“曹仁”“李都仁”“李連仁”“李仁”“左仁”“道仁”“氾郎仁”“法仁”“趙昕仁”“何兔仁”等，用法及意義皆如上述。

頭

“頭”的本義是“腦部”，《説文·頁部》：“頭，首也。”在吐魯番出土文獻中[②]，“頭”作爲後綴，指“頭目”，也就是“具體負責某項事務的人”。需要説明的是，唐代西州出現各類“某頭”稱

---

① 67TAM78：20（a）《高昌傳用西北坊鄈海悦等刺薪帳》（2-41）有“呂嘿兒”，64TAM5：84《唐諸户丁口配田簿（甲件）（一）》（3-186）有“白嘿子”，72TAM230：77（b）《武周天授二年（691）老人王嘿子等牒爲申報主簿高元貞職田事》（4-75）有“王嘿子”，66TAM61：19（a），32/10（a）《唐陰安師等上番人名籍》（3-255）有“范默奴”，68TAM101：6/1,6/4《唐某府旅帥楊文俊等馬匹簿（三）》（4-350）有“傅嘿々”，“嘿”即“默”（《玉篇·口部》：“嘿，與默同。”），“兒”即“仁”。從以上例證可知：“嘿兒-嘿子-默奴-嘿嘿”形成整齊對應，“兒”“子”“奴”是典型的後綴，帶有賤稱或昵稱色彩，因此還可以有重疊形式“嘿嘿”。又檢《周書》卷一《文帝上》：“又勸吐萬兒復爲弒虐，暫立建明，以令天下，假推晉泰，欲竊威權。”唐長孺校勘記：“‘又勸吐萬兒復爲弒虐’，《魏書》卷七五《爾朱兆傳》云：‘字萬仁’，‘吐萬兒’即兆。《北史》卷三六《薛辯》附曾孫《孝通傳》見‘吐萬仁’，《梁書》卷三二《陳慶之傳》見‘驃騎將軍吐沒兒’，都指爾朱兆。按《北史》卷四八《爾朱榮傳》雲：‘又北人語訛，語‘爾朱’爲‘人主’，‘爾’訛‘人’，可證‘兒’‘仁’北人讀音也相似。‘萬仁’省‘吐’字。”（該“校勘記”收入中華書局2009年版《周書》第17頁）

② 吐魯番出土文獻人名中有“白赤頭”“宋赤頭”“魏黄頭”“宋黄頭”“丘白頭”“張赤頭”“董毳頭”，不是後綴，而是用本義，指“頭部”。這是否與此人的頭髮顏色及種族來源有關，可以研究。

謂，有些是有官品的官吏，如“隊頭”①“團頭”；有些則是一般的平民，如“刺頭”“作頭”“馬頭”“匠頭”“甲頭”“槽頭”“保頭”“緤頭”“堰頭”等，這些無官品的“頭”是爲了完成某些具體任務而選出的負責人，如“作頭”“匠頭”和“保頭”是從有平民身份的作夫、匠、保選出的，這種泛稱傾向頗與另一詞語“官”類似。②“作頭”的例子如64TAM35：39（b）《武周陰倉子等城作名籍》（3-520）：“張赤奴頭，衛智達下，卜春富，魏信住頭，奴豐德，嚴黃頭，陰阿康，陰文行，肆月貳拾捌日。櫨木伍拾壹根，胡蘿貳拾面。右件官木等運到城上，并勒守掌；付作頭魏，付作頭張，付作頭。”（武周新字已轉爲現代通行漢字），“甲頭”如65TAM341：28/1（a）之四、65TAM341：28/1（b）之三《武周大足元年（701）西州柳中縣籍（一）》（4-56）：“年十二月一日授甲頭劉文琮課户不輸。歲久視元年帳後貟加從［實］。”（武周新字已轉爲現代通行漢字）“團頭”如寧樂二七（3）、二八（1）號《唐柳中縣牒爲勘維磨戍兵戰死及埋殯事》（84）：“差團頭高悆前□□□撿前件人等靈□□□□衛士田通子、高君□□□□”

奴

“奴”本來指喪失人身自由，爲主人無償勞動的人。唐代奴婢有兩種，其一爲嚴格意義上的奴婢，其二是良人自賣或被家人賣爲奴僕、婢僕者。前一種奴婢隸名於官府賤籍，官奴婢的使用單位都有奴婢籍，并上籍於尚書刑部都官司，寺觀奴婢要作爲賤口附於寺觀僧尼、道士、女觀籍。官民的私奴婢要登記户籍、手實，并統計於計帳（作爲賤口附于主人家籍），買賣奴婢要立市券，這一類奴婢在籍帳上被統計爲“賤口”，“律比畜產”，不得

---

① 關尾史郎認爲“隊頭”是由“隊正”演變而來的，《唐西州“某頭”考》，收入朱雷主編《唐代的歷史與社會》，武漢大學出版社，1997，第548~556頁。
② 如“客官”“看官”。孫繼民指出：“唐後期軍隊中的低級軍職押官、巡官，方鎮使府的衙官、推官，基層政權的鄉官等，敦煌吐魯番文書還常見有監官、社官、馬官、屯官、押城官、捕賊官、坊官、水官、鎮官等，這些所謂的‘官’，其實有些是‘民’而非‘官’。”氏著《敦煌吐魯番所出唐代軍事文書初探》，中國社會科學出版社，2000，第286頁。

與良人爲婚，不得養良人之子及以子繼人，非謀反、謀逆、謀
叛，奴婢不得告主或告主大功已下親。奴婢與良人百姓相犯，奴
婢加凡人兩等，奴婢在緣坐没官、計贓、徵賠時按畜産或資財計
算價值，并在買賣奴婢時如同畜産立券，官奴婢甚至還要如同牲
畜一般刺臂。[①] 64TAM15：21《唐西州高昌縣弘寶寺僧及奴婢名
籍二》(2-31)："▢▢▢僧憙▢，[僧] ▢▢▢[惠][潤]，僧勝
▢▢真匠，僧智太，僧惠儒▢▢▢明進，僧惠益，僧太覺▢▢▢
[僧] 曇進，僧海相，僧善覺▢▢▢十五人，大奴買得，奴祀得
▢▢奴致子合大小奴六人。大 [婢] ▢▢▢▢婢虎女，婢致是，
婢▢▢。"68TAM103：20/3（b）《唐西州某鄉户口帳》(2-124)：
"▢▢▢十二人老寡、丁妻、黄女已上一百一十六賤：五十九人
奴、五十七人婢。"64TAM35：42（a）之三《武周先漏新附部
曲客女奴婢名籍》(一)》(3-527)："奴蒲箇年捌歲，奴小奴年拾
玖，奴典藥年拾伍。"(武周新字已轉寫爲通行字）東京國立博東
洋館書道博物館（文庫Ⅰ，165 頁）《唐開元四年（716）西州柳中
縣高寧鄉籍》："奴典倉年叁拾叁歲，丁奴，奴孤易年貳拾伍歲，
丁奴，奴來德年陸拾歲，老奴。"[②] 73TAM509：8/23（a）《唐開
元二十一年（733）唐益謙、薛光泚、康大之請給過所案卷》(4-
270)："福州都督府長史唐循忠媵萨年拾捌，侄男意奴年叁拾壹。
奴典信年貳拾陸，奴歸命年貳拾壹，奴捧鞭年貳拾貳，奴逐馬年
拾捌，婢春兒年貳拾，婢録珠年拾叁，婢失滿兒年拾肆，作人段
洪年叁拾伍。""奴"和"婢"在吐魯番出土文書中往往没有姓氏
和專名，對他們的稱謂，往往像是隨意命名。像"捧鞭""逐馬"
這樣的名字是唐長史在安息買的以執役性質爲由取的名，而"春
兒""桃葉"則是用漢人名給胡人取名。[③]

---

① 參考楊際平《唐宋時期奴婢制度的變化》，張國剛主編《中國社會歷史評論》第四輯，
　　第 57~64 頁。
② 録文參考池田温《中國古代籍帳研究》，龔澤銑譯，中華書局，2007，第 102 頁。
③ 參考程喜霖《唐代過所研究》，中華書局，2000，第 290 頁。李錦綉指出："地方上，
　　州縣諸司，也役使大量奴婢，被稱爲公廨奴。大谷 2998 云：'[天] 山縣狀上 [州]
　　公廨奴前燒貳拾車炭，數内欠疾兩車。'這是天山縣的公廨奴。"氏著《唐代財政史
　　稿》第三册，社會科學文獻出版社，2007，第 235 頁。關於"奴婢"的命名，還可以
　　參考錢鍾書《管錐編》，三聯書店，2004，第 756~758 頁。

　　但"奴"在吐魯番文獻中還可以用在人名的最後一個音節，本義是"苦力""奴隸"，也指"忠實崇拜者"（詳論見後），如 73TAM506：4/32-2 之六《唐天寶十四載（755）柳中縣具屬館私供馬料帳歷上郡長行坊牒》（4-442）有"范婆奴。"再進一步發展，"奴"就具有後綴的色彩，與"子""兒（仁）"比較接近了。75TKM99：6（a）《北涼承平八年（450）翟紹遠買婢券》（1-92）："承平八年，歲次己丑九月廿二日。翟紹遠從石阿奴買婢壹人，字紹女。年廿五，交与丘慈錦三張半。"73TAM524：32/2-2《高昌永平二年（550）十二月卅日祀部班示爲知祀人上名及謫罰事》（1-136）："□郎師奴，參軍忠順。"69TKM33：1/7（b）,1/10（b）《高昌付張都堆等供糧食帳（二）》（1-242）有"阿奴兒"（還有"苟子""謙忠""客兒""仏救客"），又有"黃鼠奴"，請比較黃文弼掘《高昌延昌十三年（573）王鼠奴墓表》（侯、吳 125）："延昌十三年水巳歲，四月廿七日，客曹參軍，春秋七十四咸一，王鼠奴卒西崖。"又有"苟（狗）奴"，64TAM5：62（b）、69/2（b）《唐趙惡奴等戶內丁口課役文書（四）》（3-172）："□苟奴衛士，父老，一弟曲長。"2006TAM607：2-4《唐神龍元年（705）六月後西州前庭府牒上州勾所爲當府官馬破除、見在事》（榮、李、孟 32、34、36）有"竹苟奴"[①]"曹伏奴"。敦煌文獻斯 4362 號《肅州都頭宋富松家書》亦有"苟奴"，"苟奴"實際上與"苟子"同，請比較"苟子"，64TAM35：68（a）《武周載初元年（689）西州高昌縣寧和才等戶手實》（一〇）（3-512）有"趙苟子"，大谷 3028《唐垂拱三年（687）西州前庭府賈文聰團諸色人等名籍謄錄稿三》（《大谷》二，圖版五〇）有"徐苟子"，59TAM302：30/3《高昌作人名籍》（2-183）有"王苟子"，OR.8212/554　Ast.IX.6.02-03（二，02c）《唐總章二年（669）至咸亨元年（670）西州長行坊死馬處置帳歷》（沙、吳 1-101）有"師苟子"，2006TZJI：086《唐某年八月西州高昌縣寧泰等鄉名籍》（榮、李、孟 302）有"李苟子"（還有"趙尾苟"），大谷

---

① 還有"白苟輩"。

3021《唐垂拱三年（687）西州前庭府賈文聰團諸色人等名籍謄録稿二》（大谷圖版 53）有"令狐苟子"，65TAM341：28/1（a）之三《武周大足元年（701）西州柳中縣等籍（一）》有"祝苟子"，65TAM341：28/1（a）之四一〇《唐劉定師等率皮名籍》有"胡苟子"。這不禁使我們想起中古時期的傳世文獻中亦有"苟奴"，實際上相當於"苟仁"，也就是"苟兒"或"苟子"，任昉《奏彈劉整》："并如采音、苟奴等列狀，粗與范訴相應。重核當伯、教子列：'娘被奪，今在整處使。'悉與海蛤列不異。"又檢《舊唐書》卷五九《任瓌傳》有"任蠻奴"。

　　"奴"成爲名詞後綴，用在人名和普通名詞末尾，意義與"兒""子"差不多。還有以下諸例：吐魯番出土文獻既有"仏（佛）奴"，又有"仏（佛）兒"，還有"佛子"，形成有趣的對應。如 72TAM154：21《高昌東南西南等坊除車牛額文書》（一）》（1-363）有人名"牛仏奴"，60TAM307：4/3（a）《高昌□善等傳供食帳（三）》（1-417）有人名"仏奴"，大谷 2383《西州高昌縣給田文書》又有"令狐婆奴"，在大谷 2392《西州高昌縣給田文書》（《大谷》一圖版四四）有人名"王泥奴"。72TAM189：66《唐令狐建行等率皮名籍》（4-115）有"曹師奴""石苟奴"（還有"支奴子""康鼠子""▭苟子""康藏子""康禿子""康鼠子"）。72TAM178：7《唐趙竺都等名籍》（4-187）有"張建奴""宋奴子""曹忠奴""趙奴奴""復師奴""趙奴子"。[①]72TAM153：31-33《高昌計人配馬文書》（1-281）有"曹仏兒"，65TIN029《金光明經》卷二題記有"佛子"。[②] OR.8212/880 ast. Ⅲ .3.017《唐西州給粟付領帳》斷片背（沙、吳 1-335）有"趙舍奴"，66TAM61：33（b）《唐田緒歡等課役名籍（三）》（3-253）有"范惡奴"，69TKM33：1/3（a），1/6（a）《高昌眾保等傳供糧食帳（三）》（1-240）有"天奴"，見於 64TAM134：17、18《高

---

① 還有"劉鼻子""趙盲子""甯惠仁""邵成子""馬感子""康壽壽""員師奴""闞客子""安麻子"。

② 圖片載《新疆維吾爾自治區博物館》，文物出版社，1991，圖 84，又見朱玉麒主編《西域文史》第二輯圖版 1，科學出版社，2007。

昌麹阿留科錢帳》（2-215），還有"康塸奴"，見於 64TAM5：84
《唐諸戶丁口配田簿（甲件）（一）》（3-186），2004TMM102：47c
《唐殘牒》（榮、李、孟 121）有"雞弊塸奴"，還有"張塸奴"，見
于 64TAM134：17、18《高昌麹阿留科錢帳》（2-215）。[①]

　　吐魯番出土文獻還有人名"鼠奴""鼠兒""鼠仁""鼠子"，
還有"阿鼠"，形成整齊對應。黃文弼掘《高昌延昌十三年（573）
王鼠奴墓表》（侯、吳 125）有"王鼠奴"，60TAM326：01/7,01/8
《高昌□污子從麹鼠兒邊夏田、鼠兒從污子邊舉粟合券》（2-251）
有"麹鼠兒"，64TAM5：81,82《唐李賀子上阿郎、阿婆書三》
（3-204）有"鼠仁"，64TAM5：79《唐李賀子上阿郎、阿婆書
四（一）》（3-205）有"鼠兒"。以上書信中，"鼠仁""鼠兒"交
替出現，實際上是同一人，"仁"即"兒"。[②] 一般説來，在高昌
國時期，用"兒"居多，而唐西州時期，用"仁"爲常（但也
有用"兒"者，如上引唐代信中就有"鼠兒"，與"鼠仁"交替
出現）。[③] 到唐西州時期，與"兒""仁"處在同一位置上的還有

---

① 72TAM153：29，30《高昌入作人、畫師、主膠人等名籍》（1-282）有"竺阿堆"。

② 王啓濤：《吐魯番出土疑難字詞新考》，《吐魯番學研究》2018 年第 2 期。如"田
尾仁"，即"田尾兒"（是否是田家兄弟中年齡排名最後一個的人？可以研究）
2001SYMX1：3-7《唐垂拱元年（685）十一月十一日酒泉城呂租取田尾仁等常田契》
（榮、李、孟 364）有"田尾仁"，與以上文書中"田尾仁"相關的還有"張尾仁"，
此人也是酒泉城人，見 64TAM19：36《唐咸亨五年（674）王文歡訴酒泉城人張尾仁
貸練不還辭》（3-269）。"尾仁"還有一見，72TAM152：38《唐貞觀某年高昌縣給田
牒》（2-145）。又如"令狐醜仁"，見 64TAM35：16《唐西州高昌縣追人勘問帖》（3-
545），"孫岑仁"，見 64TAM24：28《唐永徽二年（651）孫岑仁夏田契》（2-178），又
有"張鼠兒"，見于 72TAM171：19（a）、9（a）、8（a）、11（a）《高昌延壽十四年
（637）兵部差人往青陽門等處上現文書》（2-74），又有"張鼠仁"，見 60TAM330：
14/1-1（a）《唐梁安相等名籍（二）》（3-234），實際上也是同一人。

③ 如 60TAM326：01/7,01/8《高昌□污子從麹鼠兒邊夏田、鼠兒從污子邊舉粟合券》（2-
251）有"鼠兒"。可資比較的是高昌國時期文書中大量帶"兒"尾以及少量帶"子"
尾的人名（而沒有帶"仁"尾的人名，該形式衹出現在唐代，這也可以成爲吐魯番
文書斷代的一條語言文字學證據），如 73TAM524：34（a）《高昌章和五年（535）取
牛羊供祀帳》（1-132）有人名"屠兒""孟阿石兒""康酉兒"，72TAM153：29，30
《高昌入作人、畫師、主膠人等名籍》（1-282）有"張石兒""宋客兒""孫客兒""辛
海兒""鄧佑兒""廉客兒""員頭六子"。又檢吐魯番出土文書有"竺客兒"，見於
2006TZJ1：077《麹氏高昌張延懷等納斛斗帳》（榮、李、孟 294），又有"康客兒"，
見 69TKM33：1/9（b），1/8（b）《高昌付思相等粗細糧用帳》（1-244），又有"白客
兒"，66TAM50：32（a）《高昌重光三年（622）條列康鴉問等傳供食（轉下頁注）

"子"（該形式既見於高昌國時期，也見於唐代），如"安鼠子"，見於大谷3028《唐垂拱三年（687）西州前庭府賈文聰團諸色人等名籍膽録稿三》（《大谷》二圖版五〇，録文第7頁）。又有"康鼠子"（還有"員鼠呦"），見72TAM189：66《唐令狐建行等率皮名籍》（4-115）。又有"李阿鼠"，見大谷3030《兵役關係文書》（《大谷》二圖版五一）。

"奴"既用於高昌國，也用於唐西州時期。"奴"由原來表示"奴婢"之"奴"，引申爲賤稱和昵稱，用在人名末尾，與"子""兒"引申軌迹和意義接近，甚至進一步詞綴化，變成一個名詞後綴，如"靴奴"。甚至有"奴奴""奴子""奴兒""小奴""阿奴"，也用在人名中。請比較《宋書》卷六三《王華傳》："華行遲，永呵罵云：'奴子怠懈，行不及我。'"《南齊書》卷二二《豫章文獻王嶷傳》："小兒奴子，本非嫌也。吾有所聞，豈容不救汝知，令物致議耶？"①

如前所述，在吐魯番出土文書中，"奴"與"兒（仁）""子"這一類後綴在功能與意義上相同，甚至可以相互替代，那麼，人名中這類相當於後綴"兒（仁）""子"的"奴"究竟是怎麼來的？

"奴"在中古時期的西域，無論是在漢民族和兄弟民族文化裏，都具有廣泛的社會內容。在突厥，"奴"是"臣""苦力"的同義語。《隋書》卷八四《突厥傳》記載隋開皇四年（584），沙鉢略可汗曾"謂其屬曰：'何名爲臣？'報曰：'隋國稱臣，猶此

（轉上頁注③）及作坊用物帳》（1-378）："供白客兒一人下右七人鎧作五日食。次傳麪五斗，死宂三節。"吐魯番出土高昌國時期的文書。人名中出現"客兒"極爲常見，這些名字中的"客兒"是有意取之，還是無意爲之？值得研究。"客"本指外來者，"客兒"是否意味着這些人來自外地，這從一個側面或許體現了當時吐魯番外來人口的興盛。檢《説文·儿部》："儿，古文奇字人，象形，孔子曰：儿在下，故詰詘。"段注："今俗本古文奇字之上妄添'仁人也'三字。"又言："'儿在'，各本作'在人'，今依《玉篇》。"（引文據清段玉裁《説文解字注》，上海古籍出版社，1986，第404~405頁）黄德寬指出："'在人下故詰屈'，疑當爲'人在下故詰屈'，此説形甚是。'兒'即'人'。"又指出："古文字中，從'兒'與從'人'本無差別。"（氏著《古文字學》，上海古籍出版社，2015，第104頁）在古文字和小篆中，"人""兒"幾乎無差別。

① 又參看王丁《胡名槃陀考》，載向群、萬毅編《姜伯勤教授八秩華誕頌壽史學論文集》，廣東人民出版社，2019，第179~206頁。

稱奴耳。'"至唐開元十三年（725），毗伽可汗在提及屬部"兩
蕃"時，仍説"奚及契丹，舊是突厥之奴"。唐慧立、彦悰《大
慈恩寺三藏法師傳》卷一記載公元七世紀初高昌王爲護送玄奘赴
印度求法，致西突厥葉護可汗的信中就這樣寫道："願可汗憐師
如憐奴。"《册府元龜》卷九七七《外臣部·降附》："四年，曹國
王哥邏僕遣使上表，自陳宗祖以來向天可汗忠赤，嘗受徵發，望
乞兹恩，將奴國土同爲唐國小州，所須驅遣，奴身一心忠赤，爲
國征討。"① 又請比較《史記》卷一二三《大宛列傳》："騫以郎應
募，使月氏，與堂邑氏（故）胡奴甘父俱出隴西。"顔注："堂邑
氏之奴，本胡人，名甘父。下云堂邑父者，蓋取主之姓以爲氏，
而單稱其名曰父。"《後漢書》卷四八《應奉傳》李賢注引《謝承
書》載："奉云：'前食潁川綸氏都亭，亭長胡奴名禄，以飲漿來，
何不在疏？'"《漢書》卷二八下《地理志下》及《續漢書·郡國
志五》，漁陽郡有"狐奴縣"，"狐奴"又寫作"胡奴"，元人郝經
《郝氏續後漢書》卷八五《疆理録》"青州"："青龍二年省漁陽郡
之胡奴縣，復置安樂縣。"（元郝經《郝氏續後漢書》，文淵閣四庫
全書本）《晉書》卷一〇〇《祖約傳》："初，逖有胡奴曰王安，待
之甚厚，及在雍丘，告之曰：'石勒是汝種類，吾亦不在爾一人。'
乃厚資遣之，遂爲勒將。"以上的"奴"均爲"臣僕""奴僕"
義，常常用於自稱以體現謙卑。在歐亞大陸，有很多古代文明均
有此語言現象，除了漢語外，梵語、希伯來語、中古波斯語、古
敍利亞語、巴克特里亞語、巴比倫語、帕提亞語、粟特語、突厥
回鶻語等語言也常常在人名中使用這個詞 ②，這個詞在粟特語中是
"ßntk"，意思是"奴"，往往用在人名的末尾，附著在某一個神
祇的後面，意思是這個神的奴僕，音譯成漢語時，常常寫成"畔
陁""槃陀"及相關形式，這在吐魯番文獻中有大量的記載，如人
名"康婆何畔陁"，見於 73TAM514：2/1-2/4《高昌內藏奏得稱
價錢帳（一）》（1-450），在此例中，"康"是粟特姓，"婆何"是

---

① （北宋）王欽若等編《册府元龜》，中華書局，2003，第11482頁。
② 王丁：《胡名槃陀考》，載向群、萬毅編《姜伯勤教授八秩華誕頌壽史學論文集》，廣
　東人民出版社，2019，第179~206頁。

粟特文 Bagavandak 的音譯，指密特拉神，即粟特曆日中的第十六日神（Mithra），"畔陁"即"僕人"；又有"婆何畔陁"，意思是"密特拉神之僕人"，"婆何"有時省稱"婆"，又有"婆奴"，見於 73TAM506：4/32-2 之六《唐天寶十四載（755）柳中縣具屬館私供馬料帳歷上郡長行坊牒》（4-442），"婆奴"是個粟漢合璧詞，其中"婆"即"婆何"，"奴"即"畔陁"的意譯；吐魯番出土文獻中，粟特人名末尾帶有表示"奴"的音譯詞"畔陁""槃陁"及相關形式非常多，又如"曹盤陁"，見於 73TAM518：2/2（a）《唐史到何等户名籍》（3-466）；又有"何畔陁"，見於 73TAM514：2/1-2/4《高昌内藏奏得稱價錢帳（一）》（1-450）；又有"安畔陁"，見於 64TAM5：86《唐諸户丁口配田簿（甲件）（二）》（3-189）；又有"衛畔陁"，見於 69TKM33：1/7（a），1/3，1/6（a）《高昌衆保等傳供糧食帳（三）》（1-240）。又有"何炎蜜畔陁""康烏提畔陁"，見於 73TAM514：2/5《高昌内藏奏得稱價錢帳（一）》（1-451），又有"翟呼典畔陁"，見於 66TAM48：28（a），32（a）《高昌延昌二十七年（587）六月兵部條列買馬用錢頭數奏行文書》（1-339）；又有"莫畔陁"，見於 60TAM307：5/2（b）《高昌令狐等傳供食帳（一）》（1-418）；又有"□射蜜畔陁"，見於 73TAM514：2/5《高昌内藏奏得稱價錢帳（一）》（1-451）。傳世文獻中有"安諾槃陁"，檢《周書》卷五〇《突厥傳》："大統十一年，太祖遣酒泉胡安諾槃陁使焉。"均其證。[1]在粟特語中，表"奴"的"畔陁"也用於小稱、昵稱，并產生了一個派生形式——"畔德"，"畔德"來自粟特語"ßntk+ 昵稱後綴 kk"，意思依然是"奴"[2]，比如"竹畔德"，見於 64TAM35：51（a）《唐神龍三年（707）高昌縣崇化鄉點籍樣

---

[1] 又參考蔡鴻生《仰望陳寅恪》，中華書局，2004，第 145 頁。又寫作"槃提"（董阿槃提）、"畔提（康畔提）"，參看許全勝《西陲塢堡與胡姓家族——〈新獲吐魯番出土文獻〉研究二題》，《西域研究》2011 年第 4 期，第 79~85 頁。王丁《胡名槃陀考》，載向群、萬毅編《姜伯勤教授八秩華誕頌壽史學論文集》，廣東人民出版社，2019，第 179~206 頁。

[2] 參見王丁《胡名槃陀考》，載向群、萬毅編《姜伯勤教授八秩華誕頌壽史學論文集》，廣東人民出版社，2019，第 179~206 頁。

（一）》（3-537）。

又有“神奴”，這是個典型的由漢語語素構成的詞，作爲人名，見於大谷2886《西州高昌縣欠田文書》、敦煌文獻北劍98《乙亥年（915？）金銀匠翟信子等三人狀》。

與此同時，在漢語中，“奴”以及“阿奴”也用作自稱，這本來是一種謙稱，和“我”意義接近，男女尊卑通用。[①] 東晉南朝時，“阿奴”往往可以用于祖父稱孫、夫稱妻，由原本是第一人稱謙稱變成含有親昵色彩的第二人稱對稱，多用於年長者呼年幼者[②]，又用作“小字”。其用例廣泛見於《世説新語·容止》、《世説新語·雅量》，《南史》卷五《齊廢帝郁林王紀》、卷一一《齊郁林王何妃傳》、卷二三《王奐傳》，此不贅引。

也正是因爲中古時期在絲綢之路上漢語、粟特語等語言中“奴”放在人名的末尾表示“臣僕”，慢慢引申爲賤稱和昵稱[③]，用在人名末尾，後來逐漸後綴化，這與“兒”“子”等引申軌迹和意義接近，特別是“兒”，在中古也往往表示卑賤，發展成爲自稱、賤稱和昵稱[④]，後來變成一個名詞後綴。《晉書》卷九二《文苑列傳·袁宏》載陶侃子名“胡奴”，《晉書》卷一二二《呂纂載記》

[①] 參考清錢大昕《十駕齋養新録》卷一九以及今人蔣禮鴻《蔣禮鴻集》第一卷，浙江教育出版社，2001，第7頁。

[②] 汪師韓《讀書録》“阿奴”條，謂“阿奴”爲尊呼其卑，男女皆可。詳參周一良《周一良集》第貳卷《魏晋南北朝史札記》，遼寧教育出版社，1998，第717~718頁“阿奴”條。又參見向熹《簡明漢語史》（修訂本），商務印書館，2017，第486頁。

[③] 又參看王丁《胡名槃陀考》，載向群、萬毅編《姜伯勤教授八秩華誕頌壽史學論文集》，廣東人民出版社，2019，第179~206頁。

[④] “兒”用於謙卑性的自稱，男女皆然。清王鳴盛《十七史商榷》卷六八“對兄自稱兒”：“《齊安德王延宗傳》云：‘文襄第五子也。……後主聞周軍已入勳鼠谷，乃以延宗爲相國、并州刺史，總山西兵事，謂曰：‘并州阿兄取，兒今去也。’案：後主是武成子，武成是文襄之弟，則後主應呼延宗爲兄，自稱兒者，齊有呼父爲兄兄者，見《南陽王綽傳》。呼母姊姊，見《文宣李后傳》，則對兄自稱兒，亦當時語。”引文據（清）王鳴盛著，黃曙輝點校《十七史商榷》，上海書店出版社，2005，第578頁。又參考〔日〕太田辰夫《漢語史通考》，江藍生、白維國譯《漢語史通考》，重慶出版社，1991，第181~211頁；〔日〕志村良志《中國中世語法史研究》，江藍生、白維國譯，中華書局，1995，第29頁；江藍生《近代漢語探源》，商務印書館，2010，第328頁；王雲路《中古漢語詞彙史》，商務印書館，2010，第40頁；王子今《秦漢稱謂研究》，中國社會科學出版社，2014，第101~121頁；蔣冀騁《近代漢語詞彙研究》，商務印書館，2019，第103頁。

載呂超小字胡奴，顧炎武《日知録》卷二七《杜子美詩注》專門言及以上二"胡奴"之"奴"："非奴也。""胡奴"在漢代以後的社會可能因爲"奴"之卑賤而用作小兒的賤稱或昵稱，《説文·巾部》："帑，金幣所藏也。"段注："《小雅·棠棣》傳曰：'帑，子也。'此段帑爲奴。《周禮》曰：'其奴，男子入於罪隸，女子入於春稾。'本謂罪人之子孫爲奴，引申之則凡子孫皆可稱奴。"《説郛》卷一一上楊伯岩《臆乘》言"以奴得名"："晋桓嗣曰豹奴，王蒙曰阿奴，石崇曰齊奴，潘岳曰檀奴，後漢古弼帝稱曰齊奴，孫騰曰僧奴，皆小字也。晋陸機罵人曰豹奴，明帝人號曰鮮卑奴，宋廢帝稱父武帝曰驢奴，後魏古弼帝稱曰尖頭奴，唐顔杲卿罵安禄山曰牧羊奴，本朝梅聖俞呼謝師直曰錦衣奴。"早在漢代，漢光武帝劉秀稱呼嚴光爲"狂奴"（《後漢書》卷八三《移民列傳·嚴光》："司徒侯霸與光素舊，遣使奉書。使人因謂光曰：'公聞先生至，區區欲即詣造，迫於典司，是以不獲。願因日暮，自屈語言。'光不答，乃投札與之，口授曰：'君房足下：位至鼎足，甚善。懷仁輔義天下悦，阿諛順旨要領絶。'霸得書：封奏之。帝笑曰：'狂奴故態也。'"），在晋代，罵人爲"胡奴"，也并非是"奴隸"（《晋書》卷一〇三《劉曜載記》："（陳）安引軍追（石）武曰：'叛逆胡奴，要當生縛此奴，然後斬劉貢。'"《晋書》卷三九《王浚傳》："胡奴調汝公，何兇逆如此。"）《太平御覽》卷七七三引《司馬法》："夏曰予車，殷曰胡奴車，周曰輜車，三代之輦。"漢代出現"奴"的縣名多在北邊，如《漢書》卷二八《地理志》及《續漢書·郡國志》所見上郡高奴、中山國盧奴、漁陽郡狐奴、雍奴等，或許與民族關係的形勢有關。[1] 又檢汪師韓《讀書録》"阿奴"條謂"阿奴"爲尊呼其卑，男女皆可。[2] 以上情況説明，中古時期漢語的詞彙與語法變化，不能不考慮到語言接觸（language contact）與語言影響（language influence）的因素。

"奴"甚至有"奴奴"（疊音昵稱，大谷2868《西州高昌縣退

---

① 王子今：《秦漢稱謂研究》，中國社會科學出版社，2014，第430頁。
② 詳參周一良《周一良集》第貳卷《魏晋南北朝史札記》，第717~718頁"阿奴"條。

田文書》有人名"石奴奴"）、"奴子"（伯 3559《天寶九載敦煌從化鄉差科簿》有"安奴子"）①、"奴兒"（伯 5546《神沙鄉人名目》有"翟奴兒"）、"小奴"（大谷 2377《唐天寶二年瀚海軍逃兵關係文書》，《大谷》一圖版九五）、"阿奴"（75TKM99：6（a）《北涼承平八年（450）翟紹遠買婢券》（1-92）有"石阿奴"，伯 2049《净土寺諸色入破歷計會牒》。大谷 2858《西州高昌縣退田文書》，《大谷》一圖版三二有"阿富奴"）等形式，都有小稱、昵稱色彩。

終於，"奴"變成了一個徹底的名詞後綴，與"兒""子"没有區別了，用在人名中如 64TAM9：3/1,3/2《唐殘事目（二）》（4-373）："安忽郎□□□即日判達曹孤易奴，付□□□曹孤易奴等［辭］爲［請］和粂物事即□□□付。"這件文書裏有一人名"曹孤易奴"，"曹"是粟特姓氏，"孤易"是打磚的模子②，"奴"在此絶不能講成是"……僕人"，而祇能理解爲是名詞後綴，意思與"兒""子"没有任何區别。請比較不要"奴"的例子，72TAM178：7《唐趙竺都等名籍》（4-187）有"馬孤易"，64TAM35：38（b）《武周駝驢帳》（3-532）有"韓孤易"，東京國立博東洋館書道博物館《唐開元四年（716）西州柳中縣高寧鄉籍》載一名奴隸名字叫作"孤易"③。又如人名"黑奴"，見於 Дx.02947V《前秦建元十四年（378）七月八日趙遷妻買田券》、97TSYM1：9-2《闞氏高昌某郡綵粃等帳（三）》（榮、李、孟 1-146），在 2001SYMX1：1-6+2001SYMX1：1-7《武周雇高昌縣人康黑奴替番上契》（榮、李、孟 368）有"康黑奴"，中央民族大學民族博物館藏《新疆吐魯番新出唐代貌閱文書》有"蔡黑奴"，《北史》卷八二《儒林下》有"張黑奴"，又有"黑兒"，69TKM33：1/2（a）《高昌衆保等傳供糧食帳（一）》（1-238）有

---

① 請比較《宋書》卷六三《王華傳》："華行遲，（曇）永呵駡云：'奴子怠懈，行不及我。'"《南齊書》卷二二《豫章文獻王嶷傳》："小兒奴子，本非嫌也。吾有所聞，豈容不救汝知，令物致議耶?"
② 王啓濤：《吐魯番出土文獻詞典》，巴蜀書社，2012，第 386 頁。
③ 録文參考〔日〕池田温《中國古代籍帳研究》，龔澤銑譯，中華書局，2007，第 102 頁。

"陰黑兒"，又有"黑子"，59TAM301：14/2-2《唐□□保夏田契》
（2-83）有"趙黑子"，伯2222B《僧智燈狀》有"趙黑子"，又有
"阿黑"，見於64TAM24：27（b）《唐貞觀二十年（646）趙義深
自洛州致西州阿婆家書》（2-173）。又如OR.8211/969-72《唐于
闐某寺支用簿》（沙、吳2-326）："出錢玖伯玖拾文，付匠劉阿師
奴充還雇造官氈手功價。"此處的人名"劉阿師奴"，相當於"劉
阿師子"，請比較72TAM187：195/1（a）之一、之二《唐天寶
二年（743）籍後高昌縣户等簿帳》（4-208、209、210）有大女
名"花阿師子"，又請比較"阿師"，斯2614《大目乾連冥間救母
變文》有"阿娘有罪阿娘受，阿師造罪阿師當"。"奴"與"子"
總是交替出現，檢72TAM189：66《唐令狐建行等率皮名籍》
（4-115）有"曹師奴""石苟奴""支奴子""康鼠子""□□
苟子""康藏子""康秀子"，72TAM178：7《唐趙竺都等名
籍》（4-187）有"張建奴""宋奴子""曹忠奴""趙奴奴""趙
奴子""復師奴""劉鼻子""趙盲子""甯惠仁""邵成子""馬
感子""康壽壽""闞客子"，64TAM35：66（a）《武周載初元
年（690）西州高昌縣寧和才等户手實（八）》（3-510）有"婆
子"（"婆"乃少數民族語言成分音譯，意思是"神"，見前文），
大谷2383《西州高昌縣給田文書》有"婆奴"，69TKM33：1/7
（b），1/10（b）《高昌付張都堆等供糧食帳（二）》（1-242）有
"阿奴兒""苟子""謙忠""客兒""仏救客"，OR.8212/880 ast.
Ⅲ.3.017《唐西州給粟付領帳》斷片背（沙、吳1-335）有"趙舍
奴"，66TAM61：33（b）《唐田緒歡等課役名籍》（三）》（3-253）
有"范惡奴"[①]，以上各例中的"奴"均爲名詞後綴，與"子""兒"

[①] 趙翼《陔餘叢考》卷十五"惡奴郎"："孝武帝太元八年，慕容垂叛苻堅，遣人告其子
農等，使起兵。農遂將數十騎微服出鄴，奔列人，止於烏桓魯利家。利爲之置饌，農
笑而不食。利謂其妻曰：'惡奴郎貴人，家貧無以饌之，奈何！'妻曰：'郎有雄才大
志，非爲飲食來也。'《集覽》云：惡奴，魯利呼其妻名也。《正誤》則云：此乃戲罵其
妻之辭，非名也。按《晋孝武帝紀》：太元十九年冬十月，慕容垂遣其子惡奴寇廩丘，
載紀則云：使慕容農略地河内，攻廩丘，克之。是惡奴即慕容農也。陸龜蒙小名録，
慕容農小字惡奴，然則惡奴者猶棘奴（冉閔）、胡奴（吕超）之類，而稱之爲惡奴郎
者，猶買德郎（桓沖）、鎮惡郎（桓石虔）之類，非魯利之呼妻也。王、陳兩説俱失
之。"（清趙翼《陔餘叢考》，河北人民出版社，2003，第261~262頁）

同義。又請比較 67TAM365：6（b）《高昌延昌四十年（600）供諸門及碑堂等處糧食帳（二）》（1-296）有"胡奴子""阿胡"，而72TAM153：31-33《高昌計人配馬文書》（1-281）有"楊阿胡子"，則"胡奴子"即"胡奴"或"胡子"，其內部構詞有嫌屋上架屋、橋上架橋矣。

"奴"還用於動植物或器物名詞之後 [①]，比如"袴奴"。72TAM178：8《唐袁大壽等資裝簿》（4-189）："袁大壽縹布襖子一，小襖子一，黃衫袴奴末額各一，氈裝一；□善保縹襖子一，帛衫一，單袴一□□兩量。鞦一量，黃衫袴奴末額各一。徐□□袴奴末額黃衫各一，縹襖子一，靴一量，鞦一量。董清水襖子一，黃衫袴奴末額各一。"可以說"袴奴"，也可以單說"袴"，72TAM178：9《唐袁大壽等資裝簿》（4-190）："黃衫袴奴末額一［具］，大襖子一，衫一，單袴一。" [②] 大谷8067《唐天寶十四載（755）八月後逃兵存物估價文書》（《大谷》三，圖版一六）："襖子叄長□□袴奴肆□□ □□柒□□"又如"靴奴"，69TKM48：6（a），7（a）《唐永徽元年（650）後報領皮帳（三）》（2-164）："羊皮貳拾捌［張］。廿張造靴奴□□關送兵曹充釘馳［腳］。二張用料理□□［兵］曹報領。右靴奴□□馳皮壹張□□□［馬］皮拾張□□奴。鞋［卅］□□［右］□□"也可以不要"奴"而

[①] 但字典辭書對其來源至今無法索解，羅竹風主編《漢語大詞典》第四卷（上海辭書出版社，2011）第266頁："動植物及其他雜物名所帶的綴詞，具有喜愛的感情色彩。如稱貓爲狸奴，竹夫人爲竹奴。青奴，橘子爲橘奴，頭髮爲烏奴等。"

[②] 又請比較宋高承《事物紀原·戎容兵械·抹額》："中有甲卒千人，其不被甲者，以紅綃帕抹其頭額，云海神來朝，禹問之，對曰：'此武士之首服也。'秦始皇至海上，有神朝，皆抹額，緋衫，大口袴，侍尉自此抹額，遂爲軍容之服。"唐代甲士服裝，男性多穿渾脫帽、圓領（或翻領）小袖，長僅過膝的衣衫，大口袴膝下加縛，這從故宮博物院藏隋代袴褶服甲士青釉陶俑可以看出（沈從文《中國古代服飾研究》，上海書店出版社，2002，第264頁）。在西安洪慶的北朝、隋家族遷葬墓地出土了持劍儀仗騎馬俑，有武士俑二件，一件下身穿大口縛袴，也可以旁證（參考陝西省考古研究所《西安洪慶北朝、隋家族遷葬墓地》，載《文物》2005年第10期）。而莫高窟第220窟初唐東壁維摩變"帝王圖"中掌管羽扇的武士，腰束革帶，縛袖，白布加縛大口袴。這些都是"袴奴"的實際反映。有學者認爲"袴奴"乃直接貫穿、緊縛於膝下足上，以麻布製成的便於跳騰遠行之物，做工精緻者即爲軍禮儀仗用服，參見葉嬌《唐代文獻所見"袴奴"形制考》，《中國國家博物館館刊》2012年第1期。又參見杜朝暉《敦煌文獻名物研究》，中華書局，2011，第204~206頁。

單說"靴（韡、鞾）"，69TAM122：3/5《高昌某年下洿林縣殘敕》（1-454）："□敕洿林□□□　□□□□［年］皮作袴壹□□□　□□□□［壹］具。年到八月，與牛皮韡（靴）壹［兩］□□□　□□□□以後［依］市□人用□□□□□□□"73TAM210：136/1《唐居太夫人隨葬衣物疏》（3-35）："靴韈伍拾具并絲，黃金千斤，白銀千兩，小麥及大麥三万石，粟床各二万，奴婢五十口。"60TAM337：11/38（a）《唐氈褥等器物雜帳》（2-231）："匕壹、靴壹兩。"72TAM178：8《唐袁大壽等資裝簿》（4-189）："鞾（靴）一量，韈一量。董青水襪子一，黃衫、袴奴、末額各一。小襪子一，單袴一，韈一量，鞋兩量，鞾一量并。陰辰保緤襪子一，鞾一量，黃衫末額各一。"大谷3040《物價文書》（《大谷》二圖版一八）："鞾條壹具，上直錢陸拾文。"在傳世文獻中也有例證，如"粟奴"，唐段成式《酉陽雜俎》卷七《酒食》："取簡勝粟一石，加粟奴五斗舂之，粟奴能令馨香。"唐李商隱《陸發荊南始至商洛》："青辭木奴橘，紫見地仙芝。"[1]另檢中華書局本杜佑《通典》卷一百四十六《樂》六"四方樂"："《龜茲樂》，工人皁絲布頭巾，緋絲布袍，錦袖，緋布袴。舞四人，紅抹額，緋襖，白袴帑，烏皮靴。"王文錦等校勘記："緋襖白袴帑，原訛脫作'緋白袴奴'，據《舊唐書·音樂志》二（1071頁）補改。下'帑'逕改，不再出校。"[2]其實，我們認爲這條《校勘記》是錯誤的，原作"袴奴"本來不誤，反而是今本《舊唐書》之"袴帑"可能是後人篡改[3]，所以不應以之來改《通典》原文。

"奴"成爲一個名詞後綴，可以與"子"互相替換：

---

① 檢《説文·巾部》："帑，金幣所藏也。"段玉裁注："帑讀如奴，帑之言囊也，以幣帛所藏，故從巾。"看來段玉裁認爲有一類表示後綴的"奴"的得名之由是"囊"。

② 參見（唐）杜佑《通典》，王文錦、王永興、劉俊文、徐庭雲、謝方點校，中華書局，1988，第3736頁。

③ 檢中華書局本《舊唐書》卷二九《音樂二》："《龜茲樂》，工人皁絲布頭巾，緋絲布袍，錦袖，緋布袴。舞者四人，紅抹額，緋襖，白袴帑。烏皮靴。"又同卷："《康國樂》，工人皁絲布頭巾，緋絲布袍，錦領。舞二人，緋襖，錦領袖，綠綾渾襠袴，赤皮靴，白袴帑。舞急轉如風，俗謂之胡旋。"

【婆奴】【婆子】【阿婆子】【阿婆奴】【婆】【阿婆】65TAM
42：90（a），91（a）《唐令狐鼠鼻等差科簿》（一）（3-111）："男
賀婆年十九，中男，下中户。"64TAM24：34《高昌條列得後入
酒斛斗數奏行文書》（2-170）："▢▢▢［歲］後入酒［額］：虎
牙［天］護、司空▢▢ ▢▢▢延伯、成阿婆奴。"60TAM339：
50/1-1《高昌武城塢作額名籍》（一）》（1-396）："▢▢▢［月］
［廿］五日，武城塢作領麴忠悌趙延豊、趙衆（引者按：右旁有
"成▢作五人、條脱▢▢"）▢▢▢之至▢▢作▢，張［慈］集、
劉懷祐、張阿相、張阿婆相屯蒲桃云、田明歡作一車。"又檢敦
煌文獻中也有"阿婆子"，伯3231《癸酉年至丙子年（973-976）
平康鄉官齋籍》："蒸餅張清匁三斗，梁阿婆子三斗，王保實二
斗。"伯2932《甲子乙丑年（964-965）翟法律出便與人名目》：
"梁都頭便豆壹碩，秋壹碩伍斗（押），口承男阿婆子。""口承
男阿婆子"，即口承保人是責任人的兒子，"阿婆子"是男性。
64TAM35：66（a）《武周載初元年（689）西州高昌縣寧和才等
户手實》（七）（3-510）："父婆子年伍拾玖歲，職資。右件人藉後
死。"（武周新字已改爲現代通行字）

【黑奴】【黑子】97TSYM1：9-2《闞氏高昌某郡綵▢▢▢等
帳（三）》（榮、李、孟1-146）："▢▢▢［張］百成、黑奴共綵一
［疋］▢▢▢七張入楊成子償▢▢▢"Дx.02947V《前秦建元十四
年（378）七月八日趙遷妻買田券》（圖版見《俄藏敦煌文獻》第
10册第136頁）："▢［元］十四年七月八日趙遷妻隨▢▢ ▢
［蘇］息黑奴買常田十七畝，賈［交］▢▢▢張，賈即畢，田即躡。
其▢道人沙▢▢▢［關］［分］［畔］，西与王泄分畔，▢▢▢更
▢。"唐西州時期有"康黑奴"，2001SYMX1：1-6+2001SYMX1：
1-7《武周雇高昌縣人康黑奴替番上契》（榮、李、孟368）："（前
缺）▢▢▢▢交用銀錢陸，銅錢貳▢▢▢［文］，雇高昌縣人康黑奴
替▢▢▢若▢▢槽官▢▢▢逐個并▢▢▢康，其錢▢▢▢過期限，今
▢▢▢不知，更［不］▢指爲記。錢主▢▢▢，替上▢▢▢▢
保人▢▢▢知見▢▢▢（後缺）"（武周新字已轉寫爲通行漢字）大
谷2849《唐代役制關係文書》（《大谷》一圖版九七）亦有"康

黑奴”，中央民族大學民族博物館藏《新疆吐魯番新出唐代貌閱文書》有“蔡黑奴”。又請比較大谷 2858《西州高昌縣退田文書》（《大谷》一圖版三二）：“歸政里，白黑奴剩退□□□□”在傳世文獻中也有“黑奴”，《北史》卷八二《儒林下》：“安生既學爲儒宗，嘗受其業，擅名於後者，有馬榮伯、張黑奴。”但與“黑奴”相對應的又有“黑子”，59TAM301：14/2-2《唐□□保夏田契》（2-83）：“夏田﹝人﹞□□保；田主趙黑子，智見張延取。”伯 2222B《僧智燈狀》：“右智燈叔侄等先蒙尚書恩造，令將鮑壁渠地回入玉關鄉趙黑子絕户地，永爲口分，承料役次。”

【師奴】【阿師奴】【師師】【師子】【師】【阿師】【阿師子】【師兒】“師”即法師，以上形式常常用在人名中，往往帶有佛教信仰色彩。大谷 2845（《大谷》一圖版八五）：“康相女壹畝，佃人張緒豐，西東豪，西道，南何禪師，北□□□索石德半畝，佃人張緒豐西，東豪，西道，南何師，北□□□”72TAM189：66《唐令狐建行等率皮名籍》（4-115）有“曹師奴”；72TAM178：7《唐趙竺都等名籍》（4-187）有“員師奴”，OR.8212/568Ast. Ⅲ.4.076《唐神龍元年（705）西州高昌縣白神感等請放免户備馬定辭》（沙、吳 1-130）：“神龍元年五月日，高昌縣人白神感等辭：公私馬兩疋一疋赤父，主白神感，壹疋留父主阿師子。府司神感等先被本縣令僦上件馬，然神感等寄住高寧，今被高寧城通神感等帳頭上件馬過司馬遣送州取處分。既是户僦，望請付所由准例放免，謹辭。”73TAM506：04/18《唐左庭玉付阿師子青麥帳》（4-586）亦有“阿師子”，大谷 8074《唐年次未詳（8 世紀）安西差科簿》：“王子芝□□□ □□□田叔良，貴奴，任□□□□王琳□□□ □□□義，阿師奴，□□□失離□□□元金剛□□□ □□□俊，安拂延，李庭俊。”[1]67TAM83：10《唐張師師等名籍》（4-11）：“張師々、左尾住、奴七禄、陰師子、圈富、奴子、奴尾奴、曹破遮、康浮呵延、安世郍、氾行同、張仁靜。”斯 1284《西州釋昌富上靈圖寺陳和尚狀》：“今於氾法師手

---

[1]　錄文參考池田温《中國古代籍帳研究》，龔澤銑譯，中華書局，2007，第 239 頁。

上紫草壹斗，又細布一角，乾棗一袋子，充阿師子信，聊表卑儀，請莫怪也。"OR.8211/969-72《唐于闐某寺支用簿》（沙、吳2-326）："廿九日，出錢玖伯玖拾文，付匠劉阿師奴充還雇造官氈手功價。"72TAM151：60《高昌義和二年（615）七月馬帳（二）》（2-92）："王頭六兒赤馬，常侍法濟紫馬，衛延紹瓜留馬，康師子白青馬。麴凌江赤驪馬，[史][凌]江黃馬，蘇司馬騅馬，諫議弘慶移畔馬。侍郎僧滑赤馬。"86TAM386：19《高昌延和十八年（619）張師兒隨葬衣物疏》（柳415）有"倩信仕張師兒"，86TAM386：18《高昌延和十八年（619）追贈張師兒明威將軍令》（柳417）有"虎牙張師兒"，86TAM386：23《高昌延壽十四年（637）張師兒妻王氏隨葬衣物疏》（柳416）亦有"張師兒"，顯然是同一人。86TAM386：1《高昌延和十八年（619）張師兒及妻王氏墓表》（侯、吳313）："新除虎牙將軍張師兒，追贈明威將軍。"72TAM187：195/1（a）之一、之二《唐天寶二年（743）籍後高昌縣戶等簿帳》（4-208、209、210）："石羯[槎]，[石]□□，[孟]憙[敏]，[龍][君][爽]，□□□□□安君進，康師奴、麴仁表、大女左大乘、康慎微、董守珪、張孝元、康知讓、大女康政□、白小敏□□□翟葉子、竹茂林、竹熊子□□□氾文智□□□麴歲生、令狐磨底、三百五十戶，下下戶，天寶元年後加籍一十□□□天寶二年籍一□□□[車]智憙，大女左娘子，范忠孝，大女寧□□□大女曹無盡、賈小琮、吳黑陁，大女史□□□大女孟修真，辛忠孝，大女麴□□□曹字名。張庭珪、大女史[靜][娘]、辛玄[暉]□□□奉仙、杜奴奴、王禄狗、大女匡慈念、[大][女]□□□[女]康阿持、白順感、范才寶、大女花阿師子。"OR.8210/斯.5864 D．Ⅴ．6.《唐建中二年（781）二月六城傑謝百姓思略牒》（沙、吳2-313）："阿磨支師子下胡書典高施捵，胡書典□□□櫒思略去年五月內與上件二人驢，准作錢六[千]□□□思略放丁。經今十個月，丁不得，驢不還，伏望□□□乞追徵處分。謹櫒。抄口抄人。□□□大曆十六年二月日六城傑謝百姓[思]□□。"67TAM83：10《唐張師師等名籍》（4-11）有"陰師子""張師々"。《隋唐嘉話》卷下："武后臨朝，薛懷義勢傾當時，雖王主皆下之。蘇良嗣僕射遇諸朝，懷義偃蹇不爲禮，良嗣大怒，使左右牽拽，搭面數十。武后知曰：'阿師當向北門出入，南衙宰相往來，勿犯他。'"斯2614《大目乾連冥間救母變文》："罪人總見目連師，一切啼哭損雙眉：'弟子死來年月近，和尚慈親實不知。'"又："阿娘有罪阿娘受，阿師造罪阿師當。"又："阿師是如來佛弟子，足解知父母之恩。"張涌泉校注："原校：'是'原作'子'，據戊、己卷改。按：戊卷'是'上有'子'字。"[1]敦煌文書中的這些不同寫法，恰好能旁證吐魯番出土文書中的"阿師子"形式。又請比較斯4362《肅州都頭宋富松家書》："仲春漸暄，伏惟兄宋都頭、阿婆、陰家姨、阿師子、都頭、法律、八娘子、二娘子、苟奴合家大小尊體起居萬福。……又生絹兩匹，并在二人手上，内壹匹，阿師子收取。"段成式《酉陽雜俎》卷五《怪術》："叱其僧曰：'麤行阿師，爭敢輒無禮，柱杖何在？可擊之。'"《資治通鑑》卷二百三"則天后垂拱二年"："蘇良嗣遇僧懷義於朝堂，懷義偃蹇不能禮；良嗣大怒，命左右捽曳，批其頰數十，懷義訴於太后，太后曰：'阿師當於北門出入，南牙宰相所往來，勿犯也。'"斯6452《辛巳年（981）十二月十三日周僧正于常住庫借貸油面物歷》："廿三日，酒壹甕，阿師子東窟頭吃用。"伯4907《庚寅年（930？九月十一日—辛卯年七月九日諸色斛斗支付歷》："都官社弔孝粟壹斗，親事弔孝鄧家阿師子粟壹斗。"伯4763《丁未年（947？）三月十二日分付鄧闍梨物色名目》："又小阿師子布兩匹，付闍梨。"伯4694《年代不明某寺諸色斛斗入破歷算會牒》殘卷："三碩翟家阿師子裙價入。"斯4643《甲午年（994）五月十五日陰家婢子小娘子榮親客目》："氾善俊虞條即阿師子二人。"斯4362《歸義軍時期肅州都頭阿富松起居狀》："仲春漸暄，伏惟兄宋都頭、阿婆、陰家姨、阿師子、都頭、法律、二娘子、八娘子、五娘子、苟奴、合宅大小尊體起居萬福。"

【醜奴】【醜】【醜醜】【醜仁】【阿醜】大谷2916《西州高

---

[1] 見黃征、張涌泉《敦煌變文校注》，中華書局，1996，第1060頁。

昌縣給田文書》(《大谷》一圖版五八)有"石醜奴"。又有"張醜",見 64TAM35：19（a）《唐西州高昌縣下太平鄉符爲檢兵孫海藏患狀事》(3-488)；又有"醜仁",請比較 64TAM35：16《唐西州高昌縣追人勘問帖》(3-545)："高昌縣。帖。大女阿鞏奴磨旺,令狐醜仁。"又有"阿醜",97TSYM1：5《闞氏高昌永康十二年（477）閏月十四日張祖買奴券》(榮、李、孟 125)有"康阿醜"。

【胡奴】【胡仁】【阿胡】【阿胡子】【胡子】【胡胡】"胡"即"胡人","奴""子""仁"是詞綴,常常用於人名中。大谷2888《西州高昌縣欠田文書》(《大谷》一,圖版六六)有"陰小胡",大谷 2887《西州高昌縣欠田文書》(《大谷》一,圖版六五)有"辛胡子",寧樂一三（1）、一六（5）號《唐蒲昌府終服、沒蕃及現支配諸所等名簿》(96、97)有"安胡子"（還有史石子、康赤子、田通子、龍毡子、程感子）,又有"黃胡子",大谷 3391《租稅納入文書》(《大谷》二圖版六三)："黃胡子年廿五,弟元泰年十二。"又有"陳胡子",大谷 2366《西州高昌縣佃人文書文書》(《大谷》一圖版七九)："陳胡子貳畝,自佃。"又有"胡奴子",67TAM365：6（b）《高昌延昌四十年（600）供諸門及碑堂等處糧食帳（二）》(1-296)："次六斗,付胡奴子。"又有"康胡胡",見大谷 2887《西州高昌縣欠田文書》(《大谷》一,圖版六五),又有"強胡仁",見 72TAM150：29《唐諸府衛士配官馬、馱殘文書》(3-22),又有"戶主白胡仁",見 64TAM35：56（a）《唐神龍三年（707）高昌縣崇化鄉點籍樣（四）》(3-542)。又有"阿胡""胡奴子",見 67TAM365：6（b）《高昌延昌四十年（600）供諸門及碑堂等處糧食帳（二）》(1-296),又有"楊阿胡子",見 72TAM153：31-33《高昌計人配馬文書》(1-281)。

"兒"與"子""仁""奴"互換

頗有意思的是,在吐魯番文獻中,"兒""子""仁""奴"作爲後綴用在人名時,可以互換,有時候,我們發現處在對稱位置的還有一種情況：重複最後一個音節達到與"兒""子""仁""奴"類似的昵稱效果 ①（這與今天的漢語以疊音形成稱呼孩子名字類似），如"奴"重複爲"奴奴"，充分説明"子""兒"等後綴用在人名中，帶有昵稱性質，請看以下諸例。

【赤子】【赤奴】京都大學日比野丈夫新獲見藏吐魯番文書019《唐蒲昌府諸烽戍未上番人殘名籍》（陳、劉485）："康赤子，終服。"寧樂一三（1）、一六（5）號《唐蒲昌府終服、没蕃及現支配諸所等名簿》（96、97）："▢▢▢［建］［智］、［鄯］［發］［住］。人終服。史石子，劉吃木、▢▢▢、▢▢▢▢▢▢康赤子，人没蕃。"64TAM35：39（b）《武周陰倉子等城作名籍》（3-520）："張赤奴頭，衛智達下，卜春富，魏信住頭。"大谷2845+大谷2851《西州高昌縣佃人文書》（《大谷》一圖版八五）："白苟始田肆畝，佃人楊輩子，東桓王寺，西縣公廨佐史田。南王赤奴，北渠。王赤奴田壹畝，佃人王孝道，東桓王寺，西縣公廨佐史田。南康多允，北白苟始。康多允田貳畝，佃人索武海，東桓王寺，西縣公廨佐史田。南和隆子，北渠。和隆子田壹畝，佃人索武海，東桓王寺，西縣公廨佐史田。南渠，北康多允。縣公廨佐史田拾畝，佃人氾義感，東康多允，西康倚山，南渠，北渠。縣令田貳畝，佃人奴集聚，東縣公廨佐史田，西安文通，南渠，北宋神托。康倚山田貳畝，佃人奴集聚，東，西，南，北。安文通田貳畝，自佃，東，西，南，北。宋神托田壹畝，佃人高君定，東縣公廨佐史田，西羅行感，南安文通，北索粟▢。羅行感田貳畝，佃人高君定，東宋托，西和隆定，南安文通，北匡點子。和隆定田貳畝，佃人匡鼠輩，東羅行感，西道，南縣令牒，北申屠大智（？）。白未隆田貳畝，佃人蘇感達，東，西，南，北。白赤奴田叁畝，佃人史行成，東，西，南，北。縣令田貳

---

① 73TAM509：24（a）《唐西州高昌縣出草帳》（4-262、263）有"嚴君君""楊塯塯"；72TAM215：017/5-1《唐馮懷盛等夫役名籍（一）》（4-245）有"袁彌彌"；73TAM191：119（a）《唐永隆元年（680）軍團牒爲記注所屬衛士征鎮樣人及勳官簽符諸色事》（3-279）有"樣人張弟弟"；72TAM154：23,29《高昌作人酉富等名籍》（1-366）有"白弟弟""作人苻弟"。吐魯番文獻中還有"柱柱""范彌彌""安弟弟""冬冬""白弟弟""白辰辰""白始始""馮住住""魏叔叔""李骃居""陰骃居""陰骃居子"。

畝，自佃，東白赤奴，西道，南張子仁，北和隆定。張子仁田貳
畝，佃人趙孤諾，東白赤奴，西道，南渠，北縣令。牒件通當堰
青苗地段四至畝數，佃人具□□□□（後缺）"（武周新字已轉寫
爲現代通行字）

【奴】【奴子】【奴兒】【奴奴】【阿奴】【阿奴兒】大谷2893
《西州高昌縣欠田文書》（《大谷》一，圖版七一）有"郭什
奴""白奴子"，大谷2888《西州高昌縣欠田文書》（《大谷》
一，圖版六六）有"趙九奴""王泥奴""康師奴"。60TAM339：
50/1-2《高昌武城塢作額名籍（二）》（1-397）有"田浮昷奴"，
大谷2886《西州高昌縣退田文書》（《大谷》一圖版六四）有"康
神奴""畫僧奴"，72TAM154：21《高昌東南西南等坊除車牛額
文書（一）》（1-363）有"牛仏奴"，60TAM307：4/3（a）《高
昌□善等傳供食帳（三）》（1-417）有"仏奴"，67TAM83：10
《唐張師師等名籍》（4-11）有"奴子""尾奴"，72TAM189：
66《唐令狐建行等率皮名籍》（4-115）有"趙七奴""張小
奴""［支］奴子""曹師奴""石苟奴"，73TAM520：6/2《高昌
延昌三十四年（594）調薪文書一（一）》（1-317）有"奴奴"，
大谷2888《西州高昌縣欠田文書》（《大谷》一圖版六六）："陰
奴々二丁，母老。欠常田二畝，部田三畝。"大谷2868《西州高
昌縣退田文書》（《大谷》一圖版三七）有"石奴奴"，2TAM178：
7《唐趙竺都等名籍》（4-187）有"張建奴""宋奴子""曹忠
奴""趙奴奴""復師奴""趙奴子"[①]，大谷2865《西州高昌縣退田
文書》（《大谷》一圖版三五）有"曹奴子"，72TAM187：195/1
（a）之一、之二《唐天寶二年（743）籍後高昌縣户等簿帳》（4-
208、209、210）有"康師奴""杜奴奴"，72TAM189：66《唐
令狐建行等率皮名籍》（4-115）有"石苟奴"，2006TAM607：
2-4《唐神龍元年（705）六月後西州前庭府牒上州勾所爲當府

---

① 北咸59背《丑年（821）開元寺寺户張僧奴等請便麥牒（附處分）》有"僧奴""寺
户張個奴""户石奴子""户石勝奴""户石什一""户張晟奴""户張弟弟""户石再
再"，"石奴子""石勝奴""石什一"又見斯0542《戌年（806）沙洲諸寺丁壯車牛
役簿》。

官馬破除、見在事》（榮、李、孟 32、34、36）有“竹苟奴”，
64TAM5：62（b）、69/ 2（b）《唐趙惡奴等戶內丁口課役文書
（四）》（3-172）有“□苟奴”，59TAM302：30/3《高昌作人名籍》
（2-183）有“王苟子”，64TAM35：41（a）-2《唐西州高昌縣諸鄉
百姓配役官司名籍》（3-490）有“肯（骨？）苟子”，72TAM209：
85/11（b），85/12（b）《唐王君子等配役名籍》（3-326）有“安苟
子”，64TAM35：68（a）《武周載初元年（690）西州高昌縣寧
和才等戶手實》（一○）（3-512）有“趙苟子”，“苟”是賤名或
昵名，《匡謬正俗》卷八“苟”：“苟者，偷合之稱。所以行無廉
隅，不存德義，謂之‘苟且’。而今之流俗，便謂無恥之人行類
豬狗，每爲方幅，則呼狗爲犬，且更爲戲弄耳。”64TAM27：39
（a）《唐開元四年（716）西州高昌縣安西鄉安樂里籍》（4-147）
有“安苟仁”，64TAM35：39（a）《武周證聖元年（695）前官
陰名子牒爲官萄內作夫役頻追不到事》（3-519）有“豬苟仁”，
65TAM42：64《唐西州高昌縣授田簿（一二）》（3-137）有“竹
苟仁”，73TAM224：080/1（a）《唐西州蒲昌縣戶曹牒爲催徵逋
懸事（二）》（4-389）有“田苟仁”，66TAM61：16（a）《唐憙安
等匠人名籍》（3-240）有“李阿苟仁”，64TAM35：22《唐緤布
帳》（3-547）有“史苟仁”67TAM93：2《武周長安三年（703）
西州高昌縣嚴苟仁租葡萄園契》（3-432）有“嚴苟仁”，寧樂二號
《唐蒲昌府承帳、隨番、不役、停番等名簿》（93）有“宋苟仁”，
68TJ1：3（b）《唐永明等殘名籍》（4-599）有“衛苟仁”，又有
“苟子”，69TKM33：1/7（b），1/10（b）《高昌付張都堆等供糧食
帳（二）》（1-242）：“▨▨八斗□𪊨▨▨ ［麵］一斗，
付苟子，供▨▨ ▨▨謙忠，供客兒▨▨ ▨▨供仏救客。八
斗▨▨ ▨▨粟▨▨ ▨▨上阿奴兒。”檢《左傳·襄公十五
年》“鄭人奪堵狗之妻”，《釋文》云：“狗，本或作‘苟’。”《顏氏
家訓·風操》：“長卿名犬子，王修名狗子。”王利器《集解》引李
慈銘曰：“‘《晉書》：王修，字敬仁，小名苟子。太原晉陽人。’顏
氏所稱‘狗子’，即其人也。六朝人往往以苟、狗通用，如張敬兒
本名‘苟兒’，其弟名豬兒，及敬兒貴後，齊武帝爲名，傍加‘犭’

字作‘敬’，梁世何敬容自書名，往往大作‘苟’，小作‘夊’，大作‘父’，小作‘口’。人嘲之曰：‘公家狗既奇大，父亦不小。’是皆以苟爲狗之證。……李詳曰：‘《世説新語·文學》篇：許掾年少時，人以比王苟子。’劉孝標注：‘苟子，王修小字。’南朝俗字，有假苟爲狗者，何敬容曾爲人所戲苟子，即狗子。”[1]“苟”、“狗”《廣韻》同音古厚切，上聲厚韻見母，故通用。又檢《封氏聞見記》卷十《避忌》：“兼御史大夫韋倫，奉使吐蕃，以御史苟曾爲判官，行有日矣。或謂倫曰：‘吐蕃諱狗，大夫將一苟判官，何以求好？’倫遽奏其事，今上令改‘苟’爲‘荀’，而其人不易。及使還，曾遂姓荀，不歸舊姓。”這實際上是一種賤稱或昵稱。《顏氏家訓·風操》言：“上有連及，理未爲通，古之所行，今之所笑也。”王利器集解引宋俞成《螢雪叢説》一曰：“今人生子，妄自尊大，多取文武富貴四字爲名，不以希顏爲名，則以望回爲名，不以次韓爲名，則以齊愈爲名，甚可笑也。古者命名，多自貶損，或曰愚曰魯，或曰拙曰賤，皆取謙抑之義也。如司馬氏幼字‘犬子’，至有慕名野狗，何嘗擇稱呼之美哉。嘗觀《進士同年錄》，江南人習尚機巧，故其小名多是好字，足見自高之心；江北人大體任真，故其小名，多非佳字，足見自貶之意。”[2]今北人仍然有“狗娃”“狗蛋”“狗剩”，名字賤，好養育[3]。

【尾】【尾兒】【尾仁】【尾奴】【阿尾】【尾尾】“張尾住”見73TAM501：109/6（a）《唐高宗某年西州高昌縣左君定等征鎮及諸色人等名籍》（3-386），“夏尾信”見64TAM20：34《唐顯慶四年（659）白僧定貸麥契》（3-476），“魏雙尾”見64TAM35：47（a）《唐神龍三年（707）高昌縣崇化鄉點籍樣（一）》（3-533），“尾香”見64TAM4：29（a）《唐咸亨四年（673）左憧憙生前功德及隨身錢物疏》（3-208），“侯尾相”見72TAM151：15《高昌義和二年（615）都官下始昌縣司馬主者符爲遣弓師侯尾相等詣府事》（2-98），“尾周”見59TAM302：29/1《唐婦女郭阿勝辭爲

① 王利器：《顏氏家訓集解》（增補本），中華書局，1993，第67~68頁。
② 王利器：《顏氏家訓集解》（增補本），第68頁。
③ 參見嚴旭《匡謬正俗疏證》，中華書局，2019，第424~425頁。

請官宅事》（2-187），"康尾義羅施"見64TAM29：24《唐垂拱元年（685）康義羅施等請過所案卷（四）》（3-349、350），"尾鼠"見64TAM4：46/1《唐支用錢練帳一》（3-225，"尾兒"見72TAM155：40/8《高昌尾兒取木錢帳》（1-431），"尾奴"見67TAM83：10《唐張師師等名籍》（4-11），"尾仁（張尾仁）"見64TAM19：36《唐咸亨五年（674）王文歡訴酒泉城人張尾仁貸練不還辭》（3-269），"阿尾"見72TAM150：40《唐康某等雜器物帳》（3-25），"尾尾"見72TAM150：49《唐□尾尾等雜器物帳》（3-29）。[①]

【岺奴】【岺兒】【岺子】【岺仁】73TAM520：6/2《高昌延昌三十四年（594）調薪文書一（一）》（1-317）有"岺奴""竺［岺］兒"，68TAM99：6（a）《高昌侍郎焦朗等傳尼顯法等計田承役文書》（1-441）有"張岺子"（此件文書亦應是高昌延壽年間的文書），64TAM5：81，82《唐李賀子上阿郎、阿婆書三》（3-204）有"岺子"，75TAM239：9/3《唐景龍三年（709）十二月至景龍四年（710）正月西州高昌縣處分田畝案卷》（3-556）有"嚴令子"，64TAM24：28《唐永徽二年（651）孫岺仁夏田契》（2-178）有"孫岺仁"，在大谷2366《西州高昌縣佃人文書》（《大谷》一圖版七九）有"康令子"。"岺"即"零"，通"靈"或"令"，"令子"即"好兒子"。

【祐子】【祐兒】73TAM520：6/2《高昌延昌三十四年（594）調薪文書一（一）》（1-317）有"張祐兒"，72TAM153：29，30《高昌入作人、畫師、主膠人等名籍》（1-282）有"鄧祐兒"，72TAM171：19（a），9（a），8（a），11（a）《高昌延壽十四年（637）兵部差人往青陽門等處上現文書》（2-74）有"王祐子"。

【禿子】【禿仁】【禿奴】【禿禿】【禿兒】大谷2870《西州高昌縣退田文書》（《大谷》一圖版三七）有"魏禿子"。又檢大谷

---

① "尾"是否意味着"末"，即"老幺"，指最後一個孩子，值得研究。參見清趙翼《陔餘叢考》卷四"微生高即尾生"。（清趙翼《陔餘叢考》，河北人民出版社，2003，第70~71頁）

3401《西州高昌縣户主別田籍文書》(《大谷》二圖版四八):"尚賢鄉□□□户主何禿子年五十四□□□ □□□部田城西七里棗樹渠,東渠,西自□□□"大谷4382《西州高昌縣退田文書》(《大谷》二圖版四一):"東吕禿子,西龍沙子。"大谷1491《差科簿》(《大谷》一圖版一〇〇)有"曹禿仁",大谷2865《西州高昌縣退田文書》(《大谷》一圖版三五)有"趙禿子",72TAM150:49《唐□尾尾等雜器物帳》(3-29):"□尾々大鍬一,安禿子粟舊一,員申智□□。"73TAM501:109/3《武周(?)西州高昌縣王渠某堰堰頭牒爲申報當堰見種秋畝數及田主佃人姓名》(3-394):"王渠孫師坅(下殘)氾申居壹畝尚(引者按:此字朱書,下面的昌、西亦然)種秋,自佃。東□□□[買]信南張隆,北曹居記、孟真義壹畝尚。種種。佃人氾申□,東功曹,西賈信,[南]□□□北曹居記。康禿子壹畝昌。種秋。佃人翟安智,東功曹,西隆信,南張隆,北曹□□□張隆信二畝西。佃人趙顥壽,種秋。東功曹,西白仁[達],南曹[默][是],[北]□□□ □□□昌。[種][秋]。□□□□□"67TAM83:7《唐先天二年(713)隊副王奉瓊牒爲當隊兵見在及不到人事(三)》(4-8):"□□□[承]素、副王奉瓊、史君竟、奴宜才、曹住洛、馬□□、[部][曲]□□□劉冨多、車禿子、奴長保、奴孤易奴、万禿々,部[曲]□□□。奴冨海、和闇利、奴阿師[奴](下殘)牒件通當隊兵□□□[見]在及不到人姓名如前謹[縣]。先天二年九月 日。副王奉瓊[縣]。隊頭氾承素。"72TAM189:66《唐令狐建行等率皮名籍》(4-115):"□□□[怡]竇令狐建行[已][上]各一日,户別壹張□□□曹文住、劉懷子、麴修觀、何德力□□□魏住子、張君信、趙才感□□□呬、張尾住、石波呬 □□□騢元亮、獨孤禿子□□□[達]、李感通、馮□師、白山成、康鉢恩□□□負鼠呬、康鼠子、索思節、趙七奴□□□寅達、張虔藝、孟勝往、闞君念、曾定德□□□苟子、康皮、康藏子、張行[感]、索文感、吳信塭、郭青山、張小奴、龍磨賀吐、□蔥憧、趙淄師、[支]奴子、苟貞勝十張、白武梨、王駬子、陰慈順、馮□□、闞孝順、周小胡、郭懷直、魏舍衛、任保通、□□□、何[施]感、曹師奴、□惡令、石苟奴、高白塔、牛孝□□□馬玄寶、馬玄智、索君貞、嚴義忠□□□康禿子、吳知什、吳長壽、廉建［獄］□□□”①

【和兒】【和子】L.A.VI.ii—侯木 LBT：033（侯、楊 484）有“郭和兒”，73TAM520：6/2《高昌延昌三十四年（594）調薪文書一（一）》（1-317）有“康阿和兒”，2006TZJI：144《麴氏高昌延昌十七年（577）某月六日道人道翼遺書》（榮、李、孟 286）、2006TZJI：144《麴氏高昌延昌十七年（577）某月六日道人道翼遺書》（榮、李、孟 286）有“和子”。

【父師】【阿父師】【阿父師子】【父師子】72TAM194：2《唐開元七年（719）張行倫墓誌》（侯、吳 634）：“君諱［行］倫，字父師季布，南陽人也。”請比較 LI.4.59《唐垂拱四年（688）賈父師墓誌》（侯、吳 579）：“唐故賈大夫墓誌，君姓賈諱阿，名父師，西州高昌縣人［也］。”72TAM187：181《唐垂拱三年（687）帳後西州交河縣親侍、廢疾等簿帳（三）》（4-202）：“同行，索父師母李，垂拱二年帳，男父師，衛士，親侍，三年依舊［侍］。同行，索行達母同行，垂拱二年帳，男行達，白丁，親侍，三年依舊侍。”67TAM91：20（b）《唐氾父師等家口給糧三月帳》（3-13）有“□［主］氾父師”，73TAM501：109/6（d）《唐高宗某年西州高昌縣左君定等征鎮及諸色人等名籍》（3-386）有“何父師”，72TAM150：40《唐康某等雜器物帳》（3-25）有“□父師”，73TAM501：109/6（a）《唐高宗某年西州高昌縣左君定等征鎮及諸色人等名籍》（3-386）有“何父師”，73TAM501：109/15《武周（？）西州高昌縣某堰堰頭牒爲申報田主畝數佃人等事》（3-395）有“張父師”，66TAM61：29（a）《唐闞洛□等點身丁中名籍》（3-250）亦有“張父師”，72TAM189：14《唐西州高昌縣梁仲德等戶主田畝簿（一）》（4-110）有“辛父

---

① “禿子”究竟是漢語還是民族語成份，仍需研究。有學者認爲：“如果語言學的研究表明名字中的‘禿子’不是來源於粟特語的話，我們可能祇要假設吐魯番的粟特人特別容易成爲禿子。”參考斯加夫（Jonathan K.Skaff）著，顧犇譯《公元 7~8 世紀高昌粟特社會的文獻記錄：唐朝戶籍所見文化的差異和演變》，引自韓森 Valerie Hansen 著，王錦萍譯《絲綢之路貿易對吐魯番地方社會的影響：公元 500-800 年》收入《法國漢學》第十輯《粟特人在中國——歷史、考古、語言的新探索》，科學出版社，2016，第 128~129 頁。

師"，64TKM1：48《唐西州高昌縣順義等鄉勘田簿（一）》（2-12）
有"姜阿父師"。又有"劉阿父師"，請比較60TAM330：14/1-1（a）
《唐梁安相等名籍（二）》（3-234）："令狐守緒，劉阿父師，張鼠
仁，張攬達，孟護德，張海憧。"64TKM1：50《唐西州高昌縣順義
等鄉勘田簿（三）》（2-14）有"田阿父師"，又請比較"孫阿父師"，
64TAM10：37《高昌延壽八年（631）孫阿父師買舍券》（2-206）：
"孫阿父師從氾顯□□□買東北坊中城裏舍壹堀。"又有"孫阿父師
子"，72TAM150：47《唐牛懷願等雜器物帳》（3-28）："□□□□銅匙
一，牛懷□□□□木蓋子十，牛客仁小百□□□□銅匙一，嚴白舉（鼠？）
銅匙一，李阿鼠銅□□□□子一，孫父師子小百師一□□□□一口。"又
有"陽阿父師子"，72TAM150：41（a）《唐貞觀十九年里正趙延
洛等牒》（3-21）："□□□□兩，壹斤，直銀錢貳文。□□□□陽阿父師
子一斤，□□□□趙頵洛一斤半，□□□□半斤，趙武亮一斤，田石住
五兩，嚴祐相伍斤拾肆兩，□□□□［兩］［及］人［姓］［名］［前］
［如］［謹］［牒］。"前揭《唐垂拱四年（688）賈父師墓誌》（侯、吳
579）有"君姓賈諱阿，名父師"，該件文書中又有"阿父師子"。
65TAM42：108（a）《唐郭默子等差科簿（？）（四）》（3-115）有
"茀阿父師"。又檢66TAM61：29（a）《唐闞洛□等點身丁中名籍》
（3-250）："張父師卅九；男進達廿六。"73TAM509：19/15（a）《武
周天山張父師團帖爲勘問右果毅闕職地子事》（4-252）亦有"張父
師"，但是在73TAM509：19/2《武周天山張父師團帖爲勘問右果毅
闕職地子事一》（4-252）寫成"張父"[1]，可見在唐西州的吐魯番文獻
中，人名的寫法確實比較隨意。"阿父師"來自民族語，意思是"主
宰好水的神"，前已論及，此不贅。

【鼠】【阿鼠】【鼠子】【鼠兒】【鼠仁】【鼠奴】【鼠鼠】
65TAM42：63《唐西州高昌縣授田簿（二）》（3-129）有"李
鼠"，大谷3030兵役關係文書（《大谷》二圖版五一）有"李阿

[1] 又請比較72TAM150：37《唐氾正家書》（3-30）："次千万問訊和師、曹主焦正
□□□□高正盡得平安以不？次問訊宋正合家大小盡得平［安］□□□□內悉平安，次
連貞千万再拜阿叔、阿□□□□姊安］告子阿父、阿安居現極得平安以不？""阿父"
也應該是"阿父師"或"父師"之省。

鼠", 72TAM171：19（a）, 9（a）, 8（a）, 11（a）《高昌延壽十四年（637）兵部差人往青陽門等處上現文書》（2-74）有"張鼠兒""白［阿］鼠", 72TAM189：66《唐令狐建行等率皮名籍》（4-115）有"康鼠子""貟鼠呐", 大谷2366《西州高昌縣佃人文書》（《大谷》一圖版七九）："康鼠子貳畝, 佃人康令子, 西。"大谷2886《西州高昌縣退田文書》（《大谷》一圖版六四）有"康鼠子", 大谷3028《唐垂拱三年（687）西州前庭府賈文聰團諸色人等名籍謄錄稿三》（《大谷》二, 圖版五〇）有"安鼠子", 大谷4045《名籍》（《大谷》二圖版三九）有"祝鼠子", 60TAM326：01/7,01/8《高昌□污子從麴鼠兒邊夏田、鼠兒從污子邊舉粟合券》（2-251）有"鼠兒", 72TAM171：19（a）, 9（a）, 8（a）, 11（a）《高昌延壽十四年（637）兵部差人往青陽門等處上現文書》（2-74）有"張鼠兒", 黃文弼掘《高昌延昌十三年（573）王鼠奴墓表》（侯、吳125）有"王鼠奴", 60TAM330：14/1-1（a）《唐梁安相等名籍（二）》（3-234）有"張鼠仁", 64TAM5：40《唐李賀子上阿郎、阿婆書一（一）》（3-201）有"鼠仁", 64TAM5：79《唐李賀子上阿郎、阿婆書四（一）》（3-205）有"鼠［兒］", 大谷4044《西州高昌縣佃人文書》（《大谷》二圖版四六）有"楊鼠々", 黃文弼掘《高昌延昌十三年（573）王鼠奴墓表》（侯、吳125）有"王鼠奴", 64TAM4：41《唐總章三年（670）張善憙舉錢契》（3-223）有"鼠奴"。

　　【苟子】【阿苟仁】【苟仁】【苟奴】69TAM142：4《高昌高寧馬帳（二）》（1-409）有"陰苟子", 大谷1305《西州某縣官田租穀簿》（《大谷》一圖版九二）有"高苟子", 64TAM35：41（a）-2《唐西州高昌縣諸鄉百姓配役官司名籍》（3-490）有"肯（骨？）苟子"；72TAM209：85/11（b）, 85/12（b）《唐王君子等配役名籍》（3-326）有"安苟子"；66TAM61：16（a）《唐憙安等匠人名籍（一）》（3-240）有"李阿苟仁", 寧樂二號《唐蒲昌府承帳、隨番、不役、停番等名簿》（93）① 有"宋苟仁"；72TAM189：66《唐

____
① "93"表明此件文書圖版見陳國燦《日本寧樂美術館藏吐魯番出土文書》, 文物出版社, 1997, 第93頁。

令狐建行等率皮名籍》（4-115）有"苟子""石苟奴"，73TAM224：080/1（a）《唐西州蒲昌縣户曹牒爲催徵逋懸事（二）》（4-389）有"田苟仁"，68TJ1：3（b）《唐永明等殘名籍》（4-599）有"磨鼠""衛苟仁"，64TAM27：39（a）《唐開元四年（716）西州高昌縣安西鄉安樂里籍》（4-147）有"安苟仁"，大谷2360《西州高昌縣户主別田籍文書》（《大谷》一圖版九一）有"白苟輩"。

在吐魯番文獻中，類似的例子很多，我們在李方、王素編《吐魯番出土文書人名地名索引》（文物出版社，1996）的基礎上，對唐長孺主編圖録本《吐魯番出土文書》進行了窮盡式統計，發現有以下姓名形成有趣的對稱（N表示名詞）：

1. N–N兒 –N奴 –N子 –NN
胡兒 - 胡奴 - 胡子 - 胡胡 - 趙醜胡

2. N–N兒 –N子 –N仁
張海兒 - 張海子 - 張海仁；謙子 - 謙兒 - 謙仁

3. N–N仁
尊 - 尊仁

4. N–N兒 –N奴 –N子 – 阿N
六子 - 龍頭子 - 郭阿頭六 - 趙阿頭六 - 王頭六子 - 王頭六兒 - 李頭六子 - 頭六子 - 頭子 - 張頭六兒 - 張頭子[①]

5. N兒 –N奴 –N子
張夆子 - 張容（令）奴 - 竺夆兒

6. N子 –N兒 –N仁
祐子 - 祐兒 - 田祐兒 - 白祐仁

7. N仁 –N奴 –N兒
張憙仁 - 張憙奴 - 張憙兒

8. N子 –N兒 –NN– 阿N–N仁 – 阿N仁
張苟子 - 張苟兒 - 尃苟苟 - 阿苟 - 竹苟仁 - 嚴苟仁 - 李阿苟仁

9. N–N子 –NN–N奴 – 阿N–N仁
塠 - 張塠子 - 張塠塠 - 張塠奴 - 令狐洛塠 - 福塠 - 田塠塠 - 竺

---

① 尚不知"張禿子"之"禿子"是否與"頭六子"有關。

阿堆 - 支塠仁 - 范緒塠 - 范塠子

10. N–N 子 –NN–N 奴 – 阿 N–N 仁 –N 兒 –N 塠

嘿 - 嘿子 - 張嘿子 - 翟默仁 - 成默仁 - 侯默仁 - 何嘿仁 - 田默
默 - 田嘿嘿 - 傅嘿嘿 - 白黑默 - 白默子 - 白嘿子 - 范默奴 - 呂嘿兒 -
王嘿塠

11. N 子 –N 奴

翟杞（祀？）子 - 蘇祀奴

12. 子 – 子兒

子 - 子兒

13. 阿 N–N 奴

馮阿禪 - 禪奴

14. 奴 – 奴奴 – 阿奴 – 奴子

解奴 - 侯阿奴 - 和尾奴 - 魏顯奴 - 白奴 - 白買奴 - 李奴 - 安師
奴 - 安未奴 - 曹師奴 - 趙桑奴 - 史石奴 - 虵奴 - 范小奴 - 范青奴 -
范婆奴 - 靳嗔奴 - 索富奴 - 禪奴 - 馮德奴 - 牛佛奴 - 佛奴 - 寶惡奴 -
馮惡奴 - 范惡奴 - 宋尾奴 - 竹知奴 - 姜頭奴 - 令奴 - 陰安奴 - 桑奴 -
劉奴奴 - 隗頭六奴 - 尾奴 - 周石奴 - 宋奴子

15. N–NN–N 子 –N 仁 –N 奴 –N 塠

禿 - 禿子 - 禿禿 - 禿仁 - 何禿子 - 何禿奴 - 孫禿子 - 嚴禿子 -
曹禿子 - 車禿子 - 獨孤禿子 - 胥禿子 - 竹禿子 - 安禿子 - 白禿子 -
李禿子 - 田禿塠 - 馬禿子

16. N–N 奴 –N 子 –N 兒

師子 - 師苟 - 師奴 - 師兒

17. N 仁 –N 得 –N 兒

豊仁 - 豊得 - 豊兒

18. N 兒 –N 子

犢兒 - 牛犢子；虎兒 - 虎子；白保兒 - 白保子；養兒 - 養子；
李忠兒 - 李忠子；張祐兒 - 張祐子

19. N 兒 –N 仁 –N 仁子 –N 子

牛客兒 - 毛客仁子 - 白客兒 - 牛客仁 - 闞客子

20. NN–N 仁 –N 子

白海海 - 魏海仁 - 史海子

21. N 子 –N 仁

和仲子 - 和仲仁；安荀子 - 安荀仁；骃子 - 骃仁；麴子 - 麴仁

22. N 兒 –N 仁

秋兒 - 秋仁 - 史荀仁 - 楊仁 - 敬仁 - 董豬仁 - 范顯仁；高住仁 - 高住兒

23. N 子 –NN–N 兒 – 阿 N

裝子 - 裝裝 - 裝兒 - 田阿裝 - 劉阿裝

24. N 子 –N 奴

僧子 - 僧奴 - 竹僧奴；趙盲子 - 索盲奴

25. 奴子 – 奴奴

趙奴子 - 趙奴奴

26. N–NN–N 兒 –N 仁

安海 - 海海 - 安海兒 - 鄭海兒 - 鄭海仁 - 吳海兒 - 吳海仁

27. N 兒 –N 子 –N 仁 –N 堆 –NN– 阿 N

馮隆兒 - 和隆子 - 解隆子 - 白隆仁 - 翟隆子 - 隆子 - 令狐隆仁 - 闞隆堆 - 闞隆隆 - 劉隆隆 - 吕阿隆 - 易隆仁

28. 阿 N 子 –N 子 –N 兒 –N 仁

衛阿武子 - 索武子 - 氾武兒 - 宋武仁

29. N 奴 – 阿 N 兒

索善奴 - 解阿善兒

30. N 仁 –NN

魏猫仁 - 猫猫

31. 奴 – 奴子 – 奴奴

奴 - 奴子 - 胡奴子 - 奴奴

32. N 仁 –N 奴 –N 人

趙惡仁 - 趙惡奴 - 趙惡人

33. N–N 奴 –N 子

曹胡醜 - 馬伯醜 - 索始醜 - 李醜驢 - 魏醜奴 - 曹醜子（陰醜子）- 李醜奴 - 石醜奴

34. N 兒 –N 子 – 阿 N 兒 – 阿 N 仁 – 阿 N 兒

曹歡兒 - 歡兒 - 歡子 - 阿歡 - 阿歡兒 - 范歡兒 - 陰歡子 - 胜歡子 - 趙阿歡仁 - 趙阿歡兒

35. 阿 N–N 子 – 阿 N 仁 – 阿 N 兒

侯阿伯 - 張伯子 - 史伯子 - 史阿伯仁 - 田阿伯兒

36. 阿 N 奴 –N 奴 –N 子

阿婆奴 - 婆奴 - 婆子

37. 阿 N– 阿 N 兒

阿奴 - 阿奴兒

38. N 子 –N 奴

男子 - 男奴

39. N–NN–N 子

田禿塠 - 周塠 - 周塠塠 - 畦塠 - 胜塠子

40. 阿 V–V 奴 –V 子 –V 兒

索阿買 - 白買奴 - 曹買奴 - 買子 - 買兒

41. N 子 –NN

念子 - 念念；居子 - 居居；豆子 - 趙豆豆；相子 - 相相 - 闞相相；楊苟子 - 胡苟子 - 楊苟苟；曹保々 - 曹寶々 - 馮保保 - 嚴保子

42. N–N 仁 –N 兒

鼠 - 鼠仁 - 鼠兒

43. 兒 – 兒兒

兒 - 兒兒

44. N 仁 –N 奴

思仁 - 思奴

45. 阿 N–NN– 阿 N–N 子

宋阿鼠 - 氾鼠鼠 - 湯阿鼠 - 侯鼠子

46. N–N 子 –NN– 阿 N 子 –N 奴

左素胡 - 索胡 - 員胡 - 阿弥胡 - 胡子 - 賀胡子 - 大胡 - 白胡仁 - 翟胡胡 - 姬胡胡 - 尊驢胡 - 楊阿胡子 - 陰胡奴（吳胡奴）- 令狐資弥胡 - 養胡 - 屠兒胡 - 周小胡 - 劉胡奴 - 左養胡 - 馮資胡 - 侯胡胡

47. V–V 子

悦 - 悦子 - 范悦子 - 麴悦子 - 李悦得子

48. N 仁 –NN

憧仁 - 憧憧

49. N–N 兒

氾延虎 - 氾虎兒 - 氾武兒

50. NN–N 兒

麴僧僧 - 麴僧兒

51. 奴 – 奴奴

宣奴奴 - 夻奴

52. N–N 子

大娘 - 左娘子；董醜娘 - 娘子 - 封大娘子；趙醜禿 - 趙禿子；竺沙弥 - 陰沙弥子 - 令狐沙弥子；何刀胡迦 - 迦子 - 鄭伽子；駬 - 駬子

53. A 兒 –A 奴

憙兒 - 憙奴

54. 仁 – 仁子

衛苟仁 - 安仁子 - 安兒

55. N 仁 –N 兒

客仁 - 客兒

56. N– 阿 N

李鼠 - 李阿鼠

57. 奴 – 奴子

權僧奴 - 權奴子 - 楊奴子

58. N–NN– 阿 N–N 兒 – 阿 N 子 –N 子 –N 兒

侯尾相 - 匡相相 - 匡阿相 - 令狐相兒 - 令狐相□ - 令狐歡相 - 馮阿相子 - 白相子 - 謙相兒

59. N–NN–N 子 –N 兒 –N 仁

黑石 - 穆石石 - 趙石子 - 曹石子 - 范石兒 - 吳石仁

60. N 子 –NN

匡頭六子 - 趙頭六六 - 曹六六 - 白六六 - 員頭六子

61. N–NN–N 子 –N 仁

骨苟子 - 陰苟子 - 左苟仁 - 祝苟子（韓苟子）- 安岑苟 - 白苟 - 穆苟苟

62. N–N 仁

魏雙尾 - 白尾仁

63. N– 阿 N

白赤鼠 - 白阿鼠 - 白鼠 - 白鼠失

64. N 子 –N 兒

魏住子 - 和住兒；曹佛兒 - 索佛子

65. NN–N 兒

尾尾 - 尾兒

66. 阿 N– 阿 N 兒

阿斌 - 趙阿斌兒

67. A– 阿 A–A 子 –A 兒

解始臭 - 遮臭 - 馮糟臭 - 靳阿臭 - 陳臭子 - 鄯臭兒

68. N–N 奴

氾佛圖 - 田浮圖奴；孤易 - 白孤易奴

69. A–AA–A 仁

范多子 - 索多多 - 田多仁

70. V–V 兒

周養兒 - 范養兒 - 蘇養兒 - 范養伯 - 馬養保 - 馬養佑 - 馬養兒 - 養苟

71. N–N 兒 – 阿 N–N 子

竺相伯 - 令狐相伯 - 令狐伯兒 - 陰伯 - 劉隆伯 - 范阿伯 - 李海伯 - 氾阿伯 - 竺伯子

72. N–N 子 –N 奴 – 老 N– 阿 N 子

陰師 - 陰師子 - 阿師子 - 員師奴 - 田老師 - 師子 - 范阿師子 - 阿師奴 - 陰安師

73. N– 阿 N– 阿 N 子

氾父師 - 侯阿父師 - 田阿父師 - 劉阿父師 - 陽阿父師子 - 姜阿父師 - 竹父師 - 何父師 - 王父師 - 馮阿父師

74. N–N 兒 –N 子

麥 - 麥兒 - 麥子

75. 子 – 子仁 – 子儿

婆子 - 张子仁 - 子儿 [①]

第三節　吐魯番出土文獻特殊語氣詞 [②]
——以表謙敬語氣的句首詞 "但" 爲研究對象

　　"但" 是中古時期非常特殊的一個句首語氣詞，語言文字學界、敦煌吐魯番學界的前賢時彦對之進行了力所能及的探索，但直到目前，"但" 的功能和意義依然没有得到圓滿的詮釋。《中國語文》2015 年第 2 期第 141~149 頁發表了朱懷先生的文章《"但" 的語法功能演變及産生機制》，筆者讀後頗受啓發，但限於主客觀條件，朱先生未能就此問題展開和深究，尤其是未能充分利用吐魯番出土文獻，且該文在語料的利用和探源上尚存一些問題，故有補苴的必要。

　　首先是表謙敬語氣的 "但" 的語料問題，朱先生認爲 "這種用法祇在敦煌變文中出現"（第 147 頁），其實不然，正如趙元任先生所言："説有易，説無難。" 我們在吐魯番出土文書中發現了很多相關的語例，且時代更早 [③]，種類更多，而且主要是用在行政文書和法制文書、書信文書中，起始時間是在唐高宗龍朔二年（662），吐魯番文書可以大大豐富我們對 "但" 表謙敬用法的具體認識，以下是我們的調查結果。

---

① 72TAM154：20, 22, 27, 28《高昌西南坊作人名籍一》（1-364）有 "作人子兒"，"子兒" 乃人名。

② 在本节寫作過程中，《中國語文》編輯部和匿名審稿專家對初稿提出了大量寶貴而精到的修改意見，謹致誠摯的謝意。

③ 杜朝暉指出："吐魯番文書是東晋到盛唐時期（367~778）的文獻，敦煌社會經濟文書主要是晚唐五代時期的文獻，在時間上兩者正好接續。"（杜朝暉《從敦煌吐魯番文書看漢語音譯外來詞的漢化歷程》，《敦煌研究》2007 年第 3 期，第 102~106 頁。引文見第 102 頁）敦煌變文也不例外。我們完全可以將兩者合觀以考察表謙敬的句首詞 "但" 的發展演變史。

　　"但"首先用在行政文書中，當下級被上級問及時，下級在答覆語的起首處常常用該詞以表謙敬。我們注意到"但"這種用法最早是加在"部落"名前，最早文獻是唐龍朔二、三年（662、663）的吐魯番文書，其例如下。

　　（1）前件部落□□□□　□□□□百姓今見何在，今欲□□□　□□□□所願不者。謹審：但前件［部］□□□　□□□□［後］打投此部落居住。（2006TZJ1：124+2006TZJ1：103《唐龍朔二、三年西州都督府案卷爲安稽哥邏禄部落事（四）》。榮、李、孟 322）

　　在吐魯番文書中，"謹審"是典型的行政文書和法制文書、書信文書用語，"謹審"之"謹"，是下對上、幼對長的敬詞，"審"即"明白、清楚、詳實、周密地回答"，"謹審"以下的內容是下級對上級提出的問題給予回答，或者是被告、原告、證人對審判官提出的問題給予供辯，或晚輩對長輩（卑對尊）在來信中的關切詢問給予回復[①]，言辭非常謙敬，非常重要的是，上引吐魯番文書中"謹審"後的第一個詞就是"但"，放在"前件部落"之前，表謙敬無疑。

　　最遲在唐麟德二年（665），"但"就開始加在人名上表示謙敬了，以下是我們對吐魯番文書的調查結果（共計 4 例）。

　　（2）張玄逸年卅二。玄逸辯。被問在家所失［之］［物］□□□　□告麴運貞家奴婢盜將□□□推窮元盜不得，仰答。答所□□□。謹審：但玄逸當失物已見縱［迹］，運貞家出，即言運貞家奴婢盜。當時亦不知盜人。望請給公□，更自訪覓。被問依實謹辯。式，麟德二年□□□玄逸失□□□（66TAM61：22a《唐麟德二年張玄逸辯辭爲失盜事》。3-238）

　　（3）知是辯：問陌牆入盜張逸之物，今見安□□□仰答所由者。謹審：但知是長患，比鄰具□□□□陌牆盜物，所注知是盜，此是虛注。被問依□□□式。麟德二年五月日，更問，式示。（66TAM61：24a《唐麟德二年知是辯辯辭爲張玄逸失盜事》。3-239）

（4）春香等辯，被問所盜張逸［之］物夜□更共何人同盜，其物今見□□□荅□。□□□審：但春香等身是突厥，及今因□□□更老患，當夜并在家宿，實□□□。依實謹辯。麟德二年月日譯語人翟浮知□□。（66TAM61：23a、27/1a、27/2a《唐麟德二年婢春香辯辭爲張玄逸失盜事》。3-239）

（5）畦海員年卅五Ｅ（引者按，畫指符號），海員辯：被問賃牛兩頭与麴運貞踐麥，是何日賃与，□□得多少價數者。謹審：但海員不是賃牛与麴運貞□□□〔日〕已時許，麴運貞家内有一婢來，不得名，到海員□□□曹主遣賃你（？）兩三箇牛來，用踐麥。海員□□□□□□賃與，實借牛兩頭与運貞踐麥是實。被問［依］□□〔辯〕。式□□□麟德二年五月日。奴有宿［處］，證見并［檢］，既不是□。（66TAM61：20a《唐麟德二年畦海員辯辭》。3-237）

武周以後，“但”用在句首表示謙敬的例子就越來越多了，截至唐代宗廣德三年，我們從吐魯番出土文書統計到21條語例，以下是我們的調查結果。

（6）□□□任已來，於南□□□公逃死户絕，□□□折（析），分明審答。□□□審：但君海補渠□□□［高］楨在南平種□□□北并是職田，其還□□不種。必其不委，［求］［受］。（73TAM214：2a《武周君海辯辭爲高禎南平職田事》。3-161）

（7）其人等不是壓良、誃誘、寒盜等色以不？仰答者。謹審：但那你等保知不是壓良等色，若後不依今欵，求受依法罪。（64TAM29：107《唐垂拱元年康義羅施等請過所案卷三》。3-348）

（8）［垂］拱元年四月 日，譯翟那你潘，連亨白，十九日□□□義羅施年卅□□□鉢年六十□□□［拂］延年卅色多年卅五。□□□被問所請過所，有何來文，仰答者。謹審：但羅施等并從西來，欲向東興易，爲在西無人遮得，更不請公文，請乞責保。被問依實謹□。亨月日。（64TAM29：17a，95a《唐垂拱元年康義羅施等請過所案卷一》。3-346）

（9）阿了辯：被問“得上件人等傜稱，［請］□□□家口入京，其人等不是壓良□□□冒名假代等色以不”者？謹審：但了□□□

不是壓良假代等色，若後［不］□求受依法罪，被問依實謹□。
垂拱元年四月日連亨□。（64TAM29：24《唐垂拱元年康義羅施
等請過所案卷四》。3-349、350）

　　此外，還有"但申相"（72TAM230：69《武周天授二年李
申相辯辭》。4-73）、"但進感"（72TAM230：75,76《武周天授二
年康進感辯辭》。4-74）、"但住君"（75TAM239：9/7a《唐景龍
三年十二月至景龍四年（710）正月西州高昌縣處分田畝案卷》。
3-559）、"但小"（此處的"小"是某個人名的一部分，因後面
的字殘泐，無法録出。見於72TAM188：74a《唐被問領馬牒》。
4-27）、"但延歡"（2004TBM113：6-2《唐辯辭爲蓯蓉承使官馬
皮事》。榮、李、孟64）、"但元璋"（65TAM341：78《唐辯辭
爲阿刀婦人博換事》。榮、李、孟55）、"但益謙"（73TAM509：
8/4-1a8/4-1b《唐開元二十一年唐益謙、薛光泚、康大之請給過
所案卷》。4-268）、"但懷福"（73TAM509：8/8a之四《唐開元
二十一年西州都督府案卷爲勘給過所事》。4-284）、"但染勿"
（73TAM509：8/9a之一《唐開元二十一年染勿等保石染典往伊
州市易辯辭》。4-277）、"但奉仙"（73TAM509：8/14a之四《唐
開元二十一年西州都督府案卷爲勘給過所事》。4-290）、"但化
明"（73TAM509：8/21a之一《唐開元二十一年西州都督府案卷
爲勘給過所事》。4-291）①、"但小德"（65TAM341：30/1a《唐小
德辯辭爲被蕃捉去逃回事》。4-62）、"但德祀"（66TAM43：3/2a
《唐德祀辯辭》。4-359）、"但失芬"（共出現3次，1次出現在

---

① 學界早就注意到控辯方語言裏"但"的這一特殊用法。吳震指出："王奉仙、蔣化明
辯辭的問頭前，各加'某某辯'三字，以下接寫問頭。其餘則徑以'問'字開頭，問
頭之末往往書'仰答者，謹審'。以下書一'但'字，'但'下即爲答辯之辭。這種形
式與敦煌變文中所見一致。'但'字在這裏似無實際意義，僅表示問頭與辯辭之間的
分隔。即以上爲問頭，以下爲辯辭。其所以書'但'字，也許因爲這個字既可作爲轉
折詞使用，又兼有'空'的含義。若空格不寫字，則恐有妄增。"（《吳震敦煌吐魯
番文書研究論集》，上海古籍出版社，2009，第314~315頁）蔣禮鴻先生認爲"但"
即"誕"，古發語詞（蔣禮鴻《敦煌變文字義通釋》，上海古籍出版社，1988，第
541~543頁）；董志翹、蔡鏡浩先生認爲是"語氣助詞，作句首的發語詞，可用於整
個發言的開頭"（董志翹、蔡鏡浩《中古虛詞語法例釋》，吉林教育出版社，1994，第
95~96頁）。

73TAM509：8/1、2《唐寶應元年六月高昌縣勘問康失芬行車傷人事案卷》殘卷。4-331；兩次出現在 73TAM509：8/1a 之四《唐寶應元年六月康失芬行車傷人案卷》。4-332)、"但義全"（仁井田陞著，池田温編集《唐令拾遺補·户令》載《吐魯番發見唐廣德三年二月交河縣連保請舉常平倉粟牒》)[1]。以上諸例中的"但"和後面的名詞結合，全在句首，表示謙敬。

　　以上是表謙敬的"但"用在吐魯番出土行政文書和法制文書中的例子，用在吐魯番書信文書中的例子有（1 例）：

　　（10）□□□師√都，李師上坐□□□道出家娘娘尊體如何？但什□□□　□□□昨往交河□〔娘〕〔娘〕□□□厥奴婢，州下□急括，今作計□□□可須來取。（72TAM184：9b，11b《唐上娘娘書》。4-133）

　　"娘娘"即主母、女主人，所以《上娘娘書》就是寫給尊者的信，寫信人自然非常謙敬，在自己的名字"什"前加上了一個"但"。

　　"但"在吐魯番文書中表謙敬的這種用法，可以與敦煌文書相比較。在敦煌變文伯 2653《燕子賦》中，當作爲長官的鳳凰要求被告雀兒"有何别理，以自明白。仰答"時[2]，雀兒抓住機會，逐一回答申述，他的回答申述語的開首詞即是"但"："但雀兒祇緣腦子避難，蹔時留〔連〕燕舍。"又請比較伯 2653《燕子賦》："雀兒被額，更害氣噴，把得問頭，特地更悶。'問：燕子造舍，擬自存活，何得麤豪，輒敢强奪？仰答？''但雀兒兒名腦子，交被老烏趁急，走不擇險，逢孔即入，暫投燕舍，免被拘執。實緣避難，事有急疾，亦非强奪，願王體悉。'"再請比較伯 2653《燕子賦》："但雀兒去貞觀十九年，大將軍征討遼東，雀兒〔投募〕充傔。當時配入先鋒，身不〔騎馬〕，手不彎弓，口衔艾火，送着上風。高麗遂滅，因此立功。一例蒙上柱國，見有勳告數通。必其欲得磨勘，請檢《山海經》中。"敦煌變文《燕子賦》實際上

---

① 〔日〕仁井田陞著，池田温編集《唐令拾遺補·户令》，東京大學出版會，1997，第525 頁。

② 録文參考黄征、張涌泉《敦煌變文校注》，中華書局，1997，第 376~379 頁。全文同。

“把大量唐代制度揉滲進去了”①,所以反映的往往是唐代的真實狀況，是研究唐代法制史和漢語史的寶貴語料，其對“但”的用法是唐代漢語的真實反映。又請比較斯 2073《廬山遠公話》:“善慶曰:‘若夫佛法，盡總歸依，輕塵［足］嶽，墜露添流。依（挹）［之］莫惻其源，遵之罕窮其濟。但賤奴今問法師，似螢光競日，蟷螂巨轍。自知鴻鳥，敢登於鳳臺。雷音之下，有鼓難鳴。碧玉之前，那逞寸鐵。祇如佛性，遍滿有情。再問我佛如來，以何爲體？’道安答曰:‘善慶近前，莫致謙詞。我佛以慈悲爲體。’”②最後一件文書很有意思，前文言善慶對道安説“但賤奴今問法師”，後文言道安對善慶説“莫致謙詞”，可見“但”表謙敬是没有問題的。

　　類似的情形在斯 2073《廬山遠公話》中還有，值得深入分析之，請看其語例:“惠遠曰:‘但弟子東西不辯，南北豈知，祇有去心，未知去處。’”又同件文書:“遠公曰:‘但貧道從鴈門而來，時投此山，住持修道。’”又同件文書:“遠公曰:‘但貧道若得一寺舍伽藍住持，已（以）免風霜，便是貧道所願也。’”又同件文書:“於是遠公直至相公面前，啓相公曰:‘但賤奴伏事相公日淺，未施汗馬之功，輒入寺中，有亂於法會。蒙相公慈造，未施罪愆，今對衆前，請科痛杖。’”③又斯 2144《韓擒虎話本》:“啓言聖人:但臣妾一遍梳裝，須飲此酒一盞。”從以上所舉敦煌文獻諸例可知:“但”放在“弟子”“貧道”“賤奴”“臣妾”之前，“但”後所跟的大部分是與説話人有關的謙稱名詞或用作謙稱的名詞，這些詞貌似普通名詞，實際有的是專用的謙稱，相當於單數第一人稱，如“貧道”，有的是關係名詞，在對話中也是用作自我謙稱，一般

---

① 朱雷:《朱雷敦煌吐魯番文書論叢》，上海古籍出版社，2012，第 388 頁。
② 録文參考黄征、張涌泉《敦煌變文校注》，中華書局，1997，第 252~269 頁。又參考項楚《敦煌變文選注》(增訂本)，中華書局，2006，第 1932~1933 頁。又請比較同文:“善慶啓相公曰:‘俗彦（諺）有語云:入山不避狼虎者，是樵父之勇也;入水不避蛟龍者，是魚（漁）父之勇也。但賤奴若得道安論義，如渴得漿，如寒得火，請相公高枕無憂。”
③ 録文參考黄征、張涌泉《敦煌變文校注》，中華書局，1997，第 252~269 頁;項楚《敦煌變文選注》(增訂本)，中華書局，2006，第 1942~1943 頁。

也是單數的，如"弟子"。①

"但"還可以放在表示自稱的"某"或"某乙"之前表示謙敬，請比較以下語例：

（11）請乞從兄男紹繼辭：縣司：治（？）但某維緣□□今□〔不〕□□□年過耳順，今既孤□□□獨，扶養無人，求侍他邊，仍生進退。今有從兄男甲乙，性行淳和，為人慈孝，以狀望（諮）陳，請乞紹繼，孤貧得濟，謹辭。判聽紹繼事。其□紹繼，為無□□□獨一身□少〔材?〕□□內無供給，恒逢□□□若遇災年（？），□□□日即□□□□謗。漢帝尊〔聖〕，□□□〔關〕山之日□□□右耆老當今〔繼〕取□□□□無□□□任取從兄男為嗣。縣司：厶但某月厶日□□□子等具顯如前，仍慮在外得□□□〔遇?〕，辭窮□□□類及以狀具陳□□□□走。判為。（60TAM325：14/2-1b，14/2-2b，14/3-1b，14/3-2b《唐書牘判牒範本》。3-106）

上引此件文書頗有意思，先說"但某"，然後是"厶（某）但"②，後者可能是一種臨時用法，或是書寫不規範的體現。

這種用法在敦煌變文中也可以見到。在斯2144《韓擒虎話本》中，我們發現"但某乙""但某"與"但僉虎"先後出現，說明"但"出現在人名（僉虎）前和出現在自稱（某、某乙）前的功能是完全一樣的，請看其語例："諸將啓言將軍：'但某乙即知用命，不會兵書，將軍若何?'僉（擒）虎聞語，'但某雖自年幼，也覽亡父兵書。若逢引龍出水陣，須排五虎擬山陣。'"然後出現了"但僉虎"："思量言訖，遂乃前來啓言將軍：'但僉虎三杖在身，跪拜不得，乞將軍不怪。'……（中略）僉虎聞語，心生不分：'啓言將軍，但某乙面辭隋文皇帝之日，克收金璘，一事未成，回去須得三般之物進上隋文皇帝，即便却回。'蠻奴聞語：'弟一要何物?'僉虎答曰：'某乙弟一要陳家地理山河、人戶數目，即便却回。'"同件文書又有"但僉虎雖在幼年，也曾博攬

---

① 此段論述乃《中國語文》匿名審稿專家賜告，謹致謝忱。

② 趙翼《陔餘叢考》卷二二"厶字"："《天禄識餘》云：今人書某為厶，皆以為俗從簡便，其實即古某字也。《穀梁》桓公二年：蔡侯、鄭伯會於鄧。范注云：鄧厶地。陸德明《釋文》曰：不知其國，故云厶地，本又作某。"

（覽）亡父兵書。"又有"天使亦（一）見，仿便來救，啓言蕃王'王子此度且放，但某願請弓箭，射鵰供養單于。"又有："藩王亦見，一齊唱好。天使接世便赫：'但斆虎弓箭少會些些，隋文皇帝有一百二十指撝，射燕都盡總好手。'"更有意思的是，韓斆虎遇見陰間神將——五道將軍，對方自稱"某乙"，體現的是不卑不亢或者略帶自負，而韓斆虎自稱"但某乙"，體現的是謙敬，請看其語例："斆虎亦見，當時便問：'是公甚人？'神人答曰：'某乙緣是五道將軍。'……（中略）斆虎聞語，或遇五道大神：'但某乙請假三日，得之已府？'"

"但"在吐魯番出土文獻中也可以加在普通名詞（而不是專有人名）前，這個普通名詞代表的是按照問頭作答的人，最早的語例在武周天授二年，請比較：

（12）行旅之徒，亦應具悉。當城渠長，必是細諳，知塪勳官，灼然可委。問合城老人、城主、渠長、知田人等，主薄去季實種幾畝麥？建進所注虛實？連署狀通者。謹審：但合城老人等，去年主薄（簿）高楨元不於安昌種田，建進所注并是虛妄，如後不依。"（72TAM230：66《武周天授二年（691）安昌合城老人等牒爲勘問主簿職田虛實事》。4-75）

甚至用在表示事物的名詞前，請比較下例。

（13）□［壹］拾叁疋，問：今付上件練充馬壹疋［直］□□□得以不者。但前件練依□□□被問依實，謹牒。神龍三年二月　日和［湯］□□□附敬仁白。（72TAM188：71《唐神龍三年（707）和湯牒爲被問買馬事（一）》。4-31）

有時候，"但"後可以省略名詞。

（14）謹啓：阿公生存在日，所修功德應□□□但從去年染患已來，所作功德，具如右件。（64TAM29：44之一《唐咸亨三年（672）新婦爲阿公録在生功德疏》。3-334）

（15）諮。阿公生存在日功德，審思量記録，但［命］過已後，功德具件如前。（64TAM29：44之五《唐咸亨三年（672）新婦爲阿公録在生功德疏》。3-338）

我們注意到，直到初唐時期，在吐魯番法制文書中，當地位處於下端的控辯方在回答地位處於上端的審判官問話時，其語言句首都不用加"但"。

（16）奴俊延妻孫年卅三，孫辯：被問善憙所欵，破城之日，延陁身在柳中，因何前欵稱在大城者。謹審：破城之日，延陁實在柳中，前責問日，□□□往在大城，被問依實謹辯。（大谷2831、大谷1013《唐貞觀十七年六月西州奴俊延妻孫氏辯》）①

（17）幾定作更有到去〔之〕處，有何經求，并仰一々具辯，不容□□〔妄〕者。謹審：士貞當向田內去，部是黃昏時＿＿＿＿惣有四人同在一處。士貞、康寅生、奴相富、婢甘香等同在一處種粟到犁即□□□牛來□〔取〕粟并。一更向了，移向別種粟。亦無經求，全無去處，被問依實謹辯。永徽三年五月日。（73TAM221：62（a）- 2《唐永徽三年（652）士貞辯》。33-312）

也正是在貞觀年間，地位處於下端的控辯方在回答地位處於上端的審判方問話時，其語言句首加上了一個詞"其"，這一細節極其重要。

（18）既爲改更，物〔更〕□＿＿＿知此。此宜問＿＿＿＿節義坊正麴伯恭＿＿＿＿十八，恭。＿＿＿＿〔恭〕辯：被問來豐身〔患〕□＿＿＿，爲檢校，不申文牒，致＿＿＿＿理而死者，謹審：其〔來〕□＿＿＿四月內，因患致此，奉〔前〕＿＿＿＿趙儁處分。令於坊□＿＿＿〔置〕。即於何射門陁＿＿＿＿人至□＿＿＿即報□＿＿＿（67TAM91：29a、30a《唐貞觀十七年何射門陁案卷爲來豐患病致死事》。3-4）②

"其"的這一用法表謙敬，與我們在上面討論的"但"簡直完全一樣，中唐以後，作爲上級，在稱呼下級時，也在下級前面加上"其"，以表示對方比自己低一等級。

（19）武城鄉户張郍〔郍〕。右同。得狀稱：上件户今年稅錢，無知徵處者。依問□〔正〕張麴，得欵：上件户先寄住蒲昌，昨

---

① 〔日〕小田義久責任編集《大谷文書集成》第一卷，法藏館，1984，第103、3頁；圖版一〇六；〔日〕池田温《中國古代籍帳研究》（龔澤銑譯），中華書局，2007，第170頁。

② 請比較"其人"。73TAM509：8/21（a）之二《唐開元二十一年（733）西州都督府案卷爲勘給過所事》（4-292）："依撿案内上件蔣化明，得虞候狀，其人北庭子將郭琳作人，先使往伊州納和糴。"

去二月内，却還到州，即擬輸納税錢。其人到此，遂即疢患，久
違不納。請限三日内輸納。如有推延，阿麴請受重杖十下者。依
撿麴威下弟一限錢，前後納外，更欠一千三百文。於今違限不納
［者］，牒件撿如前，謹牒。四［月］日史［王］浚牒，宋抱蘇等
□蒲昌横管徵，仍勒麴威同到，其張郇郇下鄉依限徵送。諮□□
白。（72TAM187：194a《唐高昌縣史王浚牒爲徵納王羅雲等欠税
錢事》。4-207）

（20）右同前。得府牒：得□□□速報者。依檢上［件］□□□
蒲昌府件狀如前者□□□牒府知，其張進德等□□□州户曹仍牒府
知，其□□□下所由准式者。此已牒上州，□□□狀牒，牒至准
狀，故牒。（寧樂二七 3、二八（1）號《唐柳中縣牒爲勘維磨戍
兵戰死及埋殯事》。84、85）

（21）各牒所由，速即准狀。其張感行等替，依狀各牒下所
由，速即發遣訖報。其曹褘等既在州，火急白狀上州，請下所由
發遣。玉示，三日。"（寧樂二七 2、四號《唐開元二年六月三日蒲
昌府受州牒爲當月游弈官乘馬及各烽戍替番下所由事》。68、69）

類似的例子也見於敦煌文書中，請比較敦煌文書北 1426（玉
55）（甲一）《懺悔滅罪金光明經傳》："王即更散遣人分頭求覓，
巡問曹府，咸悉稱無。王即帖五道大神，撿化形案，少時，有一
主者把狀走來，其狀云：'依撿，某日得司善［牒］報，世人張居
道爲煞生故，願造《金光明經》四卷，依科，其所遭煞并合乘此
功德，隨業化形，牒至，准法處分者：其張居道怨家訴者，以某
日准司善牒，并判化從人道，生于世界，訖。'"[1]

所以我們認爲：最早在句首表示謙敬的詞可能是"其"，"其"
的這一用法從唐貞觀年間一直延續到武周時代，"其"的這類用例
在吐魯番出土文書中最多：

（22）乾封二年騰月十一日，左憧憙家内失銀錢伍伯文。盗
漤舍盗錢。其漤舍不得兄子錢，家里大小曹主及奴是等及鎧相有
人盗錢者，兄子好驗校分明嗉取。里鎧有人取者，放令漤舍知見。

---

[1] 竇懷永、張涌泉：《敦煌小説合集》，浙江文藝出版社，2010，第 308 頁。

其瀅舍好兄子邊受之往罪。瀅舍未服，語兄分明驗校，瀅舍心下得清净意。古若瀅舍不取之錢，家里曹主及大小奴婢及鎧人放瀅舍眼見，即於死者咸亨四年四月廿九日神遇已後，見多放仕，即須知錢之注，要須大小得死，瀅舍即知。（64TAM4：35a《唐瀅舍告死者左憧憙書爲左憧憙家失銀錢事》。3-229）

（23）唐進經州告事，計其不合東西，頻下縣追，縣司［狀］□□□□縱不在，家口應住安昌。別牒天山縣，仰准長官處分。即領送。其闕［武］□□□文帳，頻追不到，亦附牒縣□前速即追送。并辯□□□□"（72TAM230：58/1a-58/4a《武周天授二年追送唐建進家口等牒尾判》。4-71）

有時候"其"後面的名詞省略。

（24）實答，擬憑撿覆，不得虛矯者。謹審：其去秋種田，并是壹熟田。（大谷4908《周天授二年（691）康才智牒》）[1]

甚至有不加"其"現象，可見"其"的這一用法并不穩定。

（25）麟德二年十二月日，武城鄉牛定相辞：寧昌鄉樊董塠父死退田一畝，縣司：定相給得前件人口分部一畝。迳（經）今五年有餘，從喥地子，延引不還。請付寧昌鄉本里追身，勘當不還地子所由。謹辞。付坊追董塠過縣對當。果示。十九日。（69TAM134：9《唐麟德二年牛定相辭爲請勘不還地子事》。2-216）

（26）□賀吐辯：被問何因訟韓行大小奴，將向□［平］，仰答者。謹審：莫賀吐元不訟奴。□十月住□□□向縣禁（？）□□□□於南平城捉得，自上□□高守住共户曹□向南平，就康［莫］□家捉獲。請問曹主具知訟人，被問。（64TAM29：114，115《唐匡遮□奴莫賀吐辯辭》。3-355）

（27）幾□□□定作更有到去［之］處，有何經求，并仰一々具辯，不容□□［妄］者。謹審：士貞當向田内去，部是黃昏時□□□惣有四人同在一處。士貞、康寅生、奴相富、婢甘香等同在一處種粟到犁即□□□牛來□［取］粟并。一更向了，移向別種粟。亦無經求，全無去處，被問依實謹辯。永徽三年五月日。

---

① 〔日〕小田義久責任編集《大谷文書集成》第三卷，法藏館，2003，第62頁圖版八。

（73TAM221：62a-2《唐永徽三年士貞辯》。3-312）

　　再看以下這個例子：當文中第一次出現地位居下的辯方在回答地位居上的縣官的問話時，句首也沒有加"其"，但第二次出現辯方語言時，就有"其"了，這件文書最能説明"其"在當時可有可無（同時也爲確定這件文書的確切年代提供了寶貴線索）。

　　（28）[縣] 司：阿張先共孫男君子分田桃，[各] 自別佃。[昨] 共孫□君子 [平] 章，得今年地營種。其阿 [張] 男□替人安□□身無，却即奪前件地，[持][□□□][見] 有□□書，各執一本，限中可驗。謹＿＿＿＿請裁。[謹] □。□城追軍子過果。＿＿＿＿四日。（60TAM325：14/1-1,14/1-2《唐西州高昌縣武城鄉范慈□辭爲訴君子奪地營種事》。3-105）

　　"其"表謙敬的這一用法到後來越來越多，而且在書信文書中使用。

　　（29）其阿君 [伯][父] 在阿兄去後，[從] □□＿＿＿　＿＿＿發征去也。60TAM326：04/1a，04/2a《唐總章元年海塉與阿郎、阿婆家書》。2-253）

　　（30）其法惠到長安，□願阿伯、々母、姊、阿習□□更憂汝下寄崇福。其月拾叁日書，昔日法門前 [惠] 馬□今歲若朝。（73TAM193：37b，27b，30b，29b，1b 之三《武周法惠、思惠與阿伯、伯母等書稿》，4-238。武周新字已轉寫爲現代通行字）

　　（31）來日念念，不獲辭奉。夏中毒熱。伏惟十郎清吉。緣鐘草々，昨縣家令竹真楷□□終日共麴五啾唧。當城置城主四，城局兩人，坊正、[里][正][橫] 催等在城有卌餘人，十羊九牧，其竹楷所有申文狀，并不肯署名。（73TAM509：8/19《唐某人與十郎書牘》。4-336）

　　甚至在契約文書中，當弱勢的一方陳述自己責任和義務時，也在自己姓名前面加上"其"，以體現自己對對方的謙敬。

　　（32）其竹取 [田] 之日，得南頭佃種。租殊 [佰][役]，仰田主，渠破水謫，仰佃人。[其] 田要徑儀鳳□。（67TAM363：7/4《唐儀鳳年間（676-679）西州蒲昌縣竹住海佃田契》。3-570）

　　"其"爲什麼有這一新的用法呢？考"其"本是行政術語，常常用於開頭，引出相關人物或事件，特別是上級機關在稱呼下級機關名字時，或者稱呼下屬的名字時，常常在下級機關名字和下屬名字前面加上"其"作爲起首語，最早的語例出現在唐儀鳳三年（678）的吐魯番行政文書中。

（33）其安北都護府諸驛賜物，於靈州都督府給。單于大□護府諸驛賜物，於朔州［給］。并請准往例相知給付，不得□□□［安］北都護府□□□□［已］數於靈州□□□□［如］［其］不須，不得浪有請受。□訖，具申比部及金部，比部勾訖。開□□□□秦凉二府者，其絹并令練□□□□其州縣官人及親識并公□□□□并不得儻勾受雇爲□。（72TAM230：46/1a《唐儀鳳三年（678）尚書省户部支配諸州庸調及折造雜練色數處分事條啓（一）》。4-65、66）

（34）進止。至州□□□□十烽。々別二人，依定，并取□□□□□岸頭府令差府兵向磧石，四月一日。其闞感達申州解，曹司判訖。未出符。其□住爲緣補府史符在案典處，見患在柳中。君住遣人向柳中取符。（73TAM509：19/6a《武周君住牒爲岸頭府差府兵向磧石及補府史符事》。4-256）

在中國古代，由于"政""法"不分，行政文書術語逐漸延伸到法制領域，所以"其"也從行政領域走向法制領域，甚至在公元十世紀的法制文書（契約文書和訴狀）裏還可以依稀找到"其"的這種用法的殘存。"其"往往放在弱勢一方名字的前面。[①] 這在敦煌文書中也可以見到語例。

（35）庚子年三月一日，洪潤鄉百姓陰富晟爲家中乏少人力，遂雇同鄉百姓陰阿朵造作一年，從此玖月末，春衣一對，汗衫曼襘皮鞋一量。其廝兒白（自）雇後一任造作，不得抛（功）一日。
S.10564《庚子年三月一日洪潤鄉百姓陰富晟雇契抄》[②]

---

① 請比較斯2073《廬山遠公話》："若覓遠公，祗這賤奴便是。""祗這賤奴"似乎可以和"但賤奴"相比較。
② 圖版見中國社會科學院歷史研究所等編《英藏敦煌文獻》第十三卷，四川人民出版社，1995，第67頁上。這裏的"庚子年"，一般認爲是公元940年。參考竇懷永《敦煌寫本人名與斷代》，《敦煌研究》2007年第3期，第73~77頁。又請比較北劍98《乙亥年（915？）金銀匠翟信子等三人狀》："金銀匠翟信子曹灰灰吳神奴等三人狀：右信子等三人，去甲戌年緣無年糧種子，遂於都頭高康子面上寄取麥叁碩，（轉下頁）

　　所以，我們認爲，表謙敬的"但"，其前身是"其"①，到了唐高宗龍朔以後，表謙敬的"但"出現，逐步實現了對"其"的歷時替換。

（接上頁②）到當年秋斷作陸碩。其陸碩内填還納（？）壹碩貳斗。亥年斷作玖碩陸斗，于丙子年秋填還内柒碩陸斗。更餘殘兩碩，今年阿起大慈大悲，放其大赦，矜割舊年宿債，其他家乘兩碩，不肯矜放，今信子依理有屈，伏望阿郎仁慈，特賜公憑，裁下處分。其翟信子等三人，若是宿債，其兩碩矜放者。"

① "其"表謙敬的用法可能來源於表示指稱和羅列的用法（相當於"那"，所以吐魯番文書有時説"其人"）。另外，我們注意到：早在漢代，"但"就有了一種新用法：在名詞前面，表示衹、僅、唯獨，考《漢書》卷七八《蕭望之傳》："後上召堪、更生，曰繫獄。上大驚曰：'非但廷尉問邪？'"王淇《助字辨略》卷三："此'但'字猶'僅'也。……《魏志·劉廙傳》：'非但君當知臣，臣亦當知君。'非但，猶云非唯，非獨。"（清劉淇著，章錫琛校注《助字辨略》，中華書局，2004，第155頁）唐代依然有類似的用法，《禮記·奔喪》孔疏："以此言之，則此《奔喪禮》十七篇外，既謂之《逸》，何以下文鄭注又引《逸奔喪禮》，似此《奔喪禮》外，更有《逸禮》者？但此《奔喪禮》對十七篇爲《逸禮》，内録入於《記》，其不入於《記》者，又比此爲逸也。"（引文據清阮元校刻《十三經注疏》，中華書局，1987，第1653頁）也許"但"正是在這一意義上與"其"逐漸發生了聯繫。

第四章　吐魯番出土文獻標識符號研究

　　吐魯番出土文書絕大多數是寫本文獻，時代從晋至唐居多，其中有大量的標識符號，這些符號有的承自前代，有的是當時新創，它們與寫本文字一起，傳達着重要的信息，如果忽視或者誤讀它們，往往不得文書之真意，故不可不辨。

　　本章將吐魯番出土文書的標識符號分爲 7 類：畫指符號、核對符號、提示符號、填充符號、删除符號、倒乙符號、重文符號，并加以全面研究，同時對前賢時彦在識讀這些標識符號的過程中留下的一些值得商榷的地方提出我們的看法，以就教於海内外方家。

一　畫指符號

　　畫指符號是契約各方用手指節所畫符號，往往居於契尾，有的畫指符號位于契尾羅列的簽約各方姓名中間，有的居姓名之左，有的居右，有的位於姓名落款之後，往往用三畫或三點標明（在本书中用"E"統一標誌畫指符號）。由於人與人的手指節長短不一樣，所以畫指可以起到鑑别身份的作用（類似今天的指紋），這一標識符號在漢代即有，但大量使用還是在唐代。

　　契約各方有時候是全部畫指，有時候祇是一方畫指。誰畫指、誰不畫指，是很有講究的，如果是簽約强勢一方（契約文本最終持有者），往往不畫指。64TAM10：34《唐貞觀二十三年（649）傅阿歡夏田契》（2-207）："□□□□［年］八月廿六日，武城鄉傅阿歡□□□范酉隆邊夏孔進渠廿四年中常田貳畝。［即］交与夏價銀錢拾陸文，錢即日交相付了。□到廿四年春耕田時，傅、范邊不得田時，壹□讁銀錢叁文入傅。田中租殊伯伇，仰田主承了。
渠□□讁，仰傅自承了。兩和立卷，畫指爲信。田主：［范］酉隆
E，夏田□：［傅］阿歡，知見□：□□恩E，知見□□□□□”我們
注意到本契中“夏田人（租入田地的人）”傅阿歡沒有畫指，而
“田主”“知見人”等均有畫指，可見夏田人傅阿歡居於強勢地位，
他是有錢人，是錢主，是契約權力方，也是本契最終持有者，田
主反而是弱勢一方，可能因生活所迫或別的原因出租田地，是契
約責任方。而有意思的是，在64TAM10：35《唐傅阿歡夏田契》
（2-208）中，契約起草人在契尾將“夏田人”傅阿歡直接標明
“錢主”，照樣沒有畫指，同樣是強勢一方。

　　與“錢主”性質相近的還有“麥主”，往往也不畫指。“麥主”
即麥子的主人，“麥主”本指用麥子作爲租金租入田地之人，但在
吐魯番租佃契中并不如此簡單，“麥主”往往指青黃不接的季節裏
預付租金給土地擁有者——田主，後者往往生活窘迫，屬於弱勢
一方，前者往往是強勢一方，所以此類契約中，有時候不言“佃
田人”而言“麥主”，“麥主”含有雙關義：一是強調此人擁有麥
子，條件較好，是強勢的一方；二是此人租佃田地可能并不是真
正要親自耕種，而是另有用處，此人最終保存此件契約，所以無
需署名畫押。

　　最爲典型的一個例子是：73TAN506：4/33《唐乾元二年
（759）康奴子賣牛契》（4-549）：“駕車吅犍［牛］□□□年捌
歲。乾元元貳年正月十日。（引者按：此處空三字）交用錢叁阡
伍伯文，於康奴子邊買取前件牛。其錢及牛，即立契日各交相分
付。如立契已後，在路有人寒盜認識者，一仰牛主康奴子知，不
□□□□□。［恐］［人］［無］信，故立此契［爲］□。錢主。牛
主：［康］□子年五十二E，保人：妻康年卅八E，［保］［人］：
□忠感年卅E，□□：曹庭뭐年廿四E，［立］契人：高元定。”
此件文書存13行，正文沒有出現錢主的名字，準確説來，是在
本應出現錢主名字的位置故意空白，契尾本該署名的位置也不見
錢主的名字，也不畫指，説明錢主是強勢的一方。這種情形也見
於敦煌文獻，請比較伯4192背《未年（839？）張國清便麥契》：

"未年四月五日，張國清遂於（引者按：此處空三字）處便麥叁蕃
馱，其麥并限至秋八月末還。如不還，其麥請陪。仍掣奪，如中
間身不在，一仰保人代還。恐人無信，故立私契，兩共平章，書
指爲記。麥主。便麥人張國清年卅三（引者按：名字左邊三指節
印），保人羅抱玉年五十五（名字左邊三指節印），見人李勝，見
人高子豐，見人畫允振，報恩窖内分付，四月五日記。"在這件文
書中，正文租佃人的位置有意空白不填，契尾不落款"租佃人"，
而是"麥主"，没有署明姓名年齡，也没有畫指，説明此人是强勢
一方，是契約最終持有者，而田主、保人要登記姓名、年齡，還
要畫指。又請比較伯 2502 背《寅年（834 ？）思董薩部落百姓鉼
興逸便麥契（習字）》："寅年六月，思（悉）董薩部落百姓鉼興
逸爲無糧用，今於處便麥兩碩五斗，并漢斗。其麥并限至秋八月
内還足。如違限不還，一任掣奪家資雜物，用充麥直。如身東西
不在，一仰保人等代還。恐人無信，故立此契。兩共平章，書紙
爲記。"此件文書"今於處"，就是"從某某那裏"，麥主的名字根
本不在正文出現①。又請比較伯 2686《吐蕃巳年（837 ？）僧廣惠
幢便粟契》："亦於處便粟兩漢碩捌斗。"末尾没有"粟主"。上揭
伯 4192 背《吐蕃未年（839 ？）四月五日張國清便麥契》："張國
清遂於處，便麥叁蕃馱。"末尾署名有"麥主"二字。伯 3444P₁+
伯 3491P₂《吐蕃寅年（834 ？）絲棉百姓陰海清便麥粟契》："今於
處便麥肆碩。"末尾署有"麥主"二字，而無簽名、年齡、畫指。
伯 3444P《吐蕃寅年（834 ？）上部落百姓趙明明便豆契》："今於
處便豆兩碩捌斗。"末尾署有"豆主"二字，而無簽名、年齡、畫
指。中國歷史博物館藏《吐蕃丑年（821 ？）十二月廿八日百姓
曹先玉便小麥契》（草稿）："爲少糧用，今於便小麥貳碩。"末尾
僅僅署"麥主"，没有姓名年齡和畫指押署。大谷 3102《唐代某
人租佃契》（《大谷》二圖版六一）："（前缺）種田□□□不得田
[佃][者]□□□□□兩主言和，獲指爲驗。麥主。"這裏的

___
① 有時候，根本不提及强勢一方，請比較北京咸字五九背（七）《吐蕃丑年（821）二月
安國寺寺户請便麥牒》："闕乏種子年糧，今請便上件斛斗。"

"麥主"既不署名,也不畫指①,表面看來此人是用麥子向對方租佃田地,是"佃農",實際上是強勢一方,此人家境富裕,擁有存儲的麥子,在饑荒或春耕的季節用麥子提前支付田地租金,可能是雪中送炭,更可能是乘人之危,以較低價格租取田地以自用,或以租佃之名行借貸之實,或囤積土地以作牟利之用,而擁有田地的"田主"其實是弱勢一方,後者因生活所迫而出租田地。此處的"租田人",利用預付租價的方式剝削"田主",而"田主"是貧困或破産農民,租價的實質并不是地租,而有可能是高利貸,租價并不是租田人在他所租種的土地上勞動的産物,租價是租田人已有的剩餘勞動的積累,即財産。所以,租價預付除了表明租田人手頭擁有大量財産之外,還表明這類契約關係中他們并不是像佃農那樣以生産者的資格與地主相對立,而是以財産(糧食、布匹、錢)的所有者即"麥主""錢主"的資格,與"田主"相對立,他們并不是因爲没有土地而去租借土地,而是因爲"田主"手頭拮据,向他們告貸,於是以自己的土地一定年限的使用權作爲抵償,租價説到底就是一種高利貸。高利貸的出借以利息爲目的,同樣,在這裏租價的預付也是爲了取得利息,所以,在這類契約中,"田主"把一定數量土地的若干年使用權出讓,不僅是作爲對"租田人"所預付的租價本身的償還,而且包含着利息的償付。租田人反而被稱爲"錢主"或"麥主",正好説明他的經濟地位和社會地位更高②。同樣的例子如 2001SYMX1:3-3《唐垂拱三年(687)正月十九日酒泉城吕某從焦伏護邊租田契》(榮、李、孟365):"□[拱]叁年正月十九日酒泉城[吕]□□□粟拾酐,於同城人焦伏護邊□□□渠三年田貳畝,其田要迳(經)全□□□□如到夏子之日,不得田佃□□□一日粟壹罰貳入吕,田□□□仰田主,渠破水謫,仰佃人□□□契,獲指爲信。粟主□□□,田

---

① 又請比較斯1475背《吐蕃酉年(829?)三月一日下部落百姓曹茂晟便豆契》正文有"遂於僧海清處便豆壹碩捌斗",但契末僅僅署"豆主"二字。而斯1475背《吐蕃年次未詳四月十五日寺户嚴君便麥契》正在正文交代"於靈囷仏帳所便麥叁碩",末尾不署"麥主"。

② 又見大谷1036《借麥文書》(《大谷文書集成》一,圖版一〇一)。

主□□□。□□□□生 E □□□□仁 E □□□□［住］E。"此處的 "粟主" 二字之後殘缺，但根據本契前後文可知此人是強勢一方，很可能最多祇是登記姓名，不太可能畫指。

又請比較以下一件文書，65TAM42：92《唐杜定歡賃舍契》（3-145）："□□□□□□□□□具□□□。兩和立契，獲□爲信。舍主：郭海柱。賃舍人：杜定歡 E。保人：郭白々 E。知見人：周海願。知見人：寧歡保。"此件文書中，"舍主" 雖然登記了姓名，但不畫指，是相對強勢的一方，是契約最終持有者。類似的例子還有 65TAM40：28《唐杜定歡賃舍契》（3-298）："□□［元］年六月廿日，高昌縣崇化鄉人［杜］［定］［歡］從證聖寺三綱僧練伯邊賃取裏舍中上下房伍口，□□□［有］門壹具。其舍中并得□□□錢叁拾文。□□□［錢］拾［伍］□［到］二年二月卅日，与錢拾伍文。其舍□□□□年用坐，立契已後，不得悔，若□□□□錢肆拾文，入不悔人，兩和□□，畫指爲驗‖‖（引者按：填充符號，表示契約正文至此結束）舍主：僧；賃舍人：杜定歡；知見人：索寶悅。""舍主" 祇署 "僧"。

有時候，即使不署明 "錢主" 或 "麥主"，而祇署明 "租佃人"，但祇要不畫指，往往就意味着是強勢一方，比如 64TAM35：20《唐垂拱三年（687）西州高昌縣楊大智租田契》（3-493），在這件契約中，契尾祇標明 "租佃人楊"，既不署明全名，也無年齡記錄，還無畫指和簽名，是強勢一方，而田主和知見人均署全名，且有畫指，所以是弱勢一方。

但以下諸契中的租佃人有畫指，所以就屬於相對弱勢一方了。請比較 "佃地人"，見 73TAM506：04/11《唐鄧光□佃田契》（4-583），這件契約中的 "佃地人" 不僅署全名，而且署年齡，從殘泐符號看，甚至有畫指，反而是契尾第一行的 "□寺"，是出租田地的一方，由於無任何署名畫指，所以是強勢一方。[①]

---

① 僧寺往往佔有大量土地。他們通過高利貸方式完成土地兼并，所以有些租佃契實際上帶有借貸色彩，土地租入者是錢麥粟貸出者，而土地出租者是錢麥粟貸入者。從吐魯番出土的大量借貸契可以看出，如果貸款本利 "延引不還"，就任憑債主 "掣奪家資雜物口分田園"，或以 "口分常田折充錢直"，奪田抵債是土地兼（轉下頁）

　　如果契約雙方均畫指，則說明雙方地位相對說來是平等的，如果是租佃契，那就意味着土地租佃往往是爲了就近耕種方便，而不一定有其他深層原因。如 59TAM301：15/4-1.15/4-2《唐貞觀十七年（643）西州高昌縣趙懷滿夏田契》（2-82～83），在這件契約中，署名順序是"田主、田主、耕（耕）田人、倩書、知見"，均署全名，并畫指。又如 59TAM301：14/2-2《唐□□保夏田契》（2-83），署名順序是"夏田人、田主、知見人"，都署全名并畫指。又如 64TAM10：35《唐傅阿歡夏田契》（2-208）："□□□阿歡從［同］鄉人范西□□□孔進渠［常］田貳畝，々□交与銀錢□文。錢即日交□√相了。租殊佰□，仰田主承了。渠破水，仰佃田□人承了。田要□□年中佃種。兩和立契，獲指爲信。錢主傅阿歡；夏田人范西隆；知見人左素胡□□□知見人□□□。"以上三契，說明田主和夏田人、耕田人地位相對平等。[①]所以，考察契尾各方是否署名、署齡、畫指或簽名，可以發現一些意味深長的信息。

　　如上所述，凡是畫指者，往往是契約弱勢一方，如果這一論斷不誤，我們可以重新審視前賢時彦對一些契約雙方所處地位的判斷，比如以下这件文書，64TAM35：20《唐垂拱三年（687）西州高昌縣楊大智租田契》（3-493）："垂拱三年九月六日，寧戎鄉楊大智交［用］小麥肆斛，於前里正史玄政邊租取逃走衛士和隆子新興張寺潢口分田貳畝半。其租價用充隆子兄弟二人庸緤直。如到種田之時，不淂田佃者，所取租價麥，壹罰貳入楊。有人悋護者，仰史玄應當。兩和立契，畫指爲記。租佃人：楊。田主：史玄政 E；知見人：侯典倉 E。"（引者按："謀"本作"緤"，乃

────────────────────

（接上頁①）并的重要手段，無法償債祇有喪失土地，而這些條款在租佃契中也比比皆是。不排除租佃人采取租佃形式兼備土地使用權，低價租入土地，以經營牟利（轉租以收取高額地租，或雇人耕種，或自己耕種），特別是唐西州時期的租佃契約中，有的土地租佃契約，租價低、年限長，保人往往是田主直系親屬（父母、岳父母、夫妻、子女、兄弟姐妹），由田主畫指（佃人不畫），這實際上就是錢主、麥主、粟主兼并土地使用權的契約，有些農民因爲饑寒交迫，在口分田還沒有到手的前一年，就把它租出去了，有的在穀麥將熟的季節租出土地，也顯然有被迫的因素。

① 類似的例子還有敦煌文獻伯 3649 背《後周顯德四年（957）燉煌鄉百姓吳盈順賣地契》（習字）。

避諱字，爲排印方便，録作緤）這是逃走衛士的土地出租，由於當時戰事頻繁激烈，逃兵數量很大，但不見逃兵的土地收回，看起來，逃亡戶、逃亡口之土地，在當還未還之間，都由里正代管。中外學者如堀敏一、羅彤華均認爲此處的出租者——前里正史玄政侵佔逃戶田。[1] 但我們注意到此契明言"其租價用充隆子兄弟二人庸緤直"[2]，也就是租價用來抵消原有土地應承擔的國家之庸，史玄政不一定從中得到多大好處，且此件文書中史玄政還要畫指，看不出有多強勢，而租入者楊大智是前庭府的衛士，逃走的衛士和隆子是其同鄉或同縣人，也是前庭府衛士，其口分田最先轉租給同府衛士手中，此事發生在垂拱三年九月，可能與當年十月的番代有關，逃走衛士被正式除名，可能在每年的全府番代之時，因而其土地可以由里正在此時租與他人，所以出租者史玄政并不一定侵佔逃戶田。

又如以下這件文書，大谷 2828《唐顯慶四年（659）西州高昌縣隊正張君行租田契》（《大谷》一圖版一〇二，一〇三）："（前缺）田柒畝，要經顯慶［伍］［年］［佃］食。畝別［與］夏價小麥漢斛中陸斛半，到陸月內，償麥使畢。若過期月不畢，壹月壹䤵上生麥壹斛。取麥之日，使［麥］净好。若不净好，聽向風颺取。田中租殊伯役，一仰田主了。渠破水讁，一仰租田人了。風破水旱，隨大匕列。兩和立契，獲指爲信。先悔者，罰田主：陽醜子 E，麥伍碩。入不悔人 |||。租田人：隊正張君行；保人：孟友住 E；知見人：陽□竹師奴 E（後缺）"此件契約，仁井田陞認爲田主與租田人地位均等，但是孫達人認爲田主弱於租田人，而池

---

① 〔日〕堀敏一著，韓國磐等譯《均田制的研究》，福建人民出版社，1984，第288頁。〔日〕堀敏一《唐户令鄉里、坊村、鄰保關係條文の複元をめぐつて，中村治兵衛先生古稀紀念》，《東洋史論叢》，刀水書房，1986，第449~467頁。〔日〕堀敏一：《中國古代の家と集落》，汲古書院，1996，第447~448頁。羅彤華：《唐代民間借貸之研究》，北京大學出版社，2009，第116頁。

② 這說明此件文書與以下文書有本質不同，73TAM221：62（a）-1《唐永徽三年（652）士海辭爲所給田被里正杜琴護獨自耕種事》（3-312）："□徽三年□□□海辭：口分［常］□□□縣司：士海蒙給田，［已］□□□□［貳］［載］未得田地。今始聞田共同城人里正杜琴護連風。其地，琴護獨自耕種將去，不與士海一步，謹以諮陳訖。謹請勘當，謹辭。"

田溫認爲田主强於租田人。①王旭指出："在這份契約中應該注意以下兩點：第一，這是一份'合同'契，原契約尾'合同'二字爲一合體字，據原題解説，該字原寫於背面，爲款縫，存右半字，由此句知本契爲'合同'契。一式兩份，田主、租田人各執一份，又本契後部田主與租田人均署名，但祇有田主畫指，租田人不畫指，知此份爲租田人收執者。根據以上情況，租佃類契約由於屬於活業交易類契約，因此采用可以合符驗契的合同契形式。第二，這是傳世第一份佃田人自稱'租田人'的契約，這種契約語彙方面的發展，表現了租佃關係得到廣泛的認同。"②我們贊成孫達人和王旭的意見，此件契約中，田主弱於租田人，所以前者畫指而後者不畫。

　　與"畫指"相關的還有"手印符號"，64TAM10：38+64TAM10：41+64TAM10：42《高昌延壽四年（627）參軍氾顯祐遺言文書（一）（二）（三）》（2-204）："延壽四年丁亥歲閏四月八日，參軍顯祐身平生在時，作夷言文書。石宕渠蒲萄壹薗與夷母。東北放中城里舍壹□。墥与俗人女歡資，作人傲得与［師］□□□婆受壹，合子壹，与女孫［阿］□□□壹具，阿夷出。官中依常壹［具］□□□阿夷得蒲萄壹薗，生死盡自得用□□□師女，阿夷盡身命，得舍中柱。若不舍中柱，不得賃舍与余人。舍要得壹堅。阿夷身不出，養生用具是阿夷勿，若阿夷出趣余人去，養生用具［盡］□□，［夷］言文書同有貳本，壹本在夷母邊，壹本在俗人女、師女貳人邊。［作］［夷］［言］［文］［書］□□□民部。是氾顯祐存在時，守書卷。臨坐。［祠］［主］□□□左親侍左右員延伯。"在契文"民部是"之"是"字前的空白地帶，蓋紅色右手掌印，其作用和後來契約文書及某些官文書中所見的指節印相同，

①〔日〕仁井田陞：《吐魯番發見の唐代租田文書の二形態》，《東洋文化研究所紀要》23，1961，第1~14頁。仁井田陞：《中國法制史研究·奴隸農奴法·家族村落法》，東京大學出版會，1962，第249~260頁。仁井田陞：《吐魯番發見の高昌國おすび唐代租佃文書》，《東洋文化研究所紀要》29，1963，第1~19頁；仁井田陞：《中國法制史研究·法と慣習·法と道德》，東京大學出版會，1964，第627~646頁。孫達人：《對唐至五代租佃契約經濟内容的分析》，《歷史研究》1962年第6期，收入沙知、孔祥星編《敦煌吐魯番文書研究》，甘肅人民出版社，1984，第201~217頁。
②王旭：《契紙千年——中國傳統契約的形式與演變》，北京大學出版社，2013，第81頁。

表示此券爲本人所立和認可。

二　核對符號

　　表示核對、清點、確認，用于官文書、籍帳、民間契約等文書，有以下形式："￢""厶""、"等。64TAM36：9《唐高昌縣史成忠帖爲催送田參軍地子并斛事》（4-16）："高昌縣一段九畝（引者按："一段九畝"右邊有墨筆勾勒）杜渠畝別麥、粟各七石二斗四，畝麥斛車。佃人張玄應，西、昌、馬、番一段三畝（"一段三畝"右邊有墨筆勾勒）卅步樊渠畝別麥粟各一石二斗五升。佃人成嘉禮，教（？）正（？）。一段一十二畝樊渠畝別麥、粟一石一斗五勝。四畝佃人王玄藝，四畝佃人朱文行尚、西、馬末（？），二畝趙洛胡樂、昌，二畝令狐貞信樂、昌一畝半一十步樊渠畝別麥、粟各一石一斗四升。佃人張信恭北順觀三［畝］（"三［畝］"右邊有墨筆勾勒）樊渠畝別麥、粟各一石三斗□□［八？］［畝］半［樊］［渠］畝別麥、粟□□四畝（"四［畝］"右邊有墨筆勾勒）六十［步］□□□三［畝］（"三［畝］"右邊有墨筆勾勒）九十□□□二畝樊渠□□□右件人并佃田參軍地。帖至，仰即送地子并斛，限帖到當日納了。計會如遲，所由［當］杖。六月五日史成忠帖。尉張驗行。"以上文書中有5處墨筆勾勒，表明高昌縣史成忠確認有關人員已經送達田參軍地子并斛。64TKM1：33（b），34（b），32（b），36（b）《唐西州高沙彌等戶家口籍》（2-10）："□弟々年廿□□□［盲］是［年］十二，婢孝女年□□□［鼠］□［史］□廿一，女殊々年五歲，［戶］主高（引者按：高字右邊有墨勾"厶"）沙彌（引者按：弥字右邊有朱墨二色點"、"）年卅七；□米年［廿］二；女漢英年□［歲］；［戶］（引者按：戶字右邊有墨勾"厶"）主何（引者按：何字右邊有朱墨二色點"、"）兔仁（引者按：仁字右邊有墨點"、"）年五十五，妻安年卅二；男海隆年六［歲］；□（引者按：□字右邊有墨勾"厶"）主辛（引者按：辛字右邊有墨點"、"）延熹年六十四，男懷（引者按：懷字右邊有墨點

"、"）貞年廿一，熹妻孟年六十四，入京仁妻麴年卅九，貞妻康
年十八，孫男護德年十（引者按：此字旁邊很大的一個"捌"，
表示更正之後爲"捌"，下面的情形相同）歲，孫男幢護年八
（引者按：此字旁邊很大的一個"漆"，表示更正）歲，孫男護隆
年六（引者按：此字旁邊很大的一個"肆"，表示更正）歲，孫
男護豊年四（引者按：此字旁邊很大的一個"三"，表示更正）
□孫女妙姜年十二，婢捺女年□□□，□□□武仕年廿二，年七
□□□，婢寅思年［五］□□□，□［主］（引者按：主字右邊有
墨點"、"）孟懷信年廿四，□［主］孟（引者按：孟字右邊有墨
點"、"）海仁年卅四縣史；母張年五十五，仁妻史年廿七，妾婇
高年廿八，男建德年四歲，女光英年五歲，男黑奴年六歲，［奴］
□□年六十［三］；婢未香年十八，□一［頭］黃犍□歲［車］
［一］□，婢守香年六□□□"以上文書中，朱色畫墨色標識符號
均表示核對確認完畢。又請比較 73TAM206：42/9-13《唐課錢
帳歷（三五）》（2-325）："□□□師便八百［四］¬□□ □□□
□孟老皂絲布九十文¬□□ □□□惣折除外餘有一千廿六十文
¬，廿一日［付］□□ □□□衛泰六十文廿日付百卌文¬，足
¬，廿一日付卅文□□□ |"2006TZJ1：032《唐天寶十載（751）
交河郡客使文卷（五）》（榮、李、孟 336）："北凵庭行官果毅曺
休珪一人，八月廿一日北到，至廿四日發向北庭。"72TAM230：
55（a）《唐借貸倉量糧納本利帳》（4-81）："宋［君］［納］［本］
□□□小麥張知遠納本（引者按："本"右邊有一點，核對符號）
三石，曹行通納□□□蘇才納本（有一點，核對號）六石，麴先
擇利□□□和仲子納本（有一點，可能是核對號）二石二斗五
升。和□□□僧玄英欠利四斗八升不納。孟表欠［利］□□□賈
琮利六斗七升五合。麴和（有一點，核對號）納本□□□氾瑜納
本（有一點，核對號）六斗。張元感納本（有一點，核對號）一
石□□□五升。鞏純納本（有一點，核對號）一石。令狐忠納本
□□□索慈敏納本二斗（有一點，核對號）四升三合。白美□納
□□□趙郍舍納本（有一點，核對號）三升。張康［明］納［本］
□□□"又請比較大谷 2847《西州高昌縣佃人文書》（《大谷》一

圖版八三）："成家堰王渠，堰頭竹辰住。竹達子（引者按：竹達子右側有〢）昌一畝，竹辰住佃，東吳德師，南竹住，西渠，北丁尉。竹辰住（竹辰住右側有〢）二畝昌，自佃，東康海善，西渠，南道，北竹達子，康海善（康海善右側有〢）四畝昌，自佃，東索僧奴，西竹住，南張漢姜，北馬才仕。張漢姜（張漢姜右側有〢）二畝昌，竹住佃，東索僧奴，西渠，南街（？），北康善。索僧奴（索僧奴右側有〢）二畝昌，佃人竹辰住□□（後缺）"以上符號，均表示核對、確認。

又請比較以下文書，在人名右側有畫點表示核對與確認，72TAM154：16/1《高昌作人相兒等名籍》（1-367）："□□人相兒，史□□□□曹守隆作□□　□□史作人阿［奴］□□　□□富麴伯□□　　［人］未得，張□□　　□□麴紹隆□□"（此件文書的人名右側有朱筆劃點）06TZJ1：025《唐西州破除名籍》（榮、李、孟 352）："□□破除。□□身死。□□□八十九，翟毛奴（引者按："奴"的右邊有一黑點，表示確認）十七，大女張持戒（引者按："張"與"持"二字之間的右邊有一黑點，表示確認）七十九，［十］七，翟孝感（引者按："感"的右邊有一黑點，表示確認）五十九，牛大貞（引者按："貞"的右邊有一黑點，表示確認）七十九，皇甫揔（惣）慶（引者按："慶"的右邊有一黑點，表示確認）七十九，□□□七。康道德（引者按："德"的右邊有一黑點，表示確認）七十九，大女康寶業（引者按："寶"的右邊有一黑點，表示確認）七十九，□□□虛存。□□□［白］丁趙庭光（引者按："光"的右邊有一黑點，表示確認）五十九，白丁。□□□□僧□□□康思勖十七。（後缺）"60TAM332：9/3-2《唐龍朔二年（662）逋納名籍（二）》（3-149）："趙占年一［畝］（引者按：此處有朱筆點記二處，第一處朱點上，用墨筆點過，表示已經核對）□□□□□□（朱筆點記）□願緣一畝□□　□□□［左］相住三畝半納了□□□（此處剩一朱點，其上有墨書"納了"二字）"（此為唐官府所掌徵收地稅簿歷，官府以此簿向百姓徵收，未注明"納了"者便在第二年入逋歷，作爲逋懸而被勾徵，已納逋懸者在逋歷上被注明"納了"①）2006TZJI：034《唐天寶十載（751）交河郡客使文卷（一）》（榮、李、孟 332）："寧遠國弟二般首領將軍呼末魯等［五］□□□（引者按："首領將"三字右旁小字：奉化王男一人）。四日發向西。使折衝白元璧一人，八月二日［東］□□□弟四般首領將伊捺五人（引者按："首領將"三字右旁小字：奉化王男一人），八月四□□□弟五般將軍首領葛勒等□□□"（在"寧遠國""使折衝""弟四般""弟五"右邊有▔，表示確認）73TAM210：136/10- 1（a）《唐君安辯辭爲領軍資練事》（3-38）："□□［君］［安］年廿八，一。安□□□ □□□軍資練拾（引者按："拾"字旁邊有一點，表示核對確認）疋，□□□辯：被問［付］（引者按：右邊有一行小字"右勘領廿疋同付"）□□□資物領□□□ □□□謹審□□□物□□□ □□□被［問］□□□"又請比較以下一件吐魯番社條，其中人名後有一至三個"、"，這其實是確認符號，是入社人員表示對社條認可的確認符號，請比較《丁丑年九月七日石作衛芬倍社再立條件》（《吐魯番考古記》圖版五〇）："去丁丑年九月七日石作衛芬倍社周而複始時敬教難再立條章三人作社已向前社邑同麗不得卷果□□□□者罰好布壹段社家仕用□［社］官、胡暧（？）、、耶宋社官、、、三十月倍□月曹社、官、馮平、、、直、宋、副、使、十二月王、榮、錄（？）、土（？）三、、老郭都使、、、來年正月安平直、、、劉、、、孝□、、、□□老、、二月趙滿奴、、朱晟子、、、□小君、、三［月］□□□、麴、憲、子尹國慶（？）、四月梁都［蘭］（？）、、、暧（？）、楊□、□君五月安、國義、何主、、、石願德、、六月石□□□□□楊胡、、七月何、□□□（後缺）"②

有時候還有別的形式表示核對確認。73TAM506：4/32-10 之六《唐天寶十三載（754）交河郡長行坊具一至九月鎗料破用帳請處分牒》（4-485）："貳拾伍碩青麥（引者按，"貳"左邊一點，

---

① 李錦繡：《唐代財政史稿》第二冊，社會科學文獻出版社，2007，第 84 頁。
② "宋社官"右邊有三黑點，表示已知的記號。請比較敦煌文獻斯 2041 號文書："所遭事一遍了者，便須承月直，須行文帖。曉告諸家，或文帖至，見當家十歲以上夫妻子弟等，并承文帖，如不收，罰油一勝。"以上記號，就是"所遭事一遍了者"之"了"，意思是傳閱并親自標明確認符號。

“拾伍碩”左邊一豎）。貳拾伍碩粟（引者按，“貳”左邊一點，
“拾伍碩”左邊一豎）。”73TAM506：4/32-10 之七《唐天寶十三
載（754）交河郡長行坊具一至九月諎料破用帳請處分牒》（4-
486）也有這樣的符號。

　　說到核對確認符號，還需要論及“了”。

　　“了”本來是個漢字，意思是“承擔”“了結”[1]，但在吐魯番文
書中，“了”往往符號化，成爲鉤校符號（帳實、帳帳核對、文字
校對皆稱鉤校），也就是校對、核對符號（“勾上了”即署名并以
朱筆勾之，予以通過，標明已經交納）。

　　先看吐魯番文書中“了”作爲文字的功能，意思是“承擔”“了
結”，66TAM62：6/4《翟强辭爲共治葡萄園事一》（1-51）：“▢▢▢▢
秋當與▢▢▢▢▢殘少多，用了外責▢▢▢▢”75TKM99：6（a）
《北涼承平八年（450）翟紹遠買婢券》（1-92）：“若後有何盜仞
伢，仰本主了。不了，部還本賈主√二先和後券，々成之後，各
不得悋悔。”86TAM386：33-1 33-2《高昌延昌三十八年（598）
參軍張顯▢租葡萄園券》（柳 418）：“延昌卅八年戊午歲十月廿
五日，參軍張顯▢〔從〕▢▢▢▢伇取南蘭蒲桃宕▢東分，承官名伇
貳畞，要逯陸年▢▢▢▢歲十月卅日還〔桃〕塤。桃中伇使，未歲五
月至巳前仰寺了。至巳後仰參軍承了。參▢▢▢〔至〕子歲〔盡〕，
▢〔租〕盡仰張參▢〔自〕承了。子▢▢▢仰張參軍自承了。至巳
後付〔寺〕▢▢▢▢參軍要爲了。被錦半張，若官常▢▢▢▢▢二
主，各不得返悔。悔者一罰二入〔不〕▢▢▢▢▢〔行〕二主，
各自署名爲信。時見，侯桑保，〔倩〕書，蘇法信。”69TAM137：
1/2，1/4-1《唐某人夏南渠田券》（3-87）：“▢▢▢▢夏六年中南渠

---

[1]　“了”有“承擔”義，“承了”是同義連用，承擔。《顏氏家訓·涉務》：“故治官則不
了，營家則不辦，皆優閑之過也。”《宋書》卷四二《王弘傳》：“其人頗有幹能，自
足了其事耳。”《宋書》卷五一《宗室傳·長沙景王道憐》：“事務至多，非道憐所了。”
又參考蔣禮鴻《敦煌文獻語言詞典》，杭州大學出版社，1994，第 199 頁。“了”又有
“完畢、結束”義。漢王褒《僮約》：“晨起早掃，食了洗滌。”“了”進一步語法化，
就成了現代漢語的時態助詞。“竟”亦謂終了、完畢。《詩·大雅·瞻卬》：“鞫人忮
忒，譖始竟背。”鄭玄箋：“竟，猶終也。”“訖”與“竟”義近，都是“完畢”之義，
《漢書》卷五九《張湯傳》：“吳楚已破，竟景帝不言兵，天下富實。”顏師古注：“訖
景帝之身更不議征伐之事。”

￣￣大麥柒酙，秋￣￣若不净，聽向風￣￣租殊伯役，仰田主了。渠破￣￣ ￣￣□［仰（？）］亭上使了。二主和同立券，成￣￣［得］返悔。々者壹罰二人不悔者。［民］￣￣主，各自署名爲信。￣￣E，□□敘 E，□仏生 E，□海落E。"64TAM36：9《唐高昌縣史成忠帖爲催送田參軍地子并麨事》（4-16）："右件人并佃田參軍地。帖至，仰即送地子并麨。限帖到當日納了。計會如遲，所由［當］杖。六月五日史成忠帖，尉張驗行。"72TAM184：6《唐開元八年（720）麴懷讓舉青麥契》（4-130）："［開］［元］八年九月五日，麴懷讓於惚玄觀邊舉取青麥壹碩捌斛，其麥限至來年五月卅日付了。"72TAM178：6《唐土右營下牒建忠趙伍那爲催徵隊頭田忠志等欠錢事》（4-186）："事須依前徵￣￣欠數，具所由註脚如￣￣六〔日〕￣￣衙，并須齊了。并￣￣得即續上，待送都￣￣年六月十二日典万法牒。"73TAM509：8/10《唐開元二十一年（733）石染典買駼契》（4-279）："其馬及練，即日各交相分付了。"73TAM224：080/1（a）《唐西州高昌縣戶曹牒爲催徵逋懸事（二）》（4-389）："長史判十二千，到，撿訖。言餘限十五日申。諸色行客等，長史判，限八日了√申。"69TAM139：2/2，2/4，2/5《唐牛某雇人殘契》（4-383）："□□交付了訖。"

　　但在吐魯番文書中，"了"也用在帳目文書中，表達的是一種已然事實①，而不是將要發生或必須完成的事項，這一點與前兩例不同。加之"了"又在句末，後面不接賓語，所以導致其符號化和語法化，作爲符號，是對對方已經完成此項程式後的確認。97TSYM1：10-1《闞氏高昌某郡綵綖等帳（四）》（榮、李、孟147）："□首興綖九張，了。□沙弥綖四張，了。"又請比較73TAM520：6/1-1（b）《高昌延昌二十年（580）計月付麥帳

---

① 了"表達已經完成，請比較73TAM509：8/13（a）之一《唐開元二十年（732）瓜州都督府給西州百姓游擊將軍石染典過所》（4-275）："從西來，至此市易事了，今欲却往安西已來，路由鐵門關，鎮戍守捉不練行由，請改給者。"73TAM509：8/21（a）之三《唐開元二十一年（733）西州都督府案卷爲勘給過所事》（4-293）："去年三月内，共行綱李承胤下馱主徐忠駈驢，送兵賜至安西輸納了。"（"了"即完畢）

（一）》（1-312）："次末麥一九五斗，盡月，付羅々了。十月初麥□□□[羅]々，至十五日了。" 73TAM520：6/1-4（b）《高昌延昌二十年（580）計月付麥帳（三）》（1-313）："次取麥七斗，自取，至月竟了□□□九五斗，付羊皮女了。次末麥一九五斗，盡月，付□□□[初]麥二九九斗，盡月竟。付羊皮[女]□□□一九五斗，付獂子，盡十五日了。" 69TAM117：57/8-2《高昌延壽四年（627）車慶元入錢條記》（2-288）："□□□[車]慶元記丁亥歲六□□□ □□□錢了。" 72TAM169：82/1（b）《高昌僧智副等僧尼財物疏（一）》（1-218）："七尺四寸，合七丈二尺三寸入後疏。了。法起，九尺六寸八尺九寸入後疏。了。" 73TAM206：42/10-13，42/10-3《唐質庫帳歷（？）（七）》（2-332）："曹阿金正月十九日取壹伯□，二月九日更取壹伯伍拾文付母，二月十日贖付了。" 73TAM206：42/10-12《唐質庫帳歷（？）（一二）》（2-336）："故青絁單裙一。王團仁正月廿四日取壹伯陸拾文六月四日贖付主了。" OR.8212/501LA.VI.II.064《賣物帳》（沙、吳1-41）："□□□賣五匹，了□□□賣十匹，了。" 64TAM29：44之三《唐咸亨三年（672）新婦爲阿公錄在生功德疏》（3-336）："至今月廿一日，複更請卌僧更轉讀《涅盤經》卌卷一遍了。計前後摠讀《涅盤經》□[遍][半]□[卷]了。" 72TAM170：110/15（b）《高昌□子等施僧尼財物疏（一二）》（1-182）："□□□安疊□七丈五□。[其]二丈三[尺]□□。法祭足，尼耀光足，了竟。"（此處之"了"，筆迹較隨意，似已作校對符號也就是鉤校符號使用，而"了竟"共用，與漢代簡牘所見"卩畢"的用法相類，表示某一行爲已經施行。漢代簡牘常見的鉤校符有L、一、z、○、卩、阝、禹等，它們通常是在帳實、帳帳校對時形成的，因此都是對二次寫上的，這是它們與其他符號的根本區別[1]）又請比較寧樂一六（1）、二○（5）號唐某縣牒爲勘某兵母亡遭憂事（88）："□□□|□□□[月]二十二日身□□□鄉責保□□□[知]前件人母□□□□之人，求受□□□鄉准式仍牒。[牒（？）]上州戶曹

---

① 參考李均明、劉軍《簡牘文書學》，廣西教育出版社，1999，第79~87頁。

□□□四日□□□八日達丁孫男行□□□ ｜ □□□侍九十母既。""四日"二字有朱筆勾"了"。73TAM206：42/9-29《唐課錢帳歷（一〇）》（2-313）："以前課并勾上了，已上勘同。"此件文書的"勾"，即"鉤校"之"鉤"①，在此件文書所羅列的許多名字右邊，還有"卜"形式，在同墓出土的其他《唐課錢帳歷》中，有"丁"形式②，還有將名字用"〇"圈起來的形式，如《唐課錢帳歷一二》③，又有將一段文字用"冂"裝起來的形式，如《唐課錢帳歷五》④，又有在整段文字上畫一"フ"，如《唐質庫帳歷一》⑤，又有在整段文字上畫一"刀"，如《唐質庫帳歷一一》⑥，又有在整段文字上畫一"Ｘ"，如《唐質庫帳歷一〇》⑦，這些都是鉤校符號，表示已經核對。

　　有時候，行文不用核對符號，而是由官方有關人員簽署"同"以表示核對確認，這是寫本文字與標識符號交錯使用的例子。64TAM35：38（a）《武周某館驛給乘長行馬驢及粟草帳》（3-531）："右肆［月］□□□判官等乘往柳谷［迴］粟壹斫捌勝同達，草壹拾貳束同達。右同日給高昌縣長行驢壹拾貳頭，秦惠等乘往柳谷［迴］，壹日料，粟貳斫叁勝同達，草拾束同達。右同日給高昌縣長行馬肆疋，驢兩頭，使人王波護等乘往天山壹日料，粟伍斫陸勝伍合同達，草貳拾柒束同達。"（武周新字已轉寫爲通行漢字。這是某館驛月上西州供使人馬草料歷，"同達"兩字爲朱書，此爲州勾官勾檢的批語，"同"當指歷與案同，"達"爲勾官之署名，這是以歷上州自勾的記錄，自勾是每月財務機構的自我總結，自我審核⑧）72TAM187：194（b）《唐天寶三載（744）西州高昌縣勘定諸鄉品子、勳官見在、已役、免役、納資諸色人名

① 李均明、劉軍：《簡牘文書學》，廣西教育出版社，1999，第87頁。
② 詳見唐長孺主編圖録本《吐魯番出土文書》第貳册，第307~339頁。
③ 詳見唐長孺主編圖録本《吐魯番出土文書》第貳册，第314頁。
④ 詳見唐長孺主編圖録本《吐魯番出土文書》第貳册，第310頁。
⑤ 詳見唐長孺主編圖録本《吐魯番出土文書》第貳册，第328頁。
⑥ 詳見唐長孺主編圖録本《吐魯番出土文書》第貳册，第336頁。
⑦ 詳見唐長孺主編圖録本《吐魯番出土文書》第貳册，第335頁。
⑧ 參考李錦綉《唐代財政史稿》第一册，社會科學文獻出版社，2007，第194頁。

籍（一）》（4-211）：“一十八人五品子孫□□同，八人應在同，一人沒落承帳，放免資課同。昌：令［狐］慶四人虛存，尚：麴希過同，弟虔會同，西高承慶同，弟承顏同，一人縣佐史；尚：司［空］龔乂同，一人范陽郡健兒尚麴清同。一人終服，順：竹元易終服，天寶三載□□□一十□見在，尚：康虔徵定，麴孝威定，張承曉定，麴若驚定。”（對相關情況，勾檢官檢查之後，發現人數、人名、人名前的鄉名等是和其他文案記載相符的，就在人數、人名右側用朱筆寫下“同”字[1]。朱筆表示清點，也出現在質庫帳中[2]）73TAM506：4/32-9 之一《唐天寶十三載（754）長行坊申勘十至閏十一月支牛驢馬料帳歷》（4-467）：“長行坊。合當坊從今載十月一日已後，至其載閏十一月廿九日以前，據案支牛驢馬料惣壹阡肆伯伍拾陸碩漆斗漆勝，并青麥。貳伯伍拾玖碩伍斗伍勝，十月小料會踏歷同仙，肆伯漆拾壹碩肆斗，十一月大料准前同仙，漆伯貳拾伍碩捌斗貳勝閏十一月小料准前同仙，漆伯漆拾貳碩捌斗貳勝在槽頭疋食訖同仙。”73TAM506：4/32-10 之一《唐天寶十三載（754）交河郡長行坊具一至九月踏料破用帳請處分牒》（4-480）：“右件斛斗得踏［子］［楊］□□□據歷勘會，有上件斛斗，具□□□條件狀如前，謹牒。天寶十四載正月□□□長行坊。合當坊從正月一日已後，至九月卅日以前，都支□□惣貳阡柒伯捌拾伍碩肆斗捌勝會在槽實食歷，都收斛斗數同。”73TAM506：4/32-10 之六《唐天寶十三載（754）交河郡長行坊具一至九月踏料破用帳請處分牒》（4-485）：“會案同，所由款帖同，仙。”73TAM506：4/32-14 之三《唐天寶十四載（755）雜事司申勘會上載郡坊在槽馬減料數牒》（4-495）：“□□□［床］麥、粟見在一百一十石粟在長行坊庫貯，二百九十八石九斗八升［青］麥在郡倉別眼貯。六百七十一石三斗九升五勺青麥在郡倉，

① 參見李錦繡《隋唐審計史略》，昆侖出版社，2009，第 135 頁。
② 參看陳國燦《從吐魯番出土的質庫帳看唐代的質庫制度》，收入《敦煌吐魯番文書初探》，武漢大學出版社，1983，第 316~343 頁，特別是第 334~335 頁。

得倉狀同。"①

三　提示符號

提示符號的功能是提示讀者新的一段從此開始。多用於官文書中，以體現文書行文的層次性。常見的提示符號有"—"。2004TMM102：41c ＋ 2004TMM102：42b《唐永徽四年（653）八月安西都護府史孟貞等牒爲勘印事（四）》（榮、李、孟109）："□□□［壹］條爲關［倉］［士］［户］三曺給使□□□□牒肆條，—爲沙州勘合馬事，—爲□□□—爲牒納［職］給使□□　□□□［三］條，—爲牒柳中給使□事，—爲下高□□□馳事□□□—爲關□□□□"72TAM184：7（b）《唐請處分前件物納官牒文稿》（4-131）："燥奉一上□□□私便將用□□□公廨漿徵撮□□□茲挾情負物不□□□奴婢因茲逃避，田地無人澆溉。□□即須捴□二日□□□百姓［之］薄緣，因致□□□茲破散□□□百姓逃走失業，都□□□前件物用充納官。公私［俱］□□□請商量處分，謹燥。"64TAM29：44之三《唐咸亨三年（672）新婦爲阿公録在生功德疏》（3-336）："僧兩時懺悔，并屈三僧使經聲□□□

---

① 參考李錦綉《唐代財政史稿》第一册，社會科學文獻出版社，2007，第194頁。"同"作爲一術語，可謂源遠流長，在《漢居延甲渠臨木隧長領弩矢券》（中國社會科學院考古研究所編《居延漢簡甲乙編》上册三《圖版》乙圖版柒陸，編號八九·二一）、《三國魏景元四年（263）海頭五佰師領磚券》（羅振玉、王國維《流沙墜簡·屯戍叢殘考釋·雜事類》，圖版第18頁下，録文又見侯燦、楊代欣編著《樓蘭漢文簡紙文書集成》，天地出版社，1999，第315頁）中，都有一"同"字之半，可能是先大書"同"字於中，後分爲兩，以爲符號。王國維指出："《周禮·小宰》'聽稱責以傅别'鄭注：'傅别，謂爲大手書於一札，中字别之。'《釋名》：'莂，别也。大書中央，中破别之也。'此簡'同'字半在他簡，猶古傅别遺制。但古傅别字字皆大書而中剖之，此則僅剖一字耳。漢晋兵符每字中分以爲合符時之驗，唐之魚符則於兩符作牝牡二'同'字，制雖不同，猶當自此出也，前稟給類第二十八、二十九、三十四三簡，器物類第六十八簡及此下第五十八、六十五兩簡均有線四道，以此簡例之，亦皆'同'字之半也。"（羅振玉、王國維《流沙墜簡》，中華書局，1993，第202~203頁）張傳璽指出："古書契的形式，鄭玄曰：'書契……其券之象，書兩札，刻其側。'（《周禮·地官·質人》注）刻其側，使成鋸齒之形，以爲合券的驗證。如《管子·輕重篇》曰：'子大夫有五穀菽粟者，勿敢左右，請以平賈取之子，與之定其券契之齒。'後筆墨發明，書寫方便，漸有不再刻齒而在兩契上合書一個'同'字以爲驗證者。"氏著《中國歷代契約會編考釋》（上），北京大學出版社，1995，第78頁。

經。阿公合得合得十方［净］□□□—昨日發心造冊九尺神幡，昨始造成，初七齋日慶（？）度。頓知。—昨曰行次到塔中，見門扇後，阿公手記處云：讀《槃√涅經》計欠兩遍半百卷，昨初十〔日〕屈典坐張禪讀半遍廿卷了。并請轉讀《妙華蓮華經》一部，《金光明經》一部，設一七□□□僧複轉讀《涅盤經》一遍冊卷了，并出罪懺悔。—昨從初七後，還屈二僧轉讀，經聲不［絕］，亦二時［燃］燈懺悔。至今月廿一日，複更請冊僧更轉讀《涅槃經》冊卷一遍了。計前後揔讀《涅槃經》□［遍］［半］□［卷］了。—今日曰轉讀《涅槃經》，更將後件物等［施］三寶。"（提示符號"—"高出正文二字距離書寫，凡是有此符號，必然提行，所以此符號起提起、界隔的作用）

敦煌文獻也有此符號，斯527《顯德六年（959）正月三日女人社再立條件》："顯德六年己未歲正月三日，女人社因茲新歲初來，各發好意，再立條件。蓋聞至城（誠）立社，有條有格。夫邑儀（義）者，父母生其身，朋友長其值（志），遇危則相扶，難則相救，與朋友交，言如信，結交朋友，世語相續，大者若姊，小者若妹，讓語（義）先登，立條件與（以）後，山河爲誓，中（終）不相違。—社内榮兇逐吉，親痛之名，便於社格。人各油壹合、白麵壹斤、粟壹斗，便須駈々，濟造食飾及酒者。若本身死亡者，仰衆社蓋白皷拽，便送贈例，同前一般。其主人看待，不諫（揀）厚薄輕重，亦無罰責。—社内正月建福一日，人各稅粟一斗，燈油壹盞，脱塔印砂，一則報君王恩泰，二乃以（與）父母作福。或有社内不諫（揀）大小，無格在席上膧（喧）拳，不聽上人言教者，便仰衆社就門罰醴醵一筵，衆社破用，若要出社之者，各人快（決）杖叁棒。後罰醴局席一筵，的無免者，社人名目詣實如後，社官尼功德進（押）；社長侯富子（押）；録事印定磨柴家娘（押）；社老女子（押）；社人張家富子（押）；社人渦子（押）；社人李延德（押）；社人吳富子（押）；社人段子（押）；社人留勝（押）；社人意定（押）；社人善富（押）；社人燒阿朵（押）；社人富連（押）；社人住連（押）。右通前件條流，一一丁（叮）寧（嚀），如水如魚，不得道説事非，更不於（如）願者，山河爲誓，日月證知，恐人無信，故勒此條，用後記耳。"

四　填充符號

用於官文書和契約文書中，以此符號填塞之，以示下面不能增添別的字。常見形式有"|"，這一符號從漢、十六國至唐西州時期均使用。居延漢簡 170.2《雇傭券》："張掖居延□□卒弘農郡陸渾河陽里大夫成更年廿四，庸同縣陽里大夫趙勳年廿九，賈二萬九千 |。"^①（在"九千"後的空白地帶畫有一竪"|"，這是填充符號，意味着不能補寫填入任何其他内容）2006TSYIM4：3-3《北涼高昌郡高寧縣差役文書（一）》（榮、李、孟 197）："▭▭□□張相富、翟紾 | 右二家户候次，［逮］［三］□□□火，與高昌、田地承▭▭ ▭▭七日，候廿日［竟］□▭▭▭▭曹闍禄白，謹條□▭▭ □□諸紀識奉行▭▭主薄就。"寧樂八（1）號《唐蒲昌縣牒爲劉文伯入老、曹逈住等未没賊上報事》（86）："右得牒：稱上件人元無縣牒報入六十處者▭▭去年籴入六十，正月州使覆白至，已牒府訖▭▭曹逈住、氾惠住、吳師子 |。右同前。得團狀，注没賊，依撿案内今年四▭▭日得縣牒，報前件人見在，不言没賊。"64TAM4：33《唐總章叁年（670）左憧憙夏菜園契》（3-222）："總章三年二月十三日，左憧憙于張善憙邊夏取張渠菜薗壹所，在白赤舉（鼠？）北分牆。其薗叁年中與夏價大麥拾陸酙，秋拾陸酙。更肆年，與銀錢叁拾文。若到佃時不得者，壹罰貳入左。祖殊伯伇，仰薗主，渠破水謫，仰佃人當。爲人無信，故立私契爲驗 |。錢主左，薗主張善憙 E，保人男君洛，保人女如資，知見人：王父師 E，知見人曹感。"寧樂九（1）號《唐赤亭鎮牒蒲昌府爲請速差替倚團及身亡者上當月烽戍事》（89）："赤亭鎮。牒蒲昌府 |。方亭戍劉吃木、狼泉毛奕本，赤亭康思神已上倚團。小嶺張車相身死。［牒］：得牒送今月應上兵，依撿前件人牒注倚團及身死，又撿前牒，此色并合差替者。蒲昌府牒注劉吃木等倚團及身死，承

---

① 圖版見《居延漢簡》（貳），"中研院"史語所，2005，第 171 頁。

前既合差［替］，今緤不送，緤請速差替送鎮。”“緤蒲昌府”後
有“|”，然後是空白，此行不再有別的文字，然後提行。又請比
較寧樂二八（2）一三（2-2）號《唐西州都督府緤蒲昌府爲寇賊
在近、鎮戍烽候督察嚴警事》（35）：“都督府|。諸府縣鎮戍界
烽候覘探等，人各仰□□□加常，督察嚴警，常知見賊，州司即
□□□三衛，分往巡探，點撿鞍馬器仗，并應□□□。事虧違，所
由縣府、鎮戍、游弈、巡官及押領□□□帥，且決陸拾，依法科
罪|。”73TAM20：39，40《唐西州都督府下高昌縣緤》（3-474）：
“［都］督［府］。［緤］［高］［昌］［縣］。□史左慈［隆］|右
勘案内得縣申：前件人□□□永徽三［年］□□□既有不同□審
□□□［狀］主勘狀上三千九。”72TAM188：85《唐西州都督府
緤爲便錢酬北庭軍事事》（4-41）：“緤別項爲便錢酬羅阿□□
□錢陸阡文|□頭（？），得兵曹參軍程習等緤稱□□□□北庭大
賊下逐大海路，差索君才□□□□遂取突騎施首領多亥烏□□□
”72TAM178：4《唐開元二十八年（740）土右營下建忠趙伍那
緤爲訪捉配交河兵張式玄事一》（4-184）：“□右營：［緤］［建］
忠趙伍那，兵張式玄（引者按：下面一“|”，填充符號，占滿整
行，表示不能寫字）。緤得上件人妹阿毛經軍陳辭：前件兄身是
三千軍兵名，□今年［三］□［配］交［河］車坊上，至今便不
回，死活不分。阿□兄別藉，又不同［居］，［恐］兄更有番役，
浪有牽挽。阿毛孤□一身，有［無］［夫］挈，客作備力，日求升
合養姓命，請乞處分者。□□［使］判付營［具］問□□□玄身當
三月番上，今妹阿毛□□□所由例皆指注，具狀録申都司，聽裁
□□□那訪捉，以得爲限者。緤至准狀，故緤。開元廿八年五月四
日典□□［通］［緤］。判官孟能及（？）。惣管王使。”這是一件
官文書，根據當時的文書寫作程式，第一行“□右營：［緤］［建］
忠趙伍那”頂格，第二行“兵張式玄”下兩字，第三行“緤得上
件人妹阿毛經軍陳辭”必須另行，必須比第一行低一字，比第二
行高一字，所以第二行“兵張式玄”下的長豎是填充符號，表示
不能寫字，這與契約文書或帳簿是相同的。這種情況在官文書
中也非常常見，又請比較67TAM93：26《唐殘文書》（3-426）：

“▢▢▢盤▢▢　▢▢▢相（引者按：下面一竪）右依▢▢▢日，及帖至▢▢▢縣并將作具及▢▢▢闕少，致招罪者▢▢▢｜令陳。”這同樣是因爲官文書的格式限制，必須提行，空白處不能再填寫任何內容。又請比較 67TAM91：4（a）《唐西州高昌縣寧大等鄉名籍》（3-8）：“十一月十八日□▢▢▢。寧大：翟［隆］［歡］，□□□，邢達，令狐建｜。寧戎鄉：沙［伏］洛、［康］豐海、康才｜。武城鄉：趙延洛、［夏］尾信｜。▢▢▢令狐文歡、□□隆、嚴其延、張軌端｜。寧昌：孟定、曹貞、氾阿柱｜。崇化：索延信、氾信、馬武貞、⊕◈◐｜｜。［安］［西］［鄉］：□□□、［張］伏海、祁［胡］、高士通｜。”69TAM140：17/1《唐張隆伯雇董悦海上烽契》（2-198）：“▢▢▢［一］〔日〕［武］［城］□□□［隆］［伯］□［寧］戎鄉人董悦海用河頭上烽一次一十五日，与雇價錢五文。其錢□〔日〕交相府了。▢▢▢［通］□▢▢▢當。張悉▢▢▢。▢▢▢信｜。▢▢▢人，張。□雇人，董悦海 E。知見人：張相願 E；知見人，高弼□ E。”73TAM509：8/1（a）之一《唐寶應元年（762）六月康失芬行車傷人案卷》（4-329）：“男金兒八歲｜。牒：拂郍上件男在張鶴店門前坐，乃被行客靳嗔奴家生活人將車碾損，脊已下骨并碎破，今見困重，恐性命不存，請處分。謹牒。元年建未月日，百姓史拂郍牒。追問錚示。四日。”此處的“｜”特別粗，似乎與後面的簽署“追問錚示。四日”出自同一人手。73TAM509：8/1（a）之二《唐寶應元年（762）六月康失芬行車傷人案卷》（4-330）：“錚（引者按，此乃簽名）。元年建未月日，百姓曹没冒辭。女想子八歲｜（引者按：此竪畫甚粗，與後面的批示“付本案錚。示。四日”均粗筆，出自同一人手筆）。縣司：没冒前件女在張游鶴店門前坐，乃被行客靳嗔奴扶車人，將車輾損，腰骨損折，恐性命不存，請乞處分。謹辭。付本案錚。示。四日。”73TAM506：4/1《唐開元十八年（730）請付夏季糧文書》（4-396）：“夏季糧九石，數內叁碩捌䰪付氾通舉｜，右十八年夏季糧未請，奉舉見欠張光輔利錢，其糧季終日請便［付］（下殘）。開元十八年三月日府▢▢▢”又檢 73TAM506：04/10-1《唐天寶十三載（754）楊堰租田契》（4-570）“▢▢▢日，高昌縣人

楊堰▭▭▭論邊租▭▭▭［部］［田］貳畝，其地沙堰渠▭▭▭▭
其地用天十四載▭種。▭▭▭租子，立契日交相付了。故立契爲
▭。麥主。田主：韓伯輪（掄）▭。見人：何思忠｜"此一長線是
填充符號，表示契文到此結束。[①]類似的例子又見斯 3877 背《天
複九年己巳（909）洪潤鄉百姓安力子賣地契》（習字）。

　　填充符號"｜"往往繁化爲"‖"，60TAM338：32/4-1+60TAM
338：32/4-2《唐顯慶三年（658）西州高昌縣范歡進雇人上烽契》
（2-244 ~ 245）："［顯］［慶］三［年］十一［月］二日，交河
府衛士范歡進［交］用銀錢柒文，雇前庭府衛士白憙歡用▭▭▭
▭［拾］五日。若有逃留，官罪，一▭▭▭范悉不知。若更
別使，白計日還錢。▭▭▭　▭▭▭［兩］主和可立契，獲指爲
信‖。錢主范歡進 E。"又請比較 73TAM506：4/11 之一《唐開
元十九年（731）康福等領用充料錢物等抄》（4-402）："▭（引
者按：此字不殘，但不識）付抄▭▭▭伊吾軍［子］▭權戢等▭
［壹］拾捌人十五日料。錢壹［阡］叁伯伍［拾］文。九月二日
康福領八月料。營田副使傔亍思岌加勳賜壹疋。梁悉憚領。▭曹
司造裲子、錦綢伍拾肆尺，直准錢貳阡貳伯文。九月四日付主安
莫（引者按：後面是安莫的五花簽字）。支度使典陸人，九月料
錢壹阡漆伯肆拾文。開十九年九月八日▭▭（引者按：此二字不
殘，但不識）領｜。麴庭訓領得錢陸伯叁拾文，九月已後料。九月
十二日麴訓領。大練叁疋充中館玖月客使停料。九月十五日呂戍
領‖"[②]60TAM337：11/17《唐西州高昌縣范歡進送右果毅仗身錢
抄》（2-225）："▭▭▭歡進送右果毅仗［身］▭▭▭　▭▭▭日典康
憧奴領‖。"67TAM363：7/2《唐儀鳳二年（677）西州高昌縣寧
昌鄉某人舉銀錢契》（3-569）："儀鳳貳年玖月伍日，寧昌鄉［人］
▭▭▭縣人竹住海邊舉取銀錢捌▭▭▭▭錢壹文，月滿即須送利。

---

① 　請比較斯 1475 背《吐蕃卯年（823？）四月十八日悉董薩部落百姓翟米老便麥契》末
　　尾是這樣的："書紙爲記，其契改陸字。"
② 　73TAM506：4/15《唐丘忱等領充料錢物抄》（4-412）："支度典汜崇、丘忱、李超、
　　趙處等肆人料，計錢壹阡貳伯陸拾文，充十二月料，十二月十三日丘忱領（引者按：
　　下面是個符號，類似"爪"）。"

若竹須錢▢▢▢本具還。若延引不還，任搜家財雜物及口分▢▢平充錢。身東西不在，壹仰妻兒收後者▢▢▢［契］，畫指爲驗‖。”65TAM40：33《唐杜歡舉錢殘契》（3-297）：“▢▢▢可立契，畫指爲信‖。錢主康忽娑 E，▢▢人：杜歡，知見人：蘇子洛 E。”

填充符號“|”還繁化爲“|||”，用於契約、價抄或名籍中，以此符號填塞，表示正文到此爲止，此行不能再添加任何文字，請比較 72TAM204：18《唐貞觀二十二年（648）洛州河南縣桓德琮典舍契》（2-152）：“［貞］［觀］廿二年［八］月十［六］日，河南縣張▢▢、［索］法惠等二人，向縣訴桓德［琮］▢宅價錢，三月未得。今奉明府付坊正［追］向縣。坊正、坊民令遣兩人和同，別立私契。其利錢限至八月卅日付了。其贖宅價錢，限至九月卅日還了。如其違限不還，任元隆宅與賣宅取錢還足，餘乘任還桓琮。兩共和可，畫指爲驗。||| 負錢人桓德琮 E 琮。男大義 E 義。同坊人成敬嗣 E 嗣。坊正李差經。”65TAM40：28《唐杜定歡賃舍契》（3-298）：“▢▢［元］年六月廿日，高昌縣崇化鄉人［杜］［定］［歡］從證聖寺三綱僧練伯邊賃取里舍中上下房伍口，▢▢［有］門壹具。其舍中并得▢▢錢叁拾文。▢▢［錢］拾［伍］▢［到］二年二月卅日，与錢拾伍文。其舍▢▢▢年用坐，立契已後，不得悔，若▢▢▢錢肆拾文，入不悔人，兩和▢▢，畫指爲驗。||| 舍主僧：賃舍人杜定歡；知見人：索寶悦。”67TAM74：1/3《唐顯慶三年（658）趙知德上車牛道價抄》（3-79）：“趙知德上張甘塠伊州車牛道價銀錢［叁］▢，顯慶三年九月六日張甘塠領 |||。”64TAM4：41《唐總章三年（670）張善憙舉錢契》（3-223）：“總章三年三月十三日，武城鄉張善憙於左僮憙邊舉取銀錢肆拾文，每月生利錢肆文。若左須錢之日，張即子本具還。前却不還，任掣家資，平爲錢直，身東西不在，仰收後代還。兩和立契，獲指爲記 |||。錢主。貸錢人張善憙 E，保人男君洛，保人女如資，知見人高隆歡 E，知見人王父師 E，|| 知見人曹感。”73TAM509：19/8《武周天山府下張父師團帖爲追虞候赴州事》（4-255）：“▢▢▢帖校尉張父師團▢▢虞候 ||| ▢▢［稱］追見在虞候速赴州，擬革▢▢▢ ▢▢▢所游奕，覘探，并

鞍馬器仗，一［月］□□□ □□□□□□月十七日到州，此已録申州
訖□□□□［仰］團速即［發］遣，齎一月［糧］□□□□"（武周新字
已轉寫爲現代漢字）59TAM302：35/2《唐貞觀廿三年（649）趙
延濟送死官馬皮肉價練抄》（2-184）："廿三年十二月十二日趙延
濟送死官馬皮宍價練叁匹，典張德頽領 |||。"

　　填充符號又有作"┐"者，大谷3102《唐代某人租佃契》
（《大谷》二圖版六一）："（前缺）種田□□□不得田［佃］［者］
□□□□ □□□□兩主言和，獲指爲驗┐。"

　　如果"┐"標指右邊，則是核對符號，73TAM509：8/1（a）
之三《唐寶應元年（762）六月康失芬行車傷人案卷》（4-331）：
"但失芬（引者按：此三字右邊有墨筆標注的┐，乃核對符號），
身是處蜜部落百姓，靳嗔奴雇使年作，今日將√使車牛，向城外
般墼，却回行至城南門口，遂碾前件人男女，損傷有實。"（此件
文書第16行"靳嗔奴扶車人康失芬年卅"下空白處有竪寫三點，
也是核對符號，其筆墨濃淡與該行右邊大寫的經辦官員"鉦"的
簽名一樣，此核對符號可能即出自此人。）

　　填充符號也可以叫作終文符號、間隔符號或層次符號。頗
有意思的是，在成都龍泉驛出土的清代系列《陰地送買賣契約》
中，也有類似的符號，如乾隆五十六年九月十八日所立契，契
約正文結束後，有"○○り"，嘉慶十六年十二月十七日所立契
有"○"，道光六年六月初五日有"○○"，道光十五年三月十三
日有"○○○"，道光二十八年八月初二日契有"┐○○○"，同
治六年五月十四日契有"り"。[①]在貴州清水江流域所出同治元年
十二月廿三日《龍敬德洞半坡房屋斷賣契》中，正文結束後，標
明"内添三字"[②]。可見從古到今，契約正文是嚴防添加的，因爲
它涉及相關條款。

---

① 圖版見胡開全主編《成都龍泉驛百年契約文書研究》，巴蜀書社，2012，第241頁。
② 圖版見高聰、譚洪沛主編《貴州清水江流域明清土司契約文書·九南篇》，民族出版
　社，2013，第371頁。

五　删除符號

　　删除符號有時是三點，即"氵"。73TAM524：34（a）《高昌章和五年（535）取牛羊供祀帳》（1-132）："章和五年乙卯歲正月日，取嚴天奴羊一口，供始牪，辰英羊一口，供始牪，合二口。次三月十一日，取胡未駒羊一口，供祀風伯。次取麴孟順羊一口，供祀樹石。次三月廿四日，康祈羊一口，供祀丁谷天。次五月廿八日，取白姚羊一口，供祀清山神泅氵渾堂。"此件文書中的"供祀清山神泅氵渾堂"的識讀，向來爲學者們所關注，也是前賢時彥聚訟紛紜的一椿疑案。姜伯勤將"泅渾堂"識讀爲"清輝堂"，於是，"供祀清山神泅渾堂"遂識讀成"供祀清山神清暉堂"[1]，張廣達的識讀與之相近，袛是將"泅"讀爲"溷"[2]，王素認爲"泅"後的"氵"是删除符號[3]，我們檢原卷圖版文字"供祀清山神泅渾堂"，發現實際情形是這樣的：在"祀"的右邊空白處，有"泅"字，而"泅"的旁邊又有"氵"這一符號，這是典型的删除符號，王素的判斷不無道理。頗疑書寫者的原意是要寫成"渾堂"，但是寫"渾"時把字誤寫成"泅"，這主要是因爲兩字形、音、義相同的緣故，遍檢古今字典辭書均無此字，所以"泅"又可能是"溷"的誤字，考"渾"與"溷"在讀音上完全相同。"溷"在《廣韻》中都是胡困切，去聲慁韻匣母，屬於諄部，今讀爲 hùn；在《集韻》中還有一讀是胡昆切，平聲魂韻匣母，讀爲 hún，諄部。"渾"在《廣韻》中是胡本切，上聲混韻匣母，屬於諄部，今讀爲 hùn；在《廣韻》中還有一讀是户昆切，平聲魂韻匣母，諄部，今讀爲 hún，所以"渾""溷"在古代完全同音，在意義上也非常接近，考《説文・水部》："渾，溷流貌。"《廣雅・釋詁三》："溷，濁也。"玄應《一切經音義》卷一二"厠圂"條："胡困反。《釋名》云：厠，言人雜厠在上也；或曰圂，

① 見氏著《吐魯番所出高昌"祀天"文書考》，載殷晴主編《吐魯番學新論》，新疆人民出版社，2006，第 75 頁。
② 見氏著《吐魯番出土漢語文書中所見伊朗語地區宗教的蹤迹》，載殷晴主編《吐魯番學新論》，第 19 頁。
③ 王素《高昌火祆教論稿》，載《歷史研究》1986 年第 3 期。

言溷濁也；或曰圊，言至穢處，宜當修治潔清也。"《急就篇》："屏厠清溷糞土壤。"顔注："厠之言側也，亦謂僻側也。清，言其處特異餘所，常當加潔清也。溷者，目其穢濁也。屏厠、清、溷，其實一耳。柔土曰壤，言屏厠之地，以糞穢，則其土爲壤也。"《補》："《説文》：'厠，清也。''圂，厠也。'《釋名》曰：'厠，雜也。言人雜厠其上也。'《張敖傳》：'要之置厠。'《漢書》注：'賈逵解《周官》云：牏，行清也。''牏音投。'《國語》謂之'豕牢'，《後漢·李膺傳》謂之溷軒。圊音清，厠也。"又考《篇海類編·地理類·水部》："渾，濁也。"是其證。這裏還有一個非常重要的證據，60TAM337：11/1 之四高昌延昌八年（568）寫《急就章》古注本（2-234）所存第一九章有"屏［厠］清溷軰土壤"，注："屏□□［溷］［渾］皆厠名也。或宜後或□□或□□師曰：溷清徐厠軒臭□。"其中的"清溷"，顔師古本同，但是松江本作"溷渾"，宋太宗本作"圊溷"。[①] 所以上引吐魯番出土文書的書寫者删去"溷"，在旁邊加上一個删除符號"氵"，而"渾堂"二字就在"清山"旁邊，原卷文字似應讀爲"供祀清渾堂山神"。"清渾堂"可能類似"清徽堂"或"清暉室"，這個詞或許源自北魏，高昌國受到北魏的影響頗深，我們已有詳考[②]，"清徽堂"在《魏書》卷五三《李沖傳》中出現兩次："高祖引見公卿於清徽堂，高祖曰：'聖人之大寶，惟位與功，是以功成作樂，治定制禮。今徙極中天，創居嵩洛，雖大構未成，要自條紀略舉。但南有未賓之豎，兼兗蠻密邇，朕夙夜悵惋，良在於兹。取南之計決矣，朕行之謀必矣。若依近代也，則天子下帷深宮之內；準上古也，則有親行，祚延七百。魏晉不征，旋踵而殞，祚之修短，在德不在征。今但以行期未知早晚。知幾其神乎，朕既非神，焉能知也。而頃來陰陽卜術之士，咸勸朕今征必克。此既

① 參周祖謨《記吐魯番出土〈急就篇注〉》，收入《周祖謨語言學論文集》，商務印書館，2001，第424~428頁，引用文字見第426頁。
② 參見王啓濤《吐魯番文獻合集·儒家經典卷》上編《吐魯番經學史》第一章《古代吐魯番經學繁盛的原因》第三節《古代吐魯番的漢文化及其北魏因素》，巴蜀書社，2017，第52~70頁。

家國大事，宜共君臣各盡所見，不得以朕先言，便致依違，退有
同異。'沖對曰：'夫征戰之法，先之人事，然後卜筮，今卜筮雖
吉，猶恐人事未備。今年秋稔，有損常實，又京師始遷，衆業未
定，加之征戰，以爲未可。宜至來秋。'高祖曰：'僕射之言，非
爲不合。朕意之所慮，乃有社稷之憂。然咫尺寇戎，無宜自安，
理須如此。僕射言人事未從，亦不必如此。朕去十七年，擁二十
萬衆，行不出畿甸，此人事之盛，而非天時。往年乘機，天時乃
可，而闕人事，又致不捷。若待人事備，復非天時，若之何？如
僕射之言，便終無征理。朕若秋行無克捷，三君子并付司寇。不
可不人盡其心。'罷議而出。後世宗爲太子，高祖醮於清徽堂。
高祖曰：'皇儲所以纂歷三才，光昭七祖，斯乃億兆咸悦，天人
同泰，故延卿就此一醮，以暢忻情。'高祖又曰：'天地之道，一
盈一虚，豈有常泰。天道猶爾，況人事乎？故有升有黜，自古而
然。悼往欣今，良用深歎。'沖對曰：'東暉承儲，蒼生咸幸。但
臣前忝師傅，弗能弼諧，仰慚天日，慈造寬含，得預此醮，慶愧
交深。'高祖曰：'朕尚弗能革其昏，師傅何勞愧謝也。'"又檢
《北史》卷五《西魏文帝紀》："四年春正月辛西，拜天於清暉室，
終帝世遂爲常。"而《永樂大典》本《河南志》記載北魏城闕有
"光極堂、宣極堂、清徽堂、西柏堂、凝閒堂（胡太后置鐘於此
堂）"，主要用於拜見或祭祀祆教的天或山神。而祆教裏對山神的
崇拜是突出的，粟特語本《太子須大拏本生經》第 1205~1206 行
記載了對樹木、山石、泉溪精靈的崇拜。[1]

---

[1]　E.Benveniste，Vessantara Jataka，*Texte sogdienédité*, traduit commenté, Paris, 1946,
p.72；J.Lerner，*Central Asians in Sixth-Century China, A Zoroastrian Funerary* Rite,
IA30，[Festschrift Schippmann]，1995，vol.2，179-190. 對 "山神" 的崇拜在漢文化
中也普遍流行。考《禮記·月令》："命有司爲民祈祀山川百源，大雩帝，用盛樂。"
《後漢書》八六《西南夷傳·苒都夷》："是時郡尉府舍皆有雕飾，畫山神海靈奇禽異
獸，以眩耀之，夷人益畏憚焉。"又檢《高僧傳》卷五《義解二》"晉山陰嘉祥寺釋慧
虔"："山陰比寺有淨嚴尼，宿德有戒行，夜夢見觀世音從西郭門入，清暉妙狀，光映
日月，幢幡華蓋，皆以七寶莊嚴。見便作禮。問曰：'不審大士今何所之。'答云：'往
嘉祥寺迎虔公。'因爾無常。當時疾雖綿篤，而神色平平，有如恒日。侍者咸聞異香，
久之乃歇。虔既自審必終，又睹瑞相。道俗聞見，咸生嘆羨焉。"又請比較北魏楊衒
之《洛陽伽藍記》卷二："秦太上君寺，胡太后所立也。……在東陽門外二里御道北，
所謂暉文里。"

　　删除符號有時是四點，即"彡"。64TAM23：16《高昌延和四年（605）某甲隨葬衣物疏》（1-306）："延和四年乙酉歲正月十九日，大德比丘，厶甲彡（引者按："彡"在"厶甲"二字旁邊，乃删除符號）南光敬移五道大神，仫弟子某甲五戒，專修十善，宜向遐齡，永保難老，昊天不冨，以此月忽然命過，迳涉五道，幸莫呵留，任度，急急如律令。請書張堅古。時見律定度。"75TKM91：17《奴婢月稟麥帳》（1-77）："合給肆斛貳斗。奴文德，婢芳容二人，々日稟麥五升，合給麥三斛。奴子虎生一人，々日給稟麥二升。合□□［陸］六彡（引者按：彡，删除符號，圖錄本《吐魯番出土文書》漏錄"六彡"，且"陸"未加殘泐號）斗。都合柒斛拔斗，請紀識。"

　　删除符號有時是"丷"或"卜"，67TAM363：8/2（a）之一《唐景龍四年（710）卜天壽抄〈十二月新三臺詞〉及諸五言詩》（3-583）："十二月三臺詞新。正月年首，初春□□，改故迎新，李玄附靈。求孝樹夏（下），乃［逢］□琛。項托柒歲，知事甘羅，十二想秦，□無良妻。解夢馮唐，寧得忠辰（臣）。二月遙望梅林，青條吐葉。寫書今日了，先生莫醶（嫌）池（遲）。明［朝］是賈（假）日，早放學生歸。了抄。伯鳥頭林息丷（引者按：右兩點丷，删除符號）宿，各々覓高［支］。□更分散去，苦落（樂）不相知。日落西山夏（下），潢河東海流。□□不滿百，恒作方卜（引者按：卜，删除符號）萬年憂。了□。高門出己子，好木出良才。交□學敏去，三公河處來。靜慮寺羅城外寧戎寺□藺玄覺寺路地坐捌月利□恭。寫書人○○。他道側書易，我道側［書］□。側書還側讀，還須側眼□。學開覺寺學，景龍四年五月。孝問非今日，維須迹（積）年多。看阡（千）藺（潤）水，萬合始城（成）河。西州高昌縣寧昌鄉淳風里義學生卜天壽年十二，狀□□□□右出身以來，未經歷任，天地玄黃，宇宙洪荒，日月盈昃，辰宿列張。寒來暑往，臊件通今月中旬臨書狀如前，謹臊。"

　　删除符號也可以是一條劃線"—"，如TAM240：1/5《唐借麥殘契》（4-50）："▭▭▭［九］年▭▭▭并妻二人於▭▭▭酙

［柒］㪽，□□限□〔＿＿＿〕若□期不付，任［奪］〔＿＿＿〕充麥［直］。
有剩不［追］，〔＿＿＿〕□仰收後［妻］［兒］代還。兩□［和］□，
畫指爲記〔＿＿＿〕什之云二四 E（引者按："什之云二四"用一橫劃
掉）〔＿＿＿〕毛（三）娘。"删除符號往往也表達了意味深長的信
息，OR.8210/ 斯 5871D.VII.4a《唐建中三年（782）閏正月行官
霍昕悦便粟契》（沙、吳 2-318）："大曆十七年閏［正］〔＿＿＿〕無
糧用，交無〔＿＿＿〕於護國寺僧虔英邊便粟壹拾柒〔＿＿〕粟霍昕悦自
立限至九月内還。如違［限］□□□［任］僧□［英］牽掣霍昕
悦家資牛畜，將充粟直。有剩不追，恐人無信，故立私契。兩
［共］對面平章，畫指爲記。粟主 E。便粟人行官霍昕悦年卅七
E；同便人妻馬三娘年卅五 E（引者按：右邊從"卅"字旁邊畫
指，然後也押字，形狀類似"非"）。同取人女霍大娘年十五（引
者按：押字類似"以"）。"此件文書中，粟主一欄先有畫指"E"，
具體位置是右邊靠近"畫指爲記"旁畫指，但又劃掉，這一細節
恰好説明此人是契約强勢一方，是契約最終持有者，所以即使畫
指，也要删掉（可以對照本文前面"畫指符號"所論有關内容）。
又比如 60TAM320：13/1-13/4-2《高昌延和十年（611）田相保等
八人舉大小麥券》（1-322）："延和十年辛未歲二月一日，合右七
人從趙松柏邊舉大小麥，大［麥］壹觔，生作觔半；小麥壹觔，生
作壹觔陸升。田相保取大麥□□□□觔，田阿慷（？）取大麥貳
觔，范養佑取大麥仟觔〔＿＿＿〕仟觔。趙衆僧［取］［大］［麥］［貳］
［觔］，王阿相取大麥捌觔，張阿悦取小麥肆觔。羊歡伯取大麥拾
觔，次取小麥壹觔。麴西相取大麥肆［觔］。大麥到五月内償麥使
畢。小麥到七月内償小麥［使］□。□□□［不］上，壹觔生麥
壹觔。若八人申［東］［西］［無］，［仰］［婦］□［償］。［若］□
［却］不上，聽扯家財爲麥直。九主［和］［同］立卷，々城之後，
各［不］得返悔。々者壹罰二入不悔々［者］。［民］［有］［私］
［要］，［々］［行］二主，各自署名爲□。□□：□□□時見：張
胡禮。"吳震注："原件自二行'田相保'，至此作删勾，疑是償

麥時所加。"① 如果吳先生所言不誤，此處的刪除符號與文書原有文字不是同人、同時產生的，它與核對、確認符號有類似的作用。又比如 73TAM509：8/26（b）《唐唐昌觀申當觀長生牛羊數狀》（4-338）："唐昌觀狀上。當觀 O 長生羊大小惣二百卅八口，一百五十二口白羊，卅八口羖羧。羔子卅八口。卅八五八口，今年新生羔子。牒：當觀先無群牧，三五年諸家佈施及贖生，零落雜合，存得上件數。具色目［如］前，請處分。""羔子卅八口"被刪掉，然後接着寫"卅八五八口，今年新生羔子"，似乎意味着起草此文時頗費了一番躊躇，最終是希望表達得更加準確。所以研究刪除符號，可以發現許多背後的信息。

有時候刪除功能用塗抹來完成。64TAM15：23《唐貞觀十四年（640）張某夏田契》（2-25）："□□□［寶］寺［都］□□匡渠常田拾柒畝，々与別□□□［畍］，到十月内与夏價□□□種床，与伍畍種□□□与耕田人。床、粟、麥要□□□渠破水漑，仰耕田人承了。□□□要迨丑歲壹年用種。風□□□壹車。治渠聖道張□□□成之後，各不得返□□□私要，々行二口。""畝，々與"之"与"，唐長孺主編圖録本《吐魯番出土文書》所録如此，但檢圖版，"与"似乎已經塗抹。"畝"右下角有一點，乃重文符號。圖録本《吐魯番出土文書》注："畝与別：疑倒，應作'畝別与'。"）"畝与（與）""畝別"在吐魯番文書中甚多，請比較"畝与"，64TAM15：16《唐貞觀十五年（641）西州高昌縣趙相□夏田契》（2-29）："貞觀十五年正月三日，趙相□□□□夏康寺柒頃碑舍後小康寺田□□□畝与夏價麥高昌畍中叁畍伍□□□内上麥使畢，到十月内上秋□□□向常取。若過期月上麥□□□斦。租儲伯伇，仰田主□□□□□［之］後，各不得返［悔］□□□［指］［爲］信。"又請比較"畝別"，73TAM506：04/10-2《唐天寶十三載（754）張元舉男方暉租田契》（4-570）："［張］元舉

---

① 有時候刪除符號用"、"表示，當是"冫"的省寫。73TAM506：04/8《唐馬寺尼訴令狐虔感欠地子辭稿》（4-577）："柳中縣百姓令狐虔感負二年地子青麥一石六⑪□六斗。住在高寧城。O 右件常住地在高寧城，被上件人每常强力遮護佃種，皆欠三年二年子，不與地子。常住無人，尼複□□弊。其人憎老縱（引者按，此字下有一"、"）往人往征，又［被］□□⑪.尼女人不□□□頗疑此處的"、"是刪除符號。

（？）男方暉，於楊晏邊領得沙堰渠部田貳畝，交領租價畝別式
斗。其地要經天十四載佃種。”73TAM506：04/15（a）《唐趙拂
昏租田契》（4-582）：“▭▭［趙］［撥］［昏］租取馬寺前件地
來年佃種，畝別准青麥畝捌斗，粟畝別玖斗，計麥壹碩陸斗。粟
計壹碩捌斗。其官稅子，仰撥昏輸納□▭▭家事。准往例，渠
破水摘，仰佃人。如下子之□□□［田］佃者，仰寺別處与上替。
其麥伍月□▭▭［月］内付净好者。兩家平和，畫指爲記。田主
馬寺尼；保人，保人。”

　　有時候表達删除功能的塗抹可謂濃墨重彩。73TAM506：07
《唐大曆七年（772）馬寺尼法慈爲父張無價身死請給墓夫賻贈事
牒》（4-396）：“▭▭［袋］上柱國張無價▭▭廿七日不幸身
亡，爲家貧孑然，其父先▭▭准式身死比日收將在寺贍養，合
有墓夫賻贈，伏乞請處▭▭⑰Ｏ人㊏多少田苐人夫葬送。貧
尼女人即得濟辦。大曆七年六月日百姓馬寺尼法慈牒。”圖録本
《吐魯番出土文書》“説明”：“一至三行間，自上而下有横塗墨痕
三道。”

六　倒乙符號

　　倒乙符號一般用“√”。64TAM29：44之二《唐咸亨三年
（672）新婦爲阿公録在生功德疏》（3-335）：“復至二月十日，更
請十箇尼僧出罪。當未亡時，二月七日夜，阿公發心將家中七
酐大百師一口，施彌勒仏、玄覺寺常住。請［百］僧乞誦。并
誦二七√僧日行道，并造冊九尺五色幡一口。”“二七√僧日”
即“二僧七日”。64TAM10：35《唐傅阿歡夏田契》（2-208）：
“▭▭阿歡從同鄉人范酉□□□孔進渠［常］田貳畝，々□交与
銀錢□文。錢即日交□相√了。租殊佰□，仰田主承了；渠破水，
仰佃□人承了。田要□□年中佃種。兩和立契。獲指爲信。錢主：
傅阿歡 E，夏田人：范西隆 E，知見人：左素胡 E ▭▭知見人：
□□□。”“交□相√了”即“交相□了”，“兩和立契”下面有類
似佔據空格的符號，乃填充符號。

七　重文符號

一般是以下兩種形式："々""乙"[1]。檢趙翼《陔餘叢考》卷二二"重字二點"："凡重字下者可作二畫，始於《石鼓文》重字皆二畫。後人襲之，因作二點，今并有作一點者。"俞樾《茶香室四鈔》卷二六"印文疊字作二點"："國朝何琇《樵香小記》云：印譜有文三橋所作'努力加餐飯'一印，努字下左爲二點，云重力字；右爲二點，旁作口字，云重力字，合爲加字。餐字下爲二點，旁作反字，云重食字，合爲飯字。論者病其太巧，不知實祖秦刻石法。"[2]72TAM151：13《高昌義和三年（616）氾馬兒夏田券》（2-101）："義和三年丙子歲潤五月十九日，氾馬兒從无艮跋（？）子邊夏舊壈部田參畝，々与夏價床伍□□□內上床使畢，依官酙兒中取。床使畢，干，净好，若不干净□，聽向風常取。祖殊伯役，仰田主了；渠破水滴，仰耕田人了，風虫賊破，隨大匕列。二主和同立卷，々成□□，各不得返悔，々者一罰二人不悔者。民有私要，々行□□，□自署名爲信。倩書：張相熹；時見：馮衆［德］。"2001TSYMX1：1-2《唐呂致德租田契契尾》（榮、李、孟 373）有"知見人左猫乙"，"左猫乙"，《新獲吐魯番出土文獻》徑直録爲"左貓乙"，不確，原文書中的"乙"不是漢字而是重文符號，因此不可用今天通行的漢字"乙"對録，而應該録爲"左貓々"，或直接録爲"左貓貓"，請比較 67TAM74：1/7，1/8，1/10，1/11《衆阿婆作齋名轉帖》（3-81 ～ 82）有"□猫々阿婆弟十六 E □"。

---

[1] 《字彙·乙部》："乙，文字有遺落，勾其旁而添之亦曰乙。"
[2] 俞樾：《茶香室叢鈔》，中華書局，2006，第 1891 頁。

第五章 語言文字學與吐魯番文獻整理

第一節 從漢語史角度對吐魯番出土契券進行定名和斷代新探

對吐魯番出土文書的定名及斷代極爲重要，因爲這直接關係到文書的使用價值。但是，直到目前，這一方面還有一些疑難公案沒有解決。現在我們從漢語史角度切入，通過語言文字學手段，對迄今爲止尚存疑惑的吐魯番出土契券進行重新定名和斷代，同時歸納出四種方法：第一，根據文書的普通詞語進行斷代；第二，根據文書的術語、套語和句式進行定名和斷代；第三，根據文書的人名和地名進行定名和斷代；第四，根據文書的書法風格進行定名和斷代。

一百餘年來，在吐魯番出土了大量的契券，這些契券對研究中古時期吐魯番地區的政治、經濟、法律和社會生活以及絲綢之路各民族的交往互動提供了第一手資料。然而，由於這些契券多出自墓穴，往往是逝者的隨身葬品，經過剪裁之後附於遺體，千百年來經受逝者身體的腐蝕，加之出土之後剝離拆卸和搬運保存的人爲損壞，不少已高度碎片化。而各個時代的契券因多屬民間私契，常常書寫在某些文書的背面，是當時紙張二次利用的結果，受契券提供者和書寫者文化程度的影響，其間語言文字不規範的現象比比皆是，從而給契券的識讀、定名和斷代帶來了巨大的困難，直到目前，還有不少這一方面的公案需要了斷。

運用語言學方法對吐魯番出土文書進行命名和斷代，可以彌補史學文獻研究的不足（當然，此種研究方法祇是衆多研究方法中的一種，而不是全部或獨有），今從語言文字學的角度，對 18 件吐魯番出土契券的定名和斷代提出自己的觀點，不當之處，恭請海內外專家批評指正。

一　根據文書的普通詞語進行斷代

　　詞彙是語言三要素中與社會聯繫最緊密的部分，也是變化最靈敏、反應最快的部分。有時候，在十年或幾十年間，詞彙就會有變化，我們恰好可以根據變化的詞語，根據已有的詞彙史經驗去給疑難文書斷代，今舉以下二例以明之。

　　（一）59TAM301：15/4-3 文書（2-84）：“▢▢▢日，趙懷願從田劉通息阿豐邊買東南舍貳堀，即交与買價銀錢拾文。錢即畢，舍即付。舍容▢▢▢天，下至皇泉，舍中伏藏、役使，即日盡隨舍行。舍東共張□舉寺分垣，南共趙懷滿分垣，西詣道，北詣道，舍肆在之內，長不還，短不促，車行人道依舊▢▢▢了。貳主和同立券，々成之後，［各］▢▢▢，々者壹罰貳入□悔者。民有私要，々［行］▢▢▢□署名爲信。以息阿豐手，以至節爲明 E，不解書。倩書張武□，時見劉德□，［臨］［坐］▢▢▢”

　　按：圖錄本《吐魯番出土文書》將此件文書定名爲《唐西州高昌縣趙懷願買舍券》，但此件文書出現的“息（意爲‘子女’，既指兒子，也指女兒）”等詞語祇見於十六國、高昌國及初唐文書[①]，我們考察了此件文書的墓葬背景，圖錄本《吐魯番出土文書》

---

① “息”既可以指兒子，也可以指女兒（吐魯番所出十六國時期的契券文書，“子”常常作“息”，“息男”即兒子；“息女”即女兒）。65TIN029《〈金光明經〉卷二題記》：“庚午歲八月十三日，於高昌城東胡天南太后祠下，爲索將軍佛子妻息合家，寫此《金光明》一部，斷手訖竟。筆墨大好，書者手拙，具字而已。後有聰叡攬采之者，貫其懊義，疾成佛道。”（圖版載《新疆維吾爾自治區博物館》，文物出版社，1991，圖 84，又見朱玉麒主編《西域文史》第二輯，科學出版社，2007，圖版 1）2006TSYIM4：5-1《前秦建元二十年（384）三月高昌郡高寧縣都鄉安邑里籍（一）》（榮、李、孟 176）：“［齋］息女［顏］年廿一從夫。”2006TZJ1：165《北涼承平（？）七年八月高昌某人啓爲廉和得病以他人替代事》（榮、李、孟 274）：“宋萬平息、廉和謙息。右二人任代趙賣、李菳，爲辛沖、侯允▢▢▢▢ ▢▢▢▢曹書佐劉會白解，應申教，脫□▢▢▢▢□任代□▢▢▢”OR.8212/518 LM.I.ｉ018+（轉下頁注）

《説明》（2-81）：“本墓葬屍一具。無墓誌，出衣物疏一件，紀年已殘，據考爲唐代。所出文書兼有麴氏高昌及唐代，有紀年者爲唐貞觀十七年（643）。”更爲直觀的是，此件文書與以下這件高昌國文書驚人相似，可能是按照同一寫作範本寫成，64TAM10：37《高昌延壽八年（631）孫阿父師買舍券》（2-206）：“□□［八］［年］辛卯歲十一月十八日，孫阿父師從［汜］［顯］□□［買］東北坊中城里舍壹堰，即交与舍價銀錢叁伯文。錢即畢，舍付。舍東共郭相憙舍分垣，舍南詣道。々南郭養々舍分垣。［分］［垣］，［北］［共］翟左海舍分垣。舍肆在之内［悔］。若後有人何盜傆佫□舍中有皇金伏藏，行舍□舍行上薪草、出輦處盡依舊。若後有人何盜傆佫者，仰本主了。貳主和同立卷，々成之後，各不［得］返悔者，壹罰貳入不悔者。民有私要，々行貳，各自署名爲信。□中阿耆女舍中得兩澗舍用，蓋宕。倩書賈□□，［買］□□買舍去時舍［時］□□□□。”我們還發現了有關“趙懷願”的另一件文書，恰好是在高昌國延壽年間，68TAM99：5/7（a）《高昌延壽某年勘合行馬亭馬表啓（一）》（1-435）：“□□□［寧］行馬，冠軍三□□□□兒，參軍仏啚□□□□□護。郭海□，趙懷願□□□□守。”所以，我們認爲上件文書也應該是延壽年間的券，可定名爲《高昌延壽年間趙懷願買舍券》。

（二）75TAM239：12 文書（3-553）：“景龍貳年四月十七日，交河縣安樂城人宋悉感於高昌縣人成義感邊銅錢叁佰貳拾文。至其年八月卅日内，陸拾肆文作緤花貳拾斤；陸拾肆文至九月卅日内，作烏麻高昌平斗中玖斗；錢壹佰玖拾陸文，作粟壹拾斛捌斗。其物至九月卅日内不得，壹罰貳入成，如身東西不在，一仰

（接上頁注①）022《蒲蕖户口名簿》（沙、吳 1-52）：“息男蒲籠年六物故。”“息”本有滋生、生長義，《荀子·大略》：“有國之君，不息牛羊；錯質之臣，不息雞豚。”引申爲生育的子女，《正字通·心部》：“息，子息，子吾所生者，故曰息。”《史記》卷八《高祖本紀》：“臣有息女，願爲季箕帚妾。”張守節正義：“息，生也，謂所生之女也。”三國魏曹植《封二子爲公謝恩章》：“詔書封臣息男苗爲高陽鄉公，志爲穆鄉公。”在敦煌所出西涼户籍中，有不少“息”“息男”“息女”，參考陳垣《跋西涼户籍殘卷》，收入沙知、孔祥星編《敦煌吐魯番文書研究》，甘肅人民出版社，1983，第 1~7 頁。

[收] □□不。"

　　按：圖録本《吐魯番出土文書》定名爲《唐景龍二年（708）西州交河縣安樂城宋悉感舉錢契》，徐秀玲定名爲《唐景龍二年（708）宋悉感取錢作物契》，認爲這件文書是唐西州時期的手工業雇傭契[①]，徐氏對"作"字的理解不確，從而導致定名有誤。"作"在此件文書中應該是"換算作"，請比較 63TAM1：24《某人條呈爲取床及買氉事》（1-6）："楊裔從劉普取官床四斛，爲系十三兩。□□得床十一斛，作系二斤三兩半。"這實際上是用實物抵還銅錢。圖録本《吐魯番出土文書》的定名無誤。

二　根據文書的術語、套語和句式進行定名和斷代

　　前面談到根據文書的普通詞語可以斷代，現在論及根據文書的術語、套語和句式不僅可以給文書斷代，還可以給文書定名，因爲不同體裁的文書有不同的術語、套語和句式，不僅如此，同一體裁的文書，在不同的時代也有不同的術語、套語和句式，所以，術語、套語和句式完全可以成爲吐魯番契券定名和斷代的鐵證。目前，絕大多數吐魯番契券的定名和斷代已經完成，學者們已經對不同時期的契券術語、套語和句式比較瞭解了，用已經獲取的契券術語、套語和句式經驗，對一些疑難契券進行定名和斷代，就成爲一條頗爲穩妥可靠的路子，今試舉以下十一例以明之。

　　（三）72TAM153：39 [b]、40 [b] 文書（1-286）："□□□到六月内与大麥陸斛□□□。若過期不償，□月壹斛償□床粟麥壹斗。若渠破水謫，仰耕田人了。若□一若死一与秋七斛□□十月内償田主畝□畝与粟柒斛，与床柒□。"

　　按：圖録本《吐魯番出土文書》祇見圖版，沒有録文，而且沒有定名，祇標明《文書殘片》，王素重新定名和録文。王素將上揭文書定名爲《某人券草》，并指出："本墓出文書一二件，其中二件署麴乾固政權延昌年號，餘亦全爲麴氏高昌時期文書。附

---

① 徐秀玲：《隋唐五代宋初雇傭契約研究——以敦煌吐魯番出土文書爲中心》，中國社會科學出版社，2017，第4~41頁。

録殘片二件。其一爲二大片，但僅第一大片有字。其二塗墨，僅識前三行。"此所言第一大片即券草，王素又指出："本片正面爲《高昌延昌三十六年（596）宋某夏田券》。該券題解云：'本件背面有字四行，内容爲契券例語，但文意不連屬，語句欠通，似是隨意塗抹的字迹，今不録。"①

我們認爲此件文書實際上是一件夏田券，因爲其語言風格與同墓所出另一件文書極爲接近，72TAM153：39（a），40（a）《高昌延昌三十六年（596）宋某夏田券》（1-279）："延昌卅六年［丙］［辰］［歲］二月廿日，宋□□邊夏孔進渠常田叁畝，要迳陸年，畝与大麥［陸］九。畝床陸九，若種粟，畝与粟柒九。五月内□□［使］畢，十月［内］［上］［床］［使］［畢］。［若］［過］［期］［不］［上］，□□［壹］九上生麥床壹兒，床麥使净好，依官［九］□□［取］床麥之日，依腸取，々麥之，要木酒二斗。渠破水□，□□田人了。紫祖百役，仰田主了。"在初唐的租佃契中，語言風格和使用術語亦與此件文書接近，請比較大谷2828《張君行租佃契》（《大谷》一圖版一〇二）："若過期月不畢，壹月壹䤵上生麥壹斗。取麥之日，使麥净好。若不净好，聽向風飀取。田中租殊伯役，一仰田主了。渠破水謫（？），一仰租田人了。風破水旱，隨大匕列。"特別是像"渠破水謫，仰耕田人了"一類的術語，衹出現在夏田券中，故可作爲定名的鐵證。

（四）60TAM322：7/4（b）文書（3-109）："□□［于］□□［鄉］人［張］□□ 取銀錢□□"

按：圖録本《吐魯番出土文書》衹載圖版，未録文，且未定名，衹標記爲《文書殘片》。現録出，據文書文字，這是一件契約，因爲"取錢"是典型的借貸契術語，請比較64TAM4：37《唐總章三年（670）白懷洛舉錢契》（3-224）："兩和立契，獲指爲驗。錢主左，取錢人白懷洛，保人嚴士洛，知見人張軌端，

---

① 參看王素《〈吐魯番出土文書〉［壹］附録殘片考釋》，載中國文物研究所編《出土文獻研究》第三輯，中華書局，1998，第145~169頁。王素《吐魯番出土高昌文獻編年》（臺北新文豐出版公司，1997）第215頁定名爲《高昌殘券草》，并指出："原缺時間，正面爲延昌卅六年二月廿日宋某夏田券，本件應該在後。"

知見人索文達。""取錢"即"借錢",又請比較 64TAM19：36《唐咸亨五年（674）王文歡訴酒泉城人張尾仁貸練不還辭》（3-269）："▢▢▢[酒]泉城人張尾仁，▢▢▢件人去咸亨四年正月内立[契]▢▢▢ ▢▢▢銀錢貳拾文，准鄉法和立私契。▢▢▢拾文後▢▢錢貳文。其人從取錢已來，▢▢▢ ▢▢▢索，延引不還，酒泉去[州]▢▢▢ ▢▢▢[來]去常日空歸。文歡▢▢▢ ▢▢▢急，尾仁方便取錢，[人]▢▢▢。"

所以，上揭文書可定名爲《唐某人舉錢契》。關於此件文書的大致時代，圖録本《吐魯番出土文書》《説明》："本墓出唐龍朔三年（663）趙海玖墓誌一方，所出文書無紀年。"所以此件文書也應該與此時代相近，可定爲初唐作品。

（五）69TAM117：57/2 文書（2-292）："▢▢▢[壹]伯步▢▢▢ ▢▢▢[交（入？）]孔錢叁拾文▢▢▢ ▢▢▢錢不畢，入四月卅拾錢▢▢▢ ▢▢▢悉不知。仰張自承▢▢▢ ▢▢▢安自承支。仰張自▢▢▢ ▢▢▢垣，南共董子海桃▢▢▢ ▢▢▢垣，北住渠。桃肆▢▢▢ ▢▢▢[後]有人何道○者▢▢▢ ▢▢▢依舊通。▢見：吴海兒不解書至 E▢▢▢，▢書：曾相元。▢[坐]：安客得不解書至 E▢▢▢"

按：此件文書圖録本《吐魯番出土文書》定名爲《某人買葡萄園契》，没有標明具體時代。關於此墓的墓葬背景，圖録本《吐魯番出土文書》《説明》（2-288）："本墓係合葬墓，出男女屍各一具。女屍在外，顯係後葬。有唐永淳二年（683）張歡夫人麴連墓誌一方，屍身未出文書。男屍無墓誌，亦無隨葬衣物疏，據麴連墓誌，當即其夫張歡，其屍出紙靴一雙，内拆出文書一十三件，有紀年者，最早爲麴氏高昌丁亥歲，即延壽四年（公元六二七年），其餘多爲唐貞觀年間，最晚爲高宗▢▢元年。知張歡亦當卒於高宗世。"關於此件文書的大致年代，圖録本《吐魯番出土文書》《説明》（2-292）："本件紀年已缺，同墓所出兼有麴氏高昌延壽年及唐初文書。據契文'後有人何道'語，當是買賣契。契文於'四至'之後接寫'桃肆……'，以下殘損，當是'在之内'云云。因定本件爲買賣葡萄園契。唐代未見買賣田園契，疑爲高昌時物。"

我們認爲這是典型的高昌券，而且極有可能是高昌延壽時代的券，因爲"何（河、訶）盜（道）""依舊通"一類術語和套語祇出現在這一時期，以下是我們的統計結果。69TAM135：2《高昌延壽五年（628）趙善衆買舍地券》（1-410）："車行人盜，依舊通。若後右人河盜偲侉［者］，仰本主了。"64TAM10：37《高昌延壽八年（631）孫阿父師買舍券》（2-206）："□□［八］［年］辛卯歲十一月十八日，孫阿父師從［氾］［顯］□□［買］東北坊中城里舍壹堀，即交与舍價銀錢叁伯文。錢即畢，舍付。舍東共郭相悳舍分垣，舍南詣道。々南郭養々舍分垣。［分］［垣］，［北］［共］翟左海舍分垣。舍肆在之內［悔］。若後有人何盜偲侉，□舍中有皇金伏藏，行舍□舍行上薪草、出軰處盡依舊。若後有人何盜偲侉者，仰本主了。貳主和同立卷，々成之後，各不［得］返悔者，壹罰貳入不悔者。民有私要，々行貳，各自署名爲信。□中阿耆女舍中得兩潤舍用，蓋宕。倩書賈□□，［買］□□買舍去時舍［時］□□□□。"64TAM15：29/2《高昌延壽十四年（637）康保謙買園券》（2-23）："水道依舊通，若有人訶盜偲侉者，一仰本［主］□□人□。若有先悔者，罰銀錢壹伯文，入不悔□。"64TAM15：29/2《高昌延壽十四年（637）康保謙買園券》（2-23）："水道依舊通，若有人訶盜偲侉者，一仰本［主］□。"

（六）65TAM40：38文書（3-300）："〓〓〓〓八月四日，順義鄉大女康辰花□〓〓〓［六］文，［於］［崇］［化］鄉杜定歡邊〓〓　　〓〓嚴〓〓〓文，殘叁文，到令滿頭上錢使［畢］。〓〓〓月不畢，日別生利錢壹文。□。"

按：圖録本《吐魯番出土文書》定名爲《唐康辰花殘契一》，我們認爲可以定名爲《唐康辰花租佃契一》，理由有二。一是從文書句式上看，該件文書有"到令滿頭上錢使［畢］。〓〓〓月不畢，日別生利錢壹文"，請比較大谷2828《張君行租佃契》（《大谷》一《圖版一〇二、一〇三）："若過期月不畢，壹月壹酙上生麥壹斨。取麥之日，使麥凈好。若不凈好，聽向風揚取。田中租殊伯役，一仰田主了。渠破水譎（？），一仰租田人了。風破

水旱，隨大比例。"①60TAM337：18（a）《唐龍朔三年（663）西
州高昌縣九月十二日武城鄉人張海隆夏田契》（2-229）："若到頭
不佃田者，別錢伍拾文入趙。"二是從租佃術語"迳"可以定名。
我們發現與此件文書緊密聯繫的還有一件契約，即65TAM40：
31，32《唐康辰花殘契二》（3-300），在這件契約裏，有"要迳
壹［年］"，這是典型的租佃套語，農業耕作往往要以一年爲週
期，租佃期有時甚至不止一年，請比較73TAM506：04/9《唐
至德二載（757）楊堰租田契》（4-573）："至德二載九月廿六
日，順義鄉人楊堰▢▢▢▢麥各貳，於曹孝績邊租取沙堰▢▢▢▢貳
畝，經至德三載佃種。如到▢▢▢▢及改租別人者，其麥一罰貳
▢▢▢▢曹身東西不在，一仰妻▢▢▢▢［楊］當了。恐人無信，
故立此契［爲］▢。田主曹孝▢▢▢▢人男▢▢年廿（?）［下
殘］"73TAM506：04/7《唐天寶十三載（754）楊晏租田契》（4-
569）："天十三載十一月廿三日，楊晏交用［小］［麥］肆斟於竹
玄果邊，租天十四［口］分▢▢貳畝。其地要經一周載▢食。"

　　（七）65TAM40：31，32文書（3-300）："▢▢▢▢［辰］［花］
▢▢▢▢若▢▢［康］辰花与錢貳文，情（?）▢▢▢▢要迳壹
［年］▢▢▢［兩］［和］立契，獲指爲［記］。知見人［宣?］奴々。"

　　按：圖錄本《吐魯番出土文書》定名爲《唐康辰花殘契二》，
我們認爲可以定名爲《唐康辰花租佃契二》，因爲此件文書的套
語"要迳壹［年］"，這是典型的租佃套語，前已討論之。又請比
較64TAM10：40《孫沙彌子夏田契》（2-212）："▢▢▢昌鄉人董
尾柱邊夏石宕渠▢分常田貳畝。要迳六年壹年佃種。"64TAM4：
42《唐龍朔元年（661）左憧憙夏菜菌契》（3-210）："龍朔元年九
月十四日，崇化鄉人左憧憙於同鄉人大女呂玉赶邊夏張渠菜菌肆
拾步壹菌。要迳伍年，佃食年伍。即日交▢▢▢▢錢肆拾捌文。限
一年，到九月卅日與伍［文］。▢▢▢十月十▢▢　▢▢▢▢錢半文。
若▢▢▢滿依▢▢▢［菌］▢滿，一罰三分，菌中渠破水滴，仰治

---

① 圖版見小田義久責任編集《大谷文書集成》第一卷圖102，103，錄文見第102頁，
京都：法藏館，1990。今據圖版重新識錄。

蘭人了。祖殊伯伇，仰蘭主了。榆樹一具付左。兩和立契，畫指爲［信］。蘭主大女□□□。"總之，"迳"總是與土地耕種相關，又請比較69TAM134：9《唐麟德二年（665）牛定相辭爲請勘不還地子事》（2-216）："縣司：定相給得前件人口分部一畝，迳今五年有餘。"

（八）60TAM322：7/3-2（b）文書（3-109）："▭▭□□□▭▭ ▭▭趙。若趙須錢之〔日〕▭▭ ▭▭若延［引］□□□□取（?）▭▭"

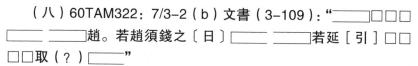

按：圖録本《吐魯番出土文書》祇載圖版，未録文，且未定名，祇標記爲《文書殘片》。現録出，據文書文字，這是一件契約，因爲"須錢"是典型的借貸術語，意思是"急需錢"、"缺錢"（往往指錢主——債權人——没有錢用，需要債務人趕快還錢）。請比較64TAM4：38《唐顯慶五年（660）張利富舉錢契》（3-209）："顯慶五年三月十八日，天山縣南平鄉人張利富於高昌縣崇化鄉人左憧憙邊舉取銀錢拾文，月别生利錢壹文。到左還須錢之日，張即須子本俱還。若身東西不在，一仰妻兒及保人等代，若延引不還，聽掣家資雜物，平爲錢直。兩和立契，畫指爲信。錢主。舉錢人張利富Ｅ（引者按：畫指），保人康善護Ｅ，知見人。"64TAM4：41《唐總章三年（670）張善憙舉錢契》（3-223）："若左須錢之日，張即子本具還。前却不還，任掣家資，平爲錢直，身東西不在，仰收後代還。"

所以，上揭文書可定名爲《唐某人舉錢契》。關於此件文書的大致時代，圖録本《吐魯番出土文書》説明："本墓出唐龍朔三年（663）趙海玖墓誌一方，所出文書無紀年。"所以此件文書也應該與此時代相近，可定爲初唐作品。

（九）60TAM322：7/3-1文書（3-109）："▭▭若其延引［不］▭▭ ▭▭若身［東］［西］▭▭"

按：圖録本《吐魯番出土文書》祇載圖版，未録文，且未定名，祇標記爲《文書殘片》。現録出，據文書文字，這是一件契約，因爲文中出現"延引"，這是典型的借貸契術語，意思是"拖延時間"。64TAM4：39《唐乾封元年（666）鄭海石舉銀錢契》

（3-216）："到左須錢之日嗦即須還。若鄭延引不還左錢，任左牽掣鄭家資雜物，口分田薗，用充錢子本直取。"①

根據内容，上揭文書可定名爲《唐某人舉錢契》。關於此件文書的大致時代，圖録本《吐魯番出土文書》説明："本墓出唐龍朔三年（663）趙海玖墓誌一方，所出文書無紀年。"所以此件文書也應該與此時代相近，可定爲初唐作品。

（十）TAM240：1/1—1（a）文書（4-48）："開□□年十□□ □□□糧食於□限推□□□ □□□西不"

按：圖録本《吐魯番出土文書》説明："本件同紙前隔間二行，尚有二行殘字，除一「田」字外不可辨識。與本件無關。"此件文書可以定名爲《唐開元□年借糧殘契》。這可能還是一件糧食借貸限期内無償借貸的契約。因爲文書中出現了兩個術語：一個是"限"，即期限；另一個是"推"，即推延。請比較72TAM187：194（a）《唐高昌縣史王浚牒爲徵納王羅雲等欠税錢事》（4-207）："其人到此，遂即疹患，久違不納。請限三日内輸納。如有推延，阿麴請受重杖十下者。"

（十一）73TAM116：57/3-57/19文書（1-375）："（六）□陰各了□（七）倩書□（八）□［夏］（？）明熹（九）□月中□（一〇）□□□□［歲］□"

按：圖録本《吐魯番出土文書》祇見圖版，没有録文，而且没有定名，祇是言《文書殘片》，王素重新定名和録文。并指出："本墓出文書八件，其中二件署麴伯雅政權延和、重光年號，餘亦全爲麴氏高昌時期文書。附録殘片二件，第一件爲五小片，第二件爲一七小片，其中五小片字殘不識。"殘券乃第二件之第（六）（七）（八）（九）（一〇）小片。王素又指出："同

---

① 又請比較2004TAM396：14（1）《唐開元七年（719）四月某日鎮人蓋嘉順辭爲郝伏憙負錢事》（榮、李、孟15）："開元七年四月日鎮人蓋嘉順辭：同鎮下等人郝伏憙負錢壹阡文，府司：前件人去三月内，於嘉順便上件錢，將前蒙司馬判命就索，其人遷延與，既被將藏避，請乞處分，謹辭（後缺）。""引"本有"拉長"、"延長"義，北魏酈道元《水經注·江水》："常有高猿長嘯，屬引淒異。""遷"有移動、變易、避開義，《廣雅·釋言》："遷，移也。"《玉篇·辵部》："遷，易也。"《詩·小雅·巷伯》："豈不爾受，既其汝遷。"毛傳："遷，去也。"馬瑞辰通釋引《廣雅》："遷，避也。"

墓有夏田殘券二件，以上五小片，書法及內容分別與該二殘券相似，疑爲該二殘券之殘片。"所言是 [1]。我們謹將此文書殘片定名爲《高昌殘券》。因爲其中出現了"倩書"這一術語，又寫作"請書"（"倩""請"寫本無別），意思是"請代寫券的人"，這是麴氏高昌時期典型的券契術語。又請比較 64TAM23：16《高昌延和四年（605）某甲隨葬衣物疏》（1-306）："請書張堅古。時見律定度。"72TAM205：2《高昌重光元年（620）缺名隨葬衣物疏》（1-360）："時人張堅固、請書李定度。"75TKM88：1（b）《北涼承平五年（447）道人法安弟阿奴舉錦券》（1-88）："倩書道人護，時見道智［惠］、永安。"60TAM308：8/2，8/3《高昌殘券》（1-248）："倩書道人法賢，時見張過兒。"67TAM365：13《高昌殘券》（1-300）："_____［見］杜保得，倩書張僧住。"69TKM48：12《高昌倩書索善伯殘券》（2-162）："倩書索善伯；時見宋崇□。"64TAM31：12《高昌重光元年（620）信女某甲隨葬衣物疏》（1-358）："倩張堅固，時見李定杜。若欲求，海東豆；若欲覓，海西辟。"60TAM335：10《高昌延昌三十二年（592）缺名隨葬衣物疏》（1-253）："清書史堅故_____［張］定杜。"97TSM1：5《闞氏高昌永康十二年（477）閏月十四日張祖買奴券》（榮、李、孟 125）："民有私要，々行，沽各半。請宋忠書信。時見：祖疆、迦奴、何養、蘇高昌、唐胡。"

（十二）66TAM49：17 文書（4-381）："_____主保知當，不關買人［之］_____ _____［爲］人無信，故立私契。兩共 _____ _____［指］［爲］［記］。"

按：圖録本《吐魯番出土文書》定名爲《唐某人買賣契》，并有說明（4-381）："本墓無墓誌及隨葬衣物疏。僅出文書一件，亦無紀年。據墓葬形制、同出文物及書法推斷，知屬唐代。"根據當時的契約慣例，我們認爲可能是買賣牲畜（牛）一類的契約，因爲文書中有"_____主保知當，不關買人［之］_____"這一類

① 參看王素《〈吐魯番出土文書〉［壹］附録殘片考釋》，載中國文物研究所編《出土文獻研究》第三輯，中華書局，1998，第 145~169 頁。

句式和術語、套語，請比較 73TAM509：8/10《唐開元二十一年
（733）石染典買驏契》（4-279）："馬壹疋，驏敦，六歲。開元廿
一年正月五日，西州百姓石染典交用大練拾捌疋，今於西州市買
康思禮邊上件馬，其馬及練，即日各交相分付了。如後有人寒盜
識認者，一仰主保知當。不關買人之事。恐人無信，故立私契。
兩共和可，畫指爲記。練主。馬主：別將康思禮年卅四。保人：
興胡羅世郍年卌。保人：興胡安達漢年卌五，保人：西州百姓石
早寒年五十。"73TAM509：8/7《唐開元二十一年（733）石染典
買驏契》（4-280）："其驏及練，［即］日交相付了。如後寒盜有人
識認，一仰主保知，不關買人之□。"所以我們將此件契約定名爲
《唐某人買畜契》。

（十三）60TAM317：30/7 文書（3-91）："□□□□［冨］年
十二□□□ □□□□練即畢，人即付□□□ □□□名者，仰本主了
自［當］□□□ □□□指爲信。"

按：圖錄本《吐魯番出土文書》定名爲"《唐某人買奴（？）
契》"，但是又不能確定，今按圖錄本《吐魯番出土文書》是，因
爲契約有"練即畢，人即付"這一類套語，這是典型的奴婢買賣
套語，請比較 75TKM99：6（a）《北涼承平八年（450）翟紹遠
買婢券》（1-92）："賈則畢，人即付。"

三　根據文書的人名和地名進行定名和斷代

人名和地名是專有名詞，與前面討論的普通詞語和術語、套
語不一樣。如果一個人名既出現在這件文書中，又出現在另外一
件文書中，則説明兩件文書的年代相差不會太遠，古人的年歲，
往往不過百年，所以，兩件文書的年代差距也不會超過百年，假
如其中有一件文書的年代已經確定，那麼，另一件疑難文書的年
代我們就心裏有數了。另外，文書中有的地名極爲關鍵，我們定
名時千萬不能忽略它們，今試舉三例以明之。

（十四）69TAM117：57/1《某人用練買物契》（2-297）：
"□□□妻相□□□ □□□練六匹，練用□□□ □□□後有人何盜偑

□□□ □□□［罰］白練廿匹入悔□□□□［書］：寧歡保 E，
□□□白憙相卅五 E，□□□王相願卅 E，□□□吳海兒五十 E，
□□□何善信卅 E，□□□［人］康諱得 E。"①

按：圖録本《吐魯番出土文書》將此件文書定名爲《某人用
練買物契》，没有言其年代，足見其審慎。此件文書有"吳海兒"，
此人又見于以下一件文書，69TAM117：57/2《某人買葡萄園契》
（2-292）："□□□［壹］佰步□□□ □□□［交（人?）］孔錢叁
拾文□□□ □□□錢不畢，入四月卅拾錢□□□ □□□悉不知。仰
張自承□□□ □□□安自承支。仰張自□□□ □□□垣，南共董子
海桃□□□ □□□垣，北住渠。桃肆□□□ □□□［後］有人何
道○者，□□□ □□□依舊通。□見：吳海兒不解書至 E□□□
□書：曾相元。□［坐］安客得不解書至 E。"根據我們的考證，
"吳海兒"是高昌時候的人，這件文書實際上是高昌券。還有"入
不悔"省寫爲"入悔"，也是高昌券的特點，60TAM326：01/3
《高昌某人從寺主智演邊夏田券》（2-252）："寺主智演邊夏力渠
田長√南田三［畝］，□與夏價小麥貳斛五斗。若渠破水諽，仰
［耕］田了；若紫租百役，仰寺主了。二主［各］□□返悔。々
者壹罰二入悔者。民佑□□，□□［二］主，各自署名爲信。倩
書□易百（?）師。□□：□□□。"所以我們認爲 69TAM117：
57/1《某人用練買物契》（2-297）應爲高昌券，可定名爲《高昌
某人用練買物券》。

（十五）2004TBM113：6-4 文書（榮、李、孟 63）："□
［亨］元年五月廿二日，寧大鄉［人］□□□□［歡］信交用錢叁
文，故同鄉［人］□□□□［守］議作白水爲用五日，若［有］
□□□□者，一仰守議知當官罪。白［歡］□□□□［兩］和立
契，畫指爲信。錢主白歡［信］。寧"

按：《新獲吐魯番出土文獻》定名爲《唐咸亨元年（670）五
月二十二日西州高昌縣寧大鄉白歡［信］雇人契》，我們認爲此
契可定名爲《唐咸亨元年（670）五月二十二日西州高昌縣寧大

---

① "E"代表畫指。

鄉白歡信雇人作白水契》或《唐咸亨元年（670）五月二十二日
西州高昌縣寧大鄉白歡信雇人作屯契》。其中的"白水"即白水
澗，伯2009《西州圖經》載有白水澗道，稱"右道出交河縣界，
西北向處月已西諸蕃，足水草，通車馬"。"白水澗"簡稱"白
水"或"白澗"（或寫作"白閒"），是古代重要的軍事、商業和
文化通道，唐西州向西北越天山之通道，可能相當於今吐魯番至
達阪城、烏魯木齊所經之天山白楊溝谷道。又有"白水鎮"，是
"白水軍鎮"（由於白水澗足水草，所以置屯，又在通往北庭的要
道上，所以置鎮，白水鎮防人由天山府差點衛士番上），"白水
鎮"是古代重要的軍事、商業和文化堡壘。又有"白水屯"，即白
水鎮所管的屯田，又有"白澗屯"，即白水屯。86TAM388：22-4
22-3《高昌出用、雜除、對額役使車牛殘奏》（柳438）："□□
［車］牛貳伯具□□□□五日出用車牛貳拾叁具，充牛壹伯陸拾壹頭
□□□□壹具，白水閒耕田除□□□□"大谷3154官廳文書（《大谷》
二圖版三一）："白水鎮將王□□□□各開縢下所由。准□□□□諸
崇□白。五日。依判諸□□□□示。□日。"72TAM209：85/10
（a），85/9（a）《武周天山府索進達辭爲白水鎮上番事》（3-322）：
"□□□□進達元不是白水鎮番，昨爲□□□□如後到，所□□□□上，
謹辭。"73TAM518：3/3-20，3/3-26《唐西州某縣事目（三）》
（3-464）："□□［縣］爲給白水屯種子支供訖□□□□ □□□□爲柳谷
鎮守捉兵元懷□停給糧□□□□"64TAM20：21（a）《唐神龍二年
（706）白澗屯納官倉糧帳（一）》（3-477）："白澗屯神龍二年九
月十五日［納］青稞雜大麥，交用兩碩函量，壹函爲壹點，拾點
成壹大上字。尚。建、藝、獻、初，尚。"陳國燦指出："據《西
州圖經》所記：'白水澗道：右道出交河縣界，西北向處月已西諸
蕃，足水草，通車馬'，故而在西州盆地西北出山口處，建有白水
鎮城，白澗屯推測應是在白水鎮城至交河縣城一線足水草之地作
的屯種。""交河、柳谷、石舍以及酸棗等館，均是唐西州交河郡
通向北庭道上的館驛，所支給來往于此道上長行馬的馬料，大部
分恐怕源於交河倉，而交河倉的糧料又是靠白水屯收穫物作支撐

的。"① 盧向前指出："白澗屯在神龍二年即已存在，可見鎮戍之營田要早於軍州屯田。"② 又請比較 73TAM509：8/15（a）之二《唐開元二十一年（733）西州都督府案卷爲勘給過所事》（4-295）："岸頭府界都游弈所。狀上州。興胡史計思、作人史胡煞，羊貳伯口，牛陸頭、別奏石阿六作人羅伏解，驢兩頭。右件羊牛等，今日從白水路來，今隨狀送者。史計思作人安阿達支，右件作人過所有名，點身不到者。牛壹頭，馬壹疋。右件牛馬見在，過所上有剩，今隨狀送者。以前得遊弈主帥張德質狀稱：件狀如前者。史計思［等］［既］是興胡，差游弈主帥張德質領送州聽［裁］［者］。謹録［上］。牒件狀如前，謹牒。開元廿一年二月六日，［典］何承仙牒。游弈都巡官、宣節校尉、前右果毅、要籍、［攝］□□□□□□元。付司，斛斯示。八日。二月八日録事受，功曹攝録事參軍思付。連。元白。十一日。表兄張智實年卅五，驢兩頭，并青黄父。"總之，我們認爲"白水"應該是地名，"作白水"可能是指在此地作屯之類。

（十六）73TAM526：9/2 文書（2-350）："［用?］□□□新［興］□□□交與［肆］□□□□□上錢使［畢］□□□"

按：關於此件文書的大致年代，圖録本《吐魯番出土文書》説明（2-350）："本件書法不類麴氏高昌，姑定於唐代。"是。但此件文書圖録本《吐魯番出土文書》定名爲《唐借錢殘契》，我們認爲疑點有二：一是"新興"一詞不好理解，怎麼會出現在借錢契中？我們認爲"新興"是地名；二是"上錢使畢"這一套語從來不出現在借錢契中，而是出現在雇傭、租佃或買賣契中，意思是"償還錢，使其了清"，請比較 69TAM140：17/4，17/5-2《唐張隆伯雇范住落上烽契》（2-199）："□□□［正］月廿八日，［武］［城］［鄉］□□□ □□□文，雇同鄉人范住落［用］

---

① 陳國燦：《斯坦因所獲吐魯番文書研究》，武漢大學出版社，1997，第 95、100 頁。徐秀玲認爲此處的"白水"即白水餅子，暫不取。參看徐秀玲《隋唐五代宋初雇傭契約研究——以敦煌吐魯番出土文書爲中心》，中國社會科學出版社，2017，第 40、99 頁。

② 盧向前：《唐代西州土地關係述論》，上海古籍出版社，2001，第 259 頁。

［柳］□□ □□□［拾］伍日，即日與錢肆文，殘錢叁□□□
［回］來，上錢使畢。若烽上有□□□ □□□不在，并烽前忽有雜
□□□ □□□契以後，先有悔者，□□□［從］私契。兩主和可
□□□□□□人范住落 E □□□張隆佰 E □□□□□ E □書人趙武亮
E □□□□"請比較 67TAM365：5《高昌延昌二十七年（587）張順
和夏樹券》（1-292）："要到十月内上錢使畢。若不畢，聽搣家財
平爲錢直。"60TAM338：14/2（a）《高昌延壽四年（627）趙名
兒買作人券》（2-241）："延壽四年丁亥歲□□十八日，趙明兒從
主薄趙懷佑□買作人胳奴，年貳［拾］□□□價銀錢叁佰捌拾文。
即日交□□貳佰捌拾文。殘錢壹佰□，到子歲正月貳日償錢使
畢。□□□壹月拾錢上生壹□，□後□人何道忍名者，仰本□承
了。"65TAM40：38《唐康辰花殘契一》（3-300）："□□□八月四
日，順義鄉大女康辰花□□□□□［六］文［於］［崇］［化］鄉杜
定歡邊□□□ □□□嚴□□□文，殘叁文，到令滿頭上錢使［畢］。
□□□月不畢，日別生利錢壹文。□。"64TAM4：40《唐乾封三
年（668）張善憙舉錢契》（3-219）："乹封三年三月三日，武城
鄉張善憙於崇化鄉左憧憙邊舉取銀錢貳拾文。月別生利銀錢貳文。
到月滿，張即須送利。到左須錢之日，張并須本利酬還。若延引
不還，聽左拽取張家財雜物平爲本錢直。身東西不在，一仰妻兒
保人上錢使了。若延引不與左錢者，將中渠菜薗半畝，與作錢質，
要須得好菜處。兩和立契，獲指爲驗。左共折生錢，日別與左菜
伍尺圍，到菜干日。錢主左，舉錢人張善憙 E，保人女如資 E，
保人高隆歡 E，知見人張軌端 E。"

四　根據文書的書法風格進行定名和斷代

　　吐魯番出土的文書大多是寫本，這對後人的識讀是一把雙刃
劍，寫本與刻本相比，讓人煩惱的地方在於不同時代有不同的書
法特點。還不止於此，寫本千人千面，不同的人有不同的書寫風
格，就是同一個人，在不同的時代也有不同的書寫風格，甚至在
書寫不同的體裁時，也有不同的風格。而像契券這類民間文書，

書寫者的語言文字水準往往有限，其間俗體、別體、錯別字以及不規範的省略、不常見的書寫符號盈篇。加之契券書寫紙張往往是二次利用，寫作品質不如有的文書那樣要求高，這些都給後人正確識讀文書帶來不小的難度。但是寫本的這一特點又給文書的定名和斷代帶來方便，正因爲不同時代的文書寫本在書風上有所不同，我們就可以根據已經掌握的寫本書法經驗，對此件文書進行定名和斷代。這一方法如果輔之以上面提到的其他手段，效果會更好，今舉二例以明之。

（十七）69TKM48：14 文書（2-160）："□□□各不得返悔□□□[主]，各自署名[爲]□。□□□時見見：主薄索善□；臨坐：主薄宋崇□、田曹主薄王延□。□□□[吕][明]□。"

按：此件文書圖録本《吐魯番出土文書》定名爲《高昌時見索善□殘券》。關於此件文書的墓葬背景，圖録本《吐魯番出土文書》説明（2-160）："本墓無墓誌及隨葬衣物疏。所出文書兼有麴氏高昌及唐代，其有紀年者爲唐貞觀廿三年（649）及永徽元年（650）。"關於本件文書的大致年代，圖録本《吐魯番出土文書》説明（2-160）："本件紀年殘缺，同墓出土唐貞觀二十三年（649）文書，但本件有'田曹主簿'官職，應屬麴氏高昌時期，以下殘券同。"我們認爲其説是，從書法上看，此件文書屬古隸，也是高昌國時期的書風，而"時見"和"臨坐"等術語祇見於高昌國時期的文書。

關於本件文書的定名，圖録本《吐魯番出土文書》作《高昌時見索善□殘券》，對文書的主題沒有點明，且"時見"出現在文書定名中，終顯突兀。查"時見""臨坐"二詞，多出現在十六國及高昌國以及唐西州早期的買賣和租借契約中，97TSM1：5《麴氏高昌永康十二年（477）閏月十四日張祖買奴券》（榮、李、孟 125）："永康十二年閏十四日，張祖從康阿醜買胡奴益富一人，年卅，交与賈行緤百叁拾柒疋。賈即畢，奴即付。奴若有人仍名，仰醜了理。祖不能知，二主和合，共成券書之後，各不得返悔。々者罰行緤貳百柒拾肆疋，入不悔者。民有私要，々行，沽各半。請宋忠書信，時見：祖強、迦奴、何養、蘇高昌、

唐胡。"59TAM301：15/4-3《高昌延壽年間趙懷願買舍券》（2-
84）："▢▢▢▢日，趙懷願從田劉通息阿豊邊買東南舍貳堀，即交与
買價銀錢拾文。錢即畢，舍即付。舍容▢▢▢▢天，下至皇泉，舍
中伏藏、役使，即日盡隨舍行。舍東共張□舉寺分垣，南共趙懷
滿分垣，西詣道，北詣道，舍肆在之內，長不還，短不促，車行
人道依舊▢▢▢▢了。貳主和同立券，々成之後，［各］▢▢▢▢，々
者壹罰貳入□悔者。民有私要，々［行］▢▢▢▢□署名爲信。以
息阿豊手，以至節爲明 E，不解書。倩書：張武□，時見：劉德
□，［臨］［坐］：▢▢▢▢"75TKM99：6（b）《義熙五年道人弘
度舉錦券》（1-94）："沽各半，倩書道護。若弘度身無，仰申智
償。時見。"75TKM99：9（b）《高昌延昌二十二年（582）康
長受從道人孟忠邊歲出券》（1-96）："延昌廿二年壬寅歲二月廿
二日康長受從道人孟忠邊歲出，到十一月卅日還入正作。歲出
價，要得床麥伍拾酙。麥貳拾仵，床貳拾伍，平斗中取，使净
好。若過其不償，聽枇家財，平爲麥直。若長受身東西毛，仰
婦兒上。二主先和後卷，々成之後，各不得返悔。々者一倍二
入不悔者。民有私要，各自署名爲信。時見。倩書：道人法慈、
侯三安。"60TAM338：14/5《高昌甲辰歲張阿趙買舍契》（2-
239）："仰本▢▢▢▢和可，［後］爲卷要。卷成［之］［後］，各各
不［得］▢▢▢▢▢罰二，入不悔者。民有私□□行二主，各自
［署］名爲信。倩書：道人法賢；時見：□眾養。"86TAM386：
33-1，33-2《高昌延昌三十八年（598）參軍張顯□租葡萄園券》
（柳418）："延昌卅八年戊午歲十月廿五日，參軍張顯□［從］
▢▢▢▢役取南薗蒲桃宕□東分，承官名役貳畝，要迳陸年▢▢▢▢
歲十月卅日還［桃］堀。桃中役使，未歲五月至巳前仰寺了。至
巳後仰參軍承了。參▢▢▢▢［至］子歲［盡］，□［租］盡仰張參
□［自］承了。子▢▢▢▢仰張參軍自承了。至巳後付［寺］▢▢▢▢
參軍要爲了。被錦半張，若官常□□□▢▢▢二主，各不得返悔。
悔者一罰二入［不］□□□▢▢▢［行］二主，各自署名爲信。
時見：侯桑保；［倩］書：蘇法信。"69TKM38：4《高昌價善賃
舍殘券》（1-252）："▢▢▢▢不悔者。民有私要▢▢▢▢，▢▢▢▢道□

趙寺□□　□□□［若］價善病［死］，罰致□□□得［病］，不得聽上作□。倩書：道人西海；時見：范名願；臨坐：范師智海，范善憙。"69TAM117：57/10《唐貞觀十六年（642）某人夏田券》（2-294）："□［觀］［十］［六］［年］［邊］夏大渠王要逑壹年，到□□□畝与夏價大□□□内，畝与粟貳□［伍］昗。田官索□□□［寺（？）］九斗中。租殊佰□，□田主了。渠破水□□□，同立卷，々成之後，□□得返悔，々者一罰二□□□行二主，各自［署］名□□。□□□□僧□。□□□□E，□□□E□，□□□□□、吴海仁E□；知見人：［高］師、道□；臨坐：苻洛仁E。"69TAM135：2《高昌延壽五年（628）趙善衆買舍地券》（1-410）："三主和同立券，々城之後，各不得反悔。々者壹罰二入不悔者，民右私要，々行二主，各自署名爲信。清書：道人西□，時見：范□□，臨坐：張師□。"本件文書又特別與以下一件文書類似：64TAM15：29/2《高昌延壽十四年（637）康保謙買園券》（2-23）："□□和同立卷，々成之後，各不得返悔，々者一罰二□□□私要，々行二主。各自署名爲□。時見：康□叔，臨坐：□悵姚。"考慮到本件文書有田曹主簿的參與，可以定名爲《高昌某人租賃或買田殘券》。同墓所出還有以下文書，檢69TKM48：13《高昌倩書宋某殘券》（2-161）："□□□□□□□□倩書：宋□□；時見：張陁□，臨坐：蕥延憙、田曹主薄王延憙、□呂明□。"69TKM48：15《高昌倩書王利僮殘券》（2-161）："［倩］［書］：王利僮；時見：蕥延憙；臨坐：嚴善憙、田曹主薄王□□。"69TKM48：12《高昌倩書索善伯殘券》（2-162）："□［私］［要］，［々］［行］［貳］［主］，［各］自［署］［名］爲信。倩書：索善伯；時見：宋崇□。"以上文書均可定名爲《高昌某人租賃或買田殘券》。

（十八）68TJ1：5 **文書殘片**（4-600）："（前缺）□□□□□□□□□□之（？）例（？）。**兩主和可。**（後缺）"

按：圖録本《吐魯番出土文書》僅暫名爲《文書殘片》，根據"兩主和可"這一套語判斷，實際上是契約，本件文書的書風屬行書，應該是唐代，所以定名爲《唐殘契》。

第二節　吐魯番文獻識録中的幾個問題

　　章太炎先生曾經説過這樣一段話："韓昌黎説：'凡作文章宜略識字。'所謂識字，就是通小學的意思。作文章尚須略通小學，可見在現在研究古書，非通小學是無從下手的了。小學在古時，原不過是小學生識字的書，但到了現代，雖研究到六七十歲，還有不能盡通的。何以古易今難至于如此呢？這完全是因古從今語言變遷的緣故……讀唐以前的書，都非研究些小學，不能完全明白，宋以後的文章和現在差不多，我們就能完全瞭解了。研究小學有三法：一、通音韻。古人用字，常同音相通。這大概和現在的人寫別字一樣。凡寫別字都是同音的，不過古人寫慣了的別字，現在不叫他寫別字罷了。但古時同音的字，現在多不相同，所以更難明白。我們研究古書，要知道某字即某字之轉訛，先要明白古時代的音韻。二、明訓詁。古時訓某字爲某義，後人更引伸某義轉爲他義，可見古義較狹而少，後義較廣而繁。我們如不明白古時的訓詁，誤以後義附會古義，就要弄錯了。三、辨形體。近體字中相像的，在篆文未必相像，所以我們要明古書某字的本形，以求古書某字的某義。"[①] 太炎先生的這一番話,對於我們識録吐魯番出土文獻也是很有借鑒意義的。

　　近一百年來，在新疆吐魯番出土了成千上萬卷文書，對我們研究中古史和中西文化交流史、絲綢之路史起到了至關重要的作用。但是，吐魯番文獻的識録還存在比較突出的問題，概括起來，主要體現在以下五個方面：不核原卷而誤録，不明俗體而誤録，不明術語而誤録，不明方言俗語而誤注，不明寫本習慣而誤録。識録一錯，全盤皆輸；郢書燕説，勢所難免。現在我們結合多年來整理吐魯番文獻的感受和經驗，提出解決這些問題可能行之有效的辦法，以就教於海内外方家。

[①]　章太炎講演、曹聚仁整理《國學概論》之《寫在前面》，中華書局，2009，第9~10頁。

一　不核原卷而誤録

這種誤録，如果讀者不重新核對原卷或原卷圖版，還真發現不了。誤録的原因很難確定，可能是作者隨意性的失誤，也可能是對被識録的文書原文意義不理解。

例一：OR.8211/559（A）Ast. Ⅲ .4.083+084+089《唐神龍元年（705）赤亭鎮爲長行馬致死營内事牒》（沙、吴 1-121）："其馬先盪（引者按：應爲蕩）乏因（引者按：應爲困），駈行不前，遂即致死有實。其宍不能勝致，磧内無人可買，遂即棄擲不收者。鎮將判馬既致死，撿無他故，其皮分付馬子將向州輸納。其宍任自向前**分（撒）**，以狀牒知，任爲公驗，故牒。印白州應勾録事李文惠□同。神龍元年三月廿四日史郭斌牒。鎮將黎且白。"

檢原卷圖版，"分（撒）"其實是"分雪"，原字非常清晰。什麽是"分雪"呢？就是"申述、表白"，也就是"自己向上級陳述經過和事由"。"分雪"還見於其他吐魯番出土文書。64TAM29：44 之五《唐咸亨三年（672）新婦爲阿公録在生功德疏》（3-338）："諮。阿公生存在日功德，審思量記録，但［命］過已後，功德具件如前，願將此文［薄］前頭分雪，須覔生天净佛國土，不得求人間果報。"檢唐封演《封氏聞見記》卷九"掩惡"："候其言畢，徐爲分雪之曰：'此皆衆人妄傳，其實不爾。'更説其人美事。"[①] 唐劉肅《大唐新語》卷之一二"酷忍"："目下涓涓之淚，既是因風；口中唧唧之聲，如何分雪。"[②] 蔣冀騁指出："分雪殆同義連文，雪，灑、洗也；分，析。言分析辯白也。"[③] 又請比較 OR.8211/557Ast.Ⅲ.4.095《唐神龍元年（705）天山縣爲長行馬致死上西州兵曹狀》（沙、吴 1-115）："今得馬子令狐弘寶狀，稱其馬在鎮西卅里頭死，磧内無人可買，袛能剥皮將來，其宍不能勝致，遂即棄擲，今將皮到者。准狀牒馬子，任爲公驗者。仍勒馬子自將皮往州里（引者按：應爲呈）驗者。今以狀申。"這裏

① （唐）封演撰，趙貞信校注《封氏聞見記校注》，中華書局，2005，第 88 頁。
② （唐）劉肅：《大唐新語》，中華書局，2004，第 185 頁。
③ 蔣冀騁：《敦煌文書校讀研究》，文津出版社，1993，第 52 頁。

的"狀申",指"申述狀",其實就是"分雪",又請比較"申雪"。64TAM29:44之七《唐咸亨三年（672）新婦爲阿公録在生功德疏》（3-340）:"又昨阿公亡後即常屈三僧轉讀,供養不絕。又更爲阿公從身亡日,々畫佛一軀,至卅九日,擬成卅九軀佛。又近日請一僧就門礼一千五百佛名一遍,以前中間,阿公更有修功德處,亦不具記,願自思量申雪。""雪"有"澄清、昭雪"義,《全後周文》卷一九劉璠《雪賦》:"徒云雪之可賦,竟何賦之能雪。"錢鍾書言:"'雪之可賦'句'雪'字是名詞,'霜雪''風雪'之'雪'也;'何賦之能雪'句'雪'字乃動詞,'洗雪''昭雪'之'雪'。"①

二　不明俗體而誤録

吐魯番文書大多屬於寫本,千人千面,其中的俗寫甚多,一不留神就容易出錯。

例二:OR.8212/520　Ast.IⅠ.4.018《唐開元年間西州都督府諸曹符帖事目歷》（沙、吳1-54）:"▆▆▆ **杞盗**移隸蔥嶺事。"

檢原卷圖版,"杞"應爲"犯",寫本中"犬"形近"才"。"犯盗"乃法律術語,見於傳世文獻,意思是"犯了盗竊罪"。檢《唐律疏議》卷六"名例"解"二罪從重":"諸二罪以上俱發,以重者論（原注:謂非應累者,唯具條其狀,不累輕以加重。若重罪應贖,輕罪應居作、官當者,以居作、官當爲重）。疏議曰:假有甲任九品一官,犯盗絹五疋,合徒一年;又私有稍一張,合徒一年半;又過失折人二支,合贖流三千里,是爲'二罪以上俱發'。從'私有禁兵器'斷徒一年半,用官當訖,更徵銅十斤;既犯盗徒罪,仍合免官。是爲'以重者論'。注:謂非應累者,唯具條其狀,不累輕以加重。疏議曰:以上三事,并非應累斷者,雖從兵器處罪,仍具條三種犯狀,不得將盗一年徒罪,累於私有禁兵器一年半徒上,故云'不累輕以加重'。所以'具條其狀'者,一彰罪多,二

---

① 錢鍾書:《管錐編》,中華書局,1986,第1532頁。

防會赦。雜犯死罪，經赦得原；蠱毒流刑，逢恩不免故也。"①

例三：OR.8212/1926LA.i. iv.4a 晋殘文書（沙、吳 2-292）："深（？）見**苦試**。"

按：檢圖版："深"很清晰，後來的"（？）"不妨去掉。"試"應爲"誡"，有"勸誡""叮嚀"義。《史記》卷七《項羽本紀》："梁乃出，誡籍持劍居外待。"②"見"有"被"義，也有第一人稱作賓語提前用法，"深見苦誡"即"苦口婆心地勸誡我"。

三　不明術語而誤録

有些術語，是有特殊意義的，如果不明其義，再加之以俗體字形式出現，就很容易誤録。

例四：OR.8212/546Ast.i.i.018《唐某人爲職田事辯辭殘片》（沙、吳 1-85）："其還公逃死□□ □□如後不依今**疑**□□ □□辯感。"

檢原卷圖版，"疑"應爲"欵"，實際上是"款"的俗體，《字彙·欠部》："欵，俗款字。""款"是一個法制術語，意思是"招認"。《梁書》卷五一《處士傳·庾詵》："鄰人有被誣爲盜者，被治劾，妄款，詵矜之。"③唐張鷟《朝野僉載》卷五："垂拱年，則天監國，羅織事起。湖州佐史江琛取刺史裴光判書，割字合成文理，詐爲徐敬業反書以告。差使推光，欵書是光書，疑語非光語。前後三使推，不能決。敕令差能推事人勘當取實，僉曰張楚金可，乃使之。楚金憂悶，仰臥西窗，日高，向看之，字似補作。平看則不覺，向日則見之。令喚州官集，索一甕水，令琛投書於水中，字一一解散，琛叩頭伏罪。敕令決一百，然後斬之。賞楚金絹百匹。"這裏的"疑語非光語"，"疑"原作"款"，據《太平廣記》卷一七一引改④。其實這是以不誤爲誤，是不明術語而造成的

---

① 引文據劉俊文《唐律疏議箋解》，中華書局，1996，第 439 頁。
② （漢）司馬遷：《史記》，中華書局，2009，第 297 頁。
③ （唐）姚思廉：《梁書》，中華書局，1992，第 751 頁。
④ 唐張鷟撰，趙守儼點校《朝野僉載》（與唐劉餗《隋唐嘉話》合刊），中華書局，2005，第 127 頁。

失誤。原文不誤，《太平廣記》誤，千萬不能用後者改前者。又請比較 64TAM29：107《唐垂拱元年（685）康義羅施等請過所案卷（三）》（3-348）："其人等不是壓良、訹誘、寒盜等色以不？仰答者。謹審：但那你等保知不是壓良等色，若後不依今欵，求受依法罪。"又檢 73TAM501：109/5-3《武周堰頭殘牒（二）》（3-392）："▢▢▢漏。如後不依今數，求受▢▢▢"檢原卷圖版，此處的"數"亦爲"款"之誤錄。

例五：OR.8212/1554M.Tagh.0138 正背《唐金奴家書》（沙、吳 2-214）："**重語**丈人丈母，金奴▢▢▢應却赴安西▢▢▢方便經節不作［活］計▢▢▢"

按：檢圖版，"語"應該爲"諮"。晚輩對長輩問候。請比較 72TAM169：26（b）之一《高昌書儀》（1-233）："替未期，諮覲唯深，延結▢▢▢恐白，相聞儀。"（原錄爲"諮親"，不確）清嚴可均編《全上古三代秦漢三國六朝文》中錄《全晉文‧王羲之雜帖三》："違遠朝廷，親舊乖離，情懸兼至，良不可言。且轉遠非徒無諮覲之由，音問轉復難通，情慨深矣。故旨遣承問，還願具告。"又："邈然無諮敘之期，每賜翰墨。"雜帖五："未復諮誨問，懸情。"①

例六：OR.8211/557Ast.Ⅲ.4.095《唐神龍元年（705）天山縣爲長行馬致死上西州兵曹狀》（沙、吳 1-115）："今得馬子令狐弘寶狀，稱其馬在鎮西卌里頭死，磧內無人可買，祇能剝皮將來，其宍不能勝致，遂即棄擲，今將皮到者。准狀觫馬子，任爲公驗者。仍勒馬子自將皮往州**里驗**者。今以狀申。"

檢原卷圖版，"里"應爲"呈"。"呈驗"即"交上來驗明正身"。請比較 73TAM509：8/28-1（a）《唐開元二十一年（733）推勘天山縣車坊翟敏才死牛及孳生牛無印案卷（七）》（4-305）："請至飽青呈驗無印，科罪甘心，途窮計日非賒，理貴盡其詞欵，觫坊請所由官，數加巡撿。"Дx.01253E ＋ 1253D《唐開元九年

---

① （清）嚴可均編《全上古三代秦漢三國六朝文》，中華書局，1995，第 1594 頁、第 1605 頁。

（721）十一月十四日北庭都護府長行坊狀爲營田典孟素馬事》①：
"長行坊狀上營田典孟素————爲奉大使排子，給［右］件典馬壹
疋，［長］□□已給訖，今將排子呈驗，謹□牒件狀如前，謹牒。
開□——［十］［四］〔日〕。依判，奕示。十四日。開元九年十一
月十四日，兵曹參軍翰。（後缺）"

　　例七：OR.8211/559（A）Ast. Ⅲ.4.083+084+089《唐神龍元
年（705）赤亭鎮爲長行馬致死營内事牒》（沙、吳 1-121）："又
得馬子□質至伊州，迴至赤亭東卅五里，其馬**先盪乏因**，駈行不
前，遂即致死有實。"

　　檢原卷圖版，"先盪乏因"應爲"先蕩乏困"。"蕩"即"摇
晃撞擊"，張相《詩詞曲語辭彙釋》卷五："湯、蕩、盪，猶觸也，
碰也。"②"乏困"即疲乏重病，"困"指重傷、重病，請比較《後
漢書》卷三九《劉平傳》："被七創，困頓不知所爲。"又請比較
OR.8211/557Ast. Ⅲ.4.095《唐神龍元年（705）天山縣爲長行馬
致死上西州兵曹狀》（沙、吳 1-115）："右同前。得馬夫令狐弘寶
辭，稱被差逐上件馬送使人何思敬往焉者，迴至銀山西卅里，乏
困瘦弱致死，謹連銀山鎮公驗如前，請申州者。"

　　不明俗體而誤録或失録，還體現在録文中以現代規範漢字代
替寫本中的俗字，意義雖然無礙，但丢失了文字學上的重要信息，
張涌泉師曾經與筆者聊及此類現象，稱之爲"今人將俗字規範化
録文"，張師主張還是盡量原汁原味録文爲好。筆者亦認爲：寫本
識録應該盡量高保真，限於篇幅，就不贅述了。

四　不明方言俗語而誤注

　　有時候，識録者會在識録的文字之後加上括弧，給這個字做
注釋。但是由於不明方言俗語，所以往往誤注。

---

① 圖版見俄羅斯科學院東方研究所聖彼得堡分所、俄羅斯科學出版社東方文化部、上海
　古籍出版社編輯《俄藏敦煌文獻》第 6 册，上海古籍出版社、俄羅斯科學出版社東方
　文學部，2001，第 250 頁。録文參考陳國燦録文，氏著《〈俄藏敦煌文獻〉中吐魯番
　出土的唐代文書》，載《敦煌吐魯番研究》第八卷，第 107~108 頁。
② 張相：《詩詞曲語辭彙釋》，中華書局，2013。

例八：OR.8212/711Mr.tagh.0634（2）《唐家書》殘片（沙、吴 1-189）：" ▢▢▢夜懸念，情何▢▢▢ ▢▢▢常聞汝等▢▢▢ ▢▢▢始念慎（**盛**）夏▢▢▢ ▢▢▢七月日。"

按：注"盛"誤。"慎"應據字面義爲訓，"思念"義，《方言》卷一："慎，思也。……秦晋或曰慎。凡思之貌亦曰慎。"[①]可見，"慎"是個典型的秦晋方言詞，"念慎"應該連文，指"思念"。

例九：OR.8212/906Kao.067《家書》（沙、吴 2-17）：" 兒家内站（**暫**）留，一同謫（商）議。舅母將小女年十八歲與弟定親。老母見字，一并趕六七月半仲回涼。今有老母，若不能回來者。"

按：注"站"爲"暫"，誤。"站留"即停留。這是一件典型的元代以後的文書。"站"有"停留"義（今四川方言依然使用此意義[②]），是元代以後的事情。又請比較"站户"，OR.8212/792KKI0231（q）《元站户》殘片（沙、吴 1-270）："▢▢▢▢▢站户故久▢▢▢▢"又參考《元史》卷一〇一《兵志四·站赤》[③]。"站户"即元代服役於站赤（驛傳）之户稱站户，屬通政院與中書兵部，并置驛令、提領等官管轄，不與民户相混，如有缺，由民户簽補。每一提領所領站户，多則二三千，少則五百至七百。

五 不明寫本習慣而誤録

吐魯番出土文獻大多是寫本，寫本有寫本的習慣，如果不明白這些習慣，往往會誤録。

例十：OR.8212/849 背 K.K. Ⅱ 0238（K）寫本《景德傳燈録》散頁（沙、吴 1-319）："《景德傳燈録》卷第十一：懷讓禪師第四世八十九人。潭妙溈山靈祐禪師法嗣。四十二人，十人見録：**袁妙**仰山慧寂禪師，**韶妙**懷化人也，姓葉氏。年十五，欲出家，父

---

① 引文據華學誠《揚雄方言校釋匯證》，中華書局，2006，第 34 頁。
② 蔣宗福曰："棧、站：住宿。劉省三《躋春台》卷二《川北棧》：'説的好話，你那們體面，初來那門行市，估住我都要棧，好説無錢嗎？'亦作'站'。又卷一《賣泥丸》：'王成説罷，辭别弟弟，挑起泥丸，來到武康，站在三河店内。'謂住在三河客店。又卷三《假先生》：'還魂又在何處站，兩年尋找費盤纏。'謂在何處住。"蔣宗福：《四川方言詞源》，巴蜀書社，2014，第 509 頁。
③ （明）宋濂等撰《元史》，中華書局，1983，第 2583~2593 頁。

母不許。後二載，師斷手二指，跪致父母前，誓求正法，以［答］
劬勞。遂依南華寺通禪師落未√**獸**登具，即游方。初謁耽源，已
悟玄旨。後參**潙上**，遂升堂奧。初問［曰］:［汝］［是］［有］
［主］［沙］彌，無主沙彌？師曰：有主。曰：在什麼處？師從西
過東立，祐知（引者按：此字此録亦存疑）是異人。便垂開示。
寂問：如何是真佛住處？祐曰：以思無思之妙，返思靈焰之無窮，
思盡還源，性相常住。事理不二，真佛如如。師於言下頓悟，自
此執侍，尋往江陵，受戒住夏探律藏。後參岩頭，**頭頭**舉起拂子，
師展坐具，岩拈拂子置背後。"

　　按：檢原卷圖版，"岩頭"之後有兩個重文符號，根據吐魯
番文書的寫本習慣，這兩個重文符號代表的是"岩頭"而不是
"頭"，所以録爲"頭頭"是錯誤的，正確的録文應該是："後參岩
頭，岩頭舉起拂子，師展坐具，岩拈拂子置背後。"

　　又檢原卷圖版，"袁妙"、"韶妙"應該是"袁州"、"韶州"，"
獸"應該是"髮"，"潙上"應該是"潙山"。

　　爲便於讀者比較，今謹録《五燈會元》卷九《潙山祐禪師法
嗣・仰山慧寂禪師》原文："袁州仰山慧寂通智禪師，韶州懷化葉
氏子。年九歲，於廣州和安寺投通禪師出家。（即不語通）十四
歲，父母取歸，欲與婚媾。師不從，遂斷手二指，跪致父母前，
誓求正法，以答劬勞。父母乃許。再詣通處，而得披剃。未登具，
即游方。初謁耽源，已悟玄旨。後參潙山，遂升堂奧。耽源謂師
曰：'國師當時傳得六代祖師圓相，共九十七箇，授與老僧。乃
曰：吾滅後三十年，南方有一沙彌到來，大興此教，次第傳受，
無令斷絕。我今付汝，汝當奉持。'遂將其本過與師。師接得一
覽，便將火燒却。耽源一日問：'前來諸相，甚宜秘惜。'師曰：
'當時看了便燒却也。'源曰：'吾此法門無人能會，唯先師及諸祖
師、諸大聖人方可委悉，子何得焚之？'師曰：'慧寂一覽，已知
其意。但用得不可執本也。'源曰：'然雖如此，於子即得，後人
信之不及。'師曰：'和尚若要重録不難，即重集一本呈上，更無
遺失。'源曰：'然。'耽源上堂，師出眾，作此○相以手拓呈了，
却叉手立。源以兩手相交，作拳示之。師進前三步，作女人拜。

源點頭，師便禮拜。師浣衲次，耽源曰：'正恁麼時作麼生？'師曰：'正恁麼時向甚麼處見？'後參潙山，潙問：'汝是有主沙彌，無主沙彌？'師曰：'有主。'曰：'主在甚麼處？'師從西過東立，潙異之。師問：'如何是真佛住處？'潙曰：'以思無思之妙，返思靈焰之無窮，思盡還源，性相常住。事理不二，真佛如如。'師於言下頓悟，自此執侍前後，盤桓十五載。後參巖頭，頭舉起拂子，師展坐具。岩拈拂子置背後，師將坐具搭肩上而出。"①

第三節　吐魯番出土文獻與史書校注

用出土文獻校注傳世文獻，是行之有效的文獻整理方法。特別是吐魯番出土文獻，因相當一部分是十六國至唐宋時期珍稀的政治史、經濟史、軍事史、法制史史料，所以完全可以用來校注傳世史書。具體說來可以體現在以下五個方面：一是校改正史文字之錯誤（如通過吐魯番寫本文獻，從實物資料和寫本習慣可以證明《新唐書》卷四十《地理四》"石會"乃"石舍"之誤）；二是弄清正史史實之細節（如通過吐魯番寫本文獻認識《隋書》卷八四《北狄·突厥》所載"踏鞠"乃"踩踏鞠毬使其滾動前進，體育娛樂項目"）；三是確詁史籍詞語之真義（如據吐魯番文獻解釋《宋刑統》卷二六《雜律》"受寄財物輒費用"條引穆宗長慶二年（822）八月十五日敕之"指注"實乃"經過認定，登錄簿籍"）；四是辨析史籍語義之古今差異（如據吐魯番文獻辨析《唐會要》卷四十"君上慎恤"所載之"作賊"乃"搶劫"義）；五是旁證正史立論之價值（如據吐魯番文獻旁證《南齊書》卷五七《魏虜》所言"真"相當於"者"不誤）。今試論之。

（一）"石會"爲"石舍"之誤

《新唐書》卷四十《地理四》"交河（原注：中下。自縣北八十里有龍泉館，又北入谷百三十里，經柳谷，渡金沙嶺，百六十里，

---

① （宋）普濟：《五燈會元》，蘇淵雷點校，中華書局，1997，第 526~527 頁。

經石會漢戍，至北庭都護府城)。"①宋王延德《高昌行記》亦作
"石會漢戍"。今人馮志文等《西域地名詞典》亦作"石會"②。

　　按："石會"有誤，應該作"石舍"，故址可能在今新疆吉
木薩爾縣泉子街小西溝古城，爲西州軍鎮，又是交河郡治所北
去北庭道上的館驛。這在吐魯番文獻中有明確而廣泛的記載。
OR.8211/557Ast.Ⅲ.4.095《唐神龍元年（705）交河縣爲長行官
馬致死上西州兵曹狀》(沙、吳 1-113)："任將狀上鎮，任爲公驗
者。馬既不在鎮死，録石舍狀，縣，任爲公驗者。"大谷 3472
《唐開元十九年（731）正月西州岸頭府到來符帖目》(《大谷》二
圖版五)："倉曹符，爲當縣石舍等鎮戍，秋冬季句歷，符到當日
申事。"③73TAM506：4/32-1 之四《唐天寶十四載（755）交河郡
某館具上載帖馬食踏歷上郡長行坊狀》(4-424)："郡坊石舍迴細
馬伍疋，并石舍送。大夫帖馬伍拾伍疋，食麥粟貳碩伍斛。付馬
子張什伜。"73TAM506：4/32-1 之八《唐天寶十四載（755）交
河郡某館具上載帖馬食斛歷上郡長行坊狀》(4-428)："八日，石
舍、酸棗、柳谷三館細馬陸疋。食麥陸斛，付健兒尚官什五、張
庭俊。"73TAM506：4/32-10 之六《唐天寶十三載（754）交河郡
長行坊具一至九月斛料破用帳請處分牒》(4-485)："▢▢[碩]
柒斛給石舍舘給。"73TAM506：4/32-18《唐天寶十四載（755）
交河郡長行坊申十三載郡坊帖馬侵食交河等館九至十二月馬料
帳》(4-537、538、539、540)："合郡坊帖馬從九月廿一日已後
至十二月卅日以前，侵食交河等館馬料斛斛惣壹阡陸拾捌碩叁斛
陸勝。叁伯肆拾碩先支給訖。壹伯碩交河館内貳拾碩十月給，叁
拾碩十一月給，伍拾碩十二月給；壹伯碩柳谷館内貳拾碩十月給，
叁拾碩十一月給，伍拾碩十二月給；捌拾碩，石舍館内叁拾碩
十一月給，伍拾碩十二月給；叁拾碩天山 [倉][十] ▢▢ 叁拾
碩礌▢[館] 十一月。柒伯貳拾捌碩叁斛陸勝未給。貳伯玖碩貳

①　（宋）歐陽修、宋祁：《新唐書》，中華書局，2003，第 1046~1047 頁。
②　馮志文、吐爾迪・納斯爾、李春華、賀靈、石曉奇：《西域地名詞典》，新疆人民出版
　　社，2003，第 407~408 頁。
③　又參見〔日〕池田溫《中國古代籍帳研究》，龔澤銑譯，中華書局，2007，第 213 頁。

斝閏十一月支在蒲昌縣倉。捌拾肆碩玖斝叁勝蒲昌館，伍拾碩伍
斝陸勝柳中館，貳拾陸碩叁斝壹勝達匭館，肆拾柒碩肆斝草堁館。
貳伯貳拾碩閏十一月在√支天山縣倉。壹伯肆拾叁碩玖斝叁勝天
山倉；叁拾碩礎石館。壹拾肆碩叁斝捌勝□□□叁拾壹碩陸斝玖勝
□□□□貳伯玖拾玖碩壹斝陸勝在郡（下殘）；壹拾叁碩天山（下殘）。
捌拾貳碩叁斝柒礎石（下殘）。捌拾貳碩酸棗館。□馬侵食當館斛斝
斝，其斛斝并在郡坊，具食歷如前，請填還者。准狀勘責，從九
月廿一日已後，具已付、未付數如前。［依］撿羅護、神泉、赤
亭、□昌［等］四館未有申處，具［撿］如前，［請］處分。［牒］
件撿如前，謹牒。三月日典竹奉琳牒。［天］□□□［載］［九］
［月］［廿］［一］〔日〕［已］［後］。" 73TAM518: 3/3-30（a），
3/3-1（a），3/3-28（a）《唐試弓馬改官牒》（3-451）："□□□州
□□□勅：合試弓馬改官，其牒今□□□□品及魏宣慈等，於石舍讀
當。鄧品［從］□□□□將來石舍，家口云上函抄［遞］［送］［其］
□□□□［當］［石］［舍］□□□□其牒速□□□□"

　　我們認爲，從詞義來看，祇能是"石舍"，纔與名稱的意義
相符。"舍"有"營寨"義，《公羊傳·宣公二年》："左右攝軍，
退舍七里。"又指臨時駐扎，《孫子·九變》："圮地無舍。"又有
"住宿"義，《莊子·山木》："夫子出於山，舍於故人之家。"又
特指行軍時住宿，《左傳·宣公二年》："初，宣子田於首山，舍
於翳桑。"《左傳·莊公三年》："凡師一宿爲舍，再宿爲信，過信
爲次。"也指"客舍"，《莊子·説劍》："夫子休，就舍。"所以，
"石舍"喻示這裏是一個堅固的堡壘，又檢《新唐書》卷四〇《地
理志》所載伊州伊吾郡、西州交河郡、北庭大都護府、安西大都
護府有關戍所名字，有赤亭、新城館、石城鎮、張堡城、特羅堡、
固城等，亦可以證明"石舍"寓其戍所宛如磐石般堅固的房屋或
堡壘，若作"石會"，便殊無理據矣①。

---

① 此條寫畢，讀到孫曉林《關于唐前期西州設"館"的考察》（刊于《魏晋南北朝隋唐
　史資料》第十一輯，第251~252頁），孫文（第253頁）言："石舍，我懷疑就是《新
　書·地理志》中的'石會漢戍'之'石會'，'會'應是'舍'之誤。石舍館就是西州
　交河縣最北邊的一個館。"所説甚是，但没有做論證。

（二）"踏鞠"即"踩踏鞠毬使其滾動前進，體育娛樂項目"

《隋書》卷八四《北狄·突厥》："男子好樗蒲，女子踏鞠，飲馬酪取醉，歌呼相對。"從《隋書》可知："踏鞠"是突厥女子喜歡的體育娛樂項目，但其具體細節，至今不得而知。

所幸在我國新疆吐魯番出土了大量高昌郡和高昌國時期的"隨葬衣物疏"，隨葬之主人不少是女性，這能給《隋書》以充分的補苴和充實。十六國時期的高昌郡以及後來的高昌國雖然是漢人建立的邊地政權，但是，在文化上受突厥和鐵勒影響甚深①，高昌郡和高昌國時期的文書正好可以用來旁證突厥的這一社會風俗。請比較"蹹䩺"，75TKM96：17《北涼真興七年（425）宋泮妻隗儀容隨葬衣物疏》（1-28）："故懷袖囊各一枚，故白絹手［腳］□□故白絹蹹䩺囊一枚，故黃今［千］［兩］。"②又有"踝（躡）䩺"，59TAM305：8《缺名隨葬衣物疏一》（1-3）："絳地糸䩏一量，踝（躡）䩺囊一枚。"又有"蹹舊"，OR.8210/斯6251 Ast.ii.1.016-019《北涼玄始九年（420）隨葬衣物疏》（沙、吳2-320）："黃金千兩，兔毫百□□故□懷右囊一枚□□故絹蹹舊囊一枚。"又有"蹹臼"，63TAM1：11《西涼建初十四年（418）韓渠妻隨葬衣物疏》（1-5）："故懷袖、蹹臼囊各一枚。"63TAM2：1《北涼緣禾六年翟萬隨葬衣物疏》（1-85）："故懷袖蹹臼囊各一枚，故手爪囊一枚。黃金千斤。"75TKM99：7《建平六年張世容隨葬衣物疏》（1-90）："指抓囊一枚，蹹臼囊一枚，故絹蓐一領，故絹被一領，雜色百千匹。"2004TAM408：17《令狐阿婢隨葬衣物疏》（榮、李、孟20）："故銀環九指，故懷右囊三枚，故銅鏡一枚，故蹹臼一枚。"又有"蹹毬"，75TKM90：19《高昌阿苟母隨葬衣物疏》（1-116）："故蹹毬囊一枚，故理一枚，故被一枚，故褲一枚。"又有"蹹後"，60TAM313：07/2

① 關于高昌國受鐵勒的深刻影響，參看李延壽《北史》卷九七《西域·高昌》，中華書局，1987，第3213~3216頁。

② 錢伯泉言："'䩺'爲'鞠'的異寫，内裝羽毛的皮毬，婦女蹴蹹以嬉戲，'蹹䩺囊'即盛放鞠的小布袋。"（氏著《吐魯番出土魏晉南北朝時期的隨葬衣物疏研究》，《吐魯番學研究》2001年第1期，第22頁）

《高昌章和十八年（548）缺名隨葬衣物疏》（1-288）："躂後囊一枚。"又省稱"躂"，大谷4884《高昌延壽九年（632）閏八月吳君範隨葬衣物疏》（《大谷》三圖版一）："銀帶躂囊一，銅完弓箭一具。"又有"荅久"，75TKM91：3/1（b），3/2（b）《北涼缺名隨葬衣物疏》（1-55）："荅〇久囊一枚，手抓囊各一枚，脚抓囊各一枚。"又有"合究"，66TAM62：5《北涼緣禾五年隨葬衣物疏》（1-47）："手爪囊一枚，合究囊一枚，懷右囊。"

從文字、音韻、訓詁角度講，"躡"即蹈、踩、踏，《説文·足部》："躡，蹈也。""躂"同"荅"（上引吐魯番出土文書"荅〇久囊"，"〇"爲原文抹去的廢字，"荅"旁原注"躂"），又考《廣韻》入聲二十七合韻："搭，擊也。出《音譜》。""搭"即"荅"，"合"應該是"荅"的省筆字。吐魯番出土文書文書中的"麴"（《廣韻》驅匊切，入聲屋韻，溪母）、"舊"（《廣韻》巨救切，去聲宥韻，羣母）、"臼"（《廣韻》"其九切"，上聲有韻羣母）、"鞠"（《廣韻》"居六切"，入聲屋韻見母；渠竹切，入聲屋韻，羣母）、"久"（《廣韻》"舉有切"，上聲有韻見母，《集韻》居又切，去聲宥韻見母，又通"有"，見《列子·天瑞》"道終乎本無始，進乎本不久"張湛注）、"究"（《廣韻》"居祐切"，去聲宥韻，見母）、"後"（《廣韻》胡口切，上聲厚韻，匣母；又胡遘切，去聲候韻，匣母），實音近。

"鞠"類體育項目在人類文明史上歷史悠久，考《漢書》卷三〇《藝文志·兵書略》"兵技巧類"："《蹵鞠》二十五篇。"顏師古注："鞠以韋爲之，實以物，蹴蹋之以爲戲也。蹵鞠，陳力之事，故附於兵法焉。"[1]《史記》卷六九《蘇秦列傳》："民六博蹋鞠。"索隱："《别錄》云'蹵鞠'者，蹵亦蹋也。"《蘇秦列傳》的"蹋鞠"，《戰國策·齊策一》作"蹋踘"。又考《封氏聞見記》卷六"打毬"條："打毬，古之蹵鞠也。《漢書·藝文志》'《蹵鞠》二十五篇。'顏《注》云：'鞠以韋爲之，實以物，蹵蹋爲戲。蹵

---

[1] （漢）班固：《漢書》，中華書局，2019，第1761~1762頁。但王應麟引作："師古曰：'鞠以皮爲之，實以毛，蹵踏而戲也。'揚子雲："斷木爲棊，梡革爲鞠，亦皆有法焉。'"參看二十五史刊行委員會編《二十五史補編》，中華書局，1989，第1424頁。

鞠陳力之事，故附於兵法。蹵音子六反，鞠音鉅六反。'近俗聲
訛，謂（'謂'，原作'蹋'，據《唐語林》引改）'踘'為'毬'，
字亦從而變焉，非古也。太宗常御（一本無御字）安福門，謂侍
臣曰：'聞西蕃人好為打毬，比亦令習，曾一度觀之。昨昇仙樓有
羣胡（胡原作蕃，據秦本改。下'胡'字同）街裏打毬，欲令朕
見。此胡疑朕愛此，騁為之。以此思量，帝王舉動，豈宜容易，朕
已焚此毬以自誡。'（此條《資治通鑑》繫於高宗永徽三年下，不知
此'太宗'是否'高宗'之誤）景雲中，吐蕃遣使迎金城公主，中
宗於梨園亭子賜觀打毬。吐蕃贊咄奏言：'臣部曲有善毬者，請與
漢敵。'上令仗內試之。決數都，吐蕃皆勝。時玄宗為臨淄王，中
宗又令與嗣虢王邕、駙馬楊慎交、武延秀等四人，敵吐蕃十人。玄
宗東西驅突，風回電激，所向無前。吐蕃功不獲施，其都滿贊咄猶
此僕射也。中宗甚悅，賜強明絹數百段，學士沈佺期、武平一等皆
獻詩。開元、天寶中，玄宗數御樓觀打毬為事。能者左縈右拂，盤
旋宛轉，殊可觀。然馬或奔逸，時致傷斃。永泰中，蘇門山人劉鋼
于鄴下上書于刑部尚書薛公云：'打毬一則損人，二則損馬，為樂
之方甚衆，何必乘茲至危，以邀晷刻之歡邪！'薛公悅其言，圖鋼
之形置於座右，命掌記陸長源為讚美之。然打毬乃軍中（中，原作
州，注：一本改作軍中）常戲，雖不能廢，時復為耳。今樂人又有
蹋毬之戲，作綵畫木毬，高一二尺（尺，原作丈，據《唐語林》引
改），妓女登蹋，毬轉而行，縈回去來，無不如意，蓋古蹵鞠之遺事
也。"[1] 又考《金史》卷三五《禮志八》："已而擊毬，各乘所常習馬，
持鞠杖。杖長數尺，其端如偃月。分其衆為兩隊，共爭擊一毬。先
於毬場南立雙桓，置板，下開一孔為門，而加網為囊，能奪得鞠擊
入網囊者為勝。或曰：'兩端對立二門，互相排擊，各以出門為勝。'
毬狀小如拳，以輕韌木枵其中而朱之。皆所以習趫捷也。"

關於此類運動的起源，王應麟《漢書藝文志考證》言："劉
向《別錄》云：'蹴鞠者，傳言黃帝所作。或曰：起戰國時，記
黃帝蹴鞠兵勢也。所以練武士，知有才也。今軍無事，得使蹴

---

[1] （唐）封演撰，趙貞信校注《封氏聞見記校注》，中華書局，2008，第53~54頁。

鞠，有書二十五篇。'《史記》：'霍去病穿域蹋鞠。'《正義》（當作《集解》——引注）：'徐廣云：穿地爲營域。'按（前面當有《正義》——引注)：《蹵鞠書》有《域説篇》，即今之打毬也。"[1] 這項運動最先是一種典型的軍事體育和娛樂項目。中西方有學者認爲，此項目可能發源於波斯，西行至君士坦丁堡，東傳至土耳其，再傳入中亞草原帝國，又進入中國古代西藏、印度諸地，然後至日本、高麗等地。[2] 杜環《經行紀》謂拔汗那國："土有波羅林，林下有毬場。""拔汗那"即 Ferghana，爲漢代之大宛。唐代以前，蹴鞠以騎馬杖擊居多。《唐語林》卷七："宣宗弧矢擊鞠皆盡其妙，所御馬，銜勒之外，不加雕飾，而馬尤矯捷。每持鞠杖乘勢奔躍，運鞠於空中，連擊至數百而馬馳不止，迅若流電。"《唐摭言》卷三《慈恩寺題名游賞賦詠雜紀》："乾符四年，諸先輩月燈閣打毬之會，時同年悉集，無何，爲兩軍打毬將數輩私較。"又考沈括《夢溪筆談》卷一八："《西京雜記》云：'漢成帝好蹴踘，以蹴踘爲勞，求相類而不勞者，遂爲彈棋之戲。'予觀彈棋絶不類蹴踘，頗與擊踘相近。疑是傳寫誤耳。唐薛嵩好蹴踘，劉鋼勸止之曰：'爲樂甚衆，何必乘危邀頃刻之歡？'此亦擊踘，《唐書》誤述爲蹴踘。"在唐代，女子也參與騎馬打毬。花蕊夫人《宫詞》："自教宫娥學打毬，玉鞍初跨柳腰柔。上棚知是官家認，遍遍長贏第一籌。"王建《宫詞》："對御難爭第一籌，殿前不打背身毬。内人唱好龜茲急，天子鞘回過玉樓。"又請比較南宋末年牟巘《陵陽集》卷五《拂菻天馬圖》："赤手謝銜轡，踏蹴飛九衢。健哉此女子，果勝大丈夫。"濱田耕作《支那古明器泥象圖説》附有騎馬女俑一具，即打毬女伎。

但是對女子來講，更多的是以脚踩毬使之滚動前行。上揭吐魯番文獻中的"蹹麪""躎麪""蹹舊""蹹臼""蹹毬""蹹後""苔久""合究"均指此義。宋王讜《唐語林》卷五："打毬，古之蹵鞠也。《漢書·藝文志》'《蹵鞠》二十五篇'，顔注云：'鞠，以韋爲之，實之以物，蹵蹋爲戲。鞠，陳力之事，故附於兵

---

① 參看二十五史刊行委員會編《二十五史補編》，中華書局，1989，第1424頁。
② 詳參向達《唐代長安與西域文明》，河北教育出版社，2001，第79頁。

法。毽音千六切，鞠音距六切。'近俗聲訛，謂鞠爲毬，字亦從而變焉，非古也。開元天寶中，上數御觀打毬爲事。能者左縈右拂，盤旋宛轉，殊有可觀，然馬或奔逸，時致傷斃。永泰中，蘇門山人劉鋼於鄴下上書於刑部尚書薛公云：'打毬，一則損人，二則損馬，爲樂之方甚衆，何乘茲至危，以邀晷刻之歡耶？'薛公悅其言，圖鋼之形，置於左右，命掌記陸長源爲贊以美之。然打毬乃軍州常戲，雖不能廢，時復爲之耳。今樂人又有蹋毬之戲，作彩畫木毬，高一二尺，女妓登蹋，毬轉而行，縈回去來，無不如意，蓋古蹋鞠之遺事也。"又請比較王建《宮詞》："殿前鋪設兩邊樓，寒食宮人步打毬。一半走來爭跪拜，上棚先謝得頭籌。"

（三）"指注"即"經過認定，登録簿籍"

《宋刑統》卷二六《雜律》"受寄財物輒費用"條引唐穆宗長慶二年（822）八月十五日敕："或有祖父分析多時，田園產業各別，疏遠子弟，行義無良，妄舉官錢，指爲舊業。及徵納之際，無物可還，即通狀請收，稱未曾分析。諸司、諸使、諸軍等不詳事由，領人管領。或依投無處，轉徙至多，事涉甚冤，恐須釐革。伏請應有此色，并牒府縣推尋。若房分多時，妄有指注，即請散徵牙保，代納官錢。其所舉官錢妄指，莊園等人及保人，各決重杖二十。縱屬諸軍、諸使，亦請准百姓例。若是本分合得莊園，即任填還官債，亦須府、縣推勘取實。如未經府縣推勘，請不在收限。"[1]

此處之"指注"，前賢時彥均未有釋，我們認爲意思是"經過認定，登録簿籍""指"即"指認"，"注"即"登録"[2]。恰好，這

---

[1] （北宋）竇儀等撰《宋刑統》，薛梅卿點校，法律出版社，1998，第469~470頁。

[2] 對於《宋刑統》裏所引的這段"敕"，吳彤華這樣分析道："舉借時衹需指注該不動産擔保。"吳又言："長慶敕之舉官錢，指注物業推斷，質債户之質借類型，不無可能就是無佔有質。蓋官府爲防窮百姓與貪典史亡失官錢，故要求其指注産業以預折債務也。"吳氏沒有對"指注"進行解釋。吳氏還論及唐前期，官方之上契取錢，以不動産質債，實際上是仿效民間，由於該種無佔有質是債務人指注不動産以求借貸，宋初又有"指當""指名質舉""舉質倚當"等名，或稱"指當""指名質"。關於《敕》中的"指爲舊業"吳彤華釋："借用人需以土地等不動産爲擔保，借貸手續才算完成。"（羅彤華《唐代民間借貸之研究》，北京大學出版社，2009，第46~47頁。又參看仁井田陞《唐宋法律文書の研究》，東京大學出版會，1983，第343~344頁）。（轉下頁注）

個詞在吐魯番文獻中出現了，而且時代比《宋刑統》卷二六《雜律》"受寄財物輒費用"條引唐穆宗長慶二年（822）八月十五日敕要早82年。72TAM178：4《唐開元二十八年（740）士右營下建忠趙伍那牒爲訪捉配交河兵張式玄事一》（4-184）："□右營：［牒］［建］忠趙伍郍，兵張式玄｜。牒得上件人妹阿毛經軍陳辭：前件兄身是三千軍兵名，□今年［三］□［配］交［河］車坊上，至今便不迴，死活不分。阿□兄別藉，又不同［居］，［恐］兄更有番役，浪有牽挽。阿毛孤□一身，有［無］［夫］智，客作傭力，日求升合養姓命，請乞處分者。□□［使］判付營［具］問□□□□［玄］身當三月番上，今妹阿毛＿＿＿所由，例皆指注，具狀錄申都司，聽裁。＿＿＿郍訪捉，以得爲限者，牒至准狀，故牒。開元廿八年五月四日典□□［通］牒。判官孟能及、惣管王使。"此件文書是張阿毛的狀，上給建忠營，或是上給高昌縣的，應即高昌縣人，其兄式玄配交河車坊服役下落不明。"阿毛與兄別籍"，即已分戶，説明是不脱籍的編戶，因貧窮無依，以"客作傭力"爲生，他們受雇主的剥削，工資非常微薄，僅僅"日求升合養姓命"，而且要承擔國家的賦役。"指注"即"經過官方認定，登録簿籍給予注明"。

"注"是中國戶籍史和經濟史上極爲重要的一個術語，魏晉十六國南朝的户籍籍注登記以下内容：姓名、年齡、籍貫、家庭成員狀況、健康及服役狀況、官職、爵位、鄉里清議、士庶門第。[①]《南史》卷一七《孫處傳》："孫處字季高，會稽永興人也，籍注字，故以字行。"《南史》卷二一《王僧達傳》："僧達詐列死亡，寄宣城左永之籍，注以爲子，改名元序。"在古代，户籍關係到丁租和徭役的徵發，具有法律效力，一個人的姓名一旦注籍以後，就很難更改了。《宋書》卷九一《何子平傳》："母本側庶，

（接上頁注②）又檢《宋刑統》卷二六《雜律》"受寄財物輒費用"條引文宗開成二年（837）八月二日敕："今後應有舉放，又將産業等上契舉錢。"（第470頁）"將産業等上契"其實也寓意"指注"。

① 參考傅克輝《魏晉南北朝籍帳研究》，齊魯書社，2001，第5~18頁。關於"指注"的别的含義，參看董志翹《訓詁類稿》，四川大學出版社，1999，第189~190頁。

籍注失實，年未及養，而籍年已滿，便去職歸家。時鎮軍將軍顧顗之爲州上綱，謂曰：'尊上年實未八十，親故所知。州中差有微禄，當啓相留。'子平曰：'公家正取信黃籍，籍年既至，便應扶養私庭，何容以實年未滿，苟貿榮利。'"《南齊書》卷三二《張岱傳》："母年八十，籍注未滿，岱便去官從實還養，有司以岱違制，將欲糾舉。宋孝武曰：'觀過可以知仁，不須問也。'"《通典》卷三《食貨典·鄉黨》："落除卑注，更書新籍。"《唐會要》卷八五"籍帳"："其縫皆注某州、某縣、某年籍。州名用州印，縣名用縣印，三月三十日納訖。"唐代的户籍，均以大字寫明每户人丁姓名、年紀及田地畝數，而于其下以小字注明死亡嫁娶等有關情況，其實物及具體風貌可從伯3354《唐天寶六年敦煌郡敦煌縣龍勒鄉都鄉里户籍》殘卷具體體現出來。

"注"成爲注明、登記有關當事人個人信息的專門術語[①]，又請比較"注脚"。名詞兼動詞。斯5647《分書樣文》："已上物色，獻上阿叔，更爲阿叔殷勤成立活計，兼與城外莊田車牛駝馬家資什物等，一物以上分爲兩份，各注脚下，其名如後。"[②]張鷟《朝野僉載》卷五："是汝書，即注是，以字押。不是，即注非，亦以字押。"仁井田陞《唐令拾遺·賦役》："諸任官，應免課役者，皆

---

① 《通典》卷一百四十九《兵二》"雜教令"引大唐《衛公李靖兵法》："諸兵士隨軍被袋上，具注衣服物數，并衣資、弓箭、鞍轡、器仗，并令題本軍營、州縣府衛及己姓名，仍令營官視檢押署，營司鈔取一本立爲文案。如有破用，隊頭、火長須知用處，即鈔爲文記，五日一申報營司。如其勘檢衣資與簿不同，物有賸數，即是偷來。并仰當火隊見有他物，即須勘當，狀送營司。其衣資不上文歷，縱使道失，官不爲理。亦不得遞相寄附。即是盜來，受寄及寄物人並科罪。"

② 斯2052《新集天下姓望氏族譜一卷并序》："夫人立身在世，姓望爲先，若不知之，豈爲人子。雖即博學，姓望殊乖。晚長後生，切需披覽。但看注脚，姓望分明。"又請比較方以智《通雅》卷二六："注色，注其履歷也。隋虞世基納賄，多者超越，無者注色而已。宋時未參選者具脚色狀，謂之根脚。下司初見上司，猶遞手本，上開出身履歷曰'脚色'是也。"又：Ch.3841（T Ⅱ T）《唐吏部留司格》（據李德范主編《王重民向達所攝敦煌西域文獻照片合集》第三十册，北京圖書館出版社，2008，第11270頁圖版録文）："陳［其］□□□□勅：諸司有大事及軍機，須仗下□□□□須奏者，并宜進狀，仍令仗家覺□□□□其應仗下奏事人。夏中炎熱，每日□□□□肆刻停長壽三年臘月十一日。勅□□□□宜令日午以前早進。如有軍機及□□□□封上。注日辰早晚，皆令本［司］官□□□□若經兩時無處分，任即放去，狀過［時］□□□□奏請。若急事，宜當日即請。"

待符至，然後注免。"唐代公文、户籍經常使用"注"，在吐魯番文獻中更是洋洋大觀，擇其要者如下。73TAM206：42/5《唐高昌縣勘申應入考人狀》（2-303）："送曹司依例支配，應入考者令早裝束。今年函使縣□□□未申。簌舉請裁者。入考函使准狀下高昌縣，速勘申□□□者，縣已准狀付司户撿，得報。依撿案内令注如前者，今以狀［申］□□□□［議］［郎］［行］令方。給事郎行丞元泰。"65TAM42：103（a）《唐勘問計帳不實辯辭》（3-127）："□［被］問既稱此人計帳先［除］□□□，□□□猶存見［在］。⑪⑪⑪⑳⑪。前□□□ □□□未歸虛實，仰更具荅者。□□□［身］是高昌，不閑憲法。□□□日摩咄妻多然□□□柱々，乃即依舊藉轉寫爲定。實是錯悞，不解註脚。摩咄［身］［死］，錯爲見在，今更子細勘當，實□□□隱没，直是不閑［公］［法］。□□□□□□"73TAM214：151，150《唐西州下高昌等縣牒爲和糴事》（3-161）："□□□執案諮裁。々訖。准狀下高昌等□□□□［速］糴［納］［訖］申，其有去年和糴□□□□［疋］，各注酬練壹拾貳疋。"66TAM61：24（a）《唐麟德二年（665）知是辯辭爲張玄逸失盗事》（3-239）："知是辯：被問陌牆入盗張逸之物，今見安□仰答所由者。謹審：但知是長患，比隣具□□□□陌牆盗物，所注知是盗，此是虛注。被問依□□□式。麟德二年五月日，更問，式示。"72TAM230：66《武周天授二年（691）安昌合城老人等牒爲勘問主簿職田虛實事》（4-75）："問合城老人、城主、渠長、知田人等，主簿去季實種幾畝麥？建進所注虛實？連署狀通者。"寧樂一四（4）、一六（4）、二六（1）號《唐開元二年三月二十日赤亭鎮典任瑁牒爲檢白仁軌閏二月番上事》（50、51）："速撿仁軌閏二月到不？速報待立√申上者，依□□□送兵牒注，白仁軌注遭憂在服，續檢到□□□刘草供飼馬有實者。"寧樂八（1）號《唐蒲昌縣牒爲劉文伯入老、曹迴住等未没賊上報事》（86）："右同前得團狀注没賊，依撿案内今年四□□□日得縣牒，不言没賊。"72TAM187：203《唐替取鎮兵守捉殘文書》（4-220）："□□□人今［在］□□□并雜破除，收荍人□□□意不如鎮兵，准長官注，每□□□五人于鎮赴上，替取鎮兵守捉，仍□□□" 73TAM509：8/24-4《唐開元二十一年（733）推勘天山縣車坊翟敏才死牛及孳生牛無印案卷（四）》(4-303)："件勘［對］［狀］□□□□與前六頭狀同，准前録申，餘伍狀依注翟□［才］破除。"

（四）"作賊"即搶劫

中國古代正史中常常記載農業和畜牧業中的天災人禍，天災有風災、旱災、水災、蟲災等①，而人禍主要有搶劫。"搶劫"在中古時期叫作"作賊"。檢《唐會要》卷四十"君上慎恤"："武德二年二月，武功人嚴甘羅行劫，爲吏所拘，高祖謂曰：'汝何爲作賊?'"此處的"賊"，乃"搶劫者"。

頗爲重要的是，吐魯番文獻有"風蚝（蟲）賊破"，即風災、蟲災和搶劫。66TAM48：22《高昌道人真明夏床田券》(1-354)："若風蚝賊破，水□□□苗本主，二主先和，後爲卷要。" 72TAM151：13《高昌義和三年（616）氾馬兒夏田券》(2-101)："風蚝賊破，隨大匕列。" 67TAM365：7-1《高昌延昌二十八

---

① 後魏賈思勰《齊民要術·雜説》："且風蟲水旱，饑饉薦臻，十年之内，儉居四五，安可不預備兇災也。"《唐會要》卷八五"逃户"："長慶元年正月敕文：應諸道管内百姓，或因水旱兵荒，流離死絶，見在桑産，如無近親承佃，委本道觀察使於官健中取無莊田有人丁者，據多少給付，便與公驗，任充永業。"《唐六典》卷三十"三府督護州縣官吏"："蟲霜旱澇，年收耗實。"《唐律疏議》卷一三《户婚》"不言及妄言旱澇霜蟲"條："諸部内有旱澇霜雹蝗爲害之處，主司應言而不言及妄言者，杖七十。覆檢不以實者，與同罪。若致枉有所徵免，贓重者，坐贓論。疏議曰：旱謂亢陽，澇謂霖霪，霜謂非時降實，雹謂損物爲災，蟲蝗謂螟螽蝥賊之類。依令：'十分損四以上，免租；損六，免租、調，損七以上，課、役俱免。若桑、麻損盡者，各免調。'其應損免者，皆主司合言。主司，謂里正以上。里正須言於縣，縣申州，州申省，多者奏聞。其應言而不言及妄言者，所由主司杖七十。其有充使覆檢不以實者與同罪，亦合杖七十。若不以實言上，妄有增减，致枉有所徵免者，謂應損而徵，不應損而免，計所枉徵免，贓罪重於杖七十者，坐贓論，罪止徒三年。既是以贓致罪，皆合累倍而斷。"又請比較 66TAM62：6/4《翟彊辭爲共治葡萄園事一》(1-51)："今年風蚝，蒲陶三分枯［花］。" 67TAM364：11《高昌延昌二十八年（588）某道人從□伯崇邊夏棗樹券》(1-386)："［延］昌廿八年［戊］□□□□伯崇邊［夏］□□□□與于大棗叁□□□具，仰道人自高□□□□平爲棗直。樹□□□罰銀錢弍文□□□□完具，若亡失樹□□□了，若風破大枯，［隨］□□□□返悔，々者壹□□□□" 59TAM301：15/4 1，15/4 2《唐貞觀十七年（643）西州高昌縣趙懷滿夏田契》(2-82)："若風破水旱，隨大匕［列］。" 64TAM10：33《唐永徽四年（653）傅阿歡夏田契》(2-210)："渠破水適，□［耕］田人了。若風破水□，□［大］匕列。"

年（588）於幼謙夏鎮家麥田券》（1-293）："賊破水旱，隨大□□□。""賊"有"破壞"義，《説文・戈部》："賊，敗也。"段玉裁注："敗者，毀也。"也指傷害，《玉篇・戈部》："賊，傷害人也。"又請比較漢碑《祀三公碑》："遭離羌寇，蝗旱鬲并。"[①]又請比較"賊打破"，敦煌文獻伯3579《宋雍熙五年十一月神沙鄉百姓吳保住牒》："賊打破，般次驅拽，直到伊州界内。"又有"逢賊打劫""打劫"，斯4274《管内兩廂馬步軍都校揀使陰某起居狀》："對今則合陳賀禮，緣緇類西行，一則恐落（洛）道疏危，二乃怕逢賊打劫。"

伯2155背/1《曹元忠與回鶻可汗書》："如今道途開泰，共保一家，不期如此打劫，是何名價？"又有"劫"，伯3151《沙州書狀稿》："逢回鶻大段般次，以兹人使却迴，信物之屬半遭蕃部偷劫，禮既不備，深若（著）在懷。況忝殊休，合伸懇素。謹專修書啓聞陳謝。"

（五）"真"即"以……爲職業的人"

《南齊書》卷五七《魏虜》："飲食厨名'阿真厨'，在西，皇后可孫恒出此厨求食。"又："國中呼内左右爲'直真'，外左右爲'烏矮真'，曹局文書吏爲'比德真'，檐衣人爲'樸大真'，帶仗人爲'胡洛真'，通事人爲'乞萬真'，守門人爲'可薄真'，僞臺乘驛賤人爲'拂竹真'，諸州乘驛人爲'咸真'，殺人者爲'契害真'，爲主出受辭人爲'折潰真'，貴人作食人爲'附真'。三公貴人，通謂之'羊真'。"[②]"真"是個典型的鮮卑語詞後綴，相當於漢語中的"者"，意思是"以……爲職業的人"[③]，相當於現在蒙古語中的"齊"（如"江格爾齊"，意爲講唱江格爾史詩的人）[④]。但《南齊書》的有關記載，在傳世文獻和出土文獻中因史料不多長期以來難以得到印證。

---

① 參看高文《漢碑集釋》，河南大學出版社，1997，第32頁。
② （梁）蕭子顯：《南齊書》，中華書局，1987，第985頁。
③ 參看繆鉞《北朝之鮮卑語》，收入《繆鉞全集》第一卷（上），河北教育出版社，2004，第257~263頁。但是繆鉞没有做任何解釋。
④ 范子燁：《高車、高車人與高車人的歌》，《中華讀書報》2010年6月9日。

　　頗爲重要的是，我們在吐魯番文獻中也發現了這種意義的
“真”，吐魯番出土文獻爲我們提供了鮮活的史料。75TKM90：20
（a）《高昌主簿張綰等傳供帳》（1-122 ～ 123）：“＿＿＿疋，氎
六張半，付索［寅］義，買厚絹，供［淶］□。＿＿＿半斤，付
雙愛，供□淶。＿＿＿［出］行䍴卅疋，主簿張綰傳令，与道人
曇訓。＿＿＿［出］行䍴五疋，付左首興，与若愍提懃。＿＿＿
［出］赤違一枚，付愛宗，与烏胡慎。＿＿＿阿錢條用氎六張，買
沽纈。＿＿＿［疋］，付得錢，与吳兒折胡真。＿＿＿［赤］違一
枚，付得錢，与作都施摩何勃＿＿＿［䍴］一疋，赤違一枚，与
禿地提懃无根。＿＿＿［月］廿五日，出［䍴］［二］［疋］，［付］
□［富］［買］［宍］［供］□□。＿＿＿［出］氎一［張］，＿＿＿
［出］行䍴＿＿＿行䍴＿＿＿行䍴三疋，赤違三枚，付
隗已隆，與阿祝至火下。＿＿＿［張］綰傳令，［出］［疏］勒錦
一張，與處論无根。＿＿＿摩何□□＿＿＿［䍴］一疋，氎五張，
赤［違］□枚，各付已隆，供鎬頭＿＿＿”這件文書記載的是高昌
國接待各國使者的具體細節，文書中的“折胡真”之“真”，肯定
是鮮卑語詞，意思是“以……爲職業的人”[①]。已經有學者論證“折
胡真”是中央政府負責接受文書、接待使節、傳遞重要信息的官
員。果真如此，我們認爲吐魯番出土文獻中的“折胡真”，實際上
相當於《南齊書》中提到的“折潰真”，其具體含義正如《南齊
書》所言，乃“爲主出受辭人”也。

　　現在我們要重點討論的是吐魯番出土文書中的另一個詞“烏
胡慎”，這個詞前賢時彦似乎少有措意，我們認爲可能也是鮮卑語
詞[②]，或即《南齊書》中的“烏胡真”，其意思即如《南齊書》所言
“外左右”，也就是“陪同出使外地或外國、跟隨上司在其左右之

① 高昌國與北魏的關係極爲密切，在經學、官制、建築、藝術等領域受北魏的影響甚
　 大，參看王啓濤《吐魯番文獻合集·儒家經典卷》，巴蜀書社，2017，第 52~70 頁。
② 王欣認爲此件吐魯番文書中的“若潛提懃”“烏胡慎”“吳兒折胡真”“作都施摩何
　 勃”“禿地提懃無根”“阿祝至火下”“處論無根”“摩何□□”“鎬頭□”等都是柔然
　 人。可能是來自柔然的使者和官員。參考王欣《麴氏高昌王國與北方游牧民族的關
　 係》，《西北民族研究》1991 年第 2 期，第 191 頁。王欣似乎也感覺到了“烏胡慎”
　 是典型的非漢語詞。

人"，實際上也就是外交人員。檢白鳥庫吉《東胡民族考》"烏矮真"條："托拔語謂'外左右'曰'烏矮真'，此'真'字即彼語尾。則'烏矮'二字爲'外'之義可知也。滿洲語：謂衣服等之表面曰'tuku'，女真語曰'禿科（t'uh-k'o）'，蒙古語謂外面曰'deghegūr'。托拔語之'烏矮'音'wuwai:'，若無誤寫，則與上述諸語毫無類似之處，惟'烏矮'若爲'鳥矮'之誤，則與此等語言不無因緣。案'烏'與'鳥'在字形上酷似，故中國人傳寫外國語之時，往往不免筆誤，例如《魏志》之'鳥侯秦水'作'烏侯秦水'，即其一例。故托拔語之'烏矮真'，亦可視爲'鳥矮真'之誤寫也。鳥字當時音'To'，此可由蒙古語之'Toghosun'譯爲'鳥侯秦'知之。而'矮'字之古音，亦有數樣。據《唐韻》矮烏蟹切，音'wai'，據《正韻》矮鴉蟹反，音'ai'。據《康熙字典》引王楙《野客叢談》云：'黃魯直詩㦿矮金壺肯送持注引《玉篇》'㦿，短也，矮不長也'，不知㦿雉二字見《周禮·春官》典同注'㦿皮買反，雉，苦買反，方言，桂林之間謂人短爲㦿雉，正作矮字呼也。'可知矮字亦作苦買反，音'Kai'，若'烏矮'爲'鳥矮'之誤，則當音'Tokai'或'Towai'，則此語與女真語之'禿科'及滿洲語之'tuku'可以比較矣。"[1]但是我們檢吐魯番出土文獻之"烏胡慎"，"烏"字非常明晰，或許可證《南齊書》之"烏矮真"不誤，"烏矮真"不能作"鳥矮真"，白鳥庫吉的論證可能站不住脚。

吐魯番出土文書的"烏胡慎"如果真的就是《南齊書》所言鮮卑語詞"烏矮真"，其意思即《南齊書》所言"外左右"，"左右"即近臣，侍從，"外左右"即陪同上級出使外交的侍從，那麼，我們如果能夠在吐魯番文獻中找到有關"左右"的明確記載，就更能支撐我們的相關命題，令人欣慰的是，我們找到了。檢吐魯番出土文獻中有"左右""官左右有親侍""左親侍""左親""右親侍""左右衛""左右武衛""左右領軍衛""右領軍"等，黃文弼掘《高昌延壽十年（633）任阿慶墓表》（侯、吳372）：

---

[1] 〔日〕白鳥庫吉：《東胡民族考》（方狀猷譯），山西人民出版社，2015，第160頁。

"延壽十年癸巳歲，二月己酉朔，十九日丁卯，鎮西府官左右有親侍任阿慶，春秋六十有九。" 67TAM78：24（a）《高昌民部殘奏》（2-40）："□□［令］史□□□□；□事令史臣史□□；□門下事左親侍散望臣高□□。▬▬▬［歲］七月廿九日民部□。［護］軍大將軍高昌令尹臣麴□□；［鎮］軍大將軍縚曹郎中臣麴□□；□［衝］將軍兼民部事臣麴□□；□部司馬▬▬□部參［軍］▬▬□部▬▬▬" 64TAM10：41《高昌延壽四年（627）參軍氾顯祐遺言文書（二）》（2-205）："是氾顯祐存在時，守書卷。臨坐：［祠］［主］▬▬左親侍左右員延伯。" 2004TBM212：1《麴氏高昌延壽七年（630）十二月二十四日康浮圖墓表》（榮、李、孟 382）："十二月朔壬辰滿廿四日乙卯除延壽七年庚寅歲十二月廿四日，左親侍左右康浮圖之輔墓。" 2004TBM114：1《麴氏高昌延壽十四年（637）八月二十一日白坎奴墓表》（榮、李、孟 383）："延壽十四年丁酉歲八月朔癸丑廿一日癸酉，右親侍左右白坎奴之墓表焉。" 黃文弼掘《唐龍朔四年（664）唐曇海墓誌》（侯、吳 513）："釋褐而任鎮西交河公府上右親侍，北□聲。" 72TAM183：1《唐麟德元年（664）梁延懷墓誌》（侯、吳 517）："捧雉之年，忠誠在志，遂受左親侍，敦仁厚德，承事恪勤，奉上盡心，遷爲庫部主薄（簿），後屬大唐，轉授武騎衛，蒙歸受官，又任西州麴都督左右。" 64TAM9：3/3《唐殘事目（一）》（4-373）："廿八日，左右史建▬▬▬" "官左右有親侍"即左右親侍，麴氏高昌郡府吏員中的最低級者，官品在第九等級；"左親侍"即宿衛侍從官。"左親"即"左親侍"之省；"右親侍"亦即宿衛侍從官，在麴氏高昌官吏中亦是最低級者，官品在第九等級。[1]

"左右"一詞亦廣泛見於隋唐史籍，是中國官制史中的常見術語，檢《通典》卷二九《職官》十一"折衝府"："隋初，左右衛、左右武衛、左右武候各領軍坊、鄉團以統戎卒。"在隋制中，我們可以看出，當時的禁軍有三衛：親衛、翊衛、勳衛，多以貴族子

---

① 關于"親事"及"官左右有親侍"等，參看徐連達《中國歷代官制詞典》，安徽教育出版社，1991，第 753、283 頁；侯燦、吳美琳《吐魯番出土磚誌集注》，巴蜀書社，2003，第 372 頁。

弟充當，其親衛軍官分隸左右府，因侍直天子，故稱左右侍。"左右衛"即宿衛宮廷的禁軍機構，隋唐時，禁軍分爲十六衛，左右衛爲其首，各以大將軍一人統之，將軍二人爲其副。掌番上府兵五十府，據番上名額分配職務，奉行宮廷禁衛的法令，守衛諸殿門，并爲内廂宿衛仗以及大駕出行時的侍從衛隊。"左右武衛"即禁軍十六衛中的左右武衛，唐光宅年間改爲鷹揚衛，神龍元年又復爲武衛，仍分左右，各以大將軍一人統之，將軍二人爲其副。掌番上府兵四十九府，朝衛時爲左右廂宿衛仗；"左右領軍衛"即唐采前朝領軍之名置領軍衛，光宅元年（684）改稱玉鈐衛，神龍元年（705）複稱領軍衛，分左右，各以大將軍一人統之，將軍二人爲其副。掌番上府兵六十府，朝衛時爲左右廂儀仗，分兵防守時主管京城、苑城諸門以及皇城西面事務。另外還有"右領軍"即禁軍將領。早在北魏時就有領軍（將軍）和護軍（將軍），隋置左右領軍府，掌管禁軍兵籍、差科、訴訟。唐改府爲衛，即左右領軍衛，唐中葉以後，禁兵爲宦者控制，十六衛諸將軍淪爲武官遷轉的高階。唐制以六七品子年十八以上者任親事，凡王公以下及文武職事三品以上帶勳官者，有親事人員不等，以供差用。諸親王府各置親事府，有執仗親事掌執弓仗，執乘親事掌供騎乘及親事等。貞觀制：親事府有執仗、執乘親事各十六人，親事三百三十人。關於"左右衛"等，考《新唐書》卷四九《百官四上》："左右衛。上將軍各一人，從二品；大將軍各一人，正三品；將軍各二人，從三品。掌宮禁宿衛，凡五府及外府皆總制焉。凡五府三衛及折衝府驍騎番上者，受其名簿而配以職。皇帝御正殿，則守諸門及内廂宿衛仗。非上日，亦將軍一人押仗，將軍缺，以中郎將代將軍，掌貳上將軍之事。左右驍衛、左右武衛、左右威衛、左右領軍、左右金吾、左右監門衛上將軍以下，品同。（原注：武德五年，改左右翊衛曰左右衛府，左右驍騎衛曰左右驍騎府，左右屯衛曰左右威衛，左右禦衛曰左右領軍衛，左右備身府曰左右府，唯左右武威府、左右監門府、左右候衛，仍隋不改。顯慶五年，改左右府曰左右千牛府。龍朔二年，左右衛府、驍衛府、武衛府，皆省'府'字，左右威衛曰左右武威衛，左右領軍

衛曰左右戎衛，左右候衛曰左右金吾衛，左右監門府曰左右監門
衛，左右千牛府曰左右奉宸衛，後又曰左右千牛衛。咸亨元年，
改左右戎衛曰領軍衛。武后光宅元年，改左右驍衛曰左右武威，
左右武衛曰左右鷹陽衛，左右威衛曰左右豹韜衛，左右領軍衛曰
左右玉鈐衛。貞元二年，初置十六衛上將軍。左右衛有録事一人，
府一人，史二人，亭長八人，掌固四人。)"又："左右領軍衛。上
將軍各一人，大將軍各一人，將軍各二人。掌同左右衛。凡翊府
之翊衛、外府射聲番上者，分配之。凡分兵主守，則知皇城西面
助鋪及京城、苑城諸門。"① 均其證。

---

① 參考《新唐書》卷二三《儀衛志》、徐連達《中國歷代官制詞典》安徽教育出版社，
1991。第 280、285、290、919 頁；雷聞《吐魯番新出土開元〈禮部式〉殘卷考釋》，
《文物》2007 年第 2 期。又參考侯燦、吳美琳《吐魯番出土磚誌集注》，巴蜀書社，
2003，第 372、403 頁。

第六章　從乾嘉之學到義寧之學

——唐長孺先生在語言文字學領域的貢獻 [*]

　　唐長孺先生（1911-1994），江蘇吳江人，著名历史学家、敦煌吐鲁番学家。唐長孺先生的成就是多方面的。他在歷史學上的傑出貢獻早有定評，但在語言文字學上的成就却鮮見論及。今不揣譾陋，聊成此文，以紀念先生。

　　本文將唐先生在語言文字學上的論著進行全面考察，從七個方面論述其傑出貢獻：第一，將語言史和政治史相互觀照；第二，將詞的本義、引申義和術語義綜合考察；第三，將俗字與寫本符號作爲重要的研究對象；第四，將名物訓詁視爲文獻整理的重要一環；第五，將通假作爲探究字義的重要手段；第六，將方音考察與古音演變研究相結合；第七，將語言文字作爲史料斷代的證據。文章最後得出結論：唐先生繼承了乾嘉之學和義寧之學的優良傳統，畢生學術以語言文字學爲根底，善於從詞的本義、引申義、假借義角度考察語義脈絡，善於從微觀、中觀、宏觀層面考論史實真相。唐先生擅長從語言學角度把史料講准，從歷史學角度把史料講透，從考古學角度把史料講明。唐先生在二十世紀中國中古史研究的諸多領域樹立起一座豐碑，其中當然也包括中古漢語研究和中古漢字研究領域。如今，先生已逝，風範長存，唐先生以語言文字學爲中古史研究利器的方法，依然值得後學者學習和繼承。

---

　　[*]　本章寫作過程中得到唐長孺先生哲嗣唐剛卯先生的支持，朱雷先生、程喜霖先生對本章的寫作提出了不少寶貴建議，謹致謝忱。

一　將語言史與政治史相互觀照

一個時代的政治變化往往體現在語言文字上，中古史猶然。作爲一位歷史學家，唐先生往往透過語言史看大歷史，又在歷史的大背景下看語言史。先生所撰《論金代契丹文字之廢興及政治影響》[①]，探討了契丹文字在金代的興廢過程。契丹文字本爲遼國文字，是契丹人創造的書寫體系，女真建國之初，并沒有文字，而是借用契丹文字，女真人在學習漢字和漢文化的過程中，往往要以契丹文字爲中介。後來女真人自己也創造了文字，隨着女真人學習漢文的力度和程度加深，他們越來越希望直接與漢字和漢文化對接，於是，契丹文字的中介作用式微，女真人最終拋棄了契丹文字。而契丹文字在金國的命運起伏，背後也折射出契丹人、奚人和漢人在金國政治舞臺上的沉浮。唐先生指出："世宗創立女直進士科之用意，乃在保存女真語文以挽回海陵以來女真人漢化之趨勢，然其所以教者，既仍借資於漢籍經典之女真譯本，則企羨漢文化之心理將更因之加深，而亦終不能屏斥漢文。其所發生之作用乃橫及於契丹、奚人之仕途及其政治地位，所以大定以降，尚書省長官自左右丞至參知政事猶多漢人、南人，而明昌以後，契丹、奚人寂焉罕覯，此又豈始計之所能料哉？"[②]

同樣，一個時代的語言文字學變化，也折射出這一時期的政治取捨與好惡。唐西州時期的墓葬中，出土了大量的蒙書《千字文》，這與十六國和高昌時期的墓葬中出土大量蒙書《急就篇》形成鮮明的對比。人們不禁要問：爲什麼唐代自貞觀至天寶或更後期，《千字文》成爲西州學生普遍習誦和習字的範本。針對這一問題，唐先生在《跋吐魯番所出〈千字文〉》中做了深度分析[③]，他認爲這實際上是隋唐統一後中國文化南朝化的體現。《千字文》是梁代的作品，乃周興嗣次韻王羲之書千字而成，而唐西州學童習書的《千字文》範本，就是這種署名王羲之書的周興嗣次韻本。

《千字文》在唐西州的流行，使西州書體發生了巨大變化，無論是官文書還是民間文書均如此，這是北朝後期南朝文化不斷北漸的具體體現。①

　　晋代以來，南北士庶密切交流，南北文化交互影響，南方人士一方面對本地文化心存眷念，另一方面又對洛陽認可嚮往，而北方人士對南方文化的敬畏與妥協，終于導致南北文化各取所長，補己之短，這些都鮮明地體現在南北方言的相互影響和滲透上，恰如魏徵《隋書》卷七六《文學傳序》所云："江左宫商發越，貴於清綺，河朔辭義貞剛，重乎氣質。氣質則理勝其詞，清綺則文過其意，理深者便於時用，文華者宜於詠歌。此其南北詞人得失之大較也。若能掇彼清音，簡兹累句，各去所短，合其兩長，則文質彬彬，盡善盡美矣。"唐長孺先生敏鋭地看到了這一點，先生所撰《讀〈抱朴子〉推論南北學風的異同》，與陳寅恪、周一良先生遙相呼應（在中古史研究領域中，三位先生都有從語言史看政治史的治學風格），他指出："葛洪所舉的第二件事是'語言'。關

---

① 唐先生特別善於以語言文字學爲根底，以史學爲本體，以文學和經學、玄學爲兩翼，全面展開對中國中古歷史與文化的研究。"南朝化"命題是先生研究中古文史得出的重要論斷。先生指出："永嘉亂後，建康成爲繼承曹魏、西晋新興的文化的中心，江左文學和經學、玄學、書藝同樣是魏晋風尚的繼承和發展。文體駢驪化，日益講求對偶、運典和音律，内容大都舒情寫景乃至於'淫放'、'輕薄'。當時以及後來詆訶的江左文風溯源實自中土，或者説是中土文風的移植，北風的南移。隨着僑人的本土化，源自中土的文風也成爲江左文風。儘管江左文風在發展過程中特别到南朝末期出現許多流弊，但它却是魏晋以來文學的主流，雖然南朝僑、土之間在文化上有所區别，南土文士寫作詩文，體制早就與僑人合流，但江左文風的代表人物仍大都出自僑姓。北朝自太和改革，禮樂刑政在頗大程度上仿效南朝，江左文學也從那時開始爲北方文人所崇尚。顔、謝、任、沈、徐、庾先後爲洛都、鄴下以及關中文士所師法。北朝文學與南朝文學存在着師承關係，已如前述。原來由中原南傳江左的魏晋新興文風在太和以後重又北傳，北方文人隨着南朝文學發展的傾向而相繼以顔、謝、任、沈、徐、庾爲學習楷模和衡量作品的標準。當時，南朝人對於北土文士的評價具有一定的權威性。隋代初年，江左文風已佔領了北方文壇。開皇廢後梁、滅陳，江左著稱文人全都北遷，隋唐之際，他們受到兩朝君王的優遇。當時徐、庾體文風靡全國，由於著名文人北遷不返，江左文壇就非常冷落。而陳亡以後，建康不但喪失了政治中心地位，同時也喪失了文化中心的地位，東晋以後奇才輩出的盛況一去不返。終唐一代，所謂'江左餘風'的傑出代表絶大多數是北人，生於江左者不過寥寥數人而已。所以出現這種奇怪的情况，首先是由於所謂'江左餘風'早就是遍及全國的文風，北朝後期以來北方文人不論貴賤童而習之者不外《文選》及南朝名人文集，由此産生足以繼承其文風的傑出文人不足爲怪。"氏著《論南朝文學的北傳》，收入《唐長孺文集》第六卷《山居存稿續編》，第240~241頁。

於這個問題，陳寅恪先生有《東晉南朝之吳語》一文，闡發已明。
周一良先生的《南朝境內之各種人及政府對待之政策》一文中亦
有解釋。這裏我不再贅述。陳、周二先生的結論完全可以證明葛
洪之說，即是江南士族普遍學習洛陽話。《宋書》卷八一《顧琛
傳》稱：'先是宋世江東貴達者，會稽孔季恭，恭子靈符，吳興丘
淵之及琛，吳音不變。'陳先生根據這一條證明'其餘士人，雖本
吳人，亦不操吳音，斷可知矣。'周先生的結論是：'蓋揚州之僑
人不自覺中受吳人薰染，於中原與吳人語言以外漸形成一種混合
之語音。同時揚州土著士大夫求與僑人沆瀣一氣，競棄吳語而效
僑人之中原語音，然未必能得其似。中原語音反因吳人之模擬施
用，益糅入南方成分。此種特殊語音，視揚州閭里小人之純粹吳
語固異，視百年來未變之楚音（此指北方語音）亦自不同。'其實
吳士學習洛陽語，早在東渡之前。《陸士龍集》有《與兄平原（陸
機）書》，提出'音楚'的問題，還說他作文時，'會結使說音'。
楚與雅相對，'音楚'即音韻不正，這裏當指吳音。'結使'當爲
給使之訛，即伺候官吏的使役，作文要使役說音，當因其爲洛陽
人。這封信說明二陸入洛後，爲了免於'音楚'的譏評，已有學
洛陽語音之事。但是吳士雖然學說洛陽語，終究帶着吳音。《顏氏
家訓·音辭篇》便說'南染吳越，北雜夷虜，皆有深弊，不可具
論'。顏之推所說'南染吳越'的音辭，包括南渡僑姓與吳士。葛
洪所謂'既不能便良似，可恥可笑'的語言就是這種吳人口中的
北語，隔了多少年之後，連僑人也受到同化，一樣的說那種不南
不北的吳化洛陽語了。簡單地說，這種吳化洛陽語相當於藍青官
話，因爲是官話，所以祇行於士族間。"[1]

　　語言和政治關係最爲緊密的還是北魏孝文帝的改革。孝文帝
的改革包括語言改革，北魏太和十九年（495）六月己亥，孝文帝
詔不得以北俗之語言於朝廷，違者免所居官（《北史》卷三《高
祖孝文紀》），孝文帝還引見朝臣，詔斷北語，一從正音（《北史》

① 《唐長孺文集》第一卷《魏晉南北朝史論叢》，第 343 頁。

卷十九《咸陽王禧傳》）。[1] 但改革從來就是一個極爲艱難複雜的過程，漢語及漢字在北魏的命運坎坷，折射出漢民族和漢文化在北方鮮卑人政權中的浮沉。唐長孺先生從漢語和鮮卑語在北朝的此消彼長，論及漢人、漢字、漢文化在北朝命運的複雜性。原來，北魏是鮮卑拓跋族建立的政權，這個政權依靠的基石是一支部落化的軍隊，北魏軍事政權的軍方語言和行政語言都是鮮卑語。直到太武帝時，漢族人也參與不到其軍隊中去，祇能服勤農桑，承擔租調力役，漢人不能參與軍事征討，即使參與軍事活動，也是臨時而非正規的。唐先生指出："當時基本上是鮮卑人當兵，漢人務農。高歡對鮮卑人説：'漢民是汝奴，夫爲汝耕，婦爲汝織，輸汝粟帛，令汝温飽，汝何爲淩之？' 他又對漢人説：'鮮卑是汝作客，得汝一斛粟，一匹布，爲汝擊賊，令汝安寧，汝何爲嫉之。' 這裏説明兵農隔離也即是鮮卑和漢人的隔離（高歡所指雖祇限於東魏境内，但西魏也沒有不同），如果農民當兵，兵士歸農，那麼這種差別也就隨之消除，所以兵農合一的過程就標識着融合的過程。"[2] 不僅如此，拓跋及其臣服部落組成的禁衛軍、遠征軍以及邊防軍或内地駐防軍，還有統帥軍隊的主將，按照慣例也都是拓跋宗室貴族，下屬各級政權也都是由本族或附從部落組成。甚至連充當三郎衛士的也是拓跋及其附從部落人，他們往往世襲，這種制度直到太和改制前都未變，北魏政權正是通過禁衛軍和皇室近侍的選拔加強和各族統治階級特别是和酋長的聯繫，而禁衛軍羽林、虎賁除了本族人以外，主要是敕勒人。《魏書》卷一一三《官氏志》載太和前職令從四品上有 "高車羽林郎將"，又檢《北齊書》卷一七《斛律金傳》附兄平傳，斛律金是第二領民酋長，并且在北魏朝廷當近侍，此人早已鮮卑化了，後來他唱《敕勒歌》，正好是用鮮卑語吟唱的。[3]

---

① 參看繆鉞《六朝人之言談》，收入《繆鉞全集》第一卷下《冰繭庵讀史存稿》，河北教育出版社，2006，第331~337頁。

② 唐長孺：《拓跋族的漢化過程》，《唐長孺文集》第二卷《魏晉南北朝史論叢續編》，第171頁。

③ 唐長孺：《北魏末期的山胡敕勒起義》，《唐長孺文集》第三卷《山居存稿》，第73~76頁。

　　在這種情況下，漢人、漢語和漢文化在鮮卑政權的軍事和行政話語體系中，時常高度邊緣化。唐先生在《拓跋族的漢化過程》[①]《論南北朝的差異》[②] 兩文中深刻指出這種情況長期未變，後來東魏北齊和西魏北周的兵制依然繼承了北魏舊制。高歡所領六鎮之衆，建立東魏，又在河北括取六州人戶，以六鎮改置，但都是鮮卑或同化於鮮卑的漢族或其他族人，這從《隋書》卷二四《食貨志》可以看出，"六坊之衆"亦即洛陽的羽林虎賁，基本上都是鮮卑人，東魏北齊的軍隊有兩類，一類是尒朱榮給高歡的六鎮餘衆及括取的六州戶，二是從洛陽遷來的以代遷戶組成的羽林虎賁，都是鮮卑。而漢人當兵的，往往是邊防軍，以及據丁徵發的番兵，服兵役和力役。北齊皇室雖然自稱渤海高氏，但以鮮卑自居，高級將領都有鮮卑人充當，西魏北周的情形亦不例外，將士都是鮮卑人或附屬之部落。西魏、北周和東魏、北齊一樣，所有鮮卑和鮮卑化民衆都是兵，北周時期，雖然有所改觀，但漢族兵是鄉團，鮮卑兵爲軍坊，一個住在農村，一個在城鎮。大的格局并没有改變。

　　由此可知，鮮卑語在鮮卑政權中是根深蒂固的，北魏孝文帝的改革初衷是要將其行政語言和軍事語言從鮮卑語改爲漢語，其難度可想而知。在北朝時期，鮮卑語在官方及民間具有極爲重要的影響和地位[③]。唐先生指出："當遷徙集團學會了漢語以至忘掉了本族語言之時，鮮卑語言繼續是而且在較前更爲廣泛的範圍內是邊境上共同的語言。《北齊書》卷二一《高乾附弟昂傳》稱高歡'每申令三軍，常鮮卑語，昂若在列，則爲華言。'高歡的軍隊是由北鎮義軍失敗後改編的。北鎮群衆不一定是鮮卑人，但都懂得鮮卑話，他們雖可能也懂得漢話，然而軍隊中鮮卑話是主要的語言，《北齊書》二四《孫搴傳》説他'又能通鮮卑語，兼宣傳號

----

① 《唐長孺文集》第二卷《魏晉南北朝史論叢續編》，第149~176頁。
② 《唐長孺文集》第四卷《魏晉南北朝隋唐史三論》，第183頁。
③ 正因爲如此，"同時邊塞六鎮之鮮卑及胡化之漢族，則仍保留其本來之胡化，而不爲洛都漢化之所浸染。故中央政權所在之洛陽其漢化愈深，則邊塞六鎮胡化民族對於漢化之反動亦愈甚，卒釀成六鎮之叛亂，爾朱部落乘機而起。"引自陳寅恪《隋唐制度淵源略論稿·唐代政治史述論稿》，三聯書店，2001，第197頁。

令’，由此可見‘宣傳號令’必用鮮卑語，高歡自稱他的祖先出于渤海高氏，也有人疑爲僞造，這一點不必管他，但他‘累世北邊，故習其俗，遂同鮮卑’，即使真爲渤海高氏，也是鮮卑化了的。高歡部下有一個勇將斛律金，他是朔州敕勒部落的酋長，當北鎮起義時，曾經參加義軍，不久便叛降政府軍。他曾經唱出一首有名的《敕勒歌》，據《樂府詩集》卷八五引《樂府廣題》說這首著名歌曲‘本鮮卑語’，即是斛律金所唱的歌本用鮮卑語，後來翻譯爲漢語。這一個敕勒酋長唱敕勒歌，用的確是鮮卑語，我們知道敕勒語言，‘略與匈奴同’，和鮮卑語是不一樣的。由此可見北鎮的敕勒人說的也是鮮卑語。《顏氏家訓·教子篇》諷刺一個自命善于教子的北齊的士大夫，他的辦法是‘教其鮮卑語及彈琵琶，以此伏事公卿，無不寵愛’。正因爲北齊公卿大部分出于說鮮卑語的北齊軍人，所以學了鮮卑語就能獲得寵愛。這一位士大夫確乎看到了當時一些由通鮮卑語而得意的人，譬如上述的孫搴和另一個做到大官的祖珽便都從通鮮卑語進身。”[1]今檢《北齊書》卷二四《孫搴傳》載孫搴：“署相府主簿，專典文筆。又能通鮮卑語，兼宣傳號令，當煩劇之任。”《魏書》卷四四《孟威傳》：“孟威，字能重，河南洛陽人，頗有氣尚，尤曉北土風俗。……後以明解北人之語，敕在著作，以備推訪。”《魏書》卷九一《術藝·晁崇傳》：“崇弟懿，明辯而才不及崇也。以善北人語，内侍左右，爲黄門侍郎。”[2]又檢《顏氏家訓·教子》：“齊朝有一士大夫，嘗謂吾曰：‘我有一兒，年已十七，頗曉書疏，教其鮮卑語及彈琵琶，稍欲通解，以此伏事公卿，無不寵愛，亦要事也。’吾時俛而不答。異哉，此人之教子也！若由此業，自致卿相，亦不願汝曹爲之。”可見，在當時，漢人通曉鮮卑語反而可以升官，鮮卑語是當時的行政語言、軍事語言、社交語言。《顏

---

① 唐長孺：《拓跋族的漢化過程》，收入《唐長孺文集》第二卷《魏晉南北朝史論叢續編》，引文見第 168~169 頁。請比較葛洪《抱朴子·譏惑篇》：“余謂廢已習之法，更勤苦以學中國之書，尚可不須也。況乃有轉易其聲音，以效北語，既不能便良，似可恥可笑。所謂不得邯鄲之步，而有匍匐之嗤者。”

② 這一方面的詳細情形，可參看王啓濤《魏晉南北朝語言學史論考》，巴蜀書社，2001，第 364~365 頁。

氏家訓·教子》所言這名漢族少年"頗曉書疏","書疏"在中古
漢語中指公函和私信,《晋書》卷六六《陶侃傳》:"遠近書疏,
莫不手答。"《顏氏家訓·雜藝》:"書疏尺牘,千里面目。""頗
曉書疏"從側面告訴我們此名少年可以用鮮卑語書寫公函及私
信,鮮卑語在當時的政治、軍事、外交場合和民間交流中是大行
其道的。[①]檢《隋書》卷三二《經籍一》:"《河洛語音》一卷,王
長孫撰。《國語》十五卷,《國語》十卷,《鮮卑語》五卷,《國語
物名》四卷,後魏侯伏侯可悉陵撰。《國語真歌》十卷、《國語雜
物名》三卷,侯伏侯可悉陵撰。《國語十八傳》一卷《國語御歌》
十一卷,《鮮卑語》十卷,《國語號令》四卷,《國語雜文》十五
卷,《鮮卑號令》一卷,周武帝撰。《雜號令》一卷。"姚振宗
《隋書經籍志考證》:"宋洪邁《容齋隨筆》曰'《古樂府》有《敕
勒歌》,以爲齊高歡攻周玉壁而敗,恚憤疾發,使斛律金唱《敕
勒歌》,歡自和之。其歌本鮮卑語'云云。按《敕勒歌》當在此
《國語真歌》《國語御歌》兩書中,兩書所載,皆是類焉。"[②]難怪
《北齊書》卷三九《祖珽傳》載:"元康因薦珽才學,并解鮮卑語。
乃給筆札就禁所具草。二日内成。"

　　正因爲北魏由鮮卑部落軍掌權,鮮卑是統治民族,而軍功是
飛黃騰達的敲門磚,軍人身份高,所以學習鮮卑語也成爲北方漢
族人向上爬的途徑,這一點在北魏之後的北周也没有本質的改變,
唐先生指出:"北周方面對待漢文化的態度較北齊有些差異,但統
治集團和軍人一樣出於北方軍鎮,鮮卑語仍然是通用的語言。《隋
書》卷四二《李德林傳》説北周武帝(宇文邕)'嘗於雲陽宮作鮮

　　① 《隋書》卷三二《經籍一》:"《鮮卑語》五卷,又十卷。"文廷式《純常子枝語》十:
"按此,則北朝頗尚鮮卑語,然自隋以後,鮮卑語竟失傳,其種人亦混入中國,不可
辨識矣。"劉盼遂曰:"高齊出鮮卑種,性喜琵琶,故當時朝野之干時者,多仿其言語
習尚,以投天隙。《北齊書》中所紀者,孫搴以能通鮮卑語,宣傳號令;'祖孝徵以解
鮮卑語,得免罪,復參相府';劉世清能通四夷語,爲當時第一,後主命之作突厥語
翻《涅槃經》,以遺突厥可汗。'和士開以能彈胡琵琶,因此得世里親狎',如此等類,
屢見非一。又本書《省事》篇亦云'近世有兩人,朗悟士也,天文、畫繪、棋博、鮮
卑語,胡書、煎胡桃油、鍊錫易銀,如此之類,略得梗概云云。"(引自王利器《顏氏
家訓集解》(增補本),中華書局,1993,第21頁。
　　② 二十五史刊行委員會編《二十五史補編》,中華書局,1989,第5222頁。

卑語，謂群臣云……'，顯然群臣至少有一部分是懂得鮮卑語的。"
唐先生又指出："《隋書》卷三二《經籍志》記載有關鮮卑語的字
書十三種，其中有《鮮卑號令》一卷，是周武帝所撰，可以推知
軍隊同樣通用鮮卑語。"[1]西魏北周和東魏北齊一樣，鮮卑是軍隊的
主力，所以鮮卑語是軍隊宣傳號令的官方語言。《續高僧傳》十九
《釋法藏傳》："天和四年（中略）周武帝躬趨殿下，口號鮮卑，問
訊眾僧，幾無人對者；藏在末行，挺出眾立，作鮮卑語答，殿庭
僚眾，咸喜斯酬。敕語百官：'道人身小心大，獨超群友，報朕此
言，可非健道人耶。'"唐先生指出："從北鎮起義以後進入中原的
鮮卑化的部落人民，他們都說鮮卑話，愛好鮮卑風俗，善於騎射，
不懂漢文，他們從種族上說不一定都是出於鮮卑，但一律被稱作
鮮卑，也自認爲鮮卑。例如高歡便常常把自己所統帶的北鎮軍人
喚作鮮卑。韓陵之戰，他認爲高昂'純將漢兒，恐不濟事，今當
割鮮卑兵千餘人共相參雜'，而薛孝通也說高歡以'數千鮮卑破爾
朱百萬之衆'。鮮卑的稱號當時在頗爲廣泛的範圍內使用，這種例
子可以舉出很多。"[2]

　　事實確實如此。從傳世文獻中我們可以看出，漢人在當時的
北方并不受待見，甚至被污辱性地稱爲"漢兒"，[3]《事物紀原》卷
十"稱漢"："演義曰：'今俗罵人曰漢，蓋晉末胡亂中原，故胡
人罵中國曰漢兒。'"漢語在北朝的影響往往是有限的。《折楊柳
歌辭》有云："遙看孟津河，楊柳鬱婆娑。我是虜家兒，不解漢
兒歌。"漢人甚至成爲被歧視、被欺負的對象，《北齊書》卷二一
《高昂傳》："於時，鮮卑共輕中華朝士，唯憚服於昂。高祖每申令
三軍，常鮮卑語，昂若在列，則爲華言。"又同卷："高祖曰，高
都督純將漢兒，恐不濟事，今當割鮮卑兵千餘人共相參雜，於意
如何？"《北史》卷六《齊本紀·高祖神武帝》："神武曰……今以

---

①　唐長孺：《拓跋族的漢化過程》，《唐長孺文集》第二卷《魏晉南北朝史論叢續編》，第
　　170頁。
②　唐長孺：《拓跋族的漢化過程》，《唐長孺文集》第二卷《魏晉南北朝史論叢續編》，第
　　170頁。
③　參看〔日〕太田辰夫《關于漢兒言語——試論白話發展史》，收入作者《漢語史通
　　考》，江藍生、白維國譯，重慶出版社，1991，第181~212頁。

吾爲主，當與前異，不得欺漢兒，不得犯軍令。生死任吾則可。"
《北齊書》卷三九《崔季舒傳》："長鸞遂奏云：'漢兒文官連名總
署，聲云：諫止向并，其實未必不反，宜加誅戮。'"《北史》卷
四七《祖珽傳》："（高）元海語侯呂芬、穆提婆云：'孝征漢兒，
兩眼又不見物，豈合作領軍也？'"《北史》卷二八《源賀傳》（附
源師）："阿那肱忿然作色曰：'漢兒多事，強直星宿。'"上引最後
一例，《資治通鑑》卷一七一《陳紀五·宣帝太建五年》亦引，胡
三省注："高氏生長于鮮卑，自命爲鮮卑，未嘗以爲諱，鮮卑遂自
謂貴種，率謂華人爲漢兒，率侮詬之。"這説明北方地區胡漢的區
別并非靠血統，而是依據其文化教養①，當時北方地區漢人的鮮卑
化是顯而易見的事實②。

二　將詞的本義、引申義和術語義結合考察

　　清代乾嘉學派代表人物段玉裁有言："凡字有本義焉，有引
申假借之餘義焉，守其本義而棄其餘義者，其失也固；習其餘義
而忘其本義者，其失也蔽。"（《經韻樓集·濟盈不濡軌傳曰由輈
以下曰軌》）唐長孺先生治史，心細如髮。對於中古史上的衆多
術語，他特別善於從詞的本義入手，探求其引申軌迹，辨析其
"普通意義"（popular meaning）與 "術語意義"（terminological
meaning），他非常強調詞義的時代性，他具有嚴密的古今詞義發
展變化意識。"他注重'循名核實'，從相關詞義的變化洞悉歷史
演變的脈絡，獲得事關全域的重要結論。如所撰《〈晋書·趙至
傳〉中所見的曹魏士家制度》《九品中正制度試釋》《西晋户調式
的意義》《南朝的屯、邸、別墅及山澤佔領》《唐代色役管見》等
即是。"③今試舉三例。
　　【調】中古史中的重要術語，稅收之一，讀爲 diào。但唐先
生首先從漢語詞彙史角度探源溯流，先生指出："從西漢以來，

---

① 陳寅恪：《隋唐制度淵源略論稿·唐代政治史述論稿》，三聯書店，2001，第201頁。
② 漢人胡化，在中國古代史中屢見不鮮。晚唐詩人司空圖《河湟有感》："一自蕭關起戰
　塵，河湟隔斷異鄉春。漢兒盡作胡兒語，却向城頭罵漢人。"
③ 《唐長孺文集》第一卷《前言》，第6頁。

'調'衹是調度與調發之意，用以應付迫切的需要，而主要的是
助邊費，正稅項目中的賦錢和田租可以調發，鹽鐵錢也可以調
發，但是更可以隨時隨地任意徵發人民的財產，包括一切物品。
在東漢初年，調已經成爲人民經常的負擔，可是沒有規定其數額
及繳納物，直到曹操始將調加以固定化及普遍化，而取消了算賦
和口錢。"① 這是一段非常精彩的漢語詞義演變史專論,細考"調"
的詞義發展脈絡，可以確證唐先生所言不虛。"調"在漢代至三
國時期的主要意義確實是"調發"，《鹽鐵論·地廣》："俱是民
也，俱是臣也，安危勞佚不齊，獨不當調邪？"又云："散中國肥
饒之餘，以調邊境。"《史記》卷三〇《平準書》："而初郡時時小
反，殺吏，漢發南方吏卒往誅之，間歲萬餘人，費皆仰給大農。
大農以均輸調鹽鐵助賦，故能贍之。"《史記》卷六《秦始皇本
紀》："當食者多，度不足，下調郡縣轉輸菽粟芻藁，皆令自齎糧
食，咸陽三百里內不得食其穀。"張守節正義："調，田吊反。謂
下令調斂也。"《三國志》卷三五《蜀書·諸葛亮傳》："先主遂收
江南，以亮爲軍師中郎將，使督零陵、桂陽、長沙三郡，調其賦
稅，以充軍實。"至少從後漢起，"調"也指賦稅的一種。《後漢
書》卷二《明帝紀》記載："赦隴西囚徒，減罪一等，勿收今年租
調。"（此指租以外的一切徵收，包括賦錢）《後漢書》卷七《桓
帝紀》："延熹九年正月詔：其令大司農絕今歲調度徵求，及前年
所調未畢者。"《後漢書》卷六一《左雄傳》載順帝初上疏陳事：
"鄉官部吏，職斯祿薄。車馬衣服，一出於民，廉者取足，貪者
充家，特選橫調，紛紛不絕。"漢末、魏晉有戶調，唐代有租、
庸、調。晉葛洪《抱朴子·詰鮑》："調薄役希，民無饑寒，衣
食既足，禮讓以興。"《北齊書》卷十五《尉景傳》："景曰：'與
爾計生活孰多，我止人上取，爾割天子調。'神武笑不答。"《新
唐書》卷五一《食貨一》："丁隨鄉所出歲輸絹二匹，綾絁二丈，
布加五之一，綿三兩，麻三斤，謂之調。"在吐魯番文書中，也

---

① 氏著《魏晋户調製及其演變》,《唐長孺文集》第一卷《魏晋南北朝史論叢》, 第
59~60 頁。

可以見到"調"，比如"調薪"即以薪爲調，高昌徵收的雜税之一，用途往往與軍事有關。66TAM62：6/4《翟强辭爲共治葡萄園事一》（1-51）："▢▢▢秋當與▢▢▢▢▢殘少多，用了外責▢▢▢▢。今年風蚎，蒲陶三分枯［花］。▢▢▢强家理貧窮，每調陪▢，［與］［績］辭索，訴詣曹久，績投了▢▢▢▢與共各解。績作高▢▢身知剪▢▢▢▢獲曹苻下，累次下積▢▢▢▢。欲行被刺，强共積有要▢▢▢▢要從大例，惟有殘少▢▢▢▢東垂麥際，爲賊所▢▢▢▢▢保察督▢▢▢▢分處。謹辭。"72TAM152：26《高昌某人請放脱租調辭二》（2-144）："［壓］下垂慈放脱，不勝所請，謹辭。侍郎養生［傳］。聽脱蒲桃租酒壹［歑］，常田肆歑▢▢▢令▢調貳年除。"唐代以人丁爲本徵派的賦役亦爲"調"。導源於北魏到隋代的租、調、力役制度。根據《唐六典》及兩《唐書》之《食貨志》，唐代一户歲輸絹二匹，綾、絁二丈，布加五之一，綿三兩，麻三斤，非蠶鄉則輸銀十四兩，謂之調。72TAM230：46/2（a）《唐儀鳳三年（678）尚書省户部支配諸州庸調及折造雜練色數處分事條啓（二）》（4-67）："諸州調麻納兩京數，內六分取一［分］。"

【屯】中古史中的一個重要概念，關於其確切詞義，唐先生撰《南朝的屯、邸、別墅及山澤佔領》專門討論之，先生揭示"屯"的本義是"屯聚"，屯聚在一起的軍隊就是"屯兵"，屯聚在一起的耕種就是"屯田"。[1] 唐先生的論斷是完全正確的，檢《龍龕·雜部》："乇，徒渾反，聚也。"又檢清項懷述編《隸字彙》卷九："乇，屯㐲也，屯聚也，碑多通用。"[2] "乇"即"屯"。"屯"在吐魯番文獻中用例甚多，指屯田、屯戍、屯守，從十六國到唐西州時期均有語例。在高昌國時期的官方屯田中，已經開展了以糧食、蔬菜、瓜果（如屯蒲桃、屯浮桃、屯桃）種植爲主的多種經營，以供屯戍士兵和當地官員之用。園內各項勞動主要靠徵發來

---

① 《唐長孺文集》第三卷《山居存稿》，第3頁。
② （清）項懷述編《隸字彙》第五册，中華書局，2014，第9頁。

的力役完成。[1]又有"屯田"[2]，是聚集戍卒或農民、商人墾置荒地，以取得軍餉和稅糧，屯丁原先是由民丁徵發的正役，除了軍屯外，屯田均徵發丁夫耕種，丁夫是泛稱，應即屯丁。在高昌國時期，有負責屯田事務（特別是農業事務，包括管理高昌國有土地及官渠）的中央行政部門，唐代在西域的屯田可能有軍州、鎮戍、烽鋪三種，有嚴格的管理體制，安西四鎮雖然多次廢立，但屯田却長期堅持，生產了駐軍軍糧的半數，屯田畝產往往在5斗（軍屯）、6斗（民屯）以上。又有"屯官"，即管理屯田事務的農官，也指統領屯田兵卒的官長（唐制：凡邊防鎮守，轉運不給，則設屯田，以給軍儲，每屯皆設屯官、屯副）。又有"屯田司馬"，即麴氏高昌中央行政屯田部的司馬，管理屯田的佐吏，官品可能在第五等級，隋唐州府佐吏有司馬一人，位在別駕、長史之下。又有"屯田主簿"，即管理屯田的佐吏，屯田方面的勾檢官。又有"屯田吏"即管理屯田事務的佐吏。75TKM91：33（a）、34（a）《兵曹下八幢符爲屯兵值夜守水事》（1-70）："右八幢知中部屯，次屯之日，幢共校將一人撰兵十五人夜住守水。殘校將一人，將殘兵、值苟還守。"[3]60TAM339：50/1-1《高昌武城塘作額名籍（一）》（1-396）："▭▭[月][廿]五日，武城塘作額麴忠悌趙延豊、趙衆（引者按：右旁有"成▭作五人、條脱▭▭"）▭▭之至▭▭作▭，張[慈]集、劉懷祐、張阿相、張阿婆相

---

[1] 參考王艷明《從出土文書看中古時期吐魯番地區的蔬菜種植》，《敦煌研究》2001年第2期。

[2] 《漢書》卷九六《西域傳》："自武帝初通西域，置校尉，屯田渠犁。"《後漢書》卷六《孝順帝紀》："丙午，武都塞上屯羌及外羌破屯官。"《新唐書》卷五〇《兵志》："蓋口分、世業之田壞而爲兼并，租庸調之法壞而爲兩稅。至於鹽鐵、轉運、屯田、和糴、鑄錢、括苗、榷利、借商、進奉、獻功，無所不爲矣。蓋愈煩而愈弊，以至於亡焉。"隋唐時，屯田列爲工部四司之一，掌屯田、官田、諸司公廨田、職分田以及官園宅等事。《唐六典》卷七《尚書工部》條："凡天下諸軍、州管屯，總九百九十有二，大者五十頃，小者二十頃。凡當屯之中，地有良簿，歲有豐儉，各定爲三等。凡屯皆有屯官、屯副。屯官取前資官、嘗選人、文武散官等強幹善農事，有書判、堪理務者充；屯副取品子及勳官充。"又："屯田郎中、員外郎掌天下屯田之政令。凡軍、州邊防鎮守轉運不給，則設屯田以益軍儲。"《新唐書》卷四九《百官志》："二十曰耕耨以時，收穫成課，爲屯官之最。"

[3] 此處的"屯"顯然是軍事屯田，這是官府佔有土地的一種方式，見柳洪亮《新出吐魯番文書及其研究》，新疆人民出版社，1997，第331頁。

（引者按：右旁有"屯蒲桃云）、田明歡（引者按：右旁有"作一車"）。張乇冨（引者按：右旁有"作一車"）⬜⬜⬜劉⬜⬜⬜⬜子、孫仏与、張友（？）郎（引者按：右旁有"屯蒲桃"）、索道祐、張阿婆奴⬜年行、王阿豊兒（引者按：右旁有"⬜年行"）、竺⬜⬜⬜趙阿養、范［渊］［祐］（引者按：右旁有"屯桃三人"）。⬜⬜⬜、范田養、張祐多（引者按：右旁有"屯浮桃三人"），趙歡［冨］⬜⬜伯、孟⬜⬜善奴（（引者按：右旁有"二人"）、嚴申祐、馮豊兒（引者按：右旁有"條脫"）。趙波冨（引者按：右旁有"南門帝三人"）、牛⬜⬜⬜［歡］伯、孟居連兒（引者按：右旁有"作一車"）。劉尸連，田相保⬜⬜（引者按：右旁有"作一車"）⬜⬜冨，陰沙弥子、孫⬜⬜⬜"60TAM339：50/1-2《高昌武城堛作額名籍（二）》（1-397）："劉懷相，嚴祐忠屯戍。"75TKM91：28（a）《兵曹行罰兵士張宗受等文書》（1-69）："⬜⬜兵張宗受、嚴緒⬜⬜等廿八人由來屯守無⬜，［馮］祖等九人長［通］⬜⬜應如解案挍。"60TAM339：50/1-3《高昌武城堛作額名籍（三）》（1-397）："⬜人中出入堛作人趙華得，索道祐作屯六人。"[①]67TAM364：14《高昌義和三年（616）屯田條列得水謫麥斛斗奏行文書》（1-388）："渠。常侍紹慶息塢破，再取水，溉自田肆畝半。闕寺［貳］［畝］⬜⬜遠元悥伍畝，袁財佑貳畝，右衛寺糸，公主寺伍畝，陳寺伍畝，畫寺［陸］⬜，馮僧保寺貳半，西屈壹畝半，次孔進渠，外屈賢遮塢、趙厠之寺三家口破，溉孔進渠陸畝，次康保⬜［溉］⬜⬜⬜溉道壹畝，次石宕渠，麴阿薗［溉］⬜⬜［壹］畝，再取水田、棄水田陸⬜⬜［酐］柴兒半。謹案條列得水謫麥九斗列別如右，記識奏諸奉行。門下校郎高，侍郎和，侍郎陰，侍郎焦、高、麴，義和三年丙子⬜⬜長史⬜⬜屯田司馬鞏⬜⬜屯田主薄田祁善、和住兒，屯田吏王⬜⬜，屯田吏王善⬜。"64TAM24：32《高昌延昌西歲屯田條列得橫截等城葡萄園頃畝數奏行文書》（2-169）："右衛將

[①]　（漢）荀悦:《漢記·武帝紀一》："留軍屯守空地，曠日彌久，士卒勞倦。"在唐代，"屯"是一種色役。關於"屯守"的"且佃且守"性質，參考唐長孺《唐代色役管見》，收入《唐長孺文集》第二卷《山居存稿》，第171~200頁。

軍縮曹郎中麴紹［徵］；虎威將軍兼屯田事焦□□；屯田［參］□□□□，屯田［參］□□□□，屯田吏索［善］［護］，屯田吏陰保［相］。"72TAM155：30（a）《高昌延壽九年（632）屯田殘奏》（1-427）："行門下事侍郎臣高。□□□年壬辰歲月日屯田奏。□□□□［中］［兵］校郎兼屯田事臣高。屯田主簿范。屯田吏臣賈。"又同卷："鷹揚將軍兼屯田事臣麴。"73TAM519：19/2-1《高昌延壽十七年（640）屯田下交河郡、南平郡及永安等縣符爲遣麴文玉等勘青苗事》（2-71）："令。敕交河郡，南平郡、永安縣、安樂縣、泞林縣、龍泉縣、安昌［縣］、□□□、□昌縣。郡縣司馬主者：彼郡縣，今遣麴郎文玉，高□□□青苗去，符到奉□。威遠將軍門下校郎麴□□。延壽十七年庚子歲四月九日起虎賁將軍屯田□□高□□。屯田司馬司空□□。虎賁將軍中兵校郎張世隆。"64TAM4：6《唐總章元年（668）西州高昌縣左憧憙辭爲租佃葡萄園事》（3-221）："總章元年七月日高昌［縣］［左］憧憙［辭］張渠蒲桃一所，舊主趙回□。縣司：憧憙先租佃上□桃，今□□□恐乇桃人并比鄰不委，［謹］［以］辭［陳］。□□□公驗，謹辭。"2004TAM398：4-2背面＋2004TAM398：4-7背面《武周載初元年（690）後牒爲屯人被賊事》（榮、李、孟18）："牒：得牒稱：前件人去七月内被差向安西收屯，彼日并發，［便］［向］□□□私歸□□收屯人趙臧、［孫］達、田［海］［祀］等三人□□□□金□三更裏，乃被賊剥脱［去］□□□"72TAM230：49《武周天授二年（691）總納諸色逋懸及屯收義納糧帳》（4-78）："惣納諸色逋懸及屯收、義納糧惣叁阡柒伯捌拾陸碩貳斛壹勝。"①64TAM20：21（a）《唐神龍二年（706）白澗屯納官倉糧帳（一）》（3-477）："已上叁拾叁上字，計青稞雜大麥陸伯陸拾碩。倉督曹建、監倉［官］［王］□，［屯］［官］侯獻，監納官鎮副劉初。"72TAM209：85/11（b），85/12（b）《唐王君子等配

---

① 又檢大谷3786（2）背（《大谷二》圖版三八）："今屯收率有欠，即令均徵□□□□納了。""屯收"即屯田所收。從所置之倉來看，屯收可置於軍倉、正倉。《新唐書》卷四六《百官志一》："比部郎中、員外郎各一人，掌句會内外賦歛（中略）及軍資、械器、和糴、屯收所入。"

役名籍》(3-326):"翟孝貞,望子;王阿隆,屯。"^① OR.8212/520
Ast.ⅠⅠ.4.018《唐開元年間西州都督府諸曹符帖事目歷》(沙、吳
1-54):"▢▢兵曹符爲差輸丁廿人助天山屯事▢▢▢户曹符爲給
張玄應墓夫十人事。"73TAM518:3/3-20,3/3-26《唐西州某縣
事目》(三)》(3-464):"□□縣爲給白水屯種子支供訖。"^② 大谷
3473(二)《唐開元十九年(731)正月—三月西州天山縣到來符
帖目》(《大谷》二圖版八):"營田使縣,爲天山屯車牛農具,差
人領屯官農具,限縣到日送事。"^③ 72TAM189:19(b)《唐人隨
筆雜書》(4-116):"四言,秋。綿袴子一,紫絁,綿裙一臂,白
練,錢一千四百五十文。縣守言昨日在家失前件惣[馬][毬]之
負運柳中屯粟草價錢七十文,付司守言示。"在唐代,"屯"既有
州直轄的屯田,同時還有屬于鎮戍的屯田^④。又有"屯家",屯田上
的勞動者,一些可能是來自内地的刑徒及其家口,一旦在屯田刑
期滿,可以回歸故里^⑤。伯D.A131號文書:"因屯家人歸次,附狀
不宣。"^⑥ 又考伯2507《開元水部式》殘卷:"宜二年與替,不煩更
給勳賜,仍折免將役年及正役年課役,兼准屯丁例,每夫一年各
帖一丁。其丁取免雜徭人家道稍殷有者,人出二千五百文資助。"
劉俊文指出:"按唐制,邊軍皆開屯田,以給軍儲,有警則征夫助
收,所謂屯丁,蓋即指征夫。"^⑦

"屯"還是"絲"、"綿"一類織品的量詞,受唐先生的啓
發,我們認爲其得名之由也來自"屯聚"。檢64TAM15:6《唐
唐幢海隨葬衣物疏》(2-20):"銀眼農一,玉、樊天思屯,脚一√

---

① 此處的"屯",即配往屯田勞作。參考陳國燦《斯坦因所獲吐魯番文書研究》,武漢大
學出版社,1997,第103頁。
② 可見屯田要由附近州府提供種子。
③ 可見屯田的車牛農具也要由國家供給。
④ 參考唐長孺《吐魯番文書中所見的西州府兵》,收入《敦煌吐魯番文書初探》二編,
引文見第81頁。
⑤ 參考劉安志、陳國燦《唐代安西都護府對龜茲的治理》,《歷史研究》2006年第
1期。
⑥ *Les manuscrits chinois de Koutcha: fonds Pelliot de la Bibliothèque nationale de France*/Éric
Trombert; avec la [...] Institute des Hautes Études Chinoises du COLLÉGE DE FRANCE,
Paris-2000, p109.
⑦ 劉俊文:《敦煌吐魯番唐代法制文書考釋》,中華書局,1989,第347頁。

蹠。”73TAM214：148（a）《唐和糴青稞帳（一）》（3-163）：“綿壹屯，准次估直銀錢伍文。兩屯當練壹疋。”[①]

【客】中古史中又一重要術語，指外來雇傭勞動者，地位卑微。考《説文·宀部》：“客，寄也。”段注：“各，異詞也，故自此託彼曰客。”王筠句讀：“偶寄于是，非久居也。”《説文·宀部》“客”字之後緊接着是“寄”“寓”二字，《説文》并有訓釋：“寄，托也。”“寓，寄也。”對于中古史上這一重要術語，唐長孺先生進行了深入考釋，他首先從語言文字的角度切入，指出：“客本來是外來人。相對於宗族而言，非宗族成員是客；相對於鄉里而言，外鄉人是客。本來并不含有身份低微的意思。但是早在西漢我們就見到奴客連稱的例子。《漢書·五行志》載谷永責備漢成帝‘崇聚票輕無誼之人以爲私客’。‘無誼’即無行，似乎漢成帝的私客是一些游手無賴之徒，充當隨從，不是勞動者。”[②]唐先生又指出：“晋代的客，是依附性十分强烈的分成制佃農或農奴，不是奴。”[③]唐先生最後得出結論：“客的來源有四，一是免奴爲客者，即被釋放的奴隸；二是賜客，（中略）三是自賣的客，（中略）四是逃亡或流亡人民托庇豪强爲客者。”[④]唐先生的分析是正確的，我們發現：賓客從事勞動生産，至遲見於《後漢書》卷二四《馬援傳》。東漢後期，豪强擁有的客愈來愈多，人身依附關係越來越强烈。此外，“客”從後漢末時而指傭力，時而指“佃户”，《後漢書》卷九四《吴祐傳》：“時公沙穆來游太學，無資糧，乃變服客傭，爲祐賃舂。”曹操《加棗袛子處中封爵并祀袛

① 《唐六典》卷二十“太府寺”：“金銀之屬謂之寶，錢帛之屬謂之貨。絹曰匹，布曰端，綿曰屯，絲曰絢，麻曰綟，金銀曰鋌，錢曰貫。”《唐六典》卷三“尚書户部”之“金部郎中員外”條：“凡賜物十段，則約率而給之：絹三疋，布三（“三”當依《舊唐書·職官志》作“四”）端，綿四屯。”根據《通典》卷六《食貨》六“賦税下”原注，六兩爲一屯，日本類書《倭名類聚集、抄》卷三《布帛部》引唐賦役令也説六兩爲一屯。

② 氏著《魏晋南北朝時期的客和部曲》，《唐長孺文集》第二卷《魏晋南北朝史拾遺》，第1頁；《論魏晋時期的變化》，《唐長孺文集》第四卷《魏晋南北朝隋唐史三論》，第28頁。

③ 氏著《王敦之亂與所謂刻碎之政》，《唐長孺文集》第二卷《魏晋南北朝史拾遺》，第160頁。

④ 氏著《三至六世紀江南大土地所有制的發展》，《唐長孺文集》第五卷，第80~81頁。

令》："科取官牛，爲官田計，如衹議，於官便，於客不便。"魏晋時代，"客"往往指脱離所在郡縣的户籍而到他縣（耕種），具有一定的依附性質。[①] 晋代的蔭客、北朝的蔭户、南北朝後期的部曲與隋初的浮客，往往都會從事雇傭性質的農業生產或其他類型的雇傭勞作。[②]《南史》卷七三《孝義上·吳達之》："嫂亡無以葬，自賣爲十夫客。"可以這樣講："客"的卑微化和使用於農業，在魏晋期間已經完成。頗有意思的是：我們在西域文獻中檢得大量"客"的語例，可以證明唐先生的立論，有"兒客""客兒"，即外來雇傭勞動者，其中的"兒"，帶有嚴重的輕視色彩[③]，可以與"作人""客作"相比較[④]。L.A.II.ii—孔紙 5.1（侯、楊154）："及露車一乘，與沙麻巨（？）寫平議與李叔平使寄約當使，無他，今得。故月廿七日書車皆當自著［貲］（？）爲當取還，何如？趙軍許麥這得廿斛，即與趙督，趙督複使兒客來貸（？）告（？）取小麥十八斛。去爾爲皆［畢］了。及當京田（？）

---

① 參考賀昌群《賀昌群文集》第二卷，商務印書館，2003，第 602 頁。

② 《晋書》卷二六《食貨志》所載户調式有關於"蔭客"的記載："得蔭人以爲衣食客及佃客。"《群書治要》卷四五崔寔《政論》："長吏雖欲崇約，猶當有從者一人，假令無奴，當複取客，客庸一月千，薤、膏肉五百，芯、炭、鹽、菜又五百，二人食粟六斛。"這一種"客"按月取得報酬，并由主人供給飯食。他們和投羣庇護的客在身份上應該不同。《三國志》卷一一《管寧傳》注引《魏略》稱焦先"饑則出爲人客作，飽食而已，不取其直。""客作"應該直。《三國志》卷九《魏書·曹仁附弟純傳》注引《英雄記》："年十四喪父，與同產兄仁別居，承父業，富于財，僮僕、人客以百數。純綱紀督禦，不失其理。"《三國志》卷三八《蜀書·麋竺傳》："祖世貨殖，僮客萬人，資產巨億。（中略）竺于是進妹于先主爲夫人，奴客二千，金銀貨幣，以助軍資。"《三國志》卷四十《蜀書·李嚴傳》注引諸葛亮《與嚴子豐教》："今雖解任，形業失故，奴婢、賓客百數十人。""客"的身份已經非常卑微，像奴婢一樣作爲饋贈，計算時奴客混用，《資治通鑑》卷七秦二世元年七月："人奴產子，悉發以擊楚軍。"胡注引臣瓚："人奴之產子，今田客家兒。"從西漢起，"客"已經卑微化，到東漢至三國之後一直如此，西晋人把田客與秦代的奴等同起來。參看唐長孺《西晋户調式的意義》，《唐長孺文集》第二卷，第 14~15 頁。

③ 可見前文對"漢兒"的分析。

④ 陳國燦指出："客兒的身份待遇同作人是一樣的。"又指出："'外作人'則衹是在農忙時出糧雇請，才來爲寺耕作。由此看作人是常住寺院的依附勞作人，而外作人衹是出賣勞力的客作，對寺院不具依附性，故有時稱爲客兒。本帳中（引者按：指《高昌乙酉、丙戌歲某寺條列用斛斗帳歷》）的大小客兒應即《乙酉、丙戌帳》中'外作人'的變稱，大客兒相當于該帳中的'外作人'，小客兒則相當於該帳中的'小兒'。既然如此，就應支付給大小客兒的雇價。"氏著《斯坦因所獲吐魯番文書研究》，武漢大學出版社，1997，第 68、71 頁。

種麻□□□種各自有頃畝，不得□□。"69TKM33：1/9（b），1/8
（b）《高昌付思相等粗細糧用帳》（1-244）："七升。大胡細十九
二斗，思相麁十四九五斗半，弘慶床細米二九二斗。廿七日，夝
二斗，付守文，供亡來人。三斗，付宋謙忠，供康客兒客；夝一
斗付孝祐，供宿衛寺中，四九一斗，付祐兒，供仏救客。三［斗］
□□□［供］［苟］［掃］□□付保崇□□□三斗。永保麁六九七
斗，次床細米二九三斗四升□□□大胡細十一九三斗，衆僧細九
九麁一九八斗；客兒粟米八［九］六日，夝一斗，天救供亡來
人。夝二斗，付安和，供馬寺中，八斗，付車阿祐，四九一斗，
付相祐，供仏教，四斗，付氾阿住，共僧順客，一九付婆跋，供
僧順客。八斗，供時別奇耐八人盡。一斗，供婆個一人盡，一
斗，付車阿祐，供□□□□□一人盡。"69TKM33：1/4（b）《高
昌付張都堆等供糧食帳（三）》（1-242）："□上□阿忠，里致
奴，外客兒了。"73TAM210：136/16《唐奴某殘辯辭》（3-49）：
"□□□阿主今□□□ □□□□紙［家］奴□□□ □□□尊［知］
［情］□□□ □□□□郎典教飜［辯］□□□ ［無］知事到
□□□ □□□□爲阿主大客，乍聞人□□□"OR.8212/575Ast.
IX.3.08+ OR.8212/576b《高昌某寺月用麥粟桑棗酒錢帳歷》斷片
（沙、吳1-136、138）："（前缺）□□□［柒］拾□□□壹䤵。中
坐道信。下坐［道］太□［十］月一日至廿九日僧三人，々一
日食麥五升，粟一升。沙弥一人，日食麥二升半粟一□□□□一
人，大客兒一人，々一日食麥粟一斗一升，小客兒二人，々一日
食［粟］七升。使人四人，々一□□□□□粟五升，小兒一人日
食粟三升，公苟一日食粟五升。［寺］苟五，一日食粟□□□□□
粟廿一九五斗六升半，粟十四九六斗用輸租。［次］［錢］七十六
文，用輸□□□ □□□外絮人□。次錢一文，麥一九酒一九供
雜用。次錢卅五文，買馬一匹。□□□［陸］䤵柒升半粟叁拾陸
䤵壹兒陸升錢［壹］□□□ □□□知。中［坐］道信，下坐［道］
□。"OR.8212/574Ast.IX.3.07《高昌某寺月用麥粟桑棗酒錢帳
歷》斷片（沙、吳1-135）："（前缺）□□□［々］一日食粟七升
使□□□ □□□一粟五升合麥五九二斗半□□□ □□□［兒］供正

日食，次大麥九九，供大牛三頭▢▢▢ ▢▢▢▢客兒（引者按：沙知、吳芳思録爲“兒”，不確）價，次錢一文，麥一九，酒一九，供雜用。▢▢▢ ▢▢▢▢［兒］半粟，廿二九三斗示棗卅三九錢貳拾叁文酒貳斛。上坐寺主知，中坐道信。下坐。道太、起二月一日至廿九日僧三人，々一日食麥五升、粟一升半。作人一人，大客兒（沙知、吳芳思録爲“兒”，誤）一人，々一〔日〕食一斗一升使人四人，々一日食▢▢▢ ▢▢▢▢五升小兒，一人食粟三升，公苟一日粟五升，寺苟五，一日粟五升，合麥四九五斗，粟廿一九▢▢▢ ▢▢▢▢麥八九七斗。供［大］［牛］三頭，用作𪍿，次大麥十一九，小麥七十九九，供▢▢▢▢日作▢子。［次？］▢▢▢ ▢▢▢▢酒一九，供［雜］用，示九九，供作脯時食，次酒十三九五斗，用輸租酒▢▢▢ ▢▢▢▢斛貳兒粟貳拾▢▢▢▢酒拾肆斛伍兒，錢壹▢▢▢ ▢▢▢▢▢▢道太▢▢▢▢一日食粟一斗▢▢▢▢”OR.8212/575Ast. IX.3.08+ OR.8212/576b《高昌某寺月用麥粟桑棗酒錢帳歷》斷片（沙、吳1-136、138）：“（前缺）▢▢▢▢［柒］拾。▢▢▢▢壹斛。中坐道信。下坐［道］太▢［十］月一日至廿九日僧三人，々一日食麥五升，粟一升。沙弥一人，日食麥二升半粟一▢▢▢▢一人，大客兒一人，々一日食麥粟一斗一升，小客兒二人，々一日食［粟］七升。使人四人，々一▢▢▢▢▢▢粟五升，小兒一人日食粟三升，公苟一日食粟五升。［寺］苟五，一日食粟▢▢▢ ▢▢▢▢粟廿一九五斗六升半，粟十四九六斗用輸租。［次］［錢］七十六文，用輸▢▢▢ ▢▢▢▢▢外絮人▢。次錢一文，麥一九酒一九供雜用。次錢卅五文，買馬一匹。▢▢▢▢［陸］斛柒升半，粟叁拾陸斛壹兒陸升錢［壹］▢▢▢ ▢▢▢▢知。中［坐］道信，下坐［道］▢。”72TAM151：53（b）《高昌某歲二月九日補人文書》（2-103）：“二月九日，道人慈悦捕（引者按：補。下同）張客兒子，虎威子伯作人道得捕馮相祐。馬憙崇捕苟用鞏。”67TAM377：02，01，08《高昌乙酉、丙戌歲某寺條列月用斛斗帳歷》（1-402）：“得錢陸拾究文，用上三月剗道俗官絹。粟貳斛伍兒貳升，用雇外作人陸人。用政喈▢▢，并食糧。”又同卷：“床壹斛貳兒，［用］雇外作人拾人，用刈麥，并食糧。"66TAM50：32（a）《高昌重光三年（622）條列康鴉問等傳供食及作坊用物帳》（1-378）："次嚴子亮傳：麵四九，供白客兒一人下右七人鎧作五日食。次傳麵五斗，死宍三節，供三犒（？）一人五日食。次傳五斗，供同作人五人五日食。次傳市三節，死宍三節，麵陸斗，供唐懷憙一人下五人看（？）鎧（？），盡卅日。曹宣威傳：油一升，用摩鎧。唐懷憙傳，羊皮三枚，用鎧囊。"在麴氏高昌文書中，"客兒"還常常出現在人名中，如"竺客兒"、"安客兒"、"康客兒"、"白客兒"、"宋客兒"、"孫客兒"、"廉客兒"等，這透露給我們兩個信息：一是當時吐魯番存在大量的、來自別家或外地的、地位卑微的雇傭勞動者，二是這些雇傭勞動者來自各個民族，包括粟特人、龜茲人和漢人。2006TZJ1：077《麴氏高昌張延懷等納斛斗帳》（榮、李、孟 294）："竺客兒壹斛陸㪷。□□□□三㪷。鄭元祐壹斛捌㪷捌升，□□□□□洛忠究㪷，安客兒□□□□□壹斛貳㪷。"69TKM33：1/9（b），1/8（b）《高昌付思相等粗細糧用帳》（1-244）："大胡細十九二斗，思相麁十四九五斗半，弘慶床細米二九二斗。廿七日，麨二斗，付守文，供亡來人。三斗，付宋謙忠，供康客兒客；麨一斗付孝祐。"72TAM153：29，30《高昌入作人、畫師、主膠人等名籍》（1-282）："［劉］［胡］奴、渾善相、李祐宣、張石兒、康［衆］□、□□□、趙善憙，索憙祐、索安憙、張安住、馮善明、宋客兒、［張］資弥胡、索延相、張顥（顯）彤、孫客兒、辛海兒、樂慶延、鄧祐兒、趙寅忠、白明憙，康師保、康致得、田明洛、解始虒、和弘真、翟卑娑。次畫師：將［寶］□□□廉客兒、廉善憙，廉毛軌，何□□□［竺］沙弥，竺阿堆，馬元尊、黃僧保□□□□員頭六子。"從這些人名可知"客兒"幾乎來自四面八方。又請比較 69TKM33：1/7（b），1/10（b）《高昌付張都堆等供糧食帳（二）》（1-242）："□□□八斗□麁□□□□□［麵］一斗，付茍子，供□□□□謙忠，供客兒□□□□□供仏救客。八斗□□□□□粟□□□□□上阿奴兒，里神□□□□□□□保里阿顥，上□護□□□□□□西，上養胡外申子，里□受了。西：上元祐，里牛□□□□□了□□□□九半，次床細米一

九四斗□□□ 麁七九一斗，次細四九五斗，遮［麁］□□□□九九
斗半。阿鉢［細］［十］□□□"69TKM33：1/4（b）《高昌付張
都堆等供糧食帳（三）》（1-242）："□［上］阿忠，里致奴，外
客兒了二日。東：上外里馬居了。南里外上客兒了。"在唐西州時
期的文書中，"客"依然非常多，"客作"即傭力于人，不在自己
土地上勞作，而受雇爲別家雇主傭作者，無論是在本鄉還是在外
州縣，皆稱"客作"，通稱"作人"。不少貧苦無依的破產均田農
民祇要不是兵募、逃戶，在本土或外地客作官府是允許的，他們
仍然要承擔賦役。又有"外作"，即從外雇來（不是自己家裏、本
鄉或本寺院）的勞作之人或工匠（比如在葡萄園開溝，或者在田
間刈麥，寺院用糧食支付他們的雇價，在雇傭期間，還要供給食
糧）。[①] 又有"大客"，即成年的（重體力）雇傭勞動力。又有"大
客兒"，即大客。又有"小客兒"，又有"小兒"即小客兒，年小
的外來雇工。64TAM29：128《唐果毅高運達等請過所（？）殘
文書》（3-355）："□□□□黎府果毅高運達家部曲范小奴□□□作人
四，馱貳頭，驢小二頭，馬三□□□［婢］一。藉萬潘，客作二
人，奴婢肆。"72TAM178：4《唐開元二十八年（740）土右營下
建忠趙伍那牒爲訪捉配交河兵張式玄事一》（4-184）："阿毛孤□
一身，有［無］［夫］智，客作傭力，日求升合養姓命，請乞處分
者。"73TAM509：8/16（a）之三《唐開元二十一年（733）西州
都督府案卷爲勘給過所事》（4-287）："依問王貞子等，得欵：去
開元廿年九月，從臨洮軍共麴琰馱馱客作到此。今還却，共麴琰
充作人，馱馱往臨洮軍。"TAM240：1/2-2（a）《唐供丁夫等食
料帳》（4-49）："丁夫十六［人］□□□個。至月伍日到（？）外
作三［人］□□□餅壹分。"在唐西州時期的文書中，"客"常常
指外來雇傭勞動者（與"主"相對），在唐代，"客"的雇傭勞作

---

① 丁福保解釋"客作賤人"曰："客於他家作業之賤人也。是《法華經》窮子喻中之語。
窮子已還父家，雖受種種厚遇，尚自謂客作之賤人，無高尚之志，以喻須菩提等聲
聞，雖耳聞大乘之法，尚未發大乘心也。《法華經·信解品》曰：'爾時窮子，雖欣此
遇，猶故自謂客作賤人，由是之故，于二十年中常令除糞。'《法華義疏》七曰：'未
識大乘爲客作，尚守小分爲賤人也。"氏著《佛學大辭典》"客作賤人"條，上海書
店，1991，第1577頁。

色彩更强[①]，73TAM506：04/4《唐鄧光實轉租田畝契》（4-584）："□□□畝東道，西仏堂，南壕，北道□□□日，客鄧光實先于馬□□□種不辦，今轉［租］與□□□依元契□□□［壹］□□□田税并佃人知□□□渠百［役］，寺家知□□□仰時√依□□□身像俱將□□□或汙文□依□□□經如佃種□□□與營種。恐人□□□指爲驗。"TAM240：1/2-2（a）《唐供丁夫等食料帳》（4-49）："□□□倉家□□□青［科］叄酙壹□□□付小客壹酙□□□小客貳□□□"伯3418、伯3742 王梵志詩《貧窮田舍漢》："今世作夫妻，婦即客春擣，夫即客扶犁。黄昏到家裏，無米複無柴。男女空餓肚，狀似一食齋。里正追庸調，村頭共相催。"[②]"客"是典型的雇農。但唐代有一類"客"依然具有濃厚的人身依附性質，地位極爲卑微，如"客女"，部曲之女，也有本是婢而後放爲客女的，其地位高於奴婢。65TAM42：90（b），91（b）《唐永徽元年（650）

---

① 考《舊唐書》卷九四《李嶠傳》："天下編戶，貧弱者衆，亦有傭力客作以濟餱糧。"李維琦指出："'客作'是做幫工，做長工，打短工。想必是因爲這種雇工原來是外來人的緣故。"請比較《三國志》卷十一《魏書・管寧傳》裴注引《魏略》："（焦光）飢則出爲人客作，飽食而已，不取其直。"《妙法蓮華經・信解品》："爾時窮子雖欣此遇，猶故自謂客作賤人。"《古謠諺》卷九九載曾廷枚《古諺閑譚・客作兒》："凡言客作兒者，傭夫也。僕謂斥受雇者爲客作，已見於與南北朝，觀袁翻謂人曰：'邢家小兒，爲人客作章表。'"拾得詩三七《後來出家子》："後來出家子，論情入骨癡。本來求解脱，却見受驅馳。終朝游俗舍，禮念作威儀。博錢沽酒吃，翻成客作兒。"參考李維琦《佛經釋詞》，嶽麓書社，1993，第8~9頁；項楚《寒山詩注》，中華書局，2000，第6223頁。關於"客作"，還可以參考魯國堯《〈南村輟耕録〉與元代吳方言》，載《中國語言學報》第3期，商務印書館，1989；後收入《魯國堯自選集》，河南教育出版社，1994；王雲路、方一新《中古漢語語詞例釋》，吉林教育出版社，1992。又，早在南北朝時期，就將傭賃的"客作"之人稱之爲"作人"。在唐西州文書中，"客作"與"作人"可以互換。當鄉雇工可稱爲作人，而客作亦可稱爲作人，即離開本土去外州的客作之人的簡稱。本鄉雇作者，既稱之爲作人，也可稱爲客作。參考程喜霖《唐代過所文書中所見的作人與雇主》，唐長孺主編《敦煌吐魯番文書初探二編》，武漢大學出版社，1990，第440~462頁（特別是第444~445頁）、程喜霖《唐代過所研究》，中華書局，2000，第272頁。又考高昌國寺院中使用的作人，有時被分作"作人"與"外作人"。"外作人"衹是在農忙時出糧雇請，才來寺耕作，而"作人"是常住寺院的依附勞人，朱雷指出："'外作人'，大約由於雇來在葡萄園開溝，或者田間刈麥這類勞動，故稱外作人。"（氏著《論麴氏高昌時期的作人》，收入唐長孺主編《敦煌吐魯番文書初探》，武漢大學出版社，1983，第35頁）。
② 唐長孺先生認爲王梵志詩多唐代作品，參看氏著《讀王梵志詩偶見》，收入《唐長孺文集》第七卷《山居存稿三編》。又參看項楚《王梵志詩校注》，上海古籍出版社，1991，第23~24頁。

後某鄉户□帳（草）（五）》（3-121）："□一百八十二［婢］，□一客女。□卅三老婢，□七十七丁婢。□卌中婢，□卅小婢，□一黄婢。"64TAM35：43（a）《武周先漏新附部曲客女奴婢名籍（二）》（3-529）："客女勒肫子季叁拾，客女盧媚女季拾捌，婢祀香季叁拾壹，婢轉勝季拾叁，婢雲葉季貳拾叁，婢滿兒季貳拾玖，婢買是季拾歲，婢相女季叁拾壹，婢柳葉季拾伍，婢小葉季拾壹，婢戰子季玖歲，婢藥施季貳拾玖，婢采香季拾玖，婢家洛吉季貳拾玖，婢真檀季貳拾，婢勝勝季拾陸，婢三陁季貳拾柒。右件部曲、客女、奴婢等，先漏不附藉帳，今并見在，請從手實爲定，件録季名如前＿＿＿□得壹歲。"[1] 我們注意到 64TAM35：42（a）之三《武周先漏新附部曲客女奴婢名籍（一）》（3-527）中，奴、婢無姓，而部曲有姓（鞏、何、曹），客女亦有姓（王、氾、石），説明其地位略高於奴婢。

　　唐長孺先生老吏斷獄，從詞彙史的角度對一些術語的含義進行精細考釋，并更正前賢之説。在《讀史釋詞》一文中[2]，他對"素族""寒士""博士""群屬""兵""荷荷""解""絳衫""白衣"重新進行了訓詁。比如"素族"一詞，前賢一直認爲即"寒門"，但唐先生不贊成此説，他與周一良先生相呼應，認爲"素族"乃是"非宗室而爲清流"，這從近義詞"素士""素門"以及"素族士人"連用可以看出。關於"寒士"之真義，唐先生認爲要麽是"自謙"，要麽是貶低，大多是先代官位不顯的士人，與"素族"是有區别的。"絳衫"乃領兵之將所衣戎裝，而"白衣"則是徵募白丁所衣，是主將的親隨，不入軍籍，所以衣白。

---

① 考《唐律疏議》卷六《名例》"官户部曲官私奴婢有犯"條："諸官户、部曲（原注：稱部曲者，部曲妻及客女亦同）官私奴婢有犯，本條無正文者，各准良人。疏議曰：官户隸屬司農，州縣元無户貫；部曲，謂私家所有；其妻，通娶良人；客女，放婢爲之，部曲之女亦是，犯罪皆與官户、部曲同。"《唐律疏議》卷一七《賊盜》"部曲奴婢謀殺主"條疏議曰："稱部曲、奴婢者，客女及部曲妻并同。"《唐律疏議》卷一三《户婚》"以妻爲妾"條："客女，謂部曲之女，或有於他處轉得，或放婢爲之。"《宋刑統》卷一二"户絶資産"門引"唐喪葬令"："諸身喪户絶者，所有部曲、客女、奴婢、店宅、資財，并令近親轉易貨賣，將營葬事及量營功德之外，餘財并與女，無女均入以次近親，無親戚者官爲檢校。"
② 《唐長孺文集》第二卷《魏晉南北朝史論拾遺》，第 251~282 頁。

　　唐先生訓釋詞義，探源溯流，左右比較，既有歷時研究，又有共時研究，立論公允，堪稱定論，先生在《讀史釋詞》中還對"解"這個術語進行了訓釋，亦非常精到，今特別拈出論及。唐先生指出："'解'作爲官府文書，大致都是下級申送上級或主管機構的公文，内容都和人事處理有關，如囚犯、應旌表人、收録門生、剃度僧人等，通常在一人以上，因此需要開列姓名，并加以必要説明，如囚犯的獄辭文案、應旌表人的簡歷、事蹟，收録門生、剃度僧人可能也記有籍貫年齡。"① 我們在吐魯番文書中發現了不少"解"文，可證唐先生之説不誤。比如鄉上於縣、縣和幢上於郡一級，個人向某級機關包括太守上書言事，都是"解"，主要用於反映有關情況和説明原由、反映問題、請示處理等。甚至也指隨所送囚犯向上級單位申報的公文。75TKM96：18，23《北涼玄始十二年（423）兵曹牒爲補代差佃守代事》（1-31）："□□□被符省縣桑佃，差看可者廿人知□□□　□□□［以］闕相平等殷（？）可任佃，以О游民闕□□□□佃，求紀識，請如解紀識。"②75TKM91：29（a）《北涼義和某年兵曹行罰部隊五人文書》（1-65）："兵曹掾□預，史左［法］□□□解稱：部□□雙等五人由來長□，［不］逐部伍，求分處。□□慢乏兵事，宜□□□，各罰髠鞭二百。□□餘者，仰本幢□□□曹行刑罰。［事］諸奉［行］。［校］□□□長史駃，［義］□□□［主］□□□司馬林，功□□□典□□□録事參［軍］瑱，五［官］泠；典軍胤；參軍、録事□。"75TKM91：28（a）《兵曹行罰兵士張宗受等文書》（1-69）："兵曹掾□［預］，史左法［強］□□□［校］趙震解如右。□□兵張宗受、嚴緒□□□等廿八人由來屯守無□，［馮］祖等九人長［逋］□□□應如解案挍。馮□、毛興、陳玩、王皆、隄□□□孔章平、孫澹、李□等十人□□□轉入諸軍。省不□□□各罰

────────────

① 《唐長孺文集》第二卷《魏晉南北朝史論拾遺》，第265頁。
② 對於此件文書，柳洪亮分析道："從文末建議'請如解注簿''請如解紀識'可知所據是《解》。前項可能也來自兵幢，後項'省縣桑佃'事關賦役則應來自縣衙。'求分處''求記識'等公文術語的語氣也顯示出'解'是一種上行公文。從内容看，是用於説明情況、彙報工作、反映問題、請示處理等等。"氏著《新出吐魯番文書及其研究》，新疆人民出版社，1997，第293頁。

凭□二百。張宗受等廿五□［各］▭縣督□□人身行罰。事▭［校］▭長史。駣▭□□□司馬。林。功曹史。悦。典軍主簿。嘉。録事參軍。瑱。五官。洿。”[①]2006TZJ1：183《北凉承平（？）七年八月三日高昌郡倉曹掾杜頊符爲宋平差遣事》（榮、李、孟272）：“▭［前］［坐］民宋［平］□［差］▭ ▭□有罰，縣解稱，會被病，求須差遣▭ ▭五日，盡七月卅日，至今不詣，苻到克遣，會月五▭ ▭違，明案奉行。七年八月三日起倉亶掾杜頊▭［主］［薄］［肅］。”2006TZJ1：165《北凉承平（？）七年八月高昌某人啓爲廉和得病以他人替代事》（榮、李、孟274）：“宋万平息、廉和謙息。右二人任代趙賁、李蒸，爲辛沖、侯允□▭ ▭曹書佐劉會白解，應申教，脱□▭ ▭□任代□▭”上面例中的“如解”，即按照“解”，“解”是下級機構向上級機構呈報的文書，主要反映有關情況和説明原由。類似的例子還有“如辞（辭）”，即根據報告或狀詞（辯詞），請比較79TAM382：6-3a《北凉緣禾十年（441）高昌郡功曹白請改動行水官牒》（柳393）：“［敕］行西部水，求差楊□▭今還改動，被敕知行中部▭信如所列，請如辞差校曹書佐隗達。代達行西部水，以攝儀□□□張衹養□□［行］中部水。事諾約敕奉行。緣禾十年三月一日白。功曹史璋。”又請比較66TAM59：4/9（b）《□願殘辭》（1-23）：“▭田［地］如令，行人［同］▭ ▭々□補佃［種］。伏自寸▭□不看辨。傾年三□□□，謹辞以聞。”考《文心雕龍・書記》：“解者，釋也。解釋結滯，徵事以對也。”李曰剛《文心雕龍斠詮》：“徵驗於實際事例，以對答疑問。”[②]64TAM29：117，118《唐上元二年（675）康玄感牒》

---

① “校趙震”上殘缺的應該是“幢某某”，“幢”是南北朝時期軍隊基層編制，文書中幢的主將郎稱爲幢，幢下有校，本件所提到的“解”乃由幢某某和校趙震申送郡兵曹，請如解處分觸犯軍法的兵士。“解如右”即“解”的原件粘附于本件右邊，但今已不存。本件是兵曹“如解案校”後，擬定對于犯法兵士的處分，送請高昌郡太守核准。原解雖然不存，從本件上也可以知道其内容應該是犯法兵士姓名、罪狀、如何處分等。

② 轉引自詹鍈《文心雕龍義證》，上海古籍出版社，1989，第961頁。

（3-340）：“［臊］［户］［曹］□□□解壹道爲申□□□臊，得臊
稱上件□□□信，未知分□□　□□□臊至任判，謹臊。上元二
年十月日史康玄感臊。”64TAM19：48《唐上元三年（676）西
州都督府上尚書都省狀爲勘放還流人貫屬事（一）》（3-269）：
“解并目上尚書省，都省□□□放還流人貫屬具狀上事□□□九
月四日□□□”[①]64TAM29：94《唐五穀時估申送尚書省案卷
（二）》（3-343）：“□□□□連如前，□□。十一月廿七日□□□檢
比日。廿□□　□□□粟時估解一條并目□□□［四］月十一日付
華州□□□　□□領送中臺□□□□□□訖。謹臊□□□［氾］貞
［感］。”[②]73TAM509：19/6（a）《武周君住牒爲岸頭府差府兵向
磧石及補府史苻事》（4-256）：“□□□□岸頭府令差府兵向磧石，
四月一日□□□□其闕感達申州解，曹司判訖。”73TAM509：19/5
（b）《武周付康才達解狀殘文書》（4-261）：“一爲申虞侯□□□一
爲申弩手張□建□□□狀壹道，爲報舍人事□□□件解狀。五月七
日付康才［達］。”（武周新字已轉爲通行漢字）72TAM228：31
《唐天寶三載（744）交河郡蒲昌縣上郡户曹牒爲録申徵送郡官執
衣、白直課錢事（五）》（4-198）：“二月郡官執衣，白直課錢徵
到。具狀録申郡功曹，仍勒所典隨解赴郡輸納者。謹録狀□（下
殘）。”早在睡虎地秦墓竹簡《封診式》中，嫌疑人的供辭與辯辭
就稱爲“解辭”，在居延漢簡中，也常常見到“解”，如上級責問
下級，要求説明事實真相時，往往以“解何”、“毋以它爲解”爲
詞（見EPF22·454）又有“數言解”（EPT6·53A-57），即“多
次辯解”，在張家山漢簡《奏讞書》案例五中，有“何解”（在訴
訟審訊中，司法官吏詰問嫌疑人用語）、“毋解”（嫌疑人認罪而
不作解釋）。[③]又考《宋書》卷一五《禮志二》：“有司奏：‘云杜國
解稱國子檀和之所生親王，求除太夫人。’”《文心雕龍·書記》：

---

① 將解文連同所勘得放還流人貫屬之細目，一并上報尚書都省，見劉俊文《敦煌吐魯番
唐代法制文書考釋》，中華書局，1989，第416頁。

② 此處之“解”就是米粟時估案。

③ 見徐世虹《對兩件簡牘法律文書的補考》，收入中國政法大學法律古籍研究所編《中
國古代法律文獻研究》第二輯，第86~104頁。

“百官詢事，則有關、刺、解、牒。”“解者，釋也。解釋結滯，徵事以對也。”關於“解”的具體情形，《三國志》卷四一《蜀書·楊洪傳》注引《益都耆舊傳雜記》述何祗事，云：“（祗）初仕郡，後爲督軍從事。時諸葛亮用法峻密，陰聞祗游戲放縱，不勤所職，嘗奄往錄獄。衆人咸爲祗懼。祗密聞之，夜張燈火見囚，讀諸解狀。諸葛晨往，祗悉已闇誦，答對解釋，無所疑滯，亮甚異之。”此處的“解狀”，即諸郡隨著所送囚犯申報牧府的公文，内容當有囚犯姓名、罪狀以及郡官的判案，所以何祗熟讀之後，就可以對答諸葛亮的詢問。“解”作爲文書形式，多見於南北朝，《宋書》卷五四《沈曇慶傳》稱曇慶“遭母憂，哀毀致稱，本縣令諸葛闡之公解言上”，此言縣令開具姓名行事，申請旌表。同書卷七五《顔竣傳》記御史中丞庾徽之奏彈竣云“多假資禮，解爲門生，充朝滿野，殆將千計。……取監解現錢，以供帳下”。此言顔竣接受財禮，把許多人列爲他故門生上報，開列姓名、簡歷，具解申送主管的官府，以便取得免役權利。《魏書》卷一一一《刑罰志》記載世宗時關於怎樣才算“獄成”（已作出最後判決）的辯論，稱：“尚書李韶奏：‘使雖結案，處上廷尉，解送至省，及家人訴枉，尚書納辭，連解下鞫，未檢遇宥者，不得爲案成之獄。推之情理，謂崔纂等議爲允。”此處的“解”指審訊案件的使者申送尚書省的公文，其内容必具姓名事由及判案。同書卷一一四《釋老志》記熙平二年（五一七）靈太后令：“年常度僧，依限大州應百人者，州郡於前十日解送三百人，其中州二百人，小州一百人。州統、維那與官及精煉簡取充數。”“解送”即“具解申送”，其中開列供挑選的僧人名及簡歷等。檢“解”的本義，即是“逐一剖析”，含有“羅列”之義，《説文·角部》：“解，判也，從刀，判牛角，一曰解廌獸也。”又檢伯2819《唐開元公式令》殘卷：“凡應爲解，向上者。上官向下皆爲符。”《白事六帖事類集》卷一二《申牒文書》引《公式令》：“諸州使人，送解至京。”宋趙彦衛《雲麓漫鈔》卷四：“官府多用申解二字……詞人上於其長曰解。”《元典章·兵部四·申臺文字重封入遞》：“各道遇有申臺文解，須要如法重封，入遞轉送。"①

三　將俗字與寫本符號作爲重要的研究對象

唐長孺先生主編的圖録本《吐魯番出土文書》，在文字的識讀上體現出極爲深厚的功力。吐魯番出土文書絶大多數是寫本，千人千面，加之不少文書來自民間，俗字、别字滿紙，俗語、方言盈篇，寫作非常潦草，格式極不規範，唐先生和他的團隊在整理吐魯番出土文書時，正值二十世紀七十年代和八十年代②，那時候還没有出現像《敦煌俗字研究》③、《漢語俗字研究》④、《敦煌俗字典》⑤那樣蔚爲大觀的俗字研究專著和工具書，唐先生和他的團隊對俗字的辨識，幾乎没有太多的依傍，真可謂篳路藍縷，以啓山林。但就是在這樣的情況下，圖録本《吐魯番出土文書》以非常高的識録水準呈現在海内外學人面前，直到今天都嘉惠學林，功德無量。

唐先生在整理吐魯番文書時常常提出寫本文字和符號方面的精闢論斷⑥，深得語言文字學家蔣禮鴻先生贊許。我們在讀蔣先生《敦煌變文字義通釋》時，就發現裏面有這樣一段話："友人唐長孺來信説：'弟數年來整理吐魯番文書，其中俗語及唐代遣詞頗有可與敦煌文書相發明者。有一屯目文書，滿紙尚字，雖推知當屬計數用字，但無佐證。繼得讀大著，始得豁然。蓋尚字爲十筆，每筆爲一基數，猶如今日計選票之寫正字。'據唐説，變文書尚字，謂書尚字于金牌之上以記其遍數，似與上字不同，也不宜説上與尚通。今存其説於此。"⑦唐先生所言吐魯番屯目文書，應該

---

① 柳洪亮亦指出："向主管部門請示事情的此類公文：上行叫做解，用於平行機構之間則稱爲屬。"氏著《新出吐魯番文書及其研究》，第 313 頁。
② 唐先生從 1975 年起約十年主要從事吐魯番文書整理與研究。見《唐長孺文集》第八卷《唐長孺先生生平及學術編年》，第 18 頁。
③ 張涌泉：《敦煌俗字研究》，上海教育出版社，1996，又第二版，2015。
④ 張涌泉：《漢語俗字研究》（增訂本），商務印書館，2016。
⑤ 黄征：《敦煌俗字典》，上海教育出版社，2005，又第二版，2020。
⑥ 唐剛卯先生 2018 年 10 月 6 日賜告：唐先生一生非常重視文字學，早年受到學衡派影響，唐先生的日記裏，甚至有甲骨文等古文字方面的研究内容。
⑦ 蔣禮鴻：《蔣禮鴻集》第一卷，浙江教育出版社，2001，第 91 頁。

指以下兩件：67TAM78：24（b）《唐貞觀某年某鄉老、小、寡戶計數帳草》（2-50）："▭▭老、小、［寡］▭▭　▭▭尚尚尚尚尚尚▭▭　▭▭［尚］尚尚尚▭▭"67TAM78：4《唐西州高昌縣順義鄉戶別計數帳》（2-50）："順□老▭▭次戶▭▭小戶小▭▭和［平］老［戶］肖寡戶。丁戶。尚尚尚尚尚尚尚尚肖。小戶。次戶｜禮讓。老尚。□□［尚］［尚］尚尚尚尚尚尚少。寡少。小肖。"[1]朱雷亦指出："這是按手實作鄉帳統計時，分別統計老、丁、中、小、寡諸戶的總數，用'尚'字作籌，猶如今之劃'正'字，一個'尚'字代表'十'的計數。"[2]李錦繡亦指出："'對倉官、租綱、吏人執籌數函'的細節爲：每稱一函，則畫'尚'字之一筆，足十函者畫完一尚字，稱足十函後，倉官、租綱、監納人分別在'尚'字後署名，最後數'尚'字以計算函數。《唐六典》記載函有五、三、一斛者，出土文書則是'用兩碩函量'，可見函還有兩斛者，出土文書可補文獻記載之闕。"[3]今檢敦煌文獻《降魔變文》："勝負二途，各須明記。和尚得勝，擊金鼓而下金籌，佛家若强，扣金鐘而點尚字。"[4]亦可爲唐先生立論提供旁證。

　　唐先生對于寫本符號一直非常關注，且能夠給予非常貼切的詮釋，如他在論及敦煌文獻斯 4673 殘卷時，有這樣一段論述："這也是未曾見過的唐代法律文書殘卷，前後殘缺，無題名。共存 5 條，第 5 條已殘。此件每條下不記年月，逐條都冠以'一'字，而不像前件冠以'勑'字。按照唐代形式，這種冠以'一'字的檔常常就一件事分列諸條，稱爲'條流''條件''申明'。'條流''條件''申明'通常由臣僚議訂，但此件却包含着各部相關

① 唐長孺主編圖録本《吐魯番出土文書》亦在此件文書之後有注釋："這是'尚'的頭三筆。唐代以畫'尚'字點數。'尚'字十筆（'作二筆'），每筆代表一個相等的數量，畫一筆相當於下一籌碼。"唐先生對"尚"的解釋，還見於《唐西州諸鄉戶口帳試釋》，《唐長孺文集》第七卷《山居存稿三編》，中華書局，2011，第 133~134 頁。
② 見氏著《朱雷敦煌吐魯番文書論叢》，上海古籍出版社，2012，第 102 頁。
③ 氏著《唐代財政史稿》第 1 册，社會科學文獻出版社，2007，第 121 頁。
④ 引文及注釋見黃征、張涌泉《敦煌變文校注》，中華書局，1997，第 563、581~582 頁。

聯的五條條文。"① 我們發現這一符號在吐魯番文獻中也存在，請比較寧樂二八（2）、一三（2-2）號《唐西州都督府牒蒲昌府爲寇賊在近、鎮戍烽候督察嚴警事》（35）："都督府。一諸府縣鎮戍界烽候覘探等，人各仰□□□加常，督察嚴警，常知見賊，州司即□□□三街，分往巡探，點檢鞍馬器仗，并應□□□事虧違，所由縣府、鎮戍、游奕、巡官及押領□□□帥，且決陸拾，依法科罪。一蒲昌府：得兵曹參軍王寶等牒，稱寇賤在近，今又□□□百姓，并散在田野、莊塢，都督昨日親領縣府［捉］□□□戍押防援軍糧，差充討擊。賊必付空□□□"73TAM509：19/5（b）《武周付康才達解狀殘文書》（4-261）："一爲申虞侯□□□一爲申弩手張□建□□□狀壹道，爲報舍人事□□□件解狀。五月七日付康才［達］。"（武周新字已改爲通行漢字）②

如果回顧唐先生的學術生涯，就會發現先生是史學領域深諳文字校勘的領軍人物。一九五七年，唐先生被聘爲國務院古籍整理出版規劃小組成員，一九六〇年底，參加中華書局點校二十四史工作，主持承擔北朝四史（《魏書》《周書》《北齊書》《北史》）的點校，"這一點校本根據《册府元龜》《通典》等增補傳本《魏書》'禮'、'刑'二志中之脱葉、脱文，同時所撰寫的校勘記，廣徵博引，按斷精審，將校勘與考訂有機結合，融古籍整理與歷史研究於一爐，被海內外學術界視爲古籍整理的'優秀成果和範本'"③

四　將名物訓詁視爲文獻整理的重要一環

重視名物訓詁是以鄭玄之學爲主的漢代經學的顯著特色④，唐先生繼承了這一傳統。當年在整理吐魯番文書時，唐先生對吐魯

---

① 氏著《敦煌所出唐代法律文書兩種跋》，《唐長孺文集》第七卷《山居存稿三編》，中華書局，2011，第33頁。
② 這實際上是提示符號，參見本書第四章《吐魯番出土文獻標識符號研究》。
③ 《唐長孺文集》第一卷《前言》，第4頁。
④ 唐長孺：《論南北朝的差異》，《唐長孺文集》第四卷《魏晋南北朝隋唐史三論》，第205頁。

番文書的名物注釋非常重視，這一點朱雷先生向筆者談過兩次，朱先生説當時由於文書的整理工程太大，時間又緊，任務又重，爲了讓學術界儘早看到這批材料以便展開研究，所以文書整理組暫時來不及給全部文書逐字逐句地做注釋。王素先生也提到這一點，他還列舉了文書整理組在當時所做的、後來又被刪掉的注釋原文，他説：“文書的注釋工作，據現存部分早期文稿分析，原本是極爲詳細的，以前秦時期的《缺名隨葬衣物疏》（59TAM305：8）爲例，原有十七條注釋：［一］絳：Jiàng，音匠，大紅色。［二］結髮：束髮的絹帶。見《急就篇》顏師古注。［三］鍮鉅釵：鍮，Tōu，音鍮，鍮石即黃銅。鉅同框。黃銅製成的框形髮釵。［四］絓：guà，音掛。粗綢，今繭綢。［五］覆面：蓋在死者臉上的面巾，通常以絹錦縫成，周圍縫綴有荷葉邊。［六］紺綪：紺，gàn，音贛，綪，qiàn，音歉，都是青紅色的絲織品。［七］尖：不詳，當是一種頭飾。［八］練：熟絹。［九］褌：kūn，音坤，有襠的短褲。［十］縹：piǎo，音漂，青黃色。［一一］袴：古代的袴專指無襠的套褲。［十二］量：別寫作‘曡’、‘量’等，同‘兩’，一量即一雙。［一三］蹹毱囊：蹹，tā，音拓，同‘蹋’，別寫作‘荅’、‘合’等。毱，qū，音屈。不詳何物。‘蹹毱’或同‘蹋鞠’，即指踢毱，但‘蹹毱囊’仍不可解，待考。［一四］懷袖囊：袖也別寫作‘右’、‘佑’，不詳何物，待考。［一五］黃手絲二兩：黃手絲又稱手中黃絲。此墓衣物疏所屬死者雙手各握一五銖錢，用一條黃麻縷穿連，其他墓中死者也有握長絹一幅的，均當爲此物。［一六］銅錢二枚：即指雙手所握的錢。［一七］手腳爪囊：不詳何物，待考。”①

今天看來，這些被刪掉的名物訓詁注釋都是很精到的。唯一需要補充的就是唐先生課題組當年以嚴謹的學風所列的“不詳”“待考”詞條，經過我們後學者的考證，今天也都有了結果，我們在此可以一一補充：“［七］尖：即帽子或固定頭髮的巾類用

---

① 王素：《〈吐魯番出土文書〉早期整理工作述評》，《吐魯番學研究》2003 年第 1 期，第 43~44 頁。

具，是一種上小下大的尖形帽箍式首服，這種形制明顯受到了胡族冠帽風俗的影響，前期的'尖'多以帛練爲面，有青赤色、白色、黑色，後期則幾乎全部以紫羅爲面，進入唐朝以後，'尖'不再見於吐魯番隨葬衣物疏中；[一三] 蹹鞠囊：又寫作'蹋鞠囊'、'蹂臼囊'、'蹦舊囊'、'合究囊'、'荅究囊'、'踰後囊'等形式。'蹋鞠'即踢毬，'蹹鞠囊'即'裝蹴鞠毬的袋子'；[一四] 懷袖囊：又作'懷右囊'、'淮右囊'、'懷友囊'、'懷佑囊'，袖子中的袋子，用來盛物；[一七] 手脚爪囊：裝隨葬手指甲和脚指甲的小包。吐魯番文書又有'手爪囊'、'手抓囊'、'脚抓囊'、'脚爪囊'、'指抓囊'，慧琳《一切經音義》卷七六'長抓'條：'下音爪，爪，手甲也，或從手也。'檢《儀禮·士喪禮》'蚤揃如他日'鄭注：'蚤讀爲爪，斷爪、揃須也。'今再補二例以證其説。考《淮南子·兵略訓》：'將已受斧鉞，乃翦指爪，設明衣，鑿兇門而出。'《新唐書》卷二十《禮樂十》：'浴者舉屍，易床，設枕，翦鬢斷爪如生，盛以小囊，大斂内入棺中。'"[1]

【名】中國古代史中的重要術語，作名詞講，意義是"名字"，作動詞講，意義是"以自己的名義認領和佔有"，對此，唐先生有精闢的訓釋，先生所撰《西晋户調式的意義》有言："'占田'即漢代的名田，《漢書·食貨志》師古注：'名田，占田也。'《史記·平準書》：'賈人有市籍者，及其家屬，皆無得籍名田，以便農。'《索隱》云：'謂賈人有市籍，不許以名占田也。'又'各以其物自占'。《索隱》云：'按郭璞云：占，自隱度也。謂各自隱度其財物多少，爲文簿送之官也。若不盡，皆没入於官。'根據這些解釋，名田即是以自己的姓名將田畝呈報上籍。'占'的原意祇是估計自己財物價值多少，登記上文籍，向官呈報，以便繳納賦税，所估計的財物意味着屬於此人名下，因而占的意義演變

---

① 受唐先生的影響，朱雷先生也强調在吐魯番文獻整理與研究上，以文字、音韻、訓詁三者互求，將語言、文字、史實互證（朱雷爲拙著《吐魯番出土文獻詞典》所作《序》，巴蜀書社，2012）。朱先生還强調：由語言文字學入文獻學，其文獻學可信；由文獻學入史學，其史學可信。見朱雷《求其真義，集其大成》，《光明日報》2014年5月6日，"國學版"。

而爲佔有（《後漢書》卷二《明帝紀》中元二年即位詔有云：‘流
人無名數欲自占者人一級。’‘無名數’即户籍上無名及其家人口
數，自占即以名書呈報上籍。參考《前漢書》卷八《宣帝紀》地
節三年三月‘流民自占八萬餘口’條師古注）。由此可見西晉占田
之制也即是漢代的‘限民名田。’①唐先生的解釋可以幫助我們正
確訓詁吐魯番文書中的疑難詞語“影名”。“影名”即“假冒他人
名字”，比如以符合“入老”和“入疾”標準之人頂替民户本人參
加貌閲，以求避課役，或由民户的奴婢來冒名頂替參加貌閲，或
冒名申請過所。檢 73TAM509：8/21（a）之三《唐開元二十一
年（733）西州都督府案卷爲勘給過所事》（4-292）：“亦不是諸
軍鎮逃走及影名假代等色，如後推問，稱不是徐忠作人，求受重
罪者。”②64TAM29：24《唐垂拱元年（685）康義羅施等請過所
案卷（四）》（3-349、350）：“被問得上件人等牒稱，［請］□□□
家口入京，其人等不是壓良□□□倡（？）名假代等色以不者？謹
審：但了□□□不是壓良假代等色，若後［不］□求受依法罪，被
問依實謹□。垂拱元年四月日連亨□。”《晉書》卷三七《高陽王
睦傳》：“咸寧三年，睦遣使募徙國内八縣，受逋逃、私占及變易
姓名、詐冒複除者七百餘户。”《魏書》卷五三《李沖傳》：“舊無
三丈，惟立宗主督護，所以民多隱冒，五十、三十家方爲一户。”
《文苑英華》卷四二九會昌五年（845）《南郊敕書》：“畿内諸縣
鄉村，及城内坊市人户不是正額食量官健及非工巧之徒，假以他
名，諸司、諸使影占納課，其數至多，各本司釐革，凡是納課

① 《唐長孺文集》第二卷《魏晉南北朝史論叢續編》，第 4~5 頁。又請參見本書第二章
《絲綢之路詞彙研究——實詞篇》第二節《敦煌吐魯番文獻疑難字詞考》“怰護”條有
關内容。
② 《文物》2016 年第 6 期刊載張榮强、張慧芬《新疆吐魯番新出唐代貌閲文書》，其文
曰：“右奉處分。令今月十七日入鄉巡貌，前件色帖至，仰城主張璟、索言等火急點
檢排比，不得一人前却，中間有在外城逐作等色，仍仰立即差人往追，使及應過，若
將小替代，影名假代，察獲一人以上，所由各先决重杖冊，然後依法推科。”又參見
蔡慧芬《唐開元年間西州交河縣帖鹽城爲令入鄉巡貌事文書貌閲律令用語研究》，《西
域研究》2020 年第 1 期，第 59~69 頁。

人户并停，解送歸本縣收入色役。"① 唐韓愈《論變鹽法事宜狀》：
"諸道軍諸使家口親族，遞相影占，不曾輸稅。" 宋蘇軾《論何北
京東盜賊狀》："如敢借名，爲人影帶，分减鹽貨，許諸人陳告，
重立賞罰。"② 吐魯番文獻中還有"影他"，即假冒他人，"冒名假
代"即隱藏自己的名字以他人名字相代。73TAM509：8/5（a）
《唐西州天山縣申西州户曹狀爲張無瑒請往北庭請兄禄事》（4-
334）："得里正張仁彦、保頭高義感等狀稱：前件人所將奴畜，并
是當家家生奴畜，亦不是詖誘影他等色。如後有人糺告，稱是詖
誘等色，義感等連保，各求受重罪者。具狀録申州户曹聽裁者，
今以狀申。"請比較 OR.8212/1537 M.Tagh.0139《唐是正身非假
冒事狀》殘片（沙、吳 2-206）："▢▢▢是正身，亦非假冒他人
▢▢▢ ▢▢▢插名妄通優勞及功［優］▢▢▢""假冒他人"正可
與上舉"影他""影名""冒名假代"對照。又請比較《十六國春
秋輯補·前燕録六·慕容暐》："時有司奏中山浦陰劉洛，縣差充
役，弟興私代，背軍逃歸，州以本名捕斬。興詣郡列稱，逃是興
身，請求代洛死。洛由因陳己實正名，宜從憲辟。兄弟爭命，詳
刑有疑。暐曰：'洛應徵輒留，興冒名逃役，俱應極法，但兄弟競
死，情義可嘉，宜特原之。'"《唐律疏議》卷八《衛禁》"冒名守
衛"條："諸于宫城門外，若皇城門守衛，以非應守衛人冒名自代
及代之者，各徒一年。"又請比較《唐律疏議》卷八《衛禁》"不
應度關而給過所"條："諸不應度關而給過所，若冒名請過所而度

---

① 唐長孺指出："諸司使所影占的納課人照會昌赦書所述都是長安附近諸縣、鄉和長安
　城内坊市人户，顯然多數是商人、作坊主或較富裕的手工業者（假冒工巧的想是商人
　和無賴之徒）。《唐會要》卷七二《京城諸軍》載長慶四年（824）三月敕稱：'應屬諸
　軍、諸司、諸使人等于城市及畿内村、鄉店鋪經紀，自今已後，宜與百姓一例差科，
　不得妄有影占。'上引會昌赦書又稱：'諸使、諸軍、諸司人在鄉村及坊市店舍經紀，
　准前後赦文收，與百姓一例差科，不得委（妄）有影占。應屬官莊宅使司人在店内
　及店門外經紀求利。承前不複隨百姓例差科者從今後并與諸軍諸使一例准百姓例供
　應差科。'諸軍、諸使所屬人户名爲色役，實際却在鄉村坊市開設店鋪，也可以證明
　那些納資代役的是什麼人。"唐長孺《魏晋至唐官府作場及官府工程的工匠》，《唐長
　孺文集》第二卷，第 80～81 頁。
② "影"本爲"影子"義，《莊子·漁父》："人有畏影惡迹而去之走者，舉足愈數而迹愈
　多。"也有"隱藏"義，唐劉禹錫《送僧方及南謁柳員外并引》："九江僧方及既出家，
　依匡山（中略）影不出山者十年。"引申爲冒名。

者，各徒一年。"疏議曰："不應度關者，謂有征役番期及罪譴之類，皆不合輒給過所，而官司輒給。及身不合度關，而取過所度者，若冒他人名，請過所而度者，各徒一年。"又請比較《唐律疏議》卷二四《鬥訟》"投匿名書告人罪"條："諸投匿名書告人罪者，流二千里（原注：謂絶匿姓名及假人姓名以避己作者，棄、置、懸之俱是）。疏議曰：有人隱匿己名，或假人姓字，潛投犯狀，以告人罪，無問輕重，投告者即得流坐。"又考宋王讜《唐語林》卷六："衛侍郎次公在吏部，避嫌，宗從皆不注擬。有從子申甫，自江淮來調選，因告主吏曰：'但得官，便出城，即可矣。'遂館申甫于別第。未幾，撥江南令，將出城，爲次公老僕所遇，不得已，見次公。次公詰其由，申甫以實對，次公曰：'今年所注，不省有汝姓名。'驗其簽名，則次公署之也。乃召主吏，貸其罪以問之。吏曰：'凡所取押，皆冒。'"又請比較《通制條格》卷一六《田令》"影占民田"："官民房舍田土，諸官豪勢要之家，毋得擅立宅司莊官，冒立文契，私己影占。"[1]我們認爲"影名"還可以與吐魯番文獻中"無名""認名"等疑難詞語結合起來觀照。"無名"即"不得認領爲己物"。66TAM62：5《北涼緣禾五年隨葬衣物疏》（1-47）："清尖一枚，兩當一枚，紫孺一枚，帛緾根一枚，黃紺裙一枚，連紾一枚，鞞一枚，手爪囊一枚，合宪囊一枚，懷右囊。緣禾五年六月廿三日謹條衣裳物在右而無名者，急如律令。"而吐魯番文書中的"認名"還有以下形式："仞佲""仍名""偬佲""忍名"，其意義都是"認領"[2]。75TKM96：17《北涼

①　鄧文寬指出："影字有虛冒的意義，同理，影字與名字構成一個詞'影名'時，其義也就是'冒名'，'影名假代'也就是現代漢語離常說的冒名頂替。在稷山方言裏，'影名'一詞今日仍頻頻出現，如說：'他影名來看我，其實是想向我借錢，''他影名走親戚，背地裏卻去告狀。'"氏著《釋吐魯番文書中的"影名"》，《吐魯番學研究》2017年第2期，第43~44頁。

②　"仞"通"認"，《字彙補·人部》："仞，又與認識之認通。"《淮南子·人間》："非其事者勿仞也，非其名者勿就也。""仞"又通"忍"，《墨子·節葬下》："是故百姓冬不仞寒，夏不仞暑。"畢沅注："仞，忍字假音。""偬"即"認"的換旁俗字；通行本《龍龕手鏡·人部》："偬，俗，音認。"從"人"從"言"在意義上多有相通之處，古字多可換用。如《龍龕手鏡·人部》："伀，徒旱反，大也。"而《廣韻》上聲旱韻徒旱切："誕，大也。"兩者實際上是換旁俗字，參考張涌泉《漢語俗字叢考》，（轉下頁注）

真興七年宋泮妻隗儀容隨葬衣物疏》（1-28）："高□□鄉延壽里
民宋泮故妻隗儀容□□謹條隨身衣物數，人不得仞名□□辛關
津河梁，不得留難，如律令。"75TKM96：16《龍興某年宋泮妻
翟氏隨葬衣物疏》（1-30）："龍［興］□年□□□日，宋泮故妻翟
［氏］□隨身所有衣物，人不得［仞］名，［仞］名須桃券華生，
叚雞子雛□鎮□□□狗□□□"75TKM99：7《建平六年張世容隨
葬衣物疏》（1-90）："右條衣裳雜物悉張世容隨身所有，若有人仞
名，詣大平事訟了。建平六年閏月廿八日。"75TKM99：16《苻
長資父母塸墓隨葬衣物疏》（1-91）："故手爪囊各一枚。凡有右條
衣物，糸絹，金銀家居自有，河陌里攀苻長用資父母虛暮長人，
國親，通道仞舊，不得領遮仞名，如律令。"Д x.11414《前秦建
元十三年（377）七月廿五日趙伯龍買婢券》："成券後，有人仍名
及扳悔者，罰中氈十四張，入不悔者。"①97TSYM1：5《闞氏高昌
永康十二年（477）閏月十四日張祖買奴券》（榮、李、孟 125）：
"奴若有人扨名，仰醜了理。祖不能知，二主和合，共成券書之

（接上頁注②）中華書局，2000，第 50 頁；2020，第 33 頁。"仞""認"又可以省爲
"忍"，見 斯 5645《分亡攝物法》，此不贅。"認"還有"識"義，參考王鍈《詩詞曲
語辭例釋》（第二次增訂本），中華書局，2005，第 262 頁"認"條。"認"又有"尋
找、尋訪、探尋"義，寒山詩七〇九〇首："勸君求出離，認取法中王。"參考魏耕
原《寒山詩俗語難詞疑議》，《語言研究》2006 年第 2 期第，117 頁。"認"有"識
別、辨別"義，《玉篇·言部》："認，識認也。"《後漢書》卷八六《卓茂傳》："時嘗
出行，有人認其馬，解輿之。"又比較湖北鄂州郭家細灣六朝墓出土元嘉十六年買地
券："丘承墓伯之神，地下禁忌，不得禁呵志詔。"（正面及左側文字摹本參考黃義軍
等《湖北鄂州郭家細灣六朝墓》，載《文物》2005 年第 10 期）。又考《唐律疏議》卷
二五《詐僞》"妄認良人爲奴婢部曲"條："諸妄認良人爲奴婢、部曲、妻妾、子孫者
以略人論減一等，妄認部曲者又減一等，妄認奴婢及財物者準盜論減一等。"又考高
麗藏本玄應《一切經音義》卷十四《四分律》"所認"："失物者而識之曰認。律文作
訒、仞二形，非體也。"又考高麗藏本玄應《一切經音義》卷十一《中阿含經》》"認
過"："如孕反。失物而記之也。經中作仞。八尺曰仞也。"73TAM506：4/33《唐乾元
二年（759）康奴子賣牛契》（4-549）："立契已後，在路有人寒盜認識者，一仰牛主
康奴子知。"73TAM509：8/7《唐開元二十一年（733）石染典買駝契》（4-280）："其
駞及練，［即］日交相付了。如後寒盜有人識認，不關買人之□。"
① 圖版見俄羅斯科學院東方研究所聖彼得堡分所、俄羅斯出版社東方文學部、上海
古籍出版社《俄藏敦煌文獻》（第 15 冊），上海古籍出版社，第 212 頁。乜小紅《俄
藏敦煌契約文書研究》，上海古籍出版社，2009，第 89 頁。

後，各不得返悔。"①75TKM99：6（a）《北涼承平八年（450）翟紹遠買婢券》（1-92）："若後有何盜刧佲，仰本主了。不了，部還本賈。主√二先和後券，々成之後，各不淂恓悔，々者罰丘慈錦七張，入不悔者。"60TAM338：14/2（a）《高昌延壽四年（627）趙明兒買作人券》（2-241）："□□□壹月拾錢上生壹□，□後□人何道忍名者，仰本□承了。"69TAM135：2《高昌延壽五年（628）趙善眾買舍地券》（1-410）："車行人盜，依舊通。若後右人河盜佲佲[者]，仰本主了。"64TAM15：29/2《高昌延壽十四年（637）康保謙買園券》（2-23）："水道依舊通，若有人訶盜佲佲者，一仰本[主]□□人□。若有先悔者，罰銀錢壹伯文，入不悔□。"64TAM10：37《高昌延壽八年（631）孫阿父師買舍券》（2-206）："□□[八][年]辛卯歲十一月十八日，孫阿父師從[氾][顯]□□[買]東北坊中城里舍壹堀，即交與舍價銀錢叁伯文。錢即畢，舍付。舍東共郭相憙舍分垣，舍南詣道。々南郭養々舍分垣。▆▆▆[分][垣]，[北][共]翟左海舍分垣。舍肆在之內▆▆▆[悔]。若後有人何盜佲佲▆▆▆□舍中有皇金伏藏，行舍▆▆▆□舍行上薪草、出雚處盡依舊。若後有人何盜佲佲者，仰本主了。貳主和同立卷，々成之後，各不[得]返悔者，壹罰貳入不悔者。民有秈要，々行貳，各自署名爲信。□中阿耆女舍中得兩澗舍用，蓋宕。倩書賈□□，▆▆▆[買]□□買舍去時舍[時]□□□□。"60TAM337：11/6《唐貞觀二十三年（649）□歡買馬契》（2-222）："□[觀]廿三年正月廿□▆▆▆▆▆歡買留馬[壹]▆▆▆ ▆▆▆[文]，即日錢畢□▆▆▆▆▆人訶盜佲佲▆▆▆▆""名"寫作"佲"，是受到前面"刧"或"佲"偏旁同化而產生的繁化字，總之，"名"謂以己名佔有。也指獨佔。《史記》卷六八《商君列傳》："明尊卑爵秩等級，各以差次名田宅。"《漢書》九三《佞幸傳》："竟不得名一錢，寄死人家。"又：1968年阿斯塔那53號號墓出土木簡一枚，即《西晉泰

---

① "扨"其實是"刧"的變形，考甘博004-19《賢愚經》中，"忍辱"之"忍"的上半部分"刃"，便寫成"乃"。

始九年（273）大女翟姜女買棺約》，上面言："泰始九年二月九日大女翟姜女從男子樂奴買棺一口。賈練廿匹，練即畢，棺即過。若有人名棺者，約當召樂奴共了。旁人馬男共知本約。"① 又請比較京都龍谷大學藏橘瑞超文書001《前秦建元二十二年（386）正月劉弘妃隨葬衣物疏》："建元二十二年正月癸卯朔二十二日甲子，大女劉弘妃隨身衣裳雜物，人不得名。時見：左青龍，右白虎，書手券疏，紀季時知。"②

五　將通假作爲探究字義的重要手段

清代乾嘉學派有一個優良傳統就是破假借，也就是因聲求義，不限文字形體。王念孫《廣雅疏證序》云："竊以詁訓之旨，本於聲音，故有聲同字異，聲近義同，雖或類聚群分，實亦同條共貫。譬如振裘必提其領，舉網必挈其綱。故曰本立而道生，知天下之至嘖而不可亂也。此之不寤，則有字別爲音，音別爲義，或望文虛造而違古義，或墨守成訓而尟會通，易簡之理既失而大道多歧矣。今則就古音以求古義，引申觸類，不限形體。"王引之《經義述聞》自序亦云："'大人曰：詁訓之指，存乎聲音。字之聲同聲近者，經傳往往假借。學者以聲求義，破其假借之字而讀以本字，則渙然冰釋。如其假借之字而强爲之解，則詰鞠爲病矣。"實際上，通假不祇是存在於上古漢語中，在中古漢語裏也大量存在，在吐魯番文獻中更不例外。唐先生總是能夠從因聲求義的角度，去探求詞之真義，今舉兩例以明之。

【白縺】【白連】【帛縺】【帛練】唐先生在圖録本《吐魯番出土文書》中認爲這類文字形式的本來寫法是"白練"③，2006TSYIM4：4《北涼趙貨隨葬衣物疏》（榮、李、孟172）："故白縺覆面一枚，故縺縟一枚，故縺兩當一枚，故絹衫一枚，

---

① 新疆維吾爾自治區博物館：《吐魯番阿斯塔那 - 哈拉和卓古墓群清理簡報》，刊《文物》1972年第1期，第22頁圖版28，第9頁録文。
② 録文參考陳國燦、劉安志主編《吐魯番文書總目（日本收藏卷）》，武漢大學出版社，2005，第462頁。
③ 唐長孺主編圖録本《吐魯番出土文書》第壹册，文物出版社，1992，第3頁。

故絹單衣一枚，故緤褌一立，故絓小褌一立，故緤羣一立，故手
腳爪囊二枚，故黑理一兩，故絹被一具。"①60TAM313：07/2《高
昌章和十八年（548）缺名隨葬衣物疏》（1-288）："□□□具，
繡衣一具，白連□□□具。"75TKM96：15《龍興某年宋泮妻翟
氏隨葬衣物疏》（1-29）："故緋碧紺綪結髮六枚，故雞鳴枕一枚，
故銀釵二枚，故耳中珠四枚。故帛緤尖一枚，故紺綪尖一枚，故
帛緤衫一［領］，故緋襖一領，故結緋繻一領，故布小褌一立，
故絓大褌一［立］，故絳絓袴一立，故布裙一立，故緋碧裙一立，
故絓袜一量，故糸鞞一量。"66TAM62：5《北涼緣禾五年隨葬
衣物疏》（1-47）："清尖一枚，兩當一枚，紫孺一枚，帛緤根一
枚。黃紺裙一枚，連緤一枚，鞞一枚，手爪囊一枚，合究囊一枚，
懷右囊。緣禾五年六月廿三日謹條衣裳物在右而無名者，急如
律令。"②63TAM2：1《北涼緣禾六年翟萬隨葬衣物疏》（1-85）：
"故帛練覆面一枚，故帛尖一枚，故綪尖一枚。"72TAM170：77
《高昌章和十八年（548）光妃隨葬衣物疏》（1-144）："履一雙，
帛練中衣一枚。"64TAM29：44之四《唐咸亨三年（672）新婦
爲阿公錄在生功德疏》（3-337）："帛練單袴一胥，帛練汗衫一
領，帛練褌一胥，細絲襪一量。"64TAM29：113《唐□伏威牒爲
請勘問前送帛練使男事》（3-356）："前送帛練使王伯歲男，曹。
□伏威曹主并家口向城東薗內就涼。□□午時有上件人於水窓下
窺［頭］［看］□□遣人借問，其人遂即跥口，極無上下，請勘
當，謹牒_____伏威牒。"71TWM1：2《唐至德二載（757）張
公買陰宅地契》（4-601）："帛練五十疋，謹于五土將軍買宅地
一段，東西南北，各廿步。"59TAM305：8《缺名隨葬衣物疏
一》（1-3）："紫緤枕一枚；白緤衫一領，白絓褌一立，縹絓袴
一立；白緤褌一立。"請比較"白練"，73TAM517：24《高昌延

① 又請比較63TAM1：11《西涼建初十四年（418）韓渠妻隨葬衣物疏》（1-5）："故
緤襦一領，故絹小褌一立_____故緤袴一立，故生絹褌一立。"75TKM99：7《建
平六年（405）張世容隨葬衣物疏》（1-90）："故緤覆面一枚，故綪尖一頭，故枕一
枚，故緤衫一領。"
② 唐長孺主編圖錄本《吐魯番出土文書》第壹冊第47頁注認爲"根"通"褌"。考《方
言》卷四："褌，陳楚江淮之間謂之淞。"錢繹箋疏："褌即今之滿襠綺也。"

昌三十七年（597）武德隨葬衣物疏》（1-255）："帽一顏，白綾褶袴一具，白練褌衫一具，被錦一百張。"73TAM206：42/10-7《唐質庫帳歷（？）（一一）》（2-336）："白練汗衫一（按：旁邊有"輕"或"輕"字），故緋絁被表一。"72TAM151：14《高昌義和元年（614）高懷孺物名條疏》（2-90）："緋練柒［段］，［青］練壹段，白練叁拾段，紫綾壹領，黃練裏，黃綾［壹］，白練裏；支（？）絁褌壹，無胃。"60TAM327：05/1《唐永徽六年（655）趙羊德隨葬衣物疏》（3-65）："▨▨▨共苣（引者按：苦）一具；白練祎（衫？）一具。"64TAM15：6《唐唐幢海隨葬衣物疏》（2-20）："郊具帶一具，白練手巾一，白拖襷子一，水牛角把刀一具。"考張籍《涼州詞》："邊城暮雨雁飛低，蘆笋初生漸欲齊。無數鈴聲遙過磧，應馱白練到安西。"又考《玉篇·糸部》："縺，縷不解。"又同"連"，《康熙字典·糸部》："縺，又《集韻》力延切，音連，義同。"唐先生主編圖錄本《吐魯番出土文書》第壹册第3頁認爲吐魯番出土文獻中的"縺""連"應通"練"，其説可從。考"連""縺"在《廣韻》中同屬平聲仙韻來母。故同音通用。而"連"在《集韻》中又音郎旰切，去聲換韻來母；"練"在《廣韻》中音郎甸切，去聲霰韻來母[1]，語音非常接近。所以"連""縺""練"三字在語音上的關係是可以溝通的。"練"即煮熟生絲或生絲織品，使之柔軟潔白。《急就篇》第二章："綈絡縑練素帛蟬。"顏師古注："練者，煮縑而熟之也。"《周禮·天官·染人》："凡染，春暴練，夏纁玄。"鄭玄注："暴練，練其素而暴之。"也指白絹或白色。《淮南子·説林訓》："墨子見練絲而泣之，爲其可以黃，可以黑。"高誘注："練，白也。"南朝梁吳均《答蕭新浦》詩："翩翩流水車，蕭蕭曳練馬。"南朝齊謝朓《晚登三山還望京邑》詩："餘霞散成綺，澄江靜如練。"而"帛"通"白"。"帛"在《廣韻》中音傍陌切，入聲陌韻并母，"白"在《集韻》中音博陌切，入聲陌韻幫母。祇是聲紐的清濁有異，故可通用。"帛""白"相通，自古已然。《禮記·玉藻》：

---

① 參看郭錫良《漢字古音手册》（增訂本），商務印書館，2011，第337~338頁。

"親没不髦，大帛不綏。"鄭玄注："帛，當爲白。聲之誤。大帛，謂白布冠也。"《詩·小雅·六月》："織文鳥章，白斾央央。"孔穎達疏："言白斾者，謂絳帛。"陳奐傳疏："白斾，《正義》本作'帛茷'。"《管子·輕重戊》："民被白布。"戴望校正："白，帛假字。"《後漢書》卷八六《南蠻西南夷傳·哀牢》："土地沃美，宜五穀、蠶桑。知染采文繡，罽氍帛疊，蘭干細布，織成文章如綾錦。"李賢注引《外國傳》曰："諸薄國女子織作白疊花布。"

【租儲伯役】【租殊百役】【祖殊伯役】【租殊伯役】【秕租百役】【紫祖百役】【紫祖百役】【貲祖佰役】【祖殳】在這一組形式中，唐先生認爲前四對的通常寫法應該是"租輸百役"，後五對中，前四對的寫法應該是"貲租百役"，而最後一對"祖殳"即"租輸"[①]。"租輸百役"是上交給官方的田賦（比如糧食）和承擔所受田帶來的各種勞役（以上術語主要用於麴氏高昌延昌以後至唐代）；"貲租百役"即當時按田畝徵收的各種賦税力役，包括麴氏高昌時期田畝所得税、作爲國税的實物地租、貨幣田租和計田承役以及唐代的地税等，"貲"，本意是"資產"，按照資產多寡劃分等第，據此以徵發賦役等等，是漢魏以迄於南北朝所通行的一種制度，租即田租，百役即各種勞役。69TAM117：57/3《高昌延壽九年（632）曹質漢、海富合夏麥田券》（2-289）："□□□年壬辰歲十一月廿二日，曹質漢、張參軍作人海富貳人從□□□［邊］夏石桑南奇部麥田拾叁畝，要迄伍執年。々到七月□□□□麥貳斛使畢，净好，若不净好，聽自常取。夏價依官斛中取。□□□手下宕取田中伍畝。□□□張奮武。田中租殊伯［役］，□□□□；渠破水滴，仰耕田□□不得脱取。田中要否□□□，若脱田取時，罰□□□［立］卷，々成之後，各不得［返］□。□□［者］一罰二入不悔［者］。□□□名爲信。□□□指節爲［明］E。□□□指節爲［明］E。海□，□□□指節爲［明］E。□□□指節爲［明］E。"OR.8212/910Kao.092《唐西州佃田契》（沙、吳2-19）："□□□□□□不得田佃［者］

---

① 其説見唐長孺主編圖録本《吐魯番出土文書》第壹卷，文物出版社，1992，第294頁。

[▭▭　　▭▭][所]有租殊百役，一仰［佃］［田］▭▭　　▭▭
上。所有稅子，一看大例▭▭▭”A64TAM4：45《唐乾封元年
（666）左憧憙夏葡萄園契》（3-218）：“［乾］［封］［元］年八月
七日，［崇］化鄉人左憧［憙］▭▭▭錢叁拾伍文，於同鄉人
王輪覺邊夏▭▭渠蒲桃壹薗，要得桃中子［秌］收領。［到］十
月内還付［桃］。桃中渠破水讁，仰夏桃子秌人了。祖殊［伯］
［役］，仰桃主了。桃中門辟付左。兩和立契。畫指爲信（引者
按：下面兩竪，填充符號）。桃主王 E。”64TAM4：42《唐龍
朔元年（661）左憧憙夏菜薗契》（3-210）：“龍朔元年九月十四
日，崇化鄉人左憧憙於同鄉人大女呂玉鈺邊夏張渠菜薗肆拾步壹
薗。要迳伍年，佃食年伍。即日交▭▭▭錢叁拾捌文。限一年，
到九月卅日与伍［文］。▭▭▭　▭▭十月十▭▭　　▭▭錢半文。若
▭▭滿依▭▭▭［薗］▭滿，一罰三分，薗中渠破水讁，仰治
薗人了。祖殊伯役，仰薗主了。榆樹一具付左。兩和立契，畫指
爲［信］。薗主大女▭▭▭。”65TAM40：35《唐某人佃菜園殘
契》（3-296）：“▭［錢］▭文，［到］八月［内］［上］［錢］使
了。要［迳］貳年佃食。租殊伯役，壹仰菜薗主承了。渠破水
讁，仰佃菜人承了。兩和立契，［獲］［指］爲記。”64TAM15：
16《唐貞觀十五年（641）西州高昌縣趙相□夏田契》（2-29）：
“貞觀十五年正月三日，趙相□▭▭夏康寺柒頃碑舍後小康寺
田▭▭畝与夏價麥高昌酐中叄酐伍▭▭。内上麥使畢，到十
月内上秌▭▭向常取。若過期月上麥▭▭圻。租儲伯役，仰
田主▭▭▭［之］後，各不得返［悔］▭▭　▭▭［指］
［爲］信。”69TAM117：57/10《唐貞觀十六年（642）某人夏
田券》（2-294）：“▭［觀］［十］［六］［年］▭▭［邊］夏大
渠王▭▭要迳壹年，到▭▭▭畝与夏價大▭▭内，畝与粟貳
▭［伍］兕。田官索▭▭［寺（？）］九斗中。租殊伯□，□田
主了。渠破水▭▭，同立卷，々成之後，▭▭得返悔，々者
一罰二▭▭行二主，各自［署］名▭▭。▭▭　　▭▭，僧□。▭▭

---

① ［佃］［田］：沙知、吳芳思録爲“田”。檢圖版，兩字實殘泐。

E，□□□E□，□、吳海仁E□；知見人［高］師、道□；臨坐苻洛仁E。"60TAM326：01/6《高昌延昌二十四年（584）道人智賈夏田券》（2-250）："錢即畢，田即苻。秪租百役，更田人悉不知。"60TAM326：01/3《高昌某人從寺主智演邊夏田券》（2-252）："寺主智演邊夏力渠田長√南田三［畝］，□与夏價小麥貳酙五斗。若渠破水謫，仰［耕］田了；若紫祖百役，仰寺主了。"72TAM153：39（a），40（a）《高昌延昌三十六年（596）宋某夏田券》（1-279）："延昌卅六年［丙］［辰］［歲］二月廿日，宋□□□邊夏孔進渠常田叁畝，要迄陸年，畝与大麥［陸］九。畝床陸九，若種粟，畝与粟柒九。五月內□□［使］畢，十月［內］［上］［床］［使］［畢］。［若］［過］［期］［不］［上］，□□□［壹］九上生麥床壹兔，床麥使净好，依官［九］□□□［取］床麥之日，依腸取，々麥之，要木酒二斗。渠破水□，□□田人了。紫祖百役，仰田主了。"60TAM326：01/7，01/8《高昌□污子從䴛鼠兒邊夏田、鼠兒從污子邊舉粟合券》（2-251）："□□□□□［兒］邊夏中渠常田壹畝半，畝交与夏價銀錢拾陸文，田要迄壹年。貲祖佰役，□［悉］不知。若渠破水謫，䴛郎悉不知。夏田價□□□［仰］污子爲鼠兒償祖酒肆酙伍兔。酒□□［多］少，䴛悉不知。仰污了。二主和同，即共立［券］。□成之後，各不得返悔。々者一罰二入不悔者。民有私要，々行二主，各□□□［污］子邊舉粟［伍］［酙］，［到］［十］［月］［內］□□□［壹］兔，䴛郎身東西無，粟生本仰婦兒上。倩書索僧和，□□□□□［僧］。"67TAM365：14《高昌延昌二十九年（589）王和佑等人分夏田合券》（1-294）："［若］□□□□聽掀家財，平爲［麥］□□□水旱，隨大比列。祖殳□□□不得返悔。々罰二［倍］□□□。"請比較斯613背《西魏大統一三年（547）瓜州效穀郡（？）計帳》："都合稅祖（租）兩拾肆斛斛拾陸石仵斳輸祖（租）。九石五斗上四石五斗，不課戶上稅，五石臺資口計丁床稅。六石中。一石不課戶下稅祖（租）。柒斛仵剉折輸草拾仵圍，三石折輸草六圍上，四石五斗，折輸草九圍，中，都合

課丁男叁拾柒人，五人雜任役，一人獵師。"①檢《急就篇》："輸
屬詔作溪谷山。"顏注："輸屬，言配入其處也。詔敕別有所輸作
也。一曰：詔書處罰令其輸作也。山瀆無所通曰溪，泉出通川
曰谷。一曰：水注川曰溪，注溪曰谷。配於溪谷及山，徒之役
也。""租"寫爲"祖"，完全是寫卷習慣；"儲"與"殊"都通
"輸"，考"輸"在《廣韻》中是式朱切，書母虞韻合口三等平聲
遇攝，而"儲"爲直魚切，澄母魚韻開口三等平聲遇攝；"殊"爲
市朱切，禪母虞韻合口三等平聲遇攝，"殳"是市朱切，禪母虞
韻合口三等平聲遇攝②，所以"儲""殊""殳"都與"輸"音近
相通。"輸租"即交租納賦稅。《漢書》卷五八《兒寬傳》："大
家牛車，小家擔負，輸租繦屬不絕，課更以最。"又請比較《魏
書》卷一一一《食貨志》："遂因民貧富，爲租輸三等九品之制。
千里内納粟，千里外納米；上三品户入京師，中三品入他州要
倉，下三品入本州。""秅""紫"通"貲"，"貲"在《廣韻》中
屬于即移切，精母支韻開口三等平聲止攝；"紫"屬於將此切，精
母紙韻開口三等上聲止攝；"秅"在《集韻》中屬於仄蟹切，上聲
蟹韻莊母，但從"此"聲，所以與"貲"音近而通。《北史》卷
一《魏紀一·太祖道武帝》："詔大軍所經州郡皆複貲租一年，除
山東人租賦之半。""貲"同"資"，《晋書》卷一百四《石勒載記
上》："勒以幽冀漸平，始下州郡閱實人户，户貲二匹，租二斛。"
《六書故·動物四》："資，別作貲。"唐長孺先生認爲，"'紫租
百役'多是麴氏高昌延昌以前夏田契，以後至唐代例稱'租殊
百役'"。③又請比較大谷2828《張君行租佃契》④："若過期月不
畢，壹月壹酙上生麥壹斛。取麥之日，使麥净好。若不净好，聽
向風揚取。田中租殊伯役，一仰田主了。渠破水讁（讁），一仰

---

① 圖版及錄文見〔日〕池田溫《中國古代籍帳研究》，中華書局，2007，第9頁。
② 參看郭錫良《漢字古音手册》（增訂本），商務印書館，2011，第158頁。
③ 唐長孺主編圖錄本《吐魯番出土文書》，第貳册，文物出版社，1994，第252頁。
④ 圖版見《大谷》一圖一〇二，一〇三，錄文見第102頁，今據圖版重新識錄。

租田人了。風破水旱，隨大比列。"[①]陳國燦指出："高昌國的土地租佃，絕大部分是小塊份地的出租，有固定租額。它是以承認高昌國的占田制規定爲前提的。'租輸百役，仰田主了'的普遍規定，保證了占田者的地位及義務，這種尊重土地佔有權的土地租佃，租出去的祇是土地使用權，它促進了勞動力與土地的有效結合，對發展農耕生産有利，對高昌王國的占田制度説來，它起着一種鞏固、維護的作用。"[②]姜伯勤指出，高昌的"貲租百役"包括以户爲單位的田畝所得税（包括田畝收入及積存的糧食收入），另一種，則是隨田畝徵收的"田役"。[③]宋曉梅也指出："計田承役是高昌國的一項徭役制度。所謂計田是以田畝的多寡、土質的好壞和水源的優劣而論，根據土地的上述情況決定田主承擔賦役的輕重。"[④]需要指出的是，到了唐代言"租殊百役"，可能在當時祇是套話，因爲唐代作爲國税的田租與正役都是據丁徵收，而不再據地徵收，而且唐前期的役法亦較規範，已無百役之説。[⑤]又請比較"輸課役"，《通典·食貨六·賦税下》："諸邊遠諸州有夷獠雜類之所，應輸課役者，隨事斟量，不必同之華夏。"

　　筆者寫到這裏，得程喜霖先生賜告：當年唐先生率領大家整理與研究吐魯番文書時，對於"租殊百役"中的"殊"的通假問題，曾經反復討論。今天看來，將"殊"訓"輸"，誠爲不易之論。

① "租殊"之"殊"，小田氏録爲"綵"，檢圖版，實際上是"殊"。"渠破水譎（謫）"之"譎（謫）"，小田氏録爲"溢"，細檢圖版，實際上是"譎"或"謫"，今暫録爲"譎"。

② 氏著《高昌國的占田制度》，《魏晋南北朝隋唐史資料》第十一期，第226~238頁（引文見第236~237頁）。

③ 氏著《高昌世族制度的衰落與社會變遷——吐魯番出土高昌麴氏王朝考古資料的綜合研究》，張國剛主編《中國社會歷史評論》第四輯，商務印書館，2002，引文見第53頁。

④ 宋曉梅：《麴朝晚期政治與高昌國的衰亡》，《吐魯番學研究》2003年第1期，第57頁。

⑤ 參考楊際平、李卿《魏晋隋唐券書常見的有關署券、執券的套話》，《北朝史研究——中國魏晋南北朝史學術研討會論文集》，商務印書館，2004，第206~227頁。又參考楊際平《麴氏高昌與唐代西州、沙洲租佃制研究》，韓國磐主編《敦煌吐魯番出土經濟文書研究》，廈門大學出版社，1986，第253頁。

六 將方音考察與古音演變研究相結合

魏晉宋是漢語音韻史上一個重要的轉折時期,周祖謨先生指出:"魏晉宋這一時期,如果從漢獻帝建安十三年曹操自爲丞相,魏蜀吳三國成爲鼎立的局面算起,到劉宋之末,有二百七十年(208~478)。這段時期內,韻部的類别既不同於兩漢,也不同於齊梁,在音韻史上是一個承前啟後的時期。"① 周先生還指出:"魏晉宋包括的時間很長,雖然作爲一個時期看待,而韻部的分合,先後也并不一致。約略而言,魏接近於兩漢,宋接近於齊梁,晉代則是一個中間轉折的時期。"② 可見晉代在中國音韻學史上的重要性。唐長孺先生在對晉代的音韻研究上留下了濃墨重彩的一筆。

西晉之初,江南出現了陸機、陸雲兩位才士③,雖然他倆入洛以後接受了中原文風的影響④,但其作品的南方方音色彩依然較濃且受到詬病⑤,人們不禁要問:二陸作品的南方方音底層成分究竟有那些?千百年來没有人對二陸詩文用韻進行窮盡式、資料式

---

① 周祖謨:《魏晉宋時期詩文韻部的演變》,收入羅常培、周祖謨《漢魏晉南北朝韻部演變研究》,中華書局,2007,第323頁。

② 周祖謨:《魏晉宋時期詩文韻部的演變》,收入羅常培、周祖謨《漢魏晉南北朝韻部演變研究》,中華書局,2007,第323頁。

③ 檢《晉書》卷五四《陸機傳》:"陸機,字士衡,吳郡人也。祖遜,吳丞相。父抗,吳大司馬。機身長七尺,其聲如鐘。少有異才,文章冠世,伏膺儒術,非禮不動。抗卒,領父兵爲牙門將。年二十而吳滅,退居舊里,閉門勤學,積有十年。以孫氏在吳,而祖父世爲將相,有大勳於江表,深慨孫皓舉而棄之,乃論權所以得,皓所以亡,又欲述其祖父功業,遂作《辯亡論》二篇。(中略)機天才秀逸,辭藻宏麗,張華嘗謂之曰:'人之爲文,常恨才少,而子更患其多。'弟雲嘗與書曰:'君苗見兄文,輒欲燒其筆硯。'後葛洪著書,稱:'機文猶玄圃之積玉,無非夜光焉,五河之吐流,泉源如一焉。其弘麗妍贍,英銳漂逸,亦一代之絶乎!'其爲人所推服如此。然好游權門,與賈謐親善,以進趣獲譏。所著文章凡三百餘篇,并行於世。(中略)雲字士龍,六歲能屬文,性清正,有才理。少與兄機齊名,雖文章不及機,而持論過之,號曰'二陸'。幼時吳尚書廣陵閔鴻見而奇之,曰:'此兒若非龍駒,當是鳳雛。'後舉雲賢良,時年十六。吳平,入洛。(中略)刺史周浚召爲從事,謂人曰:'陸士龍當今之顔子也。'"

④ 《論南朝文學的北傳》,《唐長孺文集》第六卷《山居存稿續編》,第238頁。

⑤ 陳寅恪言:"顔黄門之時,金陵士庶語音,所以有如此鉅異者,恐不得不推源於兩晉之世。蓋自司馬氏平吳以來,中原衆事,頗爲孫吳遺民所崇尚,語音亦其一端。如《抱朴子外篇·譏惑篇》云:'上國衆事,所以勝江表者多,然亦有可否者。……余謂廢已習之法,更勤苦以學中國之書,尚可不須也。況於乃有轉易其聲(轉下頁注)

的統計和研究。唐先生爲此撰寫了專文《文心雕龍"士衡多楚"釋》[1]，算是這一課題的總結性研究，這是一篇典型的音韻學文章。

"楚"究竟是什麼含義呢？"楚"本指一種木，《説文·木部》："楚，叢木，一名荊也，從林，疋聲。""楚"也指地名，《顔氏家訓·音辭》："古今言語，時俗不同，著述之人，楚夏各異。""楚"也指"粗俗"。晋陸雲《與兄平原書》："張公語云云，兄文故自楚。"請比較陸機《與弟雲書》："此間有傖夫，欲作《三都賦》，須其成，當以覆酒甕耳。"[2]《宋書》卷五一《長沙景王道憐傳》："道憐素無才能，言音甚楚，舉止施爲，多諸鄙拙。"

陸機、陸雲的詩文用韻與時人不合者甚多。然而，這恰好反映了當時方音的實際情況，是語言史中最有價值的語料[3]，以下我們不妨將唐長孺先生與周祖謨先生對二陸用韻研究進行對比，因爲在語言文字學界，周先生是最爲傑出的漢語音韻學史家之一，周先生參撰之《漢魏晋南北朝韻部演變研究》是音韻學界對漢魏晋南北朝的韻部演變研究最爲權威的論著之一。

唐長孺先生論及二陸的作品中，真、臻、先、仙、元等通叶[4]，周祖謨先生論及晋代寒部分爲兩部，寒桓删三韻爲寒部，先、仙、山、元四韻爲先部。到了晋宋時期，先、仙、山、元四韻開

（接上頁注⑤）音以效北語，既不能便良，似可耻可笑。所謂不得邯鄲之步伐，而有匍匐之嗤者。'即可爲證也。洎乎永嘉亂起，人士南流，則東晋南朝之士族階級，無分僑舊，悉用北音，自不足怪矣。"（《從史實論切韻》，收入《陳寅恪集》之《金明館叢稿初編》，三聯書店，2001，第382~409頁）陳寅恪又言："所謂洛下書生詠，殆即東晋以前洛陽之太學生以誦讀經典之雅音（此音字指語音而言，非謂音樂也）諷詠詩什之謂也。此種都邑雅音，較之時傷輕清之吳越方音，固相懸殊，但較之多涉重濁之燕趙方音，亦實有別。"（同上，第386頁）"東漢伊始，以迄於西晋，文化中政治之中心均在洛陽，則洛陽及其近傍之舊音，即顔氏所視爲雅正明晰之古音，固可推見也。至金陵士族與洛下士庶所操之語言，雖同屬古昔洛陽之音系，而一染吳越，一糅夷虜，其駁雜不純，又極相似。"（同上，第392~393頁）

① 《唐長孺文集》第六卷《山居存稿續編》，第295~311頁。
② 又參錢鍾書《管錐編》，中華書局，1986，第1174~1214頁。
③ 羅常培、周祖謨先生在撰寫《漢魏晋南北朝韻部演變研究》時，也專門開闢一章《個別方言材料的考查》，分別對《淮南子》《急就篇》、司馬相如、王褒、揚雄的韻文、《易林》、班固、傅毅等的韻文、《論衡·自紀篇》、張衡、蔡邕的韻文、《釋名》進行個案調查。羅常培、周祖謨《漢魏晋南北朝韻部演變研究》，中華書局，2007。
④ 《唐長孺文集》第六卷《山居存稿續編》，第301頁。

始和寒桓删三韻分用，即先部。周先生又言："晋代真魂分爲兩部，真部包括真臻諄文欣五韻，魂部包括痕魂兩韻，痕魂兩韻字在三國韻文裏應用的很少，所以看不出分立的現象，但是在晋代就表現得非常清楚，痕魂兩韻字很少和真諄文欣押韻。"周先生還指出："在晋代，先部字還有跟真部字押韻的例子，現象也很錯綜。即如先部的先仙山三韻'天先淵賢年田顛玄泫艱鮮川妍連旋'一類的字一般是跟真部的'臻蓁人民陳津神鄰仁純淳'一類字押韻的，而先部的元韻'原言園軒源繁'一類的字一般跟真部的'紛文群聞雲君熅'一類字押韻的。由這種情形又可以看出在晋代先部的先仙韻字跟真部的真諄臻三韻接近，先部的元韻字既跟寒部接近，并跟真部的文韻相近。"看來二位先生殊途同歸，得出了一致的結論。

　　唐先生又論及："二陸、裴秀、傅玄甚至用韻甚嚴的張華都用'臻'字與先、仙叶，這却是魏晋通例，如曹丕《寡婦賦》以臻叶漫、前、寒、翻、憐，曹植《秋思賦》以臻叶捐、前、天、遷、仙怨，何晏《景福殿賦》以臻叶偏、燀、年等，其例較多。但臻與先、仙、元等通叶，并不闌入其他真、諄、臻韻字，可知'諄'字在當時本來也入先、仙部，因此臻與先仙字叶，實際上僅是先仙合用，可以不論。但二陸和其他上引諸人中却別有真臻先仙元等通叶之例，所以張華雖亦以臻叶先，用韻寬嚴却很不相同。這一部的仄韻去聲震、稕、問與願、恩、線、襉、霰，二陸也都合用。"[1] 從這段話中可見：在唐先生的心目裏，漢語音韻史研究，應該把魏晋連在一起，因爲這一階段的音韻風貌具有一致性或繼承性，而周先生在他的論述中往往把晋宋聯繫在一起，這是與唐先生不同的地方。但祇要我們細讀周先生的行文，就會發現他在論證過程中更多的也是將魏晋并提，晋宋相提的現象反而更少些。所以兩位先生在音韻史分段時實際上是不謀而合的。

　　唐先生又指出："二陸也有真韻、文韻獨用的一些例子。一般欣韻入真，真、諄、臻合用，也有與文韻合用之例。凡此都屬當

---

① 《唐長孺文集》第六卷《山居存稿續編》，第 301 頁。

時通例，今不備舉。而從上引用諸例看來，真諄臻多與先仙合，文則多與元魂痕合，也有互通之例，大體上此部內似乎沒有嚴格的界限。然而類似的用韻在同時作品中不乏其例。"① 這一點周先生沒有論及。

　　關於二陸作品中"蒸登東冬鍾江陽唐庚耕青"相押的問題，唐先生指出："二陸以'登'叶東冬者唯一'弘'字，大概即以'弘'讀入東韻之故，陸機《演連珠》以弘叶涼，也是東、陽合用。陸雲詩中三見蒸登合用之例，而登韻所用祇一'登'字，疑也祇是單字的離合，并非一部通叶。唯東冬陽唐合用，二陸很顯著，同時人却少見。但上推到三國時却所見不鮮，并非特例。至於陸雲以耕、青叶冬、陽，則東晋仍偶有此例。今分別舉例如下（中略）此部仄韻，陸機《與弟清河詩》以嚷養景梗爲韻，同時人潘尼《贈司空掾安仁詩》以上漾敬映競映病映爲韻，郭璞《江賦》以鏡映映映上漾競映爲韻，也都是陽唐通叶庚耕清之例。"② 周先生指出："魏晋時代東冬兩部有分，可是在晋代也有不少兩部合韻的例子，以二陸、左思爲多。這表明兩部讀音比較接近。到了劉宋時期，東冬兩部就完全同用不分了。這是一大轉變。"③ 周先生還指出："這一時期之內，晋代還有少數作家，如傅玄、張華、陸雲、左思等人間或把庚部的'明京慶衡橫兄羹景'一類字和陽部字押韻，這種現象跟東漢時期相似。這說明'明京兄'等字的韻母讀音跟陽部還是比較接近的。但是到了宋代，除顔延之把'衡'字和陽部字押韻以外，再看不到這種現象了。"④ 周先生又指出："東漢蒸部包括《廣韻》蒸登兩韻字和耕韻從厷、從朋得聲的字，到魏晋以下，分爲蒸登兩部，蒸部包括蒸韻字，登部包括登韻字。耕韻從厷、從朋、從登得聲的字，如絃輣橙耺等歸入登部。如'絃'字見陸雲《皇太子見命作》，'絃弘爲韻'。"⑤ 可見兩位先生

---

① 《唐長孺文集》第六卷《山居存稿續編》，第 300 頁。
② 《唐長孺文集》第六卷《山居存稿續編》，第 303 頁。
③ 羅常培、周祖謨：《漢魏晋南北朝韻部演變研究》，第 329 頁。
④ 羅常培、周祖謨：《漢魏晋南北朝韻部演變研究》，第 329 頁。
⑤ 羅常培、周祖謨：《漢魏晋南北朝韻部演變研究》，第 330 頁。

都注重語音史的探源溯流，特別是與三國魏（甚至漢代）的聯繫，且更多的與方音存古聯繫起來。

關於二陸作品中"侵覃鹽添嚴咸凡"相押，唐先生是這樣闡釋的："陸以南叶侵之例尚多。"周先生闡述得更細一些："魏晋時期侵部字没有兩漢時期包括那樣廣，在三國的時候，侵部除《廣韻》侵韻字相押外，還有覃韻的'南'字和咸韻的'岩'字。這兩個字都僅僅一見，依《詩經》音和兩漢音都是侵部字。在晋代的時候，和侵韻字在一起押韻的有'南覃覃龕耽潛摻咸'等字。其中南覃覃龕耽都是覃韻字，根據《詩經》音及兩漢音，以上諸字都是侵部字，以上諸字多見於二陸、鄭豐、張翰幾個吳郡人的詩裏，别的人都很少用。到了劉宋時代，覃韻字，如南覃等，不見有和侵韻押韻的例子，所以把侵覃分爲兩部。"①

關於二陸作品中"蕭宵肴豪尤侯幽魚虞模"相押，唐先生分析道："以上爲蕭宵肴豪與尤、侯、幽合用之例。""二陸魚虞多分用，而虞與尤、侯叶，魚韻叶尤僅一例，而且二魚韻字相接，也可以認爲獨用。陸雲還有個罕見的特例：《贈顧尚書思》這類以之叶尤、虞的用韻當時已少見，但上推到三國却不乏其例。此部仄韻，二陸用得更寬。如上所舉例，不獨以旨、駭、海、賄叶語，而且以馬、禡叶有與暮。平韻之麻已不與魚虞模合用，而仄韻却仍相通，同時人這樣用韻的罕見，但宥候禦遇暮或有厚語麌姥相叶則不乏其例。至於以筱、小巧、皎韻字叶有或麌姥，同時人偶亦有之，如左思《魏都賦》以阜有叶夭皎草皎沼小，張載《七哀》以掃叶臒虎户虜，但不多見。而以旨叶語，或志叶語，或志叶遇，以及馬叶語麌姥，似衹見於三國。"② 周先生則分析道："東漢音的魚部包括魚模虞侯四韻字，到魏晋宋時期，侯韻字分出與幽部的尤幽兩韻字合爲一部，所以魚部僅僅包括魚模虞三韻，在魏晋的時候，雖然還有人和侯韻字通押，可是到劉宋的時候就很少了。魚侯之分爲兩部，這是三國以後跟東晋音很大的不同。魏晋

---

① 羅常培、周祖謨：《漢魏晋南北朝韻部演變研究》，第332頁。
② 《唐長孺文集》第六卷《山居存稿續編》，第307頁。

宋時期這一部的魚模虞三類字多數的作家是通用不分的，而有的作家模類與魚虞兩類分用，有的作家甚至於魚和虞也分用，前者如魏劉楨、阮瑀、應璩、嵇康、晉陸機、陸雲、張協、庾闡、宋劉義恭、謝惠連等，後者如晉薛瑩、束皙、陸機、陸雲、鄭豊、宋劉義恭、謝惠連等，他們大體都分別得很細。"①周先生還指出："韻的分合與作家審音的精粗有關，可是其中也會有方音不同的問題在內。例如陸機、陸雲詩文的押韻在各部裏比同時代一般的人都寬泛，但是這一部模魚虞三類分用很嚴格，這絕不是一件偶然的事，這就是一個方音的問題。"②周先生還指出："（侯部）包括侯尤幽三韻字。侯韻在兩漢時期大多數作家都跟魚部字在一起押韻，尤幽兩部則屬幽部，到了三國時期幽部的豪肴宵蕭四類字歸入宵部，尤幽兩類與少數的侯韻字就與魚部分化出來的侯類歸并成一部了。這是一個很大的變動，同時兩漢時期之部所有的尤侯兩類字，如'尤謀罘郵否有友右婦囿富母畝'等字在魏晉時期也轉入本部，這一部在齊梁以後仍舊沒有什麼變動。"③周先生還指出："宵部是由東漢幽宵兩部所有的兩類豪肴宵蕭四韻字合并而成的。三國時期這一部字用的較少，但是從曹植的作品裏可以清楚地看到這兩類不同來源的字是合用不分的，到晉宋時期也是如此。不過有一些人，如張華、潘尼、庾闡、王韶之、謝惠連、鮑照等，豪肴和宵蕭分用，這就是齊梁以後宵蕭獨成一部的前趨。"④可見二位先生都注意到二陸作品用韻的存古傾向，二陸的方音是相對傳統而保守的。

　　關於二陸作品中"支之脂微佳皆灰咍齊"相押，唐先生指出："支之灰咍合用，支脂微合用，之脂微合用。總之，在當時，之脂合用較多，支和之或脂合用少見。脂微與皆灰咍合用較多。"周先生指出："兩漢音之部包括之（基）咍（來）灰（梅）皆（戒）尤（尤）侯（母）脂（丕）。三國時期分爲之、咍兩部，之部包

———

①　羅常培、周祖謨:《漢魏晉南北朝韻部演變研究》，第339~340頁。
②　羅常培、周祖謨:《漢魏晉南北朝韻部演變研究》，第340頁。
③　羅常培、周祖謨:《漢魏晉南北朝韻部演變研究》，第340頁。
④　羅常培、周祖謨:《漢魏晉南北朝韻部演變研究》，第340頁。

括之韻字和脂韻'否鄙軌鮪痏備'等字，咍部包括咍（來）灰
（梅）皆（戒）三類字。至于尤（尤）侯（母）兩類字在三國時期
已經轉入侯部，絶不與咍部字押韻，偶爾與之部字押韻的，也寥
寥無幾。晋宋時期，之咍兩部與三國時期相同。"①周先生又指出：
"（皆部）在三國時期屬於脂部，到了晋代開始分別出來，包括皆
咍灰齊四類字。在宋代除齊韻字有增加外，其餘皆咍灰三類都很
晋代相同。這一部分的皆咍灰三類字在三國時期就有同咍（來）
灰（梅）皆（戒）合韻的現象，但是直到晋宋時期這兩部字還是
分得比較清楚，在晋代，祇有陸機、李充、潘尼有幾個通押的例
子，在宋代，祇有鮑照通押的次數稍多，其他的人多不通押，由
此可以證明這兩部的讀音從三國到晋宋在大部分的方言裏都不相
同，從鮑照以後才逐漸成爲一類，齊梁以下就没有區別了。"②這再
一次證明二陸方音的存古性質。

　　但是，唐先生在他的文中提出并解決了中國音韻學史上的一
椿懸案，那就是脂部齊韻字與支部齊韻字的分合問題。關於這一
問題，周祖謨先生認爲這兩部的齊韻字在晋代并不通押，祇有到
了劉宋時代才通押，爲此周先生有一段較長的闡述："另外還有一
個繁瑣的問題，即本部（引者按：本部指脂部，周先生又稱之爲
"皆"部）的齊韻字和支部齊韻字的分合問題。依照兩漢分韻的
情形來看，脂支兩部都有齊韻字，兩者分配的情形是這樣的，脂
部：平聲'齊黎妻氏犀鷄荑稽鷖梯迷泥瞇'等字，（中略）支部：
平聲'啼蹄堤奚嘶溪圭鬵攜'等字。（中略）這兩類字在兩漢時期
分別很嚴，很少通押，祇有揚雄、枚乘、班固、崔駰文有幾個例
外（見《兩漢韻譜》支、脂兩部的合韻譜）。到三國時期，脂支
兩部的齊韻字仍然有分別，我們看到這一時期的作品裏，支部的
齊韻字和脂部的齊韻字都是跟本部其他字押韻的最多，支部齊韻
字獨用的没有，跟脂部齊韻字押韻的也没有。由此可知脂支兩部
的齊韻字還不是一類。在晋宋時期，脂部分爲脂皆兩部。齊韻字

---

　　① 羅常培、周祖謨：《漢魏晋南北朝韻部演變研究》，第 333 頁。
　　② 羅常培、周祖謨：《漢魏晋南北朝韻部演變研究》，第 334~335 頁。

歸屬于皆部，在晋代皆部的齊韻字跟皆部本部的皆灰咍三韻字相押的較多，支部的齊韻字跟支部本部的支、佳兩影相押的有成公綏、左思、陶潛，但皆部齊韻的上聲字決不與支部上聲字通押。從這種形式來看，在晋代，皆部同支部的齊韻字大部分的作家還是有分別的，儘管潘岳、左思、張協、陶潛、成公綏等人有些例外，然而就材料論材料，我們還不能説這兩類齊韻字各處方言已經普遍地合爲一類了。可是到了宋代，情形就完全不同了，我們很明顯地看到上面所説的支部的齊韻字在宋代没有一個和支部的支佳兩韻字押韻的例子。皆部的齊韻字也是如此。反之，支部的齊韻字倒跟皆部的齊韻字或皆韻字在一起押韻，像何承天、顏延之、謝靈運、謝惠連、荀昶、謝莊、鮑照等人都是如此。由此可以肯定地説：支部的齊韻字到宋代完全并入皆部齊韻一類，支部不再有齊韻字了。這裏還需要特別指出的是謝莊、鮑照兩個人齊韻已經開始有一些獨用的例子，這正是齊梁以後齊韻獨成一部的先聲。"[1]

然而，唐先生却在自己的文章中給我們提到了一個極爲重要的事實：恰恰就是在二陸的作品中，脂部齊韻字與支部齊韻字已開始通押，這個事實可以更正目前中國音韻學史界的既有立論，也就是應該重新表達爲：脂部齊韻字與支部齊韻字開始通押實際上已經在晋代發生了。請看唐先生在文中録有陸機《東武吟行》押韻字爲闈微衣微棲齊[2]，以上是脂部的齊韻字相押，但是，唐先生又發現陸雲《喜霽賦》中押韻字有離支齊齊躋齊泥齊闈齊，這是典型的脂部齊韻字與支部齊韻字相押。[3]

唐先生發現的這一重要事實，一直没有被語言學界關注，如向熹先生撰寫的《簡明漢語史》是目前較有代表性的漢語通史論

① 羅常培、周祖謨：《漢魏晋南北朝韻部演變研究》，第 335~336 頁。
② 《唐長孺文集》第六卷《山居存稿續編》，第 308~309 頁。
③ "齊""躋""泥"均屬"脂"部之"齊"，"闈"屬"支部"之"齊"。而"離"上古屬歌部，《廣韻》屬支韻，詳見郭錫良《漢字古音手册》（增訂本），商務印書館，2011，第 115、129、132、222 頁。陸雲《陸公誄》押韻字有夷（上古脂部，《廣韻》脂韻）垂（上古歌部，《廣韻》支韻）熙（之）來（咍）旗（之）黎（上古脂部，《廣韻》齊韻），參看郭錫良《漢字古音手册》（增訂本），第 100、132、232 頁。

著，向先生在著中指出："上古支部三等韻母爲［ǐe］、［ǐwe］，脂部三等韻母爲［ǐwei］、之部三等韻母爲［ǐə］、［ǐwə］。直到六朝，支部還是嚴格地不與脂、之相混。但到了唐代，它們的主要母音受介音［ǐ］的影響，逐漸變得一致起來，在詩人用韻中完全可以通用了。"① 向先生把支、脂、之相混的時代定爲唐朝，并且斷言六朝絕不相混，但上揭唐先生之文已經發現西晉陸雲作品中支部齊韻字與脂部齊韻字有通押的現象，所以，漢語音韻史可以根據唐先生的發現而改寫。

七 將語言文字作爲史料斷代的證據

《木蘭詩》在中國家喻户曉，但該作品究竟創作於何時？一直聚訟紛紜，宋代以來，學者一般認爲此詩爲唐人所作，"但宋人雖知其爲唐人作，并未提出有力證據，逯氏（引者按：指逯欽立）以十二轉勳爲唐制，乃是確證"。② 唐先生撰寫了《木蘭詩補正》一文，文中言："今就詩中用語，補舉數證，以成唐人所作之説。"③ 唐先生從語言文字角度爲作品斷代④，也正是語言學家們

---

① 向熹：《簡明漢語史》（修訂本），商務印書館，2017，第187頁。
② 唐長孺：《唐長孺文集》第六卷《山居存稿續編》，第113頁。
③ 唐長孺：《唐長孺文集》第六卷《山居存稿續編》，第113頁。
④ 這一方面還有一例，就是唐先生爲王梵志詩斷代，長期以來，王梵志詩創作的確切年代是一個迷，因爲佛經以及以佛教爲題材的文學作品往往都不太注意歷史年代標記。唐先生撰有《讀王梵志詩偶見》（收入《唐長孺文集》第七卷《山居存稿三編》），考證王梵志詩中有相當一部分作于唐代早期，這一點爲項楚先生所證實。項楚先生指出："王梵志詩實際上包括了從初唐（以及更早）直到宋初的很長時期内，許多無名白話詩人的作品。不過其中數量最多、時代最早、内容最深刻、形式最多樣、因而價值最高、最能代表王梵志詩的特點和成就的，仍是三卷本《王梵志詩集》，因而我們所討論的王梵志詩，主要的也是指三卷本詩集。在這個意義上，將王梵志詩劃入初唐文學的範圍，粗略地（而不是精確地）説，也是可以的。"項楚《王梵志詩校注》，上海古籍出版社，1991，第23~24頁。項先生還指出："三卷本《王梵志詩集》中的作品，主要創作在初唐時期，特別是武則天時期。它的編輯成集，大約是在武周晚期，最晚不會在開元以後。那麼，其中會不會有唐代以前的作品呢？有的，因爲已經發現《前死未長別》（二五三首）就是北周釋亡名《五盛陰》的改作，祇變動了少數字句而已。既然已經在三卷本《王梵志詩集》中發現了一首釋亡名詩的改作，那麼，還有別的類似的改寫作品的可能性，就是存在的，但我想，這不會改變三卷本《王梵志詩集》主要產生在初唐時期的論斷。"項楚《王梵志詩校注》，上海古籍出版社，1991，第19頁。

非常認同和喜愛的一項工作，徐復先生曾經撰寫《從語言上推測〈孔雀東南飛〉一詩的寫定年代》[①]，張永言先生撰寫《從詞彙史看列子的撰寫年代》[②]，季羨林先生撰寫《列子與佛典》[③]，均是這一方面的例子。

　　唐先生在文中首先從“帖”字入手來爲《木蘭詩》斷代。《木蘭詩》：“昨夜見軍帖，可汗大點兵。”唐先生指出：“帖作爲一種文書形式在南北朝時罕見，而在唐代却普遍行用。”[④] 唐先生據此斷定此詩作于唐代。唐先生的命題是正確的，吐魯番出土文書有大量“帖”在唐代的用例。“帖”即官府文書，一般是上級機關下發給下級機關的文書（包括官府傳唤屬下、捉拿人犯的文書，官家發放物料的通知或憑據，有時甚至直接下發給當事人，相當于任務下達通知書，包括下發給下級官吏和普通百姓）。又爲指示、命令義，名詞動詞通用。“帖”與“符”相比，更加簡易和隨便。67TAM78：37《唐西州蒲昌縣下赤亭烽帖爲鎮兵糧事》（2-56）：“□□帖赤亭烽□□□斯□□赤亭鎮兵十□□ □□〔依〕數給訖上□□ □□令柳大〔質〕□□□”[⑤] 67TAM78：48/3《唐殘牒》（2-62）：“盡未□□□去，帖〔至〕□□□行人并□□□還，繰至□□□”2004TMM102：45a+2004TMM102：45b、2004TMM102：45c《唐麟德二年（665）閏三月三日西州交河縣張秋文帖永安城主爲限到縣司事》（榮、李、孟120）：“交河縣。帖永安城主□□□□□（中缺）□□□□□帖至，仰城主〔速〕□□□□，〔限〕〔今〕〔日〕午時到〔縣〕〔司〕□不〔得〕〔遲〕晚。潤三月三日張秋文即日帖。主薄判尉李秀。”66TAM61：21（a）《唐麟德二年（665）坊正傅某牒爲追送畦海員身到事》（3-

① 《學術月刊》1958年第2期。
② 該文收入《語文學論集》（增補本），語文出版社，1999，第360~392頁。
③ 該文收入《季羨林學術論著自選集》，北京師範學院出版社，1988。
④ 唐長孺：《唐長孺文集》第六卷《山居存稿續編》，第113頁。
⑤ 此處之“帖”，是蒲昌縣下赤亭烽支給鎮兵糧料之帖，即支帖，一般説來，請報用牒、狀，支用符、帖、牒。

236）："右被帖追上件人送者，依追身到。"①64TAM35：25《唐西
州高昌縣下團頭帖爲追送銅匠造供客器事》（3-523）："高昌縣帖
團頭傅□□□□□銅匠安明智、安大壽張［竹］、石思□□□□右
件人等先造供客［器］□□□□至仰速追送，立待。三□□□尉張
仁。"②72TAM230：73（a），71（a）《武周天授二年（691）知水
人康進感等牒尾及西州倉曹下天山縣追送唐建進妻兒鄰保牒》（4-
70）："牒件狀如前，謹牒。天授二年壹月十一日知水人康進感等
牒。付司傑示。十一日。一月十一日録事使博士撿録事仁付。連。
感白。倉曹十二日。唐建進。右件人前後准都督判，帖牒，天山
并牒令陽懸，令捉差人領送。雖得縣申及令通狀稱：追訪建進不
獲。又判牒縣令依前捉送。撿今未申，奉都督處分，令追建進妻
兒及建進鄰保赴州，并牒縣，令依前捉［建］［進］□□□□"（武
周新字已轉寫爲通行漢字）73TAM509：19/15（a）《武周天山
張父師團帖爲勘問右果毅闕職地子事》（4-252）："天山府。帖
校尉張父師團。當團左右果毅闕職地［子］從天授三［年］□
月已後，至長壽三年已前，所□□□□勘責上件地［子］，所□□□
□□□［請］［具］［仔］細勘□□□□"（武周新字已轉寫爲通行漢
字）③73TAM509：19/10，19/9《武周天山府下張父團帖爲出軍合
請飯米人事》（4-254）："□□□帖校尉張父團□□□□□比出軍合請
飯米人□□□□已帖追［令］□□□□□□□期限［既］□依前例，每
［月］□□□□□□□□文狀集府支配，下三團□□□□ □□□□宜准狀，苻
到奉行。府□□□□曹參軍感。史馬行［通］□□□□日帖，六月廿一
日番（下殘）。"（武周新字已轉寫爲通行漢字）73TAM224：080/2
《唐西州高昌縣户曹牒爲催徵逋懸事（一）》（4—388）："户曹得
帖，通諸縣欠上件稽逋，如√具註脚者。"OR.6406（M9B）H.2

---

① 劉俊文指出："此所謂 '被帖追送' 者，即奉縣司公文追送之意。其 '帖' 猶今之傳
票也。由此件可知，唐時官司傳訊案内人，先由官司下帖子，所在坊正或里正奉帖追
送其人到案，并申牒爲記。"氏著《敦煌吐魯番唐代法制文書考釋》，第 540 頁。

② 凍國棟指出："本帖乃高昌縣尉張仁簽署，督責團頭傅某某傳令銅匠安明仁等將所造
供客器速送縣。"氏著《旅順博物館藏唐建中五年（784）〈孔目司帖〉管見》，《魏晋
南北朝隋唐史資料》第十四輯，第 120 頁。

③ 此處之 "帖"，即府帖，是折衝府下的軍帖。

《唐傑謝鎮知鎮官楊晉卿帖》（沙、吳 2-332）：“槊謝鎮。帖知事。
韃皷牛皮一張，鵋鳥翎破碎不堪，燋爛難蓄，皮并蹄骨等。右奉
處分，上件等物爲鎮器械，破折損。箭無翎修造，帖至，仰准數
采采（引者按：衍一字）覓，限五日内送納。帖至准狀。十二月
二十三日帖。知鎮官將軍楊晉卿。”黃文弼掘《天山府帖佃地人
牒》[①]：“□（天）山府。帖佃地人□□□□去年地子粟肆碩捌［斗］
□□□右件地子今配入焦□□□□便分付其帖留□□□□抄了即毀，
四月□□□□□□□□”[②]67TAM78：33《唐某年九月府史張道龕領
馬踏抄》（2-60）：“□□□［赤］亭烽帥［馮］懷守烽□□□□馬食
米新帖［肆］條并□□□司訖。九月廿九日□□□□［道］龕［領］
抄下。”73TAM206：42/9-17（a）《唐課錢帳歷（二六）》（2-
320）：“付孟宗六十文，帖前付三百冊文。□□大取二百文付阿居
上。”64TAM36：7（b）《唐殘錢帳》（4-15）：“廿九貫三百六十文
錢，一十貫三百六十文應在。四千文帖張思林宅。”73TAM206：
42/9-4《唐課錢帳歷（四）》（2-309）：“送付王二三阡文欠五百
文，帖成九千五百□□□□”73TAM206：42/9-11《唐課錢帳歷
（二二）》（2-318）：“□□□□［裙］［一］除四□□□□定百卅文，縱
廿量々九文，計百八十文。上□□□□食又五十付二娘婆。和上入
三千文各欠廿一，計折外剩欠十八。欠一千文十二日入了。□
已前惣三百六十六文又卅四，帖成四百文。”73TAM206：42/9-
13《唐課錢帳歷（三五）》（2-325）：“又付五百文，帖抽廿三
文。”73TAM206：42/9-27《唐課錢帳歷（三四）》（2-324）：“廿
四日付王二壹阡文，起抽六十。帖前錢五千。”72TAM188：86
（a）《唐西州都督府牒爲請留送東官馬填充團結欠馬事》（4-39）：

① 黃文弼：《吐魯番考古記》圖版四二，圖 44，錄文第 44 頁。中國科學院 1954 年出版，
　　線裝書局，2009。黃氏定名爲《山府分配地子殘牒》，圖版又見中國歷史博物館編
　　（主編：史樹青，日本版監修：西林昭一）《中國歷史博物館藏法書大觀》第十一卷
　　《晋唐寫經·晋唐文書》（本卷楊文和），日本柳原書店、中國上海教育出版社，1999，
　　第 162～163 頁。
② 黃文弼言：“按《通典》云：‘唐制諸田不得貼賃及質，遠者財没不追，地還本主。’
　　（卷二，八頁）據此是唐制口分永業田仍禁止買賣或典質，此紙稱貼佃人某某、今配入
　　焦□□，疑爲地還原主，或租佃客户之批示也。”（《吐魯番考古記》，第 45 頁）

"更須藺廿疋瘦馬帖群。［分］［付］來使，具毛色齒歲上，仍候別［須］［請］［□□□］"73TAM506：04/20（a）《唐出納錢物帳歷（一）》（4-587）："□□□緤一疋，□緤一斤□便帖錢一千二百文貿供□□□大錢三百文。"73TAM506：4/32-4之四《唐天寶十三載（754）礌石館具七至閏十一月帖馬食歷上郡長行坊狀》（4-450）："卅日郡坊帖馬八疋，內三疋送使王伯倫到，便留礌石充帖館馬，共食麥伍斗六升。"73TAM506：4/32-4之六《唐天寶十三載（754）礌石館具七至閏十一月帖馬食歷上郡長行坊狀》（4-452）："同日郡坊馬五疋，卅疋銀山送使張自詮到，食麥二斗五升。趙璀領。廿八日，帖馬卅七疋，內五疋送張自詮到，趙璀留帖，共食麥兩石九斗六升，付趙璀。同日，郡坊帖馬銀山廿二疋，送旌節使到，并全料，食麥一石七斗六升，付楊秘。"73TAM506：4/32-5之一《唐天寶十三載（754）礌石館具迎封大夫馬食𣢟歷上郡長行坊狀》（4-459）："礌石館狀上，合郡坊帖館迎封大夫馬從十二月一日至十九日食𣢟歷。十二月一日迎封大夫郡坊帖銀山、礌石馬共卅九疋，食青麥叄碩肆㪷叄勝，付健兒鍾光俊、傳懷金，坊官果毅楊俊卿。二日郡坊帖馬廿二疋，共食麥壹碩伍㪷肆勝。𣢟子史希俊付健兒鍾光俊，坊官果毅楊俊卿。三日郡坊帖馬廿二疋，共食青麥壹碩伍㪷肆勝。𣢟子史俊，付健兒鍾光俊，坊官楊俊卿。"73TAM506：4/32-10之六《唐天寶十三載（754）交河郡長行坊具一至九月食𣢟料破用帳請處分牒》（4-485）："會案同，所由款帖同，仙。"73TAM506：4/32-15之一○《唐天寶十四載（755）某館申十三載三至十二月侵食當館馬料帳歷狀》（4-508）："□□□郡坊帖楊大夫馬捌疋，共食青麥肆㪷付帖馬健兒范老子。"73TAM506：4/32-15之一二《唐天寶十四載（755）某館申十三載三至十二月侵食當館馬料帳歷狀》（4-510）："同月廿七日，郡坊帖太守馬陸疋，共食青麥陸㪷付健兒范老子；廿八日，帖馬陸疋，共食青麥陸㪷付健兒范老□；閏十一月廿八日，郡坊帖李判官馬伍疋，共食床麥伍㪷各半，付健兒楊元琰。"73TAM506：4/32-19之二《唐天寶十四載（755）交河郡長行坊具諸館預給及不給馬料數請勘會牒》（4-542）："除所由不招會及無發馬帖館處

［外］［一］□。前［件］斛斗預給［及］［不］給具數如前，事須勘會。□□謹以牒舉，謹牒。"以上"帖"字，日本學者認爲是"點檢"①，恐不確②。"帖"是官府文書。《朝野僉載》卷二："京兆人高麗家貧，於御史臺替勳官遞送文牒。其時令史作僞帖，付高麗追人，擬嚇錢。事敗，令史逃走，追討不獲。御史張孝嵩捉高麗拷，膝骨落地，兩脚俱攣，抑遣代令史承僞。准法斷死訖，大理卿狀上：故事，準《名例律》，篤疾不合加刑。孝嵩勃然作色曰：'脚攣何廢造僞。'命兩人舁上市，斬之。"唐杜甫《新安吏》："府帖昨夜下，次選中男行。"唐韓愈《與大顛師書》："已帖縣令，具人船迎。"段成式《酉陽雜俎》續集卷七《金剛經鳩異》："韋尋薨，賊辟知留後，先君舊與辟不合，聞之，連夜離縣。至城東門，辟尋有帖，不令諸縣官離縣。"《資治通鑑》卷二百八十六"後漢高祖天福十二年"："吾爲宣武節度使，且國舅也；汝在中書，乃帖我。"《太平廣記》卷二百八十一"薛濤"條（出《廣異記》）："自言初逢一吏，持帖云：王使追。"又請比較《唐大詔令集》六八《景龍三年南郊赦》："諸州沿供頓所差帖助夫，亦放其家地稅。"③唐先生認爲"帖"是唐代的文書，這一點已經得到學界的一致認可，吳震指出："'帖'，就出土文書所見，是唐代軍府或縣下行的公文，往往與軍事或訴訟有關，帶有強制性，且限期執行。一般祇具月、日，不加紀年。"④樊文禮、史秀蓮指出："'帖'是唐代的一種下行公文，主要有堂帖、府帖、州帖、縣帖等名目。'堂帖'是宰相處分百司、號令四方的一種重要公文，大約出現在

---

① 參考竺沙雅章《敦煌的寺户》，收入劉俊文主編、許洋主等譯《日本學者研究中國史論著選譯》第七卷，思想宗教），中華書局，1993。
② 請比較《太平廣記》卷二百五十一"交廣客"條（出《盧氏雜説》）："交廣間游客，各求館帖。所至迎接甚厚，賺路每處十千。廣帥盧鈞深知其弊。凡求館帖者，皆云：累路館驛，供菜飯而已。有客齎帖到驛，驛司依帖供訖，客不發，驛吏曰：恐後更有使客，前驛又遠，此非宿處。客曰：食帖如何處分？吏曰：供菜飯而已。客曰：飯菜供了，還我而已來，驛吏相顧，莫知所爲，客又迫促，無計。吏問：不知而已，曰大於驢，小於騾，若無可供，但還我價直。驛吏問，每一而已。其價幾何？客曰：三五千。驛吏逐斂送耳。"
③ 敦煌文書《水部式》中的水手和屯丁就是帖助夫。
④ 氏著《吐魯番出土法制文書概述》，《西域研究》1992年第3期，第75頁。

安史之亂以後;‘府帖’即折衝府下發的軍帖，使用于府兵制實行之時;‘州帖’、‘縣帖’則是州下於縣、縣下於鄉的一種文書，主要流行於唐後期。唐令規定，尚書省下於州，州下於縣，縣下於鄉皆曰符。帖與符相比，具有簡便和隨意的特點，因此往往成爲符的一種替代，與符并行於世。”① 凍國棟指出：“帖文是一種十分簡略的公文形式。大凡首行具出帖官司名稱，下帖付某人督責某事，後具日期并出帖之吏員簽署。唐代差夫役使、追徵工匠、兵府調發、勘問大都有帖。”②

如果追尋“帖”的語源，可能與“短小精幹”有關，《説文·巾部》：“帖，帛書署也。”段注：“《木部》曰：‘檢，書署也。’木爲之，謂之檢，帛爲之，則謂之帖。皆謂幖題，今人所謂籤也。帛署必黏黏，引申爲帖服，爲帖妥，俗制貼字爲相附之義，制帖字爲安服之義。”“籤”正指一種短小的文體，《文心雕龍·書記》：“牒者，葉也。短簡編牒，如葉在枝，温舒截蒲，即其事也。議政未定，故短牒諮謀。牒之尤密，謂之爲籤。籤者，纖密者也。”

唐先生在文中又論證“點”字作爲術語，意思是“點檢”，見於唐代，《木蘭詩》有“可汗大點兵”句，從而證明《木蘭詩》成於唐代。誠如先生所言，該詞大量出現在唐代文書中，意思是“核查、差點，徵兵（徵召入伍士兵爲點兵）、點名差遣”。73TAM191：104（a）《唐永隆二年（681）衛士索天住辭爲兄被高昌縣點充差行事（一）》（3-285）：“府司：天住前件兄今高昌縣點充行訖，恐縣司不委，請牒縣知，謹辭。”73TAM518：3/3-12（b），3/3-1 6（b）《唐西州某縣事目》（一）》（3-462）：“▢▢▢［兵］［賜］［發］遣并差行兵，點定訖。”又有“點身”，

---

① 見氏著《唐代公牘文“帖”研究》，《中國典籍與文化》2007 年第 4 期。

② 氏著《旅順博物館藏〈唐建中五年（784）《孔目司帖》〉管見》，《魏晉南北朝隋唐史資料》第十四輯，第 122 頁。又請比較斯 3728《乙卯年押衙知柴場司安佑成牒五通并判》：“看甘州使，付設司柴壹束；甘州使，比料帖下，柴叁束。”張小豔認爲“比料帖下”即依照官家頒賜的物料憑據（供給）。參考氏著《敦煌籍帳文書釋詞》，復旦大學出土文獻與古文字研究中心編《出土文獻與古文字研究》第二輯，復旦大學出版社，2008，第 336 頁。“帖”又指社司轉帖，斯 9814《社司轉帖》：“（前缺）▢于大雲寺門前取齊▢▢▢全不來者，罰酒半甕，其帖立▢▢▢如滯帖者，准條科罰。帖周▢▢▢月▢▢日録▢▢▢（後缺）”

點名、核查身份。67TAM83：6《唐先天二年（713）隊副王奉瓊牒爲當隊兵見在及不到人事（二）》（4-7）："高波子、張慈感，已上人今日點身□（下殘）。"73TAM509：8/15（a）之二《唐開元二十一年（733）西州都督府案卷爲勘給過所事》（4-295）："右件羊牛等，今日從白水路來，今隨狀送者。史計思作人安阿達支右件作人過所有名，點身不到者。牛壹頭，馬壹疋。"①《唐六典》卷五"尚書兵部"："衛士皆取六品以下子孫及白丁無職役者點充。凡三年一簡點。"《唐律疏議》卷一六《擅興》"揀點衛士征人不平"條疏議曰："揀點衛士，注云：征人亦同。征人，謂非衛士，臨時募行者。若取捨不平者，一人杖七十，三人加一等，罪止徒三年。揀點之法，財均者取强，力均者取富，財力又均先取多丁。"杜甫《新安吏》："客行新安吏，喧呼聞點兵。"《舊唐書》卷四三《職官二》："總名曰衛士，皆取六品已下子孫，及白丁無職役者點充。"王梵志詩第288首《男女有亦好》："兒在愁他役，又恐點着徵。"項楚先生言："'點'本謂軍隊點閱姓名。《廣記》卷一五三《趙昌時》（出《博異志》）：'至夜四更，忽如睡覺，聞將家點閱兵姓名聲，呼某乙，即聞唱誰應聲。如是可點千餘人。趙生專聽之，將謂點名姓，及點竟，不聞呼之。'凡徵集軍隊須按名點閱，故徵兵亦稱'點'。如《貞觀政要·納諫》：'中男若實小，自不點入軍；若實大，亦可簡取。'"②

唐先生還論證"轉"是唐代遷調官職的專門術語，而《木蘭詩》有："策勳十二轉，賞賜百千强。"從而判定《木蘭詩》作于唐代。唐制，勳分十二等，每升一等爲一轉，也指遷調官職的

---

① 請比較《唐律疏議》卷九《職制》"在官應直不直"條疏議曰："内外官司應點檢者，或數度頻點，點即不到者，一點笞十。"劉俊文指出："按點檢者，點名以檢查出勤也。此制不見于他書，據疏議下文'八品以下，點檢不到'及'如非流内之人，自須當日決放'云云，可知應點檢者蓋爲内外百司中之八品以下低級官員及流外吏人。"（氏著《唐律疏議箋解》，中華書局，1996，第713頁）吐魯番出土文書可以提供這一方面的語例，從文書中可見，普通兵士也要點名，而不局限於低級官員。又請比較伯3211、斯5441王梵志詩《當鄉何物貴》："當鄉何物貴，不過五里官。縣局南衙點，食并衆厨湌。文簿鄉頭執，餘者配雜看。差科取高户，賦斂數千般。處分須平等，并雷出時難。職任無禄料，專仰筆頭鑽。管户無五百，雷同一例看。愚者守直坐，點者駁駁看。"
② 項楚：《王梵志詩校注》，上海古籍出版社，1991，第707頁。

次數。唐代勳有十二等，十二轉。65TAM346：2《唐上元二年（675）府曹孝通牒爲文峻賜勳事》（3-262）："加［勳］□□□三年補左右，［請］□今年□□官兩轉。其勳既未入手，［請］給［牒］□□敕鎮滿十年，賜勳兩轉，付錄事司撿文峻等并經十年已上，撿。"68TAM100：4《唐永淳元年（682）氾德達飛騎尉告身》（3-404）："□□□破句洰城陣加一轉鎮城［陣］□□□□□［募］人西州氾德□□□右可［飛］□□□□太清府左［果］□□玖伯叄拾貳人趂□□□□于戎輅，候嚴音于□□□□□乹儀方酬□□□□之役，可依前件□□□。永淳元□□朝議大夫□□□朝議郎□□□舍人裏（？）□□□□"（武周新字已轉爲通行漢字）68TAM100：1《武周延載元年（694）氾德達輕車都尉告身》（3-406）："准垂拱二年十一月三日，敕：金牙軍拔于闐安□□勒、碎葉等四鎮，每鎮酬勳一轉，破都歷嶺等陣，共酬勳三轉，惣柒轉。"（武周新字已轉爲通行漢字）[1]

我們從以上七個方面論述了唐長孺先生在語言文字學領域的貢獻。唐先生之所以能取得這樣的成就，與他繼承中國學術的優良傳統密不可分。從漢代古文經學到清代乾嘉之學，再到以陳寅恪爲代表的義寧之學，一直有重視語言文字學的傳統，乾嘉學派的代表人物戴震說過："經之至者，道也，所以明道者，其詞也。所以成詞者，未有能外小學文字者也。由文字以通乎語言，由語言以通乎古聖賢之心志，譬之適堂壇之必循其階而不可以躐等。"[2]王念孫亦言："訓詁聲音明而小學明，小學明而經學明。"[3] 張之洞

---

[1] "轉"在早期意思是調任升遷，《三國志》卷一一《魏書・邴原傳》："太祖征吳，原從行，卒。"裴松之注："於是乃轉五官長史。"但成爲術語，名詞動詞兼用，是在唐代。唐代以後，這一術語義繼續使用，《資治通鑑》卷一百七十三"陳宣帝太建九年"："〔周主〕又問：'前救河陰得何賞？'對曰：'蒙一轉，授特進、永昌郡公。'"胡三省注："勳級曰轉。"

[2] 戴震《與是仲明論學書》。章太炎《說林（下）》："以戴學爲權度，而辨其等差，吾生所見，凡有五第：研精故訓而不支，博考事實而不亂，文理密察，發前修所未見，每下一義，泰山不移，若德清俞先生、定海黃以周、里安孫詒讓，此其上也。"（《太炎文錄初編・文錄》卷一，收入章太炎、劉師培等撰、羅志田導讀、徐亮公編校《中國近三百年學術史論》，上海古籍出版社，2006，第24-25頁）由此可見，章太炎最佩服的是戴震，而戴震恰好就是從語言文字學角度入手研究經史子集的一代宗師。

[3] 王念孫：《說文段注序》。

也説過："右小學，此類各書爲讀一切經史子集之鈐建。"①唐先生正好繼承了這一傳統。這一點上，唐先生的弟子深有感受，朱雷先生曾經評價自己的老師"繼承了乾嘉之學、義寧之學，因而能自然游刃於歷史學和語言文字學之間"。②

　　在二十世紀的中國學術界，陳寅恪先生極爲重視語言文字學，1936年4月18日，陳寅恪先生在寫給沈兼士的信中指出："依照今日訓詁學之標準，凡解釋一字即是作一部文化史。"③關於唐長孺先生與"義寧之學"的關係，歷史給我們留下了許多真實感人的記錄。唐先生在所撰文章《讀陳寅恪唐代政治史述論稿後記》這樣深情地寫道："寅恪先生綜貫群籍，運以精深之思，由博返約，勒成一書。長孺研誦之餘，妄有條記，冀以盡各之義，附箋疏之

① 張之洞:《書目答問》。
② 朱雷先生爲拙著《吐魯番出土文獻詞典》所作《序》，巴蜀書社，2012，第1頁。程喜霖先生也賜告筆者:"唐先生受陳寅恪先生影響甚深。"
③ 見《陳寅恪集·書信集》，生活·讀書·新知三聯書店，2001，第172頁。陳先生重視語言文字學，既受到中國傳統學術如漢代古文經學和清代乾嘉之學的影響，也受到西方學術傳統的影響，德國哲學家海德格爾也説:"唯當表示物的詞語已被發現之際，物才是一物。唯有這樣物才存在（ist），所以我們必須強調説:詞語也即名稱缺失處，無物存在。唯詞語才使物獲得存在。"（海德格爾《在通向語言的途中》，孫周興譯，據德國納斯克出版社1993年第10版譯出，商務印書館，1999，第132頁）日本學者羽田亨強調:"對研究（西域史）的學者來説，不可或缺的第一武器就是語言學知識。"（轉引自間野英二《羽田亨〈西域文明史概論〉、〈西域文化史〉解題》，收入羽田亨著，耿世民譯《西域文明史概論》，中華書局，2005。引文見該書第4頁）語言文字學是基本功，凡治古代文化學者皆如此，羅常培先生更從六個方面論述語言與文化的關係，這六個方面就是:第一，從詞語的語源和演變推溯過去文化的遺迹;第二，從造詞心理看民族的文化程度;第三，從借字看文化的接觸;第四，從地名看民族遷徙的蹤迹;第五，從姓氏和別號看民族來源和宗教信仰;第六，從親屬稱謂看婚姻制度（羅常培《語言與文化》，北京出版社，2004，第2頁）。語言文字學對敦煌吐魯番學非常重要，孟憲實、榮新江指出:"不論是敦煌文書還是吐魯番文書，因爲多是印刷術之前的產物，所以自然以寫本爲主，寫本文書因此具有手寫本的所有特點，簡化字、不規範字、草書體，凡此等等都爲閱讀造成了巨大障礙。利用一件文書研究相關問題，第一道關口是認字問題，這就使得敦煌學和吐魯番學看上去有一種拒人千里的印象。其實，這也正是敦煌學吐魯番學的一個魅力所在，這讓人真實地領會了學問從認字開始的道理，也更讓人明白一門綜合性學問是怎樣的。"（孟憲實、榮新江《吐魯番學研究:回顧與展望》，載《西域研究》2007年第4期）程喜霖先生也倡導吐魯番學應該包括吐魯番考古學、吐魯番歷史學、吐魯番文學、吐魯番地理學、吐魯番語言學、吐魯番藝術學、吐魯番民族學、吐魯番宗教學、吐魯番民俗學、吐魯番文化科技建築學等分支學科。（參看程喜霖爲拙著《吐魯番出土文獻語言導論》所作《序》，科學出版社，2013，第1頁）

末, 示以一隅, 或資三反, 幸先生進而教之也。"① 從 "盍各之義"、
"附箋疏之末"、"示以一隅, 或資三反"、"幸先生進而教" 之用
詞可以看出, 他奉陳寅恪先生爲師。唐先生撰寫的這篇文章確實
也是爲陳寅恪先生之論著做箋證, 補充史料, 使其立論進一步發
揚光大。文中多次讚美陳寅恪, 如 "陳先生立北周關中本位之説,
以解釋隋唐政局, 勝義造心"。此文原發表於《武漢日報》文學副
刊, 發表時間是一九四七年十二月九日、十六日, 可見此時唐先
生早已與陳寅恪先生師友相交、同聲相應了。而唐先生所撰《唐
代宦官籍貫與南口盡獻》亦屬此類。②

　　一九五五年, 唐先生在三聯書店出版《魏晋南北朝史論叢》,
陳寅恪先生致函稱賞: "長孺先生左右: 今日奉到來示并大著, 寅
恪於時賢論史之文多不敢苟同, 獨誦尊作, 輒爲心折。" 在此信的
末尾, 陳寅恪言: "舊作《從史實論切韻》一册附呈。" 可見陳先
生送給唐先生的, 也是一篇語言文字學專論, 直到今天, 陳先生
這篇文章依然是中國語言文字學領域的典範之作。

　　最能體現唐先生與陳寅恪先生的深厚情誼的, 是 1988 年初夏
唐先生爲 "紀念陳寅恪先生國際學術討論會" 而題詩三絶, 以寄
託對陳先生的懷念之情: "燕子翩翩王謝堂, 穿廬天末見牛羊。西
涼舞伎龜兹樂, 收入毫端説巨唐。""勝義微言若有神, 尋常史迹
考文新。先生自有如椽筆, 肯與錢王作後塵。""掩卷心慚賞譽偏,
講堂著籍恨無緣。他年若撰淵源録, 教外何妨有別傳。"③

　　1994 年 10 月 14 日, 唐長孺先生逝世, 北京大學周一良、田
餘慶教授在合撰的挽聯中説: "論魏晋隋唐, 義寧而後, 我公當仁
稱祭酒。" 周、田二位先生言下之意, 唐長孺先生是陳先生之後魏

----

① 收入《唐長孺文集》第六卷《山居存稿續編》, 第 312~328 頁。
② 收入《唐長孺文集》第六卷《山居存稿續編》, 第 359~366 頁。唐先生早年因家學淵
　源, 於經史子集多有研習, 而在上海南洋大學附中、光華大學附中以及大同大學求學
　期間, 主修英俄語言文學、政治、法律、歷史、地理諸科, 於當時東西方學術文化都
　有掌握。初攻舊體詩詞, 兼習昆曲, 彈詞, 在《國學叢刊》發表詞作, 先後翻譯《海
　桑大游録》等多種著作, 同時研治宋遼金元史, 這些, 都與陳寅恪先生當年的路數幾
　近。參看《唐長孺文集》前言。
③ 《唐長孺文集》第八卷《唐長孺先生生平及學術編年》, 第 26 頁。

晋隋唐史領域又一位大師級的史學家，其學術師承顯而易見。

　　曾憶司馬遷在《史記》卷四七《孔子世家》中有這樣一段話：
"太史公曰:《詩》有之:'高山仰止，景行行止。'雖不能至，然
心鄉往之。余讀孔氏書，想見其爲人。適魯，觀仲尼廟堂車服禮
器，諸生以時習禮其家，余祇迴留之不能去云。"①在二十一世
紀的今天，我們深切懷念唐先生，我們對先生在語言文字學領
域取得的傑出成就"心嚮往之"，對先生以語言文字學爲利器從
事文史研究的優良傳統傾力繼承，以期沿着巨人的脚步繼續前
進，以實際行動告慰先生。

---

① （漢）司馬遷:《史記》，中華書局，1982，第 1947 頁。

後 記

　　這本小書是我在學習和研究敦煌吐魯番文獻時的簡短心得。1999 年，我赴四川大學漢語史研究所從董志翹先生攻讀博士學位，2002 年，我赴浙江大學古籍研究所從張涌泉先生從事博士後研究。二十餘年來，我一直與敦煌吐魯番文獻結緣，并將一些學習體會撰成文字，發表在《中國語文》《光明日報》《吐魯番學研究》《新疆大學學報》《新疆師範大學學報》《絲路文明》《西南民族大學學報》等報刊上，其間，諸位匿名審稿人提出非常精到的審稿意見，金玉良言，情暖人心，啓濤銘記於心。

　　在這本小書的寫作和出版過程中，我要衷心感謝程喜霖、戴登雲、方一新、馮培紅、甘霖、高田時雄、華學誠、蔣冀騁、李肖、梁樞、劉進寶、魯國堯、馬重奇、孫玉文、汪維輝、王丁、王立軍、王雲路、項楚、楊寶忠、楊銘、曾江、鄭阿財、張小豔、朱雷諸位師友，感謝社會科學文獻出版社的編輯老師。

　　我要感謝敬愛的業師董志翹先生在百忙之中賜序，感謝老師二十餘年來的關懷與鼓勵。

　　我還要感謝我的岳父母，感謝我的妻子，感謝我的兒子，他們對我學術的理解支持，對我生活的體貼照顧，使我長年累月與青燈黃卷爲伴而無怨無悔。

王啓濤

2020 年 5 月 1 日

圖書在版編目（CIP）數據

絲綢之路語言新探 / 王啓濤著 . -- 北京：社會科
學文獻出版社 , 2021.10
（西南民族大學中國語言文學學術文叢）
ISBN 978-7-5201-8974-3

Ⅰ. ①絲… Ⅱ. ①王… Ⅲ. ①絲綢之路－語言史－研
究 Ⅳ. ① H0-09

中國版本圖書館 CIP 數據核字（2021）第 179715 號

西南民族大學中國語言文學學術文叢
絲綢之路語言新探

著　　者 / 王啓濤

出 版 人 / 王利民
責任編輯 / 羅衛平
責任印製 / 王京美

出　　版 / 社會科學文獻出版社·人文分社（010）59367215
　　　　　　地址：北京市北三環中路甲 29 號院華龍大廈　郵編：100029
　　　　　　網址：www.ssap.com.cn
發　　行 / 市場營銷中心（010）59367081　59367083
印　　裝 / 三河市龍林印務有限公司

規　　格 / 開 本：787mm × 1092mm　1/16
　　　　　　印 張：24.5　插 頁：1　字 數：341 千字
版　　次 / 2021 年 10 月第 1 版　2021 年 10 月第 1 次印刷
書　　號 / ISBN 978-7-5201-8974-3
定　　價 / 128.00 圓